大系统中
物质流-能量流-信息流的
协同研究与应用

Synergy of
Material-Energy-Information Flows
in Large-scale Systems

龙　妍　金宇晖　黄素逸　编著

北　京

冶 金 工 业 出 版 社

2022

内 容 提 要

大系统的运行与演化直接关系到社会经济发展等重大问题，保证各类大系统的高效、稳定、协同发展，对实现全球可持续发展具有重要的现实意义。本书从背景、理论和应用三个方面，详细阐述了物质流-能量流-信息流协同理论产生的背景、理论的内容框架及其在能源管理、可持续发展和工业节能等三个领域的应用成果。其中，物质流-能量流-信息流协同理论的内容框架是本书讨论的重点，包括物质流、能量流与信息流的结构和基本特性、协同控制策略、协同评价方法。

本书集合了作者近二十年来围绕大系统中物质流-能量流-信息流协同展开的相关研究和应用成果，观点新颖，内容丰富，既可作为普通高等院校能源动力类等相关专业研究生的教材，也可供广大科研工作者共同探讨。

图书在版编目(CIP)数据

大系统中物质流-能量流-信息流的协同研究与应用/龙妍，金宇晖，黄素逸编著.—北京：冶金工业出版社，2022.9

ISBN 978-7-5024-9246-5

Ⅰ.①大⋯ Ⅱ.①龙⋯ ②金⋯ ③黄⋯ Ⅲ.①能源工业—研究 Ⅳ.①F407.2

中国版本图书馆 CIP 数据核字(2022)第 150080 号

大系统中物质流-能量流-信息流的协同研究与应用

出版发行 冶金工业出版社		**电 话**	(010)64027926
地 址 北京市东城区嵩祝院北巷 39 号		**邮 编**	100009
网 址 www.mip1953.com		**电子信箱**	service@ mip1953.com

责任编辑 于昕蕾 美术编辑 彭子赫 版式设计 郑小利

责任校对 李 娜 责任印制 禹 蕊

三河市双峰印刷装订有限公司印刷

2022 年 9 月第 1 版，2022 年 9 月第 1 次印刷

710mm×1000mm 1/16；19 印张；369 千字；288 页

定价 108.00 元

投稿电话 (010)64027932 投稿信箱 tougao@cnmip.com.cn

营销中心电话 (010)64044283

冶金工业出版社天猫旗舰店 yjgycbs.tmall.com

(本书如有印装质量问题，本社营销中心负责退换)

序

　　大系统存在于社会经济、生态环境和工程技术等各个领域。其中，能源大系统作为社会经济大系统中的一个重要子系统，由国民经济的若干部门组成，其中的各个环节彼此制约、互相影响，形成一个复杂的整体，起着为国民经济和人民生活提供能量和物质的基础作用。随着全球能源问题的日趋恶化，针对能源大系统进行相关科学研究，对实现节能增效、低碳减排、绿色环保的目标具有现实意义。

　　在以往的研究中，人们常常把主要注意力放在能源大系统中物质（产品）及能量的流动上，忽略了与物质流和能量流紧密相关并对它们产生重要调节作用的信息流动。物质、能量和信息是构成客观世界的三大基础，任何一个开放系统，在其内部各个组元、环节和子系统之间，以及系统内部与外部之间都在不断地进行着物质、能量和信息的交换，从而在时间和空间上形成所谓的物质流、能量流和信息流。通过研究物质流、能量流和信息流之间的相互关系来发现系统中存在的问题和不足，并实现某些特定的系统功能（如协同、有序等），是一种对能源大系统进行优化的新思路。

　　基于此，黄素逸先生在2000年左右便提出，在研究大系统中物质流和能量流的基础上把信息流考虑进去，通过研究物质流、能量流与信息流之间的协同，获得大系统在某一特定时间、空间、功能和目标下的特定有序结构。他将这一选题作为一个博士研究课题，交由2002年读博的龙妍博士进行相关研究。于是，龙妍博士在黄素逸先生的指导下，将其本硕期间学习的工业自动化专业及控制工程专业与攻博期间的工程热物理专业的学科知识进行交叉融合，参考系统论、控制论、信息论、协同学以及热力学、传热传质学等经典理论，经过数年的潜心研究，终于完成了大系统中物质流、能量流与信息流协同的博士课题研究。随后，又经过多年的理论完善和应用研究，形成了一套通过构建协同形成机制、协同实现机制、协同评价机制来研究复杂大系统协同演化规律的方法论，即物质流-能量流-信息流协同理论（"M-E-I三流"协同理论）。

《大系统中物质流-能量流-信息流的协同研究与应用》一书是黄素逸先生和龙妍博士及其课题组在物质流-能量流-信息流协同研究方面的科研总结，反映了他们二十年来的长期坚守和不懈努力。该书的出版为能源大系统及其他大系统的研究提供了新的思路和方法，值得能源及相关学科的广大科研工作者共同借鉴和探讨。

最后，借此机会向黄素逸先生表示深深的怀念。黄素逸先生是我国能源及工程热物理学科的资深专家，虽然他已经离开了我们，但他的高尚思想品质和无私奉献精神将始终激励着我们砥砺前行，为我国能源事业的发展不懈奋斗！

刘伟

2022 年 9 月 9 日

前　言

　　人类所生活的世界是一个极其庞大且复杂的大系统——人类生态系统。人类生态系统下又包含着各层次、各领域、各尺度的大系统，上到国家与地区，下到人体与细胞，这些大系统的运行与演化直接关系到经济发展、社会进步、民生福祉、国家安危、世界稳定、生态和谐等重大问题。在目前全球面临着人口、经济、社会、环境、资源的发展严重不协调的形势下，研究和把握各类大系统的动态运行机制，分析和构建各类大系统内部各个环节相互之间的协同效应及模型，推动各类大系统的高效、稳定、协同发展，是实现全球可持续发展进程中的一个具有现实意义的重要课题。

　　任何一个复杂大系统都可以看作是由组元、环节或子系统构成的相对稳定的宏观结构系统，在系统内部各个组元、各个环节以及各个子系统彼此之间都在不断地进行着物质、能量和信息的交换，在时间和空间上形成物质流、能量流和信息流。尤其在化工、冶金、动力等大型能源系统中，不但有大量的能量流和物质流进出，而且其效益也与市场信息和科技信息紧密相关。因此，大系统中各元素、各子系统之间的相互协同作用必定是以物质、能量与信息交换的形式来间接表现的，通过物质流、能量流与信息流的协同作用可以使得大系统中各元素、环节或子系统之间形成某种协同效应，进而获得大系统在某一特定时间、空间、功能和目标下的特定有序结构。我们认为，充分利用物质流、能量流和信息流之间的相互关系来发现目前大系统在演化过程中存在的主要问题，可为各种层次（企业层次、地区层次、国家层次）上的大系统的管理控制、规划发展以及优化改造提供科学、可靠的理论依据。

　　本书所述的物质流-能量流-信息流协同理论（以下简称为"M-E-I 三流"协同理论）正是诞生于这样的思想背景下，它承袭了系统科学中系统论、控制论、信息论、协同学、耗散结构理论以及熵理论等一系列经典理论，从分析大系统中物质流、能量流与信息流的角度，通过构建大系统的协同形成机制、协同实现机制以及协同评价机制来研究复杂大系统协同演化的一般规律，旨在成为普遍适用于研究复杂大系统的通用方法论。

　　"M-E-I 三流"协同理论有两个关键基础，第一个关键基础是采用了"流"的视角，使分析视角由"横向"转为"纵向"，不再局限于个别环节、功能、设备的最优化，而是从系统的层面以流程或过程的优化来实现系统整体的优化。也就是说，对于工业生产过程，单台设备或单条生产线的最优化并不一定对整个生产过程带来最优化，但物料、能源等方面的"流"的优化，却可能会带来生产系统整体效益的较大改变。第二个关键基础，是形成了基于"物质-能量-信息"视角的通用划分方式，将复杂大系统均看作是由相互关联的物质流、能量流、信息流三个子系统组成的集合体。在这样的视角下，任何复杂过程都可被抽象概括为在信息流指引下的物质、能量、信息之间的相互作用。

　　此外，"M-E-I 三流"协同理论强调协同和有序。尽管不同的大系统有着不同的结构和功能，但是系统由低级向高级演化的关键是新的有序结构的形成。对于工业生产来说，有序性的提升意味着无谓浪费的减少，而获得更高的资源效率（原材料利用率与能源利用效率）。对于社会组织而言，有序性的提升意味着更少的内耗，而获得更好的运行发展效率。可以认为，系统优化问题的通用思维，都是提升系统的有序性，追求更好的系统有序结构，而协同是促进系统向着有序结构演化的关键。

　　本书从结构上分为三大篇章：背景篇、理论篇与应用篇。全书逐步深入，环环相扣，前后呼应。在背景篇中，主要阐述了两个基本问题：（1）系统科学与协同理论为何有着独特的魅力？（2）构成这个世界的客观基础为何是物质、能量与信息？在理论篇中，详细阐述了"M-E-I三流"协同理论的重要观点以及相关方法论。即通过构建大系统中物质流、能量流与信息流的协同形成机制、协同实现机制以及协同评价机制论述了大系统协同演化的一般规律首先是关于"流"的结构和相关特性，这是从"流"的视角来认识各类大系统的基础，也是进一步从"流"的视角对系统进行优化的基础；其次是关于物质流（M）、能量流（E）与信息流（I）之间的协同效应以及对整个系统有序演化的控制作用，这些理论观点揭示了"M-E-I三流"协同效应驱动系统走向有序演化的协同形成和实现机制；最后是关于"M-E-I三流"协同效应的评价，本书为读者提供了基于流通性、序参量以及熵三种不同视角的评价方法，并且为整个评价工作中的每一个环节都提供了尽可能详细的指导意见。在应用篇中，集中展示了"M-E-I三流"协同理论在能源管理、可持续发展以及工业节能等三个领域的应用成果。对于能源管理领域，目前我国的相关深入研究相对缺乏，本书集中展示了一些较为新颖的观点与方法，希望相关学者能够从中获得启发。对于可持续发展领域，本书将有序性的观点融入了可持续发展的评价体系。对于工业领域，特别是对能源相关问题的分析，本书从物质、能量、信息等维度进行了重新审视，通过找出工业生产中的协同、有序关系，为工业领域的能源大系统优化提出了新的思路。

　　本书是作者二十年来科研成果的系统总结，其中"M-E-I三流"协同理论的核心理念是由黄素逸教授于2000年提出的，理论的具体研究工作由龙妍副教授于2002年开始，历经7年于2009年形成较为完整的"M-E-I三流"协同理论的框架和方法论。此后，"M-E-I三流"协同理论在龙妍副教授、金宇晖博士及课题组的共同努力下不断完善和发展并应用。时至今日，作者将多年的部分研究成果编撰成书，供广大科研工作者共同探讨，希望每位读者都能从中得到意想不到的收获。同时，谨以此书纪念我的恩师黄素逸教授。

　　鉴于作者在专业背景上的局限性，加上科学发展迅速，书中若有错误和不妥之处，欢迎读者批评指正。

龙妍

2022 年 2 月 2 日于华科园

目　　录

第二部分　理论篇

附　　录

第一部分

背景篇

20 世纪开始，人类社会与科学技术的快速发展，使得世界的复杂性与日俱增，需要人们运用新方法与新思想进一步认识世界和改造世界。伴随着 20 世纪 40 年代后期开始的"系统运动"进程，系统科学正式诞生，"系统"一词开始风靡流行并渗透到人类社会的各个领域。系统科学的诞生与发展具有跨时代的意义，这不仅是因为大量经典理论与方法的诞生奠定了系统科学的基础地位，更重要的是，18 世纪以来的机械论世界观已失去了它的生命力。人们开始深刻地意识到，这个世界并不完全像机械般"精密地"运转着，复杂性与非线性让事物的发展总是充满着不确定性且难以预料。因此，对于 21 世纪的我们，认识"系统"并"系统地"认识一切是非常必要的。

本篇将通过对系统科学、协同学、客观世界三大基础（物质、能量、信息）等相关理论和观点的阐述，为本书提出的物质流–能量流–信息流协同理论给予必要的背景支撑，帮助读者更好地理解该理论的核心观点和研究思路。

1 系统科学与协同论

随着时代的不断发展，全球的社会经济发生了巨大的变化，现代社会由工业社会转变为信息社会，随之而来的是社会结构正由 M 型快速进化为更为复杂网络化的 W 型❶社会结构[1]。社会的急骤变迁、经济的巨大增长、科学技术的迅猛进步，使得在社会经济、生态环境和工程技术等领域出现了许多复杂的大系统，同时也使各种复杂大系统之间物质流、能量流与信息流相互交换的规模、特性日益复杂，动态变化的速度也在不断加快，达到了空前的水平。

这些大系统的运行与演化直接关系到经济发展、社会进步、民生福祉、国家安危、世界稳定、生态和谐等重大问题[2]。在目前全球面临着人口、经济、社会、环境、资源的发展严重不协调的形势下，通过研究和把握各个大系统的动态运行机制，分析并构建各个大系统内部与相互之间的协同效应，进而推动各个大系统的高效、稳定、协同发展，是实现全球可持续发展进程中的一个具有现实意义的重要课题。

1.1 系统与大系统

毫无疑问，认识并理解探讨的对象是一切的开端与起点。到底什么是系统？什么是大系统？它们具备怎样的特性？这些问题将在本节中随着对系统科学发展的回顾而得到解答。

1.1.1 系统的含义

20 世纪从 40 年代后期到 50 年代中期，系统工程、系统分析、运筹学、控制论、信息论、一般系统论等理论，由不同领域的研究工作者和实际工作者创立，由此也揭开了世界范围内"系统运动"的进程，至今已有大半个世纪的历史[3]。"系统运动"带来了大量新思想与新方法，它们突破了原有的线性因果关系和还原论的方法，带领人类的所有科学技术领域乃至思想哲学领域迎来了重大突破。

---

❶ 社会系统结构进化公式可以写成 O→A→M→W，其中 M 型为权力分散和权力制衡的系统，是工业社会的典型结构，从下到上的反向信息流，同一层次上横向的信息流，都非常丰富。而 W 型为多层次参与系统，内部具有各个方向的信息流，是后工业社会，或信息社会，或网络社会，或生态文明社会的结构[1]。

可以说，"系统"在 20 世纪中叶是一个非常时髦与前沿的话题。

如今，"系统"一词已成为科学界、工程技术界乃至哲学界使用最频繁的术语之一。事实上，"系统"的内涵十分丰富，关于"系统"的定义与含义也有着诸多不同的表述：

（1）"可以把系统界定为时空中的一个复杂单元，这种单元的构成便于作为其组成部分的亚单元通过'系统的'合作来保存其结构和行为的完整构型，并在受到非破坏性的干扰后趋于恢复其完整构型。"——保罗·韦斯[1]

（2）"所谓系统是指相互作用、相互依靠的所有事物，按照某些规律结合起来的综合。"——G. 戈登[4]

（3）"一群相互连接的实体构成了系统。"——丹尼斯·舍伍德[5]

（4）"系统就是处于相互作用中的要素的复合体；系统可以定义为处于自身相互关系中以及与环境的相互关系中的要素集合；系统是一般性质的模型，即被观察到的实体的某些相当普遍的特性在概念上的类比。"——路德维希·冯·贝塔朗菲[3,6]

（5）"任一对象，我们在其中发现了某种预先确定属性的关系，就是系统；任一对象，我们在其中发现了某种预先确定关系的属性，就是系统。"——乌约莫夫[7]

（6）"系统是具有动力学联系的诸元素之内聚统一体。"——S. 比尔[3]

（7）"系统是对动态现象模型的数学抽象。"——H. 弗里曼[3]

（8）"从数学角度看，系统就是世界的某一部分，赋予变数的某种集合以具体数值之后，它在任何时候都可以得到描述。"——A. 拉波波特[3]

（9）"系统由元素和元素之间的关系组成。"——张波，袁永根[8]

（10）"系统是由相互作用和相互依赖的若干组成部分结合而成的具有特定功能的有机整体。"——钱学森[6]

（11）"一个由相互区别、相互作用的各部分有机地联结在一起，为同一目的而完成某种功能的集合体。"——王其藩[9-10]

（12）"系统是个具有内容的对象。元素、关系目标是关于系统概念的三大'要素'。"——高隆昌等[11]

上述关于"系统"的定义与解读仅仅是具有代表性的一部分，对于我们来说，很难轻易找出这些观点中的内在联系。我国系统科学著名学者闵家胤[3] 将"系统"的内涵从本体论、认识论和数学方法论三个层面加以重新定义与整合，见表 1-1。这样的整合使得我们能够更加全面地认识"系统"这一概念，而以上所列举的诸多不同的观点其实更多是站在了不同的视角，这些观点之间也并没有内在的冲突。

表 1-1 系统的三重含义

本体论含义	系统是内部诸要素相互联系并相对于环境涌现出整体功能的某种实体
认识论含义	系统是我们在任意对象上发现了具有某种属性的关系之后为这种关系建立的概念模型
数学方法论含义	系统是我们在对不同对象和不同过程的动力学所做的数学描述中发现的数学同构性，即异质同型性

1.1.2 系统的一般特性

除了"系统"之外，自组织、复杂性、协同、混沌、突现（或涌现）等词语都成为了系统科学中的经典术语[12]，这些术语与系统的一般特性有着密切联系，并已经伴随"系统"这一概念广泛地深入人心。随着贝塔朗菲于 1937 年提出了"一般系统论"，对系统一般特性的总结就成为了"系统运动"重要的成果产出类型。

结合系统科学相关理论的广泛共识[4,6,8-10,12-13]，系统的一般特性至少包括以下方面。

（1）系统性：系统性是系统元素相互作用的统一。

（2）整体性：系统表现出独立要素所不具备的性质和功能，整体的结构与功能不同于部分的结构与功能，整体性质不等于各个要素性质和功能的简单相加，即"1+1≠2"（可以大于也可能小于）。对于复杂系统，突现性就是系统整体性。

（3）结构性：系统各要素是按照一定的秩序、方式和关系结合起来的，系统的结构由其所属对象和流程定义。

（4）层次性：层次性是不同级别的系统的一种垂直结构关系（垂直分离特性），系统各单元、子结构和整体结构间还存在相对的独立性，导致了结构与功能的层次性与等级性，且低级系统有向高级系统进化的趋势。

（5）目的性：系统是客观存在的，任何一个系统的发生和发展都具有很强的目的性，就是要完成一定的功能。

（6）自组织性：系统的运动是自发的，在既没有外界环境有序结构的信息，也没有内部控制者提供指令的情况下，能够自动地从有序程度低的简单系统演化为有序程度高的比较复杂的系统。

（7）相似性：在自然界、人类社会与人类思维等不同领域里，存在着结构与功能上的类似性。系统结构、存在方式和演化过程具有共同性，根本在于世界的物质统一性。

（8）稳定性：在外界作用下开放系统具有一定的自我稳定能力，能够在一定范围内自我调节，在干扰或涨落的作用下，仍可以保持和恢复原来的有序状态以及原有的结构和功能。

（9）突变性：通过失稳从一种状态进入另一种状态的一种剧烈变化过程，是系统质变的一种基本形式。

以上特性是几乎所有系统都具备的一般特性，无论是有机还是无机的系统，这并不意味着所有系统所具有的特性仅仅局限于此。对于复杂系统，特别是有人类参与的各个尺度的社会生态系统，还有很多独特的特性，这些特性使得系统科学的研究变得具有挑战而又富有意义。

1.1.3　大系统的含义与特性

21 世纪随着计算机的快速普及，信息和网络等高新技术的迅猛发展，信息化的速度和范围不断扩大，现代社会已经基本实现由工业社会向信息社会的转变，随之带来的是全球社会经济的巨大变化，从而在社会经济、生态环境和工程技术等领域出现了许多复杂的大系统。从一个已被普遍接受的视角来看，我们人类所生活的世界正是一个极其庞大且复杂的大系统——人类生态系统。人类生态系统下又包含着各层次、各领域、各尺度的自然大系统和人工大系统，上到国家与地区，下到人体与细胞。我们也可以按照功能性质的不同，对世界上的各种大系统进行划分，例如国家行政系统、国民经济管理系统、公共服务系统等社会经济大系统；世界人口与地球资源系统、城乡生态系统等生态环境大系统；能源系统、大型工业联合系统等工程技术大系统，见表 1-2。

表 1-2　大系统[2]

大系统	社会经济大系统	国家行政系统、国民经济管理系统
		军事系统、情报系统
		社会集团、国际组织、跨国公司
		公共服务系统、商业网络、医疗网络等
	生态环境大系统	世界人口与地球资源系统
		城乡、地区、海洋生态系统
		自然保护区、江河流域等
	工程技术大系统	能源系统、电力系统、水力系统
		交通系统、电信系统、通信系统
		大型工业联合企业
		大型计算机网络、生产协作网络等

在理解了什么是"系统"之后，关于"大系统"的理解就变得简单了。尽管对于大系统没有公认的严格定义，但大系统作为一类系统，所含的元素和关系很多[8]，具有规模庞大、结构复杂、功能综合、因素众多的特点。"大系统"与"复杂系统"并不等同，因为大系统解决问题的方法不一定复杂，而具有非线性

关系元素的复杂系统在元素数量上不一定很多[8]。但在通常情况下，人类社会中的大系统几乎都是具有复杂性的，"复杂大系统"似乎比"大系统"这一概念更为常见。这些大系统往往都是结构复杂、规模庞大、功能综合、因素众多的多元素、多层次的多输入多输出系统[14-15]，它们普遍具有以下共性[16]：

（1）具有多层次多功能的结构，每一层次都成为构建上一层次的单元；

（2）各单元之间联系广泛而且相互影响，形成一个网络；

（3）在发展过程中能够不断地学习，重组并完善系统的功能和结构；

（4）具有开放性和适应性，与环境联系密切而且相互作用，能不断地向适应环境的方向演化；

（5）处于不断的发展变化中。

由此看来，复杂大系统不仅仅具备所有系统的一般特性（例如层次性、自组织性），还具备动态性、开放性、适应性、复杂性等其他重要特性。特别是复杂性，其作为复杂大系统的一个极其重要的特性，可以定义为"复杂系统的动力学特征"。甚至对于主攻复杂适应系统领域的美国圣菲研究所，他们成立的初衷便是探究"人类究竟是如何认识和处理复杂性的"。某种意义上，系统科学就是"关于复杂性的科学"[12,17]。

系统科学的先驱者贝塔朗菲于20世纪40年代末曾提出研究复杂性的问题，预见到了系统科学本质上是研究复杂性的科学。复杂性往往是建立在事物的多样性和差异性之上的，因此对于不同的系统，具有不同意义、不同层次的复杂性。关于复杂性的研究，就是以复杂性为研究对象，建立关于复杂系统的一般理论。目前，美国的圣菲研究所、欧洲大陆的自组织理论、英国的复杂性论坛、中国的系统学等都在围绕复杂性进行相关研究，尝试建立起关于复杂系统的一般理论。其中，西蒙的分层复杂性概念、普利高津的耗散结构理论、哈肯的协同学、钱学森的复杂巨系统理论，分别对复杂性的研究起到了不同程度的推动作用。钱学森在建立系统学的过程中，逐步认识到复杂性研究的重要理论和实践意义。他指出"复杂性的问题，现在要特别地重视，因为我们讲国家的建设，社会的建设，都是复杂的问题，解决这些问题，科学技术就会有一个很大很大的发展"[18]。

一般来说，大系统的复杂性研究包括大系统的结构复杂性的研究、大系统的功能复杂性研究、大系统的运行复杂性的研究等。实际上，大系统的这些复杂性研究都可以归结为大系统的演化复杂性研究，因为在大系统的演化发展过程中，它在宏观上表现出来的结构、功能和运行状态都是随着大系统的演化而发生变化的。由于大系统关系到经济发展、社会进步、人民生活、国家安危、世界稳定、生态环境等大问题，如果大系统运行状态好、效益高、稳定、可靠、优化、协调，将有利于国计民生，造福人类社会；反之，将危害人民的生命财产，破坏社会环境、国家安定乃至世界和平。因此，对大系统的研究特别是大系统的演化复杂性研究在国际上受到广泛的注意和重视。

1.1.4 系统科学及其发展

系统科学的兴起是 20 世纪科学革命的伟大成就之一。经过多年的不断创新和发展，系统科学已经比较成熟，并被人们广泛应用于各个领域，发挥出了巨大的功效。闵家胤[3] 认为，系统科学是以系统，特别是复杂系统为研究对象的新型学科群的统称，是人类科学的一个新的维度。系统科学的维度与古典科学的维度不同，其特征表现为整体论、复杂性、关系导向、随机论、采用系统建模并由计算机模拟的动态方法，而非古典科学所体现出的还原性、简单性、实体导向、决定论、采用对实物做解析、变革、计量和计算的静态实验方法。到 20 世纪末，系统科学已成长为由系统哲学、系统方式、系统理论、系统科学诸学科、系统方法、系统技术和系统工程组成的科学体系。

系统理论的发展经历了一般系统理论、自组织理论和复杂系统突现（涌现）理论这三个研究阶段[12]。在系统科学研究领域中，有一般系统论、信息论、控制论、耗散结构理论、协同论、突变论等理论，其中系统论、信息论和控制论被称为"老三论"，而耗散结构理论、协同论和突变论被称为"新三论"。在当代复杂系统的研究中，有系统动力学派、适应性系统学派、混沌学派、结构基础学派、暧昧学派这五大学派[19]，而较为流行的三大主流学派为系统动力学派、复杂适应性系统学派和混沌学派[17]。所有这些学派、理论都在世界系统科学的研究中做出了重要的贡献，这些成果为当代科学打下了坚实的基础，系统思想与复杂性方法论为还原论局限的科学思维和方法带来了重大变革。

1.2 协同与协同学

在系统科学的范畴中，将协同学划作"新三论"之一足见其深远的影响力。在我们看来，"协同"以及哈肯创立的协同学具有其独特的魅力，这使得我们一直以来格外关注这一领域。对于各位读者，"协同"以及协同学是非常重要的理论基础。在本节中，我们将介绍一些有关"协同"以及协同学的背景与信息，以帮助读者快速地建立对这一领域的初步认知。

1.2.1 客观世界中的协同作用

我们所处的世界是一个由各个层次上的不同系统所构成的统一体，就物质结构而论，由小到大的各个层次是夸克、基本粒子、原子、分子、地球、太阳系、银河系、河外星系、本星系群、宇宙，小至 10^{-15} cm，大到 10^{28} cm，横跨 43 个数量级以上。就进化的角度而论，从简单到复杂的各个层次是无机物、有机物、生物大分子、原始单细胞生物、原生动物、……、人、人类社会以及各种生物构成的大生态系统。由此，大千世界，纷繁复杂，呈现出一种活的生机勃勃的景象[20]。

　　然而，尽管世界上的系统千差万别，构成的世界如此繁杂，却存在着一个共同的特点，那就是每个层次中的系统都由下一个层次的大量子系统所构成，系统的结构和状态正是大量子系统协调合作的结果。在各层次的各系统之间存在着相互作用、相互影响、相互制约和相互合作的关系，构成了一个以一定规律发展着的互为依存、协调一致的世界。对于每个系统是如此，对整个自然界也是如此。哈肯认为，构成系统的子系统彼此之间会通过物质、能量或信息交换等方式相互作用。通过子系统间的这种相互作用，整个系统将形成一种整体效应或者一种新型的结构。在系统这个层次，这种整体效应可能具有某种全新的性质，而这种性质可能在微观子系统层次是不具备的。在许多情况下这种整体效应或者结构是有意义的，并且能够用以实现某种目的。

　　客观世界中的协同作用随处可见，不仅存在于自组织系统中，也存在于组织系统中；既存在于非生命系统中，也存在于有生命的自然生态系统中和社会经济系统中；既存在于目前的许多已知系统中，也存在于大量正在探索的相变系统中。

　　在非生命系统中有很多协同作用的例子。例如，日常生活中常见的物质三态的变化就是由分子之间的协同作用来决定的。我们知道，物质的气-液-固三态之间的相变是系统中大量分子之间相互作用的势能与分子热运动的动能的相对大小决定的。当束缚分子热运动的势能逐渐占主导地位时，分子之间的协同作用便在系统中占支配地位，从而决定了系统的有序程度和状态。在铁磁、超导、超流等现象中，也有类似的相变过程。在天文气象研究中，可以利用分子之间的协同作用说明雨、冰雹的形成过程。在工程技术的广泛领域中，也存在着由大量电子、原子或分子的关联所产生的协同作用，从而在宏观上引起了相变行为，最典型的现象是在建筑、机械和航天工程中出现的后期压曲模式。在电子线路中出现的非线性相干振荡，是系统中电子协同作用产生的自组织行为。除此之外，流体动力学中的泰勒不稳定性和贝纳德不稳定性、化学中的化学振荡、固体物理学中的多重不稳定性、脉冲以至混沌状态、热弹性不稳定性、晶体的生长、激光的形成等大量现象以及计算机科学和机器识别模式中都存在各种各样的协同作用。

　　对于有生命的有机系统，特别是各个尺度的自然生态系统中，协同作用的例子是大量存在的。自然界中存在大量协同进化的例子，从物种之间的关系来看，其可以分为合作型协同进化关系和竞争型协同进化关系[19]。这些微妙的关系蕴藏着大自然的精心之美，所有的生命与环节都是直接或间接地相关联，不仅动物与动物之间存在着食物链关系，植物与植物之间有相生和相克，动物与植物也是相互依赖、协同进化。洋槐树与蚂蚁之间的相互依存关系，就是合作型协同进化的一个例子。蚂蚁需要洋槐树的花蜜和庇护，洋槐树则依赖蚂蚁的刺须来赶走食草兽。逐渐地，洋槐树的茎刺进化成很容易被蚂蚁凿穿，而蚂蚁也演化了外形，以便钻进洋槐树的茎刺与花中。这样的共同进化因相互依赖关系而出现，而有些协同进化的结果甚至使得动植物双方仿佛完全是为了适应另一方而存在，例如蝴蝶的口器刚好适合兰花的唇瓣。相反，野兔与狐狸两个种群的进化则体现了竞争型协同进化，如果野兔的进化使其跑得更快了，那狐狸也必须加快奔跑速度以延续食物的获取。

协同学的创始人哈肯教授曾在《协同学导论》[21] 一书中指出，"协同概念，早就在社会学和经济学的领域内被讨论了"。这意味着在社会经济系统中也同样存在着大量的协同作用。在经济生活中，小到一个企业、工厂内部各个部门之间如何协作，大到一个国家国民经济计划中农业、轻工业、重工业的比例协调，无论是微观经济还是宏观经济，都必须研究协同问题。社会的主体是人，人类社会的进步是人们之间的协同合作造成的。人们之间的协调一致是通过人与人之间的相互作用和影响引起的，人们通过语言、行为以至舆论、经济、政治、军事压力等来实现相互作用。社会制度的变革，或政治体制的交替，都是社会中子系统——人的协同作用的结果。当我们探讨整个商业生态系统时发现，生产和服务的参与者们分工协作，为着共同的目标，有机联合成一个整体，这样他们才能生存与发展。这些群体在一定程度上是有意识建立的，但主要是自行组织的，甚至是偶然形成的，其结果是成员做出的贡献能够相互完善、相互补充。整个商业生态中的各成员也会彼此竞争，在不断协作与斗争中衰落更新，最终完成变革与重组，这样的关系也存在于更小尺度的组织或企业中。

协同作用的广泛存在使我们意识到，这样的作用或效应也必然是系统所广泛具备的基本特性之一，这样美妙的作用不仅普遍存在于人类活动的社会生态系统，也存在于大量有生命的有机系统，甚至无机系统。这样的作用可以在组织者的设计与安排下存在，对于组织系统（或他组织系统），整个系统的组织行为和做法按照组织者（外界主体）的目的、意愿进行，即系统的组织结构和功能是靠外部的指令形成和运转的。例如所有人造系统都是组织系统，机械、仪表等都离不开来自人类的外部指令，人类的指令使得所有这些设备都能够协同工作，以完成特定的工作。而对于大自然中没有人类参与和干涉的大量系统，它们都是自组织系统，系统也能够"自发地"组织起来，最终通过组元之间的协同作用而实现系统在结构与功能上的蜕变。无论协同形成的方式如何，其带来的结果都是惊人的，如果能够掌握协同作用更多的内在机制，并妥善利用协同作用，人类社会的发展水平也将达到前所未有的高度。我们可以畅想，在一个高度协同的人类社会，或许我们不再会有浪费与无畏的斗争，取而代之的是高效的社会运行与人类文明的高度繁荣。

1.2.2 协同学及其发展

"协同"（synergy）一词原意是指人体各器官和部位的协同作用，或治疗时各种药物之间的配合作用。根据维基百科所提供的资料，"synergy"是指一个整体的创造，这个整体大于其各个部分的简单加和，这个单词来源于希腊词汇synergia，意思是"一起工作"。因此，"协同"不是一般的配合，而应是各方面密切和有机的协调。协同学中的"协同"指的是复杂系统中各组成要素之间，各子系统之间在操作运行过程中的合作、协调、同步。"协同"的结果是使得整个系统在宏观上表现为有序化。

在 1.2.1 节中，我们已经提到了这个世界无处不在的协同作用。事实上，人们早就从各种不同的角度提出并研究了系统中的协同性，并以不同的名目定量研究了不同类型的协同现象，如在物理学中的平衡相变理论，数学中的突变理论、稳定性理论、分岔理论、动力系统微分方程理论，非平衡热力学中的耗散结构理论，生物物理学中的超循环理论等。德国物理学家哈肯（H. Haken）以"协同学"名义把这类问题归纳在一起，提出了一整套处理这类问题的思路和方法，建立了别具一格的新的横断学科。

协同学亦称协同论或协和学，是研究不同事物共同特征及其协同机理的新兴学科[22]，是关于系统中各个子系统之间相互竞争、相互合作的科学。协同理论或协同学（Synergetics）是系统科学中非常具有代表性的领域之一，由哈肯在1971 年正式撰文提出，并在 1973 年随着国际会议论文集《协同学》的出版而诞生[23]。该学科在研究激光理论的基础上，吸取了系统论、信息论、控制论、突变论等学科理论的丰富营养，长期以来引起了国际学术界的热烈讨论。1976 年出版的《协同学导论》系统地对协同理论进行了综述[24]。该书中，哈肯正式提出了协同学理论，并提出了序参量和支配原理的概念，整套理论结合平衡相变理论、激光理论、信息理论、控制理论等，建立了一系列用于处理非平衡相变的理论和方法[25]。随后在 1983 年，哈肯发表了《高等协同学》一书，至此，协同学理论的完整体系也最终形成。其中，包括后续出版的协同学：《最新趋势与发展》《20 世纪 80 年代的物理思想》以及《信息与自组织》等专著在内，哈肯所撰写的协同学著作无疑具有跨时代的影响，至今仍是系统科学领域的经典之作。在哈肯创立协同学之后，各国学者纷纷加入到协同学及其应用研究的队伍[26]。

俄罗斯学术界对于协同学进行了广泛的应用尝试，涉及从生物学、物理学、化学等自然科学领域到社会学、经济学、心理学等人文社会科学领域。与此同时，诸多不同的视角也催生了对协同学的一些独到认识与理解。多数学者认为协同学就是广义的自组织理论，是新的总结式的研究复杂系统自组织基本规律的科学；有部分学者认为协同学是对复杂行为的科学思想、方法及模式进行跨学科分析，其实也是科学哲学的一个研究方向，开拓了思维中关于人和世界的潜力；还有一部分学者认为协同学是关于意想不到现象的科学，是对前两种的补充[26]。

1.2.3 协同学中的重要概念与原理

协同学主要研究远离平衡态的开放系统在与外界有物质或能量交换的情况下，如何通过自己内部协同作用，自发地出现时间、空间和功能上的有序结构。协同理论中役使、支配、协同作用、序参量、自组织等术语早已成为了系统科学中的经典[12]，整个理论可以概括为协同效应、伺服原理和自组织三个方面，理论的研究成果具有普适性特征[27]。在系统科学领域，协同学的研究成果已经得到了广泛的认可，自组织、协同等相关的特性已经被公认为是系统的基本特性。在本节中，我们将概括地介绍协同学中广受认可的各个重要理论观点，这些观点也是本书所提出理论的关键基础。

1.2.3.1 子系统

在协同学中，子系统是一个重要的概念。哈肯认为，一切研究对象都是由组元、部分或子系统构成的系统，这些子系统彼此之间会通过物质、能量或者信息交换等方式相互作用[28]。换句话说，协同学把所研究的对象都称为系统，而把组成系统的下一个层次称为子系统，系统和子系统是相对而言的。

在协同学的理论框架下，系统在宏观上的性质和变化特征，是由于子系统之间的不同的关联和协同方式所决定的。系统的结构是构成它的大量子系统之间的组织状态以及相互联系的反映。系统结构分为空间结构、时间结构和时空结构。当系统具有一定的结构时，便对外界的作用表现出一定的特征和能力，这时系统就具备了某种功能[29]。因此，在某种意义上，协同学主要就是研究系统中的这些子系统是如何通过相互协作而形成系统在宏观尺度上的空间结构、时间结构或功能结构的。

1.2.3.2 有序和无序

无论是耗散结构理论还是协同学，都是围绕着系统如何从无序状态转变为时间、空间或功能的有序状态的条件、规律进行研究的，本书所述的物质流-能量流-信息流协同理论也是围绕这一核心问题。某种意义上，对协同作用或协同效应的探究，都是为了更好地实现系统从无序向有序的有效演化。因此，"有序"和"无序"是包括本书所述理论在内的所有协同相关理论的重要基础。

"序"在《辞海》中解释为"按次第区分、排列"。自然科学中把对两个元素之间关系的确定用序来表示。在数学中，对"序"有严格的定义，认为序是一种具有传递性、反对称性和自反性的二元关系。所谓"有序"，是指事物内部的诸要素和事物之间有规则的联系或转化，这是相对于"无序"而言。而"无序"是指事物内部诸要素或事物之间混乱且无规则的组合或联系，在运动转化上的无规律性[29-30]。人们常用有序和无序来描述系统的状态，特别是描述由多个子系统组成的系统的状态。例如，当学生按次序排列整齐时，可称为此时系统呈有序状态；而当学生随意走动时，则认为此时系统处于无序状态。

在热力学中，用熵的概念来描述系统的有序程度或混乱程度。熵越大，系统就越混乱越无序；熵越小，系统的混乱程度越低，即系统越有序。热力学平衡态是系统熵最大的状态，也是最无序的状态。在研究系统的演化过程中，可以首先通过熵的计算来确定系统状态的有序程度，然后再根据状态有序程度的变化来判断系统的演化方向。如果系统演化过程中，系统的熵是减小的，那么说明系统是向着有序程度增加的方向演化；反之，则是向着有序程度降低的方向演化。

值得一提的是，有序和无序在一定条件下是可以相互转化的。对于有序和无序之间的转化可以看作是系统的演化行为。一般研究系统在有序状况不改变，即系统从一种有序转变到另一种有序的情况下所呈现的演化行为，往往表现出来的是量的连续变化，这反映了系统状态的渐变行为。而当系统演化过程中出现了有序向无序的转变时，这实际上是发生了质变，这时系统的功能、结构和性质也发生了改变。讨论系统有序程度的转变过程，实际上是从一个较高的层次上来分析系统的演化，这样就可以避免从讨论系统的演化轨迹的角度去研究一个复杂系统的演化过程。讨论系统的演化轨迹往往是很复杂的，而且不易讨论清楚。物理学中对各种相变现象的研究，就是研究系统状态在一定条件下从有序到无序，或从无序到有序的转变过程及规律。

1.2.3.3　快变量和慢变量

在系统中，针对临界行为，系统参量（状态参量）可分为两类。绝大多数参量仅在短时间内起作用，它们的临界阻尼大、衰减变化快，对系统的演化过程、临界特征和发展前途不起明显的作用，这类参量称为快变量（快弛豫变量）。另一类参量只有一个或少数几个，它们出现临界无阻尼现象，在演化过程中从始至终都起作用，并且得到多数子系统的响应，起着支配子系统行为的主导作用，系统演化的速度和进程都由它决定，这就是慢变量（慢弛豫变量）[31-32]。由此可见，快变量服从于慢变量，而慢变量真正主宰着整个系统演化的方向，决定了系统的有序状态。

绝热消去法是在所建立的系统众多状态变量当中消去快变量、找寻慢变量的方法[32]。绝热消去法是非常有用的方法，当系统的演化不能用方程加以描述时，绝热消去的思想仍然可以运用到系统模式建立的分析中。事实上，可以在直观上发现系统演化过程中的各种变量变化的快慢，注意系统的慢变量，或者注意系统的各个变量的寿命长短，就可以大致通过比较忽略的方法寻找序参量。

1.2.3.4　序参量

序参量是伺服原理中最重要的概念，其与慢变量有着密切的内在联系。它是指与外界不断进行物质、信息、能量交换的非平衡状态的系统能够通过系统内部各子系统、各要素之间的协同作用在由无序演化至有序的临界点或临界点附近，对系统状态的变化起着支配或主导的变量[33]。

协同学认为，系统的自组织过程就是系统内部大量子系统在运行状态下相互作用的过程，也就是大量子系统在相互作用中产生了序参量，而序参量又来支配这些子系统趋向协同的过程。序参量是通过自组织状态来维持的。序参量的变化支配着其他参量，其他参量的变化也会影响序参量，使序参量的大小出现一些波动，但序参量对其他参量的作用总是通过正反馈来加强它自身直到饱和为止。在不同现象中，子系统之间的关联和耦合形式是不同的，它集中地体现在序参量对子系统的反馈控制的不同机理上。系统的信息作用体现在序参量的变化上，当序参量变化时它会通过信息反馈来控制子系统的行为。序参量是通过正的信息反馈才使系统维持在这种结果上的[29]。

序参量的概念最早是由物理学家朗道提出，并用来描述平衡态下连续相变过程中新结构有序程度的量。哈肯将序参量借鉴到协同学中，把它作为度量系统宏观状态或形成模式的有序程度的宏观参量。序参量是系统内部各子系统在相互竞争、相互协同的过程中的产物，序参量一旦形成，并起到支配或役使子系统的作用，主宰着系统整体演化的全过程。序参量是系统相变前后所发生的质的飞跃的最突出标志，其与慢变量有着强烈的内在关联。它表示着系统的有序结构和类型，是所有子系统对协同运动的贡献总和，是子系统介入协同运动程度的集中体现。协同学中的序参量有以下特点：一是由于协同学研究的是系统的宏观行为，所以引入的序参量是宏观参量，用于描述系统的整体行为；二是序参量是微观子系统集体运动的产物、合作效应的表征和度量；三是序参量支配子系统的行为，主宰着系统演化过程[29]。

值得注意的是，序参量的产生并不一定只有一个，而是可能会有几个，这些不同的序参量代表着不同的系统演化模式，只有当这些序参量通过相互竞争和协同使得其中一个或几个序参量战胜了其他序参量而取得了主导地位时，系统才会按照主导序参量的模式进行演化。系统在临界点处，有时会有几个序参量同时存在，此时序参量之间也会自动协调，它们合作起来协同一致地控制系统，系统的宏观结构由几个序参量共同来决定。然而，随着控制参量的继续变化，处于合作中的几个序参量的地位和作用也在变化，序参量之间的竞争也日趋激烈，一旦控制参量达到一个新的阈值时，最终只有一个序参量单独控制系统[31]。

1.2.3.5　控制参量

外部环境中作用于系统本身的物质、能量以及信息等要素都会对系统内部的协同效应产生影响，这些来自外界环境的影响因素即为控制参量。这些控制参量能够对系统的演化产生影响，当系统在控制参量的驱使下越过临界点时，新的有序结构便会因此形成[32]。与前面所提到的快慢变量不同，控制参量是来自系统外部的影响因素，而包括序参量在内的快慢变量则属于系统内部的因素。

从子系统的角度来说，控制参量的变化，起着改变子系统之间关联强弱和改变子系统独立运动与协同运动的相对地位的作用。例如，没有温度的降低来减少分子热运动动能（独立运动）和同时增加分子之间的相互作用（关联），水是不能结成冰的。因此，环境不提供促成子系统之间关联的转化条件，系统是不可能产生自组织的。但有一个有趣的现象是：外界以无规则形式给系统提供能量和物质，然而自组织结构能够把这些无规则形式的能量和物质转变为有序的形式[29]。

1.2.3.6 涨落

即使系统处于有序状态，也并不是说子系统无规律的独立运动会完全停止。子系统的独立运动以及它们各种可能产生的局部耦合，加上环境条件的随机波动等，都反映在系统的宏观量的瞬时值经常会偏离其平均值而出现的起伏上，这种偏离平均值的起伏现象就叫涨落[29,31-32]。当系统处于稳定状态时，这种涨落的幅度与宏观量相比是很小的，并且衰减又快，因此常常可以把它忽略。然而，当系统刚刚进入临界点时，子系统自发的独立运动与它们之间关联所形成的协同运动也进入了均势阶段。在这个混乱无序的过渡阶段的初期，子系统间的各种可能的耦合相当活跃，而且这些局部耦合所形成的涨落不断冲击着系统，由于系统的无序和混乱就使涨落相对地变大。只有那个得到了大多数子系统很快响应的涨落，由局部波及系统，得到放大，成为推动系统进入新的有序状态的巨涨落。在巨涨落的影响下，系统将发生演化，旧的有序结构被打破，新的有序结构就此形成。

涨落是协同学将随机论和动力论完美结合的体现。从随机论来看，涨落是形成有序结构的动力，是有序之源。从动力学来看，系统演化的结局是由边界条件决定的。事实上，虽然各种涨落的出现是偶然的，但只有符合边界条件的涨落才会得到响应和放大，才能转变为支配系统的序参量。

1.2.3.7 自组织

与受外界控制的"他组织"不同，在一定的环境条件下，由系统内部自身组织起来的，并通过各种形式的信息反馈来控制和强化着这种组织的结果，这种组织就称为自组织。相应的理论叫自组织理论，该理论是协同学的核心理论，对系统自组织过程原因和机理的探究与解释是哈肯的重要贡献[32]。人类很可能是目前世界上最复杂最高级的自组织结构机体[29,31]。

关于自组织，哈肯是这样描述的：对于一个工人集体，如果没有外部命令，而是靠某种互相默契，工人们协同工作，各尽职责来生产产品，我们把这种过程称为"自组织"。而从自组织与他组织这一组相对概念的角度出发，自组织是指在缺乏外部指令干预的条件下，系统内部各要素会遵循某种规则与秩序自发形成有序的结构和功能，并且通过内部的信息与物质等的交换强化此种有序的演化过程，具有内在性与自发性的特征[34]。

在自组织理论的框架下，哈肯提出了"自组织系统"的概念，将这种系统定义为"在一定物质和能量的支持下，可以自发协调各元素之间的关系，完成特定功能的系统"。显然，自然界和人类社会中的任何系统都可以通过其内部子系统之间的相互作用与协作，形成具有一定功能的自组织系统。

1.2.3.8 协同效应

协同效应原本为一种物理化学现象，是指两种或两种以上的组分相加或调配在一起，所产生的作用大于各种组分单独应用时作用的总和。在协同学的理论框架下，系统的整体性与协同效应有着密切的内在联系。

协同学认为，在任何一个开放的复杂系统内部，其构成要素及子系统之间不仅仅存在着无规则的独立运动，同时还必然存在着一定有序的关联运动[33]。当外界出现的环境变化（控制参量）达到一定阈值时，系统内部各要素间或子系统之间的关联运动便会取代要素或子系统的独立运动，成为决定系统发展方向的主要运动，并且系统内部各要素或子系统都会服从于整体，从而使得系统整体出现协同效应。此时，系统通过系统内各子系统的相互协同作用，呈现出系统的整体功能或效益要大于各个部分功能之和，即常说的"2+2=5"或"1+1>2"效应，这种效应便是协同合作产生的协同效应[24,35]。

哈肯认为这种协同效应是任何复杂系统中都必然存在的一种自组织能力，是形成系统有序结构的内部作用力，这就是协同效应的基本原理。协同效应原理使我们明白，要使得复杂系统成为一个有序结构，关键就是要使系统内部各要素或子系统产生协同效应。从某种意义上来说，协同效应是复杂大系统形成有序结构的前提，协同效应催生了有序。

1.2.3.9 伺服原理

伺服原理也称支配原理或役使原理，是协同理论中的基本原理之一。这一原理与前面所提到的快变量、慢变量，特别是序参量，有着重要的联系。将这一原理概括为一句话就是：快变量服从慢变量，序参量支配子系统[33]。

在系统演化的过程中，其内部各状态参量对系统影响是不平衡的，表面上是影响时间长短的差异，实际上是快变量伺服于慢变量的过程[32]。虽然序参量在系统中的数量不多，但它们却能够对系统的有序程度进行描述，并且决定整个系统的发展方向。序参量与快变量之间的关系是支配与被支配的关系，序参量在临界点附近能够支配快变量，从而形成少数的序参量支配大量快变量的情形。当系统走向非平衡状态，即系统的稳定性走向破灭的临界点时，序参量与快变量对于系统的影响尤其是对系统发展走向的影响的差异性则会立即得到体现。快变量对系统发展难以造成实质性的影响，而慢变量虽然作用发挥较为缓慢，但却一直持续影响着系统演化进程及最终走向[24]。

伺服原理对于系统演化有着重要的意义，尽管系统参量数量众多，但真正支配系统演化发展的主要因素，即序参量，往往数量并不多。相较于全面地掌控系统的所有参量，把握并控制少数关键的序参量显然更为高效可行。尽管如此，序参量与快变量之间的地位也并不是绝对不变的，在一定条件下两者之间也会发生一定转化，尤其当输入的能量、信息等发生变更时，可能就会导致序参量变为快变量，而快变量中的一种或者几种又会变成系统中的序参量。

1.2.3.10 自组织原理

协同理论中的自组织原理主要针对的是系统内各要素或子系统之间的协同，并认为这种协同是自组织过程的基础，系统内部各序参量之间的竞争及协同作用是使整个系统产生新结构的根源。自组织原理实际上阐明了开放复杂系统中大量要素或子系统的集体、自发、自动的协同合作效应，并认为这种效应是系统自身内部矛盾运动的最终结果。根据自组织原理，如果要真正发挥系统功能，就需要注重提高系统的自组织能力，使系统内部的要素或子系统能够发挥协调合作效应[24]。

哈肯认为，实现系统发生自组织行为最重要的三个条件是系统的开放性、系统的非平衡性和系统的非线性作用。首先，开放性是系统能够发挥协同效应，形成有序结构的前提。如果系统不能与外部环境沟通交流，系统就会逐渐失去自我升级演化的动力，发生从有序转化为无序的变化，甚至系统最终会消散而不再存在。其次，系统的非平衡性是指系统处在无序运行的状态。系统在与外部环境沟通交流的过程中逐步从无序走向有序而实现系统内部结构的功能协调。这个过程不是一次性的，而是不断循环发展或阶梯上升的，这个过程是从低级有序向高级有序变化发展的过程。系统要发生这样的转变同样需要系统保持开放，接受外部物质流、能量流与信息流的作用。最后，非线性作用是引起巨涨落的基础。系统内部的子系统以及构成子系统的各要素之间不是相互独立，而是相互联系、相互影响的，这种关系导致了子系统及各要素之间的相互作用。系统的运行状态就是这种相互作用的结果。非线性作用是指子系统以及子系统内部各要素之间的作用的一种情况。在这种情况下，系统中的任何变量发生了微小的变化，就会导致系统发生巨大的变化[33]。

自组织系统在实现空间的、时间的或功能的结构过程中，往往没有受到外界的特定干扰，即外界没有对系统施加作用和影响，而仅是依靠系统内部的相互作用来达到的。从效果上看，自组织和组织现象一样，都是系统达到了一定的目的，实现了某种确定的状态。但它们之间的根本区别在于：同样对于系统新状态的出现、新功能的形成、一定目的的达到，其原因不同。对于组织系统，原因出于系统之外；而自组织系统，原因产生于系统内部。然而，仅从判断组织现象出现的原因是外界提供的还是内部产生的，来确定系统是组织还是自组织是不够的，因为每个系统必然与外界相联系，并与外界环境连续不断地进行物质、能量和信息的交换，也就是说每个系统的演化都是在一定外界环境中进行的。实际上，正如哲学中所说的"外因是事物变化的条件，内因是事物变化的根据"[36]，在系统演化的过程中，内因决定了系统演化（发生质变）所得到组织的形式、状态的性质特点等，外因决定系统组织进程能否实现。

1.3 协同学在我国的研究应用

协同学的独特魅力显然远远不局限于国际学术圈。随着系统科学的新思想涌入我国，"协同"以及协同学开始受到我国学者的重视，并在诸多领域得以应用，这一趋势大致开始于 2000 年。时至今日，"协同"一词早已深入从企业经营到国家治理的方方面面，区域与产业的协同发展早已纳入我国的重大顶层战略。

正如俄罗斯学者对协同学的评述，协同学是对复杂行为的科学思想、方法及模式进行跨学科分析，其本身也具有很强的哲学性。将协同的独特思想与观点引入对所有不同复杂系统的研究中，必将带来诸多新的突破。如何发掘、形成并运用协同效应，已成为了我国诸多研究领域的重要课题之一。在本节中，我们将简要地列举协同学在国内几个领域或话题下的应用。

1.3.1 交通运输与物流

交通运输服务是社会运转中非常重要的一部分，没有交通运输服务，现代社会的物质、能量与信息流动将远不足以满足需求。涉及交通运输有关的系统显然都是复杂的网状大系统，除了海陆空的客运体系，这其中也必然涉及所有与物流相关的货运体系。协同学对于交通运输的重要意义是毋庸置疑的，这个意义也是多方面的。

从整个社会生态系统的角度来看，交通运输相关的系统，包括物流系统在内，都是整个大系统中重要的子系统。而这一子系统与其他子系统之间的协同效应，对于整个社会的演化发展是十分重要的。为了维持社会的高效运转，交通运输需要与整个供应链体系形成协同合作的关系，例如港口与铁路之间的协同合作[37]，以及电子商务与快递行业的协同发展[38]。物流业的无处不在使得物流业与几乎所有产业及地区经济都有着密切联系，例如国内还探讨了物流业与金融业协同发展的机制[39]，以及道路运输业与经济社会发展间的协调适应度[40]。产业间的协同发展将带来惊人的力量，良好的协同效应必将促进社会经济整体有序发展。

在整个过程中，物流运输不可避免地会产生可观的温室气体排放，并催生其他生态环境问题。因此，人们也需要关心物流运输与人类社会可持续发展之间的关系，并寻求更好的解决方案，例如探究物流运输与环境发展之间的协同关系[41]。

相较于整个社会的视角，对于交通运输或物流内部协同问题的探讨似乎更为重要。物流领域的协同研究包括第三方物流战略联盟协同研究，物流网络、物流资源协同研究，货运系统协同研究以及冷链物流的协同研究等[32,42]。相关研究表明，物流联盟是一种彼此满足对方需求、共享利益、共担风险、并为彼此共同的战略目标实施协作组织的持久性关系，而物流运营方、物流服务提供方和物流服务中间方三者的有效协同是降低物流总成本的关键，协同对于物流资源的优化配置具有重要意义。国内研究对于货运体系的优化也进行了分析，包括利用协同学模型对各平台公司班列间的货运方案进行优化[43]，从协同学的角度去分析众多班列间的竞合与协同效能，并探索班列货运协同组织优化模式[32]。除了协同学的相关理论，部分研究还运用了系统动力学的方法，并综合地探究了物流系统的自组织演化和协同度等问题[44]。除物流领域，协同学也被用于客运的研究中，例如通过建立协同模型，分析公路客运与城际铁路的协同关系，为城际铁路与公路客运的一体化发展提供理论依据[45]。

1.3.2 地区与区域的协同、可持续发展

地区与区域的协同发展在我国早已上升到重要的战略层面，这其中包括"京津冀协同发展""长江经济带"以及"一带一路"等重要的国家级战略纲领，这些区域协同发展战略是经济新常态下拉动我国区域经济发展的重要举措。京津冀协同发展，其核心是三地作为一个整体协同发展，以疏解非首都核心功能、解决北京"大城市病"为基本出发点，目标是推动现代化新型首都圈目标同向、措施一体、优势互补、互利共赢的协同发展新格局。

这样重要的国家级战略纲领并非是空中楼阁，这样宏大的规划背后，协同学为地区与区域发展提供了重要的理论支持。区域协同性来源于区域组织能力和城际合作精神，协同性是区域多中心城市通过协同发展产生"1 + 1>2"的溢出效应的精髓所在。国外学者对于相关问题早已开始了相关研究，此前的研究表明，不均衡的社会、经济发展严重阻碍了区域内的互补性的协同发展[46]，协同效应主要通过互补、合作以及由两者结合形成的正外部性这三种形式影响多中心区域经济体[47]。由于城市系统变得具有高度复杂性和相互依赖性，通过系统性方法实现协同发展[48]，或者说，城市群之间利用协同效应的相互协调、组织和创造来加速城市经济、社会和环境快速发展，这些已经是不争的事实[49]。区域城市之间的联系和互动不仅仅会带来经济上的协同发展，也会带来城市间生态环境方面的协同治理，最终降低城市的生态风险[50]。

我国学者对于地区与区域的协同发展也开展了大量的研究，这些逐渐深入与

细化的研究对于支持我国地区经济发展有着重要意义。认识论是研究的前提，有学者依据协同学理论，认为城市群是由节点城市、相互链接和动态信息流、物质流不断交换的复杂开放系统构成的，正是由于不同主体间的相互协同交换作用使城市群系统由无序到有序、低级有序向高级有序的自组织系统演化[51]。在此基础上，有学者以某些地区为样本，研究了区域协同发展的时空格局演变特征[52]，以及构建了区域创新系统协同演进模型[53]，进一步地探究了我国区域协同发展演进的基本规律。考虑到协同效应对于区域发展的重要意义，通过怎样的机制来有效地实现协同发展，则显得尤为重要，而这也成为了我国学者探讨的重要话题之一。多数学者认可市场机制与政府作用机制这两大方面，特别是政策对于区域经济协同发展至关重要，政府作用也是传统的区域利益协调主要手段[54]。但随着研究的逐步深入，更多的创新机制也被提出与强调，而且区域协同发展机制要细化，要具有针对性、指导性和创新性[55-58]。

尽管我国在推动地区与区域协同发展方面有着坚定不移的决心，但探索的过程并非总是一帆风顺，一些因素对于协同发展的影响不可忽视。产业问题已被证实是一项重要的影响因素[59]，在推进京津冀协同发展的过程中，有学者已经认识到产业良性互动缺乏、内部经济差异化造成的要素流动的单向性和协同治理机制的不完善等因素阻碍了区域的协同发展，而究其本质原因是三地不平等的政治经济地位、各自为利的发展理念以及顶层设计的缺位与错位[60]。因此，这就要求全面提升区域开放度、化解地方保护主义、打破行政壁垒，建立政府间的合作机制，构建交通网络体系与一体化的管理体系，最终实现区域优势互补[61-63]。

在我们探讨经济发展的同时，也不可忽视区域的可持续发展，这就要求地区发展不可仅仅关注经济，还要关注更多的方面。无论我们按照怎样的构成方式来分析社会，整个社会都是一个复杂的大系统，是一个多系统耦合的集合体，这也意味着系统中各个要素之间必然相互影响、不可分割。在传统的经济发展视域下，我们认为生态保护与经济增长的关系是对立的，甚至在我国的工业化道路上，有相当长的时间都是处于"先污染后治理"的状态。随着我国对于可持续发展的高度重视，如何实现经济、能源、环境的协同发展成为了一项关键挑战。为了衡量并推进区域的可持续发展，有学者对"经济-能源-环境"复合系统的协调度展开了研究，随着三大子系统协调发展的协调度模型的建立，区域发展将有可能逐步朝向可持续的方向迈进[64]。结合协同学的理念与观点，越来越多的学者认识到，可持续发展的核心是人与人之间的协同、人与自然之间的协同[65]，人地协同进化对于区域可持续发展至关重要[66]，在追求绿色可持续发展的过程中，我们需要尽可能减少负外部性，而这一切都建立在协同与相互依存之上[67]。如何形成最优的协同方式和不同政策间的协同，避免协同失败和负效应，这些问题都将在长期内成为我国可持续发展探索路上的重点与核心[68]。

1.3.3 供应链、产业发展与企业管理

产业与企业管理中间的协同效应是协同学主要探讨的领域之一，也是协同学最早探讨的领域之一。从人与人之间的工作协作到产业之间的协同发展，这些看似复杂的关系却充满着和谐、统一、有序。这些关系推动着一个个复杂的生态系统从无序走向有序，呈现出不可思议的整体效应。整个产业供应链的协同演化发展将推动整个产业发生重大变革，而企业内部的协同效应将决定性地影响整个企业的进化。

我国学者基于协同学的相关理论，对商业生态系统进行了分析研究，发现商业生态系统的演化发展遵循"集合定律"，其动力来自系统内部各子系统间的竞争和协同，具体机制是商业生态系统内部各成员通过竞争实现协同并产生序参量，序参量反过来支配和推动系统的演化发展，实现协同进化[69]。协同的机理是通过竞争达成协作，实现资源和机制的互补，使企业形成平衡的发展目标和更高水平的决策机制，推动了企业经济效益的提升[70]。这样的合作与竞争关系对于同一个产业而言显然是有着积极意义的，一方独大的垄断市场显然会严重抑制行业活力，而多元化的产业形成的协同效应，将通过大量的合作、竞争最终推动产业的演化，形成最终高效、有序的新局面。

以协同的视角来探讨供应链内的关系也有着重要的意义，整个供应链的协同效应对价值的积累将产生显著影响，有国外学者将供应链协同定义为不同的实体共同运营，共享流程、数据和技术以实现供应链的价值最大化[71]。各项研究对于供应链中间关系质量的重视也进一步支持了相关观点[72-74]。在这个方面，我国学者从协同的角度探讨了烟草第三方物流管理的问题，研究了供应商的选择、评价、管理以及供应商的协同问题[75]。对于汽车行业的制造与供应平衡问题，有学者从合作伙伴关系入手，通过建立汽车制造商与供应商供需系统协同度模型，并用算例定量测度了供需系统的协同管理效果，最终为供应链合作伙伴关系提供了一种定量分析方法[76]。还有学者站在产学研结合的独特视角探讨了大学与战略性新兴产业协同发展的问题，其深入探讨了大学人才供给体系以及研发创新与产业需求错位的问题，这就需要"产业链—学科链—专业链"的契合贯通，通过协同效应实现优势资源整合互补，最终推动整个战略性新兴产业的发展进步[29]。

随着管理理论的逐步深入，现代组织管理越来越具备系统思维，我们应将组织看作一个个组织生态系统，不仅企业要与外部环境和谐共生，企业自身发展与内部的自组织、协同效应也密切相关。我国学者讨论了协同学和企业管理的关系，其认为协同学对企业的重要性在于提出了"支配原理（使役原理）"和"集体行为"模式[77]。关于企业文化，有学者运用协同学中的一系列理论进行了

分析，认为企业文化系统满足耗散结构形成条件，该系统的自组织结果就是企业文化，而在企业文化形成过程中，激励措施、企业领导者对于文化的态度以及企业成员对于文化的支持是三个必不可少的要素[78]。还有学者着重关注了企业人力资源管理问题，基于协同学提出了协同管理模式，并对协同管理模式的本质特征、研究和应用领域进行了分析，从而进一步提出了人力资源协同管理模式，对企业人力资源规划、人力资源招聘、人力资源培训、人力资源绩效考评进行了协同性分析，并采用可视化建模语言 UML 构建了功能模型和协同模型[79]。

1.3.4 教育与教学

在协同学的多数应用中，探讨的对象往往是企业、产业或地区等庞大的宏观社会系统。如果尝试从整个社会的功能中进行剥离，那么教育必然也是一项重要的社会功能，其针对的对象，看似是简单个体却又可能是最为复杂的系统——人。人类社会的教育系统包括家庭教育系统、学校教育系统和社会教育系统，每个系统中都有大量的学生、教师、家长以及其他社会角色的参与。因此，教育事业是一项协同性非常强的系统工程，"协同教育"等相关理念也在近年来得到了我国学者的高度重视。三大教育系统如何形成有效的协同机制，教育过程中的主体与各过程之间如何协同，这些问题都值得深入讨论。习近平总书记在全国教育大会上的重要讲话强调了理论方法创新和协同教育机制的重要性，形成家庭、学校、政府和社会之间的协同机制更是重中之重。

协同理论中的重要观点对于探讨分析教育与教学工作是具有启发性的。对于教育事业，我国学者运用协同学的理论与原理，尝试分析了幼儿协同教育中的困境[80]，探索了职业标准与专业教学标准联动开发的机制[81]，并深入探讨了将协同学运用于教育研究的现实可能性及其障碍[82]。回归教育的本质，我们不难发现，每个学生都是一个独一无二的开放、复杂大系统，而教育过程中的所有要素以及过程构成了庞大的教育系统。为了有效地实现演化与发展，教育教学要努力维持一种协调、平衡的状态，通过提高效率来减轻学生负担，这也是协同教学的本质特征。

针对不同学科的教学工作，我国学者也尝试运用了协同学的相关理论来优化课堂教学，涉及的学科领域包括但不限于体育[83-86]、思想政治教育[87]、外语[88]、语文[89]、物理[90] 以及声乐[91]。这些研究关注课堂教学实践以及相关因素，旨在找出优化教学过程的关键问题，形成良好的教学秩序。除了中小学传统的课堂教育，针对高等院校的研究也有运用协同学的例子，这些研究探讨了包括研究生培养[92-93]、高校价值创造[94] 以及高职学生教育管理[95] 等方面的问题。从我国教育教学领域的研究可以看出，协同学中的重要观点是非常富有启发性的，将协同的观点带入工作中的每个细节进行思考，不断尝试提升教育工作的质量与效率，这无疑与"协同教育"这一大方针形成了良好的呼应。

参 考 文 献

［1］闵家胤. 社会系统等级结构研究（研究性论文集）［M］. 北京：中国社会科学出版社，2011.

［2］涂序彦. 大系统控制论［M］. 北京：国防工业出版社，1994.

［3］闵家胤. 系统和系统科学［J］. 系统科学学报，2011（4）：4-7.

［4］钟永光，贾晓菁，钱颖. 系统动力学［M］. 2版. 北京：科学出版社，2013.

［5］丹尼斯·舍伍德. 系统思考［M］. 白金版. 北京：机械工业出版社，2014.

［6］曹凑贵. 生态学概论［M］. 2版. 北京：高等教育出版社，2006.

［7］闵家胤. 系统科学的对象、方法及其哲学意义［J］. 哲学研究，1992（6）：27-35.

［8］张波，袁永根. 系统思考和系统动力学的理论与实践——科学决策的思想，方法和工具［M］. 北京：中国环境科学出版社，2010.

［9］王其藩. 系统动力学［M］. 修订版. 上海：上海财经大学出版社，2009.

［10］王其藩. 高级系统动力学［M］. 北京：清华大学出版社，1995.

［11］高隆昌，徐飞，陈绍坤. 系统学二象论：理论与方法［M］. 北京：科学出版社，2014.

［12］范冬萍. 复杂系统突现论［M］. 北京：人民出版社，2011.

［13］蔡林. 系统动力学在可持续发展研究中的应用［M］. 北京：中国环境科学出版社，2008.

［14］Ho Y C, Mitter S K. Directions in large-scale systems：many-person optimization and decentralized control［M］. Berlin：Springer Science & Business Media，2012.

［15］Mahmoud, Magdi S. Multilevel Systems Control and Applications：A Survey［J］. IEEE Transactions on Systems Man & Cybernetics，1977，7（3）：125-143.

［16］孙世霞. 复杂大系统建模与仿真的可信性评估研究［D］. 长沙：国防科学技术大学，2005.

［17］闵家胤. 关于"复杂性研究"和"复杂性科学"［J］. 系统辩证学学报，2003（7）：2-4.

［18］钱学森，于景元，戴汝为. 一个科学新领域——开放的复杂巨系统及其方法论［J］. 自然杂志，1990，13（1）：3-10.

［19］邱世明. 复杂适应系统协同理论，方法与应用研究［D］. 天津：天津大学，2003.

［20］郭治安，沈小峰. 协同论［M］. 太原：山西经济出版社，1991.

［21］哈肯. 协同学导论［M］. 西安：西北大学出版社，1981.

［22］王珊. 基于自组织理论的网络社会生态系统演化研究［D］. 北京：北京交通大学，2010.

［23］唐海丹. 物流运作中协同问题的研究［D］. 上海：上海海运学院，2002.

［24］杨睿. 基于协同学理论的思想政治教育方法创新研究［D］. 桂林：广西师范大学，2014.

［25］杨涛. 基于协同学和迁移学习的无人机避障系统的设计与实现［D］. 成都：电子科技大学，2019.

［26］付燕荣，邓念，彭其渊，等. 协同学理论与应用研究综述［J］. 天津职业技术师范大学学报，2015，25（1）：44-47.

［27］ 百度百科 . 协同理论 ［EB/OL］. https：//baike. baidu. com/item/%E5%8D%8F%E5%90%8C%E7%90%86%E8%AE%BA/767971.

［28］ Tschacher W, Haken H. Intentionality in non-equilibrium systems? The functional aspects of self-organized pattern formation ［J］. New Ideas in Psychology, 2007, 25（1）: 1-15.

［29］ 罗嘉 . 我国金融监管协同机制研究 ［D］. 长沙：湖南大学, 2010.

［30］ 许国志 . 系统科学 ［M］. 上海：上海科技教育出版社, 2000.

［31］ 孙玲 . 协同学理论方法及应用研究 ［D］. 哈尔滨：哈尔滨工程大学, 2009.

［32］ 振江 . 基于协同学理论的中欧（亚）班列货运组织优化研究 ［D］. 重庆：重庆工商大学, 2017.

［33］ 崔江婉 . 协同学理论视域下大学生思想政治教育研究 ［D］. 西安：西安建筑科技大学, 2017.

［34］ 吴振其 . 基于协同学理论的雄安新区与周边地区协同发展研究 ［D］. 秦皇岛：燕山大学, 2019.

［35］ 龙妍 . 基于物质流、能量流与信息流协同的大系统研究 ［D］. 武汉：华中科技大学, 2009.

［36］ 毛泽东 . 矛盾论 ［C］. 毛泽东选集（第一卷）. 北京：人民出版社, 1991.

［37］ Dobilinskas S. The role of port – railway collaboration in the logistics chain ［J］. Rail International, 2004, 35（Sep）: 12-14.

［38］ 罗琼 . 电子商务与快递行业供应链协同发展研究 ［D］. 重庆：重庆交通大学, 2013.

［39］ 张岩 . 基于协同学的物流金融协同系统研究 ［D］. 济南：山东大学, 2009.

［40］ 袁春旺, 杜莉 . 道路运输与经济社会发展的长期均衡研究——基于协整方程和协同学理论的检验 ［J］. 四川大学学报（哲学社会科学版）, 2015（4）: 105-114.

［41］ Miyamoto K, Udomsri R. An analysis system for integrated policy measures regarding land-use, transport and the environment in a metropolis ［M］. New York: Springer US, 1996.

［42］ Stefansson G. Collaborative logistics management and the role of third-party service providers ［J］. International Journal of Physical Distribution & Logistics Management, 2006, 36（2）: 76-92.

［43］ 富鹏飞 . 中欧班列华南地区运营的现状与分析 ［J］. 铁道经济研究, 2019（4）: 13-17.

［44］ 李国超 . 基于协同学的模块化物流系统演化过程与协同度测定研究 ［D］. 大连：大连海事大学, 2013.

［45］ 郑璐 . 公路客运与城际铁路协同发展研究 ［D］. 长春：吉林大学, 2008.

［46］ Knapp W, Schmitt P. Discourse on "metropolitan driving forces" and "uneven development": Germany and the rhineruhr conurbation – retracted ［J］. Regional Studies, 2008, 42: 1187-1204.

［47］ Cowell M. Polycentric regions: comparing complementarity and institutional governance in the san francisco bay area, the randstad and emilia-romagna ［J］. Urban Studies, 2010, 47（5）: 945-965.

［48］ Bai X, Surveyer A, Elmqvist T, et al. Defining and advancing a systems approach for sustainable cities ［J］. Current Opinion in Environmental Sustainability, 2016, 23: 69-78.

［49］Alfaro-García V G, Gil-Lafuente A M, Calderón G G A. A fuzzy approach to a municipality grouping model towards creation of synergies［J］. Computational and Mathematical Organization Theory, 2017, 23（3）: 391-408.

［50］Solecki W, Leichenko R, O'Brien K. Climate change adaptation strategies and disaster risk reduction in cities: connections, contentions, and synergies［J］. Current Opinion in Environmental Sustainability, 2011, 3（3）: 135-141.

［51］柴攀峰, 黄中伟. 基于协同发展的长三角城市群空间格局研究［J］. 经济地理, 2014, 34（6）: 75-79.

［52］王瑞荣. 协同学视域下湾区经济与区域协同发展研究——以杭州大湾区为例［J］. 统计与管理, 2018（12）: 29-33.

［53］苏屹, 姜雪松, 雷家骕, 等. 区域创新系统协同演进研究［J］. 中国软科学, 2016（3）: 44-61.

［54］蔡玉胜. 地方政府竞争下中国区域经济协调发展的路径选择——基于中国区域经济协调发展战略的分析［J］. 求实, 2006（5）: 35-37.

［55］吴传清, 刘陶, 李浩. 城市圈区域一体化发展的理论基础与协调机制探讨［J］. 经济前沿, 2005（12）: 26-30.

［56］丛屹, 王焱. 协同发展、合作治理、困境摆脱与京津冀体制机制创新［J］. 改革, 2014（6）: 75-81.

［57］柳建文. 中国区域协同发展的机制转型——基于国家三大区域发展战略的分析［J］. 天津社会科学, 2017（5）: 77-82.

［58］毛汉英. 京津冀协同发展的机制创新与区域政策研究［J］. 地理科学进展, 2017, 36（1）: 2-14.

［59］杨洁, 王艳, 刘晓. 京津冀区域产业协同发展路径探析［J］. 价值工程, 2009, 28（4）: 35-37.

［60］薄文广, 陈飞. 京津冀协同发展: 挑战与困境［J］. 南开学报（哲学社会科学版）, 2015（1）: 110-118.

［61］程云川, 陈利君. 区域合作中的产业转移问题——以泛珠三角为例［J］. 云南民族大学学报（哲学社会科学版）, 2009, 26（3）: 92-96.

［62］杨龙, 彭彦强. 理解中国地方政府合作——行政管辖权让渡的视角［J］. 政治学研究, 2009（4）: 61-66.

［63］薛艳杰, 王振. 长三角城市群协同发展研究［J］. 社会科学, 2016（5）: 50-58.

［64］续竞秦, 吕永成. 广西"经济—能源—环境"复合系统协调度实证分析［J］. 广西社会科学, 2005（4）: 127-129.

［65］郑广祥. 浅议可持续发展的协同作用与序参量［J］. 系统辩证学学报, 2003（2）: 68-70, 82.

［66］武锁庆. 人地协同进化与区域可持续发展［D］. 成都: 成都理工学院, 2001.

［67］Serbanica C, Constantin D L. Sustainable cities in central and eastern European countries. Moving towards smart specialization［J］. Habitat International, 2017, 68: 55-63.

［68］张国兴, 高秀林, 汪应洛, 等. 政策协同: 节能减排政策研究的新视角［J］. 系统工

程理论与实践，2014，34（3）：545-559.

[69] 吴建材，谢永平. 商业生态系统演化发展及其动力学分析——基于自组织理论的视角 [J]. 企业经济，2017，36（11）：96-101.

[70] 郭天超，程志超. 混合所有制改革对企业经济效益的提升机制研究——基于多元资本的协同 [J]. 商业经济研究，2016（2）：75-77.

[71] Finley F，Srikanth S. Imperatives for successful collaboration [J]. Supply Chain Management Review，2005，9：30-37.

[72] Zou H，Yu T. The Research on decision model of supply chain collaboration management [C] // The 4th International conference on wireless communications，networking and mobile computing，2008.

[73] Fynes B，Voss C. The moderating effect of buyer-supplier relationships on quality practices and performance [J]. International Journal of Operations & Production Management，2002，22（6）：589-613.

[74] Fynes B，Voss C，Búrca S D. The impact of supply chain relationship dynamics on manufacturing performance [J]. International Journal of Operations & Production Management，2005，25（1）：107-124.

[75] 刘洋. 基于协同学 F-AHP 熵模型的烟草 TPL 供应商协同研究 [D]. 济南：山东大学，2006.

[76] 张欣伟. 基于协同学的汽车制造商与供应商合作伙伴关系研究 [D]. 长春：吉林大学，2007.

[77] 魏中浩，陈洪，杜毅. 协同学和企业管理 [J]. 中国科技产业，2006（9）：65-69.

[78] 刘明举. 基于协同学的企业文化建立与变革研究 [D]. 天津：天津大学，2007.

[79] 李军鹏. 基于协同管理模式的企业人力资源管理模型研究 [D]. 合肥：合肥工业大学，2005.

[80] 吕利，王其红，徐雪. 基于协同学理论的家-园-区协同教育困境及其策略探析 [J]. 陕西学前师范学院学报，2020，36（1）：53-57.

[81] 李政. 职业标准与职业教育专业教学标准联动开发的协同学分析 [J]. 教育与职业，2015，（32）：13-17.

[82] 陈峰. 协同学理论及其在教育研究中的移植 [J]. 湖南师范大学社会科学学报，1993（4）：107-111.

[83] 苏尔健. 协同学视域下体育教学协同发展动力研究 [J]. 体育科技文献通报，2020，28（6）：156-158.

[84] 邵桂华. 协同学思想对体育教学的若干启示 [J]. 武汉体育学院学报，2006（2）：81-84.

[85] 张敬军，吴爱华. 从协同学思想看体育教学的发展趋势 [J]. 教学与管理，2009（3）：101-102.

[86] 张琪. 协同学视域下高校网球教学发展的研究 [J]. 体育科技文献通报，2020，28（1）：113，140.

[87] 李晓莉. 思想政治教育协同创新研究 [D]. 兰州：兰州大学，2016.

［88］华薇．外语教学中的协同学研究［J］．齐齐哈尔大学学报（哲学社会科学版），2001（4）：88-90.

［89］许书明．协同学与语文课堂教学整体优化［J］．四川师范大学学报（社会科学版），2004（4）：25-30.

［90］李秀华．协同学理论指导下的高中物理课堂教学实践研究［D］．兰州：西北师范大学，2009.

［91］刘丽娟．声乐演唱教学中的协同理论研究［D］．长沙：湖南师范大学，2006.

［92］肖艳．协同学在研究生培养中的应用——基于"上海研究生联合培养基地"的研究［J］．教育发展研究，2007（1）：71-73.

［93］徐亚清．研究生创新能力培养的协同分析与实证研究［D］．天津：河北工业大学，2009.

［94］王淑滨，田也壮．高等教育价值创造的效应分析［J］．哈尔滨工业大学学报（社会科学版），2008（3）：155-160.

［95］王利．协同学理论视域下高职学生教育管理探析［J］．教育与职业，2019（24）：45-48.

2 客观世界的三大基础

对于任何复杂大系统，都不可能轻易地从个体要素的层面来进行直接分析。如果探究一个企业的演化，即使知道并希望运用协同学来分析员工之间的协同效应，我们也不可能真正从个体层面实现这个工作。无论花费多大的力气，仅仅弄清个别员工之间的关系也是没有意义的。这意味着我们通常需要尝试将复杂大系统进行进一步地逐层细分，将分析单位从个体转化为子系统。

如何解构复杂大系统对于简化研究是至关重要的。实际上，对于任意一个系统，在面对不同的问题时，我们都可以有不同的解构方法。我们可以按照功能的不同进行子系统划分，也可以按照本质属性进行划分。是否允许一种思路的存在，进而催生一种普适的划分方法？这种划分方法不仅要适用于所有系统，而且能够确保划分结果不会重复或遗漏任何要素。因此，在本章中我们需要简要地探讨并明确客观世界的三大基础，并将依此引出后续提出的理论。

2.1 物质–能量–信息

构成客观世界的三大基础是物质、能量和信息。物质–能量–信息这一概念组是具有很大包容性的，任何与我们有关的系统显然都可以解构为这三类要素，且三要素缺一不可[1]。

科学史观认为，世界是由物质构成的，物质提供的是形体，没有物质，世界便虚无缥缈；能量是物质的属性，提供的是活力，是一切物质运动的动力，没有能量，物质就静止呆滞；信息是客观事物和主观认识相结合的产物，提供的是灵魂，没有信息，物质和能量既无从认识，也毫无用处[2-4]。这样的认识与美国哈佛大学研究小组所给出的著名物质–能量–信息三角形是一致的。在大量文献中，特别是生态、系统等领域，也都从物质、能量和信息的角度展开相关的研究：

（1）"……人们已经认识到，物质世界除了物质和能量之外，还存在着另一个基本要素——信息。因此，我们必须采用新的观点——信息的观点或物质、能量、信息三位一体的观点，来重新看待周围的世界。"——侯金川[4]

（2）"社会是由许多相关主体组成的群体以及与这些群体密切相关的物质、能量、信息的总和。"——李太杰[5]

（3）"生物与生物，生物与环境总是不可分割地相互联系、相互作用着，它们通过能量、物质、信息相互联结构成一个整体，这个整体就是生态系统。生态

系统的基本功能是能量流动、物质循环和信息传递。"——曹凑贵等[6]

（4）"在人类社会这个层次上，物质、能量和信息表现为原材料和其他自然资源，表现为由各种各样的技术开发和使用的多种形式的能量，表现为传达到社会成员和社会机构的、同样是多种形式的信息。"——E.拉兹洛[7]

（5）"人类生态系统的维持和发展都需要很高的能量和物质投入……推动自然生态系统和人类生态系统演进的机制不同，人类生态系统生物能流受到人工能流的强烈干预，整个系统的能量流动和物质循环由人类社会特有的强大信息流所导向。"——戴星翼[8]

（6）"以整个管理生态系统为主体，考察其内部组织系统同管理生态环境之间进行物质、能量、信息交换的复杂关系，就是管理学的研究对象。管理生态环境是指现实直接或间接作用于一定组织，并与一定组织进行着物质、能量、信息交流的管理生态因子。"——孔冬[9]

（7）"（对于人类生态巨系统）巨系统内的物质和能流遵循由自然，经过经济技术中介，向其顶级的社会消费的单向流动，并存在这样或那样的反馈环，按一定的规律进行交换与传递。从经济技术层输入的物质和能量，在此层中进行分配，以支撑整个系统的运行，并转化为人们的物质需要和精神需要。尽管社会环境层不是直接产生物质的，相反是耗散物质的，但它的软件、信息则是调控整个人类生态大系统的中心，是整个人类生态大系统的设计者和指挥中心。"——杨汉奎[10]

（8）"生物链是指在一个生态系统中，种群个体之间以信息、物质、能量彼此联系起来的按照一定的关系排列起来的能够完成一定功能的序列。人类每时每刻都在与自然系统的元素进行物质、能量和信息的交换，在人类进化的过程中，外界环境能量的流动作用在于，传达给人类丰富的信息，人类除了具有其他有机体吸收能量的能力外，还多了人类特有的认识能力——记忆和存储，这表现为人类文化。"——张晓春[11]

（9）"在人类生态系统中，人类是生态系统中最为活跃的因素，人构成了自然界食物网中最重要的一环，人类在与自然环境进行物质、能量和信息的交换中生存和发展。人类生态系统是以人的行为为主导，以自然环境为依托，以资源流动为命脉。"——胡萌萌等[12]

（10）"企业人力资源生态系统指的是企业内各种类型人力资源与周围的自然、社会环境共同组成的物质-能量-信息系统。"——颜爱民等[13]

（11）"钢铁生产过程的物理本质是物质、能量和信息在不同时空尺度上的流动/流变过程。"——F. Zhang 等[14]

物质与能量的广泛存在性是毋庸置疑的，无论是我们所生活的地球，还是所观测到的浩瀚宇宙，物质与能量都是必然存在的。因此，将物质与能量视为客观世界的重要基础是没有争议的，没有物质与能量，就没有我们现在所认知到的世界。虽然爱因斯坦质能方程的提出使我们意识到了物质与能量的内在可转换性，尤其是能量向物质转换的理论可能性，但在宏观的现实世界中，物质与能量仍然扮演着截然不同的角色，而正是它们之间的相互作用构成了我们这个生机勃勃的美丽世界。

尽管信息早就存在于客观世界，但相较于物质与能量，人们对于信息的认识起步较晚，认识到信息是一种独立的资源还是 20 世纪 80 年代以来的事情。当然，信息的重要性及其不可估量的价值，已在信息时代的今天被整个世界深刻感知。人类强烈的精神需求并非仅靠物质或能量就可以满足的，还需要来源于对信息资源的不断渴望，这样的渴望正是信息时代社会发展的原始驱动力。世间万物之间皆有信息的作用，这样的事实也使人们真正深刻地意识到，信息是客观世界的基本要素之一。

2.2　什么是信息

控制论的创始人诺伯特·维纳曾有一句影响深远的名言："信息就是信息，不是物质，也不是能量。"这句话在我们今天看来无疑是正确的，因为 2.1 节的论断已经明确地肯定了信息是不同于物质和能量的"第三要素"。但是维纳的这句名言，却让人们陷入了长久的迷惘，甚至几乎扼杀了所有想给信息下定义的企图[15]。自 20 世纪中叶以来，无论是日常工作生活，还是科研学术，人们都选择直接使用"信息"这一概念而尽量回避去定义它，而这导致的结果是，"信息"在任何语境下的真实含义都难以达到高度统一。

模糊化的使用导致了认知的混淆，以至于所谓的"信息"可能往往并非是信息，一些与信息毫不相干的事物也被贴上了"信息"的标签。我们可能常常讨论了一个物质实体（例如信件、书本、图画）并将其称为"信息"，认为得到了它就获取了信息，而这显然是错误的，因为信息是非物质的。而对于工业锅炉中燃烧的能量，我们可以清楚地计算出能量的数值，甚至依靠仿真软件给出炉膛内能量的实时三维分布，但我们在整个过程中真的是在接触能量本身吗？或许我们接触的一直都只是信息，而非能量本身，毕竟火焰从不会自己"写下"能量的数值。类似问题的存在是非常广泛的，我们不仅在无时无刻接触信息，也在不断地将信息与物质、能量混淆，这使我们难以真正认识承认信息不可替代的独立存在性。

在本书后续所提出的理论中，信息以及信息流是独特且重要的，这一结论也可以适用于系统科学领域。只有我们理解了信息的本质，我们才能真正从复杂大系统中发现、提取并利用信息，而不是仅仅局限于物质、能量本身。因此，我们将在此通过引证现有的学术探讨，试图从多个方面解答"什么是信息"，这些观点与结论对于我们解构大系统是至关重要的。

2.2.1 信息定义多样性与定义体系

信息科学领域以信息作为研究对象，显然，"什么是信息"对这一领域而言是一个必须弄清的基本问题。在如何定义信息这一问题上，钟义信在其《信息科学原理》[16] 一书中进行了大量讨论。在书中，数十种经典、有代表性的信息定义说法被列举与讨论，如此多的说法还仅仅是截至 20 世纪 90 年代。在此我们简单地列举几个不同的定义：

（1）信息就是信息，既不是物质也不是能量；

（2）信息是物质的普遍属性；

（3）信息是事物联系的普遍形式；

（4）信息是一种关系；

（5）信息是事物之间的差异；

（6）信息是作用于人类感觉器官的东西；

（7）信息是用以消除随机不定性的东西；

（8）信息就是信号；

（9）信息是系统的复杂性；

（10）信息就是消息。

以上这些信息的定义看起来是截然不同的，且这不过是大量不同观点中很小的一部分。我们不难想象，不同人所理解的信息到底有多么不同，这样的情况至今为止也不会有显著改变。我们相信所有这些说法都有一定的合理性，但似乎这些说法都站在不同的层面或者背景之下，单纯地去评价任何说法的正确与否都是不妥当的。

钟义信认为，由于信息概念的复杂性，在定义信息的时候必须十分注意定义的条件，而此前这些看似截然不同的信息定义，实际上处于不同的层次和不同的适用范围。钟义信为此提出了自己的信息定义体系，将信息的定义分为本体论层次和认识论层次。本体论层次是最高、最普遍的层次，在这个层次上定义的信息是最广义的信息，其适用范围最广。随着约束条件的引入，信息定义的层次逐渐降低，所定义的信息适用范围也逐渐变窄。相较于本体论层次，认识论层次所引入的约束条件是"认识主体所感知或所表述的"，且认识论层次的信息又可以进一步划分为语法信息、语义信息、语用信息、先验信息、实得信息和实在信息等。

结合钟义信的定义体系来重新看待此前列举的不同信息定义，显然它们不都是处于同样的层次的，适用的场景也有所不同。我们在看待这些定义时究竟是站在什么层次，将影响我们评判这些定义的结果，我们也必须知道这些定义是在怎样的约束条件之下提出的。当然，我们并非认为此前所有定义信息的尝试都带来了正确的结果，因为无论是什么层次的信息定义，都不应该与本体论层次的定义出现本质上的矛盾。也就是说，无论在什么层次下定义的信息，其必须在本质上还是信息，而不是物质或能量。因此，围绕"什么是信息"的讨论，最终的关键仍然将落脚到本体论层面。

2.2.2 信息的本质

无论身处怎样的背景，我们所探讨的信息都应该是不脱离本体论框架的信息，这要求我们对于信息的本质有着较为统一的认识。可以看到的是，科学界对于信息本质的理解正在逐步进化，如今的见解相较于数十年前那个混沌的探索阶段而言已经有了明显的进步。然而，不可否认的是，至今仍有大多数人对信息的本质没有较为准确、深刻且统一的认识。这样的结果导致人们在看待大多数问题时都无法正确地利用与评估信息的价值，甚至容易否定信息这一独立要素的存在，最终陷入到一个又一个逻辑悖论中。没有本体论层面的统一认识，我们将在所有涉及信息的问题中花费大量时间去争论"到底是不是信息"或者"哪些是信息"，最终导致本应该围绕信息这一核心的工作最终发生了偏离。

作为本书背景篇的重要内容之一，我们将在此引述关于信息本质的一些重要阶段性结论，而这些结论将是所有读者在阅读后续内容的重要知识基础。这并不是强调此处关于信息本质内容的正确性，而仅仅是希望读者能够建立一个相对统一的认识，并带着这样的认识理解后续内容。

2.2.2.1 我国学者的理解——统一性与局限性

尽管在通信与互联网方面相对起步较晚，但我国如今在这些领域的卓越成就早已毋庸置疑。其中包括互联网产业在内的信息产业不仅创造了巨额的社会财富，技术带来的创新也一次次深刻改变了我国人民的生活方式，甚至引领了世界范围内一个个新的浪潮。如今，无论是日常生活的衣食住行，还是各大产业的生产供应，追求"信息化"是升级的最佳途径。

从 20 世纪 80 年代末开始，"信息"这一概念开始得到我国学者的关注，并引发了一系列的研究与讨论，这其中也包括了对于信息本质的探讨。当然，相较于信息这一概念的极高热度，探讨信息本质的相关研究是较少的，且在近年来已没有太多新的声音。这一现象的存在并不令人意外，因为本体论层面的研究是近乎枯燥和艰难的，且这些研究似乎并不会对信息的应用产生影响。

黄鲜光[17] 在 20 世纪 80 年代较早地探讨了信息的本质，其与钟义信一样困惑于数十种信息定义的存在，于是尝试从哲学的角度对信息进行定性分析。黄鲜光首先从维纳和申农的"负熵"理论进行了讨论，并大胆指出了这一国际上广为流传的理论的关键错误。他认为，维纳错误地将"消息集合所具有的信息量"

解释为信息的本质，而负熵实际上衡量了信息的量，却未反映信息的质。通过类比方法将信息熵和热熵无原则地等同起来，是没有充分依据的，即使具有同一数学表达式，信息和热在质或内容上是根本不同的。因此一切以"信息即是负熵"为前提的信息定义，都是缺乏科学性的。在否定了"负熵"定义后，黄鲜光吸收了申农"信息的质或内容必然与信源有关"的暗示，在定性信息之前，讨论了信源的问题，并得出了"信息是物质的普遍属性"这一论断，认为凡信息必有其物质信源。最终，黄鲜光认为信息以物质的属性和运动状况为内容，表现为一定的以物质为载体的信号或信号序列。黄鲜光所给出的信息一般定义是：显示物质的属性和运动状况的信号或信号序列。

到了 21 世纪初，我国学术界对于信息本质的探讨又有了新的声音，而至今多数的讨论都发生在 2000 年之后的数年中。朱志康[15,18] 在两篇文献中表达了其对信息本质的探讨过程，以试图填补信息定义的空白。朱志康首先从"信息是指具有新内容、新知识的消息"这一较为普遍的概念入手，批判了这一定义明显不够严谨，问题包括"新"的程度问题，以及"信息""信号"和"消息"这几个词循环解释的问题。随后，朱志康也否定了"信息是物质的基本属性之一"的所谓"客观信息"，以及"信息是反映相对于外部世界的某种知识"的所谓"主观消息"。朱志康强调了信息只存在于信源、信道、信宿构成的信息系统，并认为信息的本质在于变化本身。而所谓变化，可以是某个具体物质的变化（如变形、运动等），也可以是某一个系统内的变化，且系统是指客体系统，其既可以是物质系统，也可以是精神文化系统。因此，朱志康给出的信息定义是：

客体相对于主体的变化。

卜炜玮和成昀[19] 同样认识到了"信息"这一对于 21 世纪极其重要的概念仍未形成统一认识，因此其在研究论文中从哲学层次逐步深入地探讨了信息的定义。在给出新的结论之前，卜炜玮等首先比较分析了此前关于信息的定义，涉及的角度包括信宿、熵、价值、物质和能量分布，以及一些折中的定义方法。最终，通过对此前大量关于信息定义角度的总结，信息的哲学本质得到了总结，而哲学层次的信息被卜炜玮等定义为：

物质存在方式和状态的自身显示，它标志着物质的间接存在性。

相比于此前的诸多定义方式，这个哲学层次的定义具有一定的优势，特别是肯定和坚持了唯物主义立场，揭示了信息是客观实在的物质的存在方式和状态的显示，它依赖于物质而不依赖于意识。显然，我国学者在信息本体论层面的探讨已经形成了一些共识，这些共识在后续的相关研究中也得到了体现。

吕苗荣和古德生[20] 在针对信息本质的探讨中，首先肯定了信息源于物质世界的运动与变化，随后开始了对信息本质的研讨。在规定了包括主体、客体在内的概念后，吕苗荣等分析了通信模型，并讨论了信息的存在方式、来源和作用方式等。这些讨论肯定了信息不是物质的，而信息指导着人类一切有目的的生活和生产实践活动，且信息存在着主观与客观之分。最终，通过对信息不同视角含义的整合与总结，吕苗荣等尝试为信息给出了如下定义：

信息就是与人类思维和意识活动紧密相关的，在客观世界的运动过程中，用来衡量事物运动状态、方式和运动过程的有序程度、确定性程度，或效用价值和效率高低的一种综合性测度。

从 2010 年开始，我国对于信息本质讨论的声音开始变少，但这些沉寂已久之后的声音并不是为了重复前人的观点，而是试图从全新的视角进行解读，以突破此前在信息本质探索上的困境。李龙强[21] 尝试站在一个全新的视角，即定义模式本身的视角，来理解此前信息本质讨论的局限性。人们一方面知道信息是一个过程性现象，但另一方面又将信息的各种状态当作了信息本身，这样的混淆显然无法正确揭示信息的本质。与此同时，人类中心主义的思想似乎成为了束缚，人们总是下意识地把认识对象当作人类的认识对象。考虑到这些问题，李龙强质疑了一种过于人类中心主义的"存在就是被感知"的思维，转而从结构的思维总结了发生信息过程的两个充要条件，并用两种模式给出了信息的定义。

（1）过程再现模式定义：事物在同构化信号作用序列的作用下如能产生对应的与该同构化信号作用序列广义同构的信号反应序列，我们就说该事物获得了蕴涵在同构化信号作用序列里的信息。

（2）种加属差模式定义：信息是用来反映存在的对象性过程性的哲学范畴，是存在者的存在过程的对象化存在，是一事物接受其他事物的作用后将某存在态的结构对应于自身的某存在态结构的现象，是表达信源与信宿同构关系的符号；是存在者存在的轨迹，是事物存在的形式因。

在李龙强关于信息本质的讨论中，我们看到了与此前讨论的明显不同。当以往的讨论围绕关系、序、运动、状态与存在时，李龙强的讨论将重心放在了"过程"与"结构"之上。自此，我国学者关于信息本质的讨论并没有太多新的声音，蒋辉[22] 在其硕士毕业论文中从多个角度探讨了信息的本质，但其仅仅意识到了信息本质视角的多样性，而未在诸多不同的视角中找到统一的本体内核。

除了以上关于信息本质的讨论，侯金川[4] 在认可物质、能量和信息这三大要素的基础上，尝试探讨了这三大要素的内在统一性，而这些讨论应该是从信息的本质开始的。侯金川从随机性实验入手，从物理本质的角度，得到了一组简单的结论：信息即物质系统的序，信息既不是物质或能量系统本身，又与物质、能量密不可分。在这样的理论基础上，侯金川认为，任何物质系统都是由物质、能量、信息三者构成，缺一不可，且信息具有主导性。结合爱因斯坦的质能方程与德布罗意关系式，侯金川又提出了同一关系式，并认为物质、能量、信息三者之间的相互转换是可能的，在这个框架下，物质系统的物质、能量均不绝对守恒。这些新的观点尽管看似不可思议，且未得到广泛证实，但从"大道至简"的角度考虑，统一论未必就是错误的。"广义能量观"并非侯金川的独创，李玉海在其著作《能量学与哲学》[23] 中也呈现出了一种包罗万象的能量观。而哈佛大学的天文学家 Eric Chaisson 在对利用熵进行复杂性相关学术研究的批判性讨论中[24]，质疑了信息理论和熵产在复杂性研究中的实用性。相反，Chaisson 结合从宇宙到人类社会的多层次视角，认为使用"能率密度（energy rate density）"评判复杂性的能量视角显然更加清晰、可测量，并且认为"信息很有可能是另一种形式的能量，因为产生、存储和取回信息都需要很高的能量密度"。事实上，当代国际上较为领先的信息本体论理论也在一定程度上肯定了信息与能量之间的相似相关性。

回顾我国学者关于信息本质的探讨，我们可以发现不少内在的统一性。无论最终给出了怎样不同的关于信息的定义，多数围绕信息本质的讨论都肯定了信息就是序、序列或有序程度的视角，同时非常坚定地站在了唯物主义的立场上，认为信息与物质密不可分，反映了物质的属性和状态。然而，我们认为这些看似严密与严谨的讨论并没有给出足够具有说服力的答案，因为最终的理论假说仍然不能很好地解释主观或精神层面的信息，我们很难去理解在我们脑海中凭空构想出来的内容是从何而来。这些内容缺乏客观的物质基础，可以是完全唯心的和创造性的，但这些内容最终确实可以随着信息的流动而产生价值。相反，真实世界的信息似乎远没有这些理论所呈现出的那样客观和确定，除了李龙强的结构视角，我们无法很好地解释为何信息对于每个人有着巨大的差异。而回顾这些不同理论的提出过程，我们可以看到，多数分析中都基于从信源（发送者或客体）到信宿（接收者或主体）的通信模型，对于信源的强调将我国的信息本体论引向了唯物主义的方向。但是，信息真的一定需要发送者吗？对于天上的太阳和月亮，它们随时都在那里，关于它们的信息显然并非是这些天体"有意地"发送给我们的，且何况不同人所获取的信息又是截然不同的。既然当今世界对于信息资源的利用仍然以人类世界为中心，那为何一定要撇开人类去讨论信息呢？因此，我国学者关于信息本质的讨论仍然具有明显的局限性，他们似乎过于希望站在一个足够客观的视角，一个纯粹的唯物主义视角，而这个视角最终分析得到的结果是难以令人信服的。如果我们重新考虑通信模型，并且放宽我们的视角，或许会得到不同的结果。

2.2.2.2　令人豁然开朗的信息本体论

在本节中，我们将主要引证美国学者马克·布尔金的著作《信息论：本质·多样性·统一》[25]，以此书中的观点作为当代信息本体论的代表性成果。关于信息的本体论本质（即"信息是什么"）和类型学（即"信息的类型和属性"），布尔金在综述了大量前人成果的基础上进行了深入的探讨，最终得出的结论非常富有启发性，确实令人豁然开朗。在吸收了这些重要的理论后，我们意识到，在我们构建本书所述理论的早期阶段，针对信息及信息流的理解与认识也有着诸多缺陷甚至错误。

从本体论的角度，布尔金认为信息一定不能以绝对的方式考虑，而是将其作为依赖于一个所选择系统的相对本质属性。在布尔金的著作中，信息被定义为：

考虑关于系统 R 的信息，那么这个系统 R 被称为这个信息的接收者、接收器或接受者。

可以这么理解，一条消息里的信息是接收者和这个消息的函数。数据、消息、指令，乃至文字、语音等，则都属于信息的载体，并非信息本身，不可混淆。信息取决于接收者，是相对的。布尔金认为，混淆"信息"和"信息的载体"是人们最常有的错误，在这样的错误认识下，就出现了如"信息是消息""信息是事实和数据的集合"以及"信息是从某事物导出的知识"这样的错误定义。因此，我们也需要重新审视诸如"生产系统中导出的数据是消息""下载的政策文件是信息"这样的常见结论与观点，因为信息载体不能被认为就是信息，且信息不能被绝对地定义，定义信息还需要定义具体的接收者。布尔金认为，信息载体与信息接收者的相互作用在信息过程中起到了非常重要的作用，没有相互作用就不存在明显的信息。

与此同时，不只是当我们有一个发送者和接收者的时候可以谈论信息，事实上，接收者能在载体没有发送信息时从这个载体提取信息。例如，将我们自身作为系统 R，尽管公司领导并未向我们"主动"发送信息，但我们通过领导的肢体语言以及表情的变化，已经可以获取丰富的信息。因此，信息的存在性以及发送者不是必需的，必需结构实际上是"输入信息三元组"（载体、信息、接收者/接收器）。在这样的认识上，信息的存在是极其广泛的，甚至可以说是必然客观存在的，几乎不可被定义与量化。对于我们所需要的特定的信息，可以说，我们可能还未接收或提取这些信息，并不意味着信息载体及信息不存在。

与此同时，**信息的载体有三类：物质的、思想的和结构的**。以一本书为例，书是信息的物理载体，包含了信息的文本是书中的结构载体，文本表示的某种知识或认知信息逻辑系统的其他结构则形成了这本书的思想载体。对应地，从广义能量观（能量、精神能量、结构能量）来看，信息可以被视为一种结构能量，其对结构对象做结构功，使信息接收者完成结构改变。

基于以上这些定义与观点，布尔金在其著作中提出了信息学的一般变换原理和事实原理，这些原理揭示了信息的本质。

（1）一般变换原理：广义上，对于一个系统 R 的信息是引起系统 R 里变化的能力。

（2）事实原理：一个系统 R 接受一项信息 I，仅当处理/变换/传送时引起对应的转变。

一个系统结构特征的变化，以及通过这些变化引起的其他系统特性的转变是严格意义上信息的本质。从信息的本质上看，信息具有使接收者或系统 R 发生变化的能力，而只有引起了对应的转变才能说明信息被接收者所接受。信息的本质与能量具有高度的相似性，这也与信息是一种"结构能量"的观点相应。这样的关系如图 2-1 所示，可以看到，信息之于结构的关系，与能量之于物质的关系是相似的。

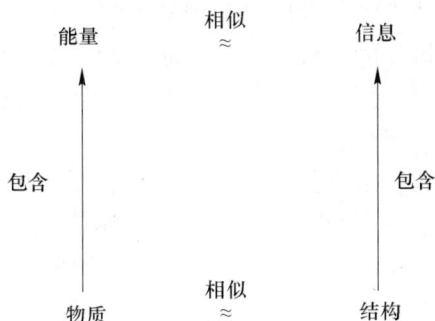

图 2-1　结构–信息–物质–能量（SIME）正方形

上述内容已经简要地介绍了布尔金的著作中关于信息本体论的重要结论与观点，当然，这些结论与观点并非完全独创于布尔金，我们更应该将其看作是国际信息本体论研究前沿成果的结晶。相较于我国学者对于信息本质的理解，布尔金的著作显然提供了一个截然不同的视角，并且这些根本性的不同贯穿于从定义开始的每个环节。

第一个根本性的不同，也或许是最重要的，是摒弃了绝对的视角，转而提供了一种相对性视角来定义信息。相较而言，我国学者在探讨信息本质的过程中，格外注重站在绝对客观的视角来看待信息。我们注意到，视角的差异或许源于理论显著不同的信息或通信模型基础。布尔金认为，必需的结构（输入信息三元组）中并不包括信息的发送者，信息接收者能够"主动地"提取信息，这便无需强调信息发送者（即我国学者常提到的"客体"）的存在，因此信息的本质最终落脚到"信息相对于接收者是什么"。相反，我国学者在讨论信息本质时，其基于的通信模型中都强调了客体或信息发送者的必然存在，因此最终的讨论核心实际上都在讨论"客体发送的信息是什么"，进而走向了完全不同的方向。这个世界如此纷繁复杂，信息又无处不在，想用一句或一段话去概括这个世界所有的信息，明显是行不通的。

第二个根本性的不同，是严格区分了信息和信息的载体，并将载体分为物质的、思想的和结构的这三类。在这样的定义体系下，信息不仅完美地与物质（和能量）划清了界限，而且信息来源的多样性与非物质性得到了肯定。在区分了信息和信息的载体后，以往的诸多争议不再是争议，因为多数本体论的争议实际上围绕的是信息的载体，而三类载体的存在也几乎包容了所有信源。回看我国学者所讨论的信息本质，我们不难发现，所谓"客体"或发送者实际上就是信息载体。无论是"关系""状态"，还是"结构"，这些都是信息载体，而并非是信息。信息载体显然是长期客观存在的，且是必然存在的，我们可以随时地以任何方式从信息载体获取信息，但获取的信息种类与数量是与我们这些个体高度相关的。这就可以良好地解释很多令人困惑的现象，对于完全相同的信息载体（比如具体的一本书或者老师讲授的课程），不同的人最终获取的信息很有可能是截然不同的。我们可能看不懂一部阿拉伯语的著作，无法从中获取任何信息，但结果对于一个阿拉伯人来说一定是截然不同的。

第三个根本性的不同，是将信息的本质以一种类似能量的方式进行了定义，认为信息是使接收者发生变化的能力，且变化随着信息的接收而必然发生。在这样的定义下，信息不再是具体的某种事物，而是一种能力，信息对接收者做结构功。如果将这样的信息本质带入我们的现实生活中，我们便不再难以理解信息时代为我们的世界带来的惊人变化。我们不可能不被信息影响，即使无意中听见旁人的一句话，只要这个信息被我们成功接收，我们在下一秒时便不再是此前的那个人了，因为我们的观念或者情绪必然已经受到了影响，甚至我们可能会采取进一步的具体行动。世间动植物的感官无疑也是一套通信系统，也必然会随着冷热的感知而不断进行调整。一栋图书馆里成千上万册的书籍，我们虽然知道它们在那里，但只要我们没有阅读过，我们没有接收来自书籍的信息，我们也不会因它们而发生转变。相反，只要我们阅读且读懂了任何一句话，我们也必然发生了改变，我们可能学到了新的知识，我们可能有了新的领悟。然而，一个可怕的推论也随着信息本质的揭示而呈现在我们的脑海中。我们可能无法主动地去选择信息，只要是信息被接收，我们必然会受到影响，无论信息的对错，也无论信息质量的高低。但这样的事实早已发生在了我们这个世界，我们无法无视信息的爆炸，我们的生活因为信息而产生了很多新的烦恼。网络谣言不断地给这个世界造成无端恐慌，极端言论不断地引发无意义的争执，错误情报造成的错误决策可能酿成可怕的恶果。这个世界对于信息接收者提出了极高的要求，我们需要不断筛选甄别，以保证自己不被误导和欺骗，然而我们真的很难在看到极端言论后还保持心情的平静，虽然我们本来并不想看到那些。即使仅仅是筛选和甄别信息，也必然耗费大量本不必要的时间和精力。

作者认为，布尔金提出的信息本体论显然更具有解释性，更加贴近我们的真实世界，这些理论的确令人豁然开朗。布尔金的信息本体论并非是颠覆式的，虽然我们已经指出了其与此前我国学者相关理论的明显不同，但布尔金的理论体系有着很好的包容性。其不仅承认了信息来源的广泛性，从未否认此前任何关于"信源"的讨论结果，而且还从一个更加清晰准确的视角呈现了信息的"能量属性"，这一视角使我们能够借鉴能量的作用来理解信息，延续了前人关于信息是一种"广义能量"的猜想，却又澄清了信息与能量相似而又不同的本质内涵。

2.3　世界 ≠ 物质+能量+信息

当你看到这个标题时，你可能下意识地觉得，是不是我们弄错了？前面花了那么多的篇幅去介绍客观世界的三大基础，难道还有什么不对吗？

事实上，我们并未否定前面列举的任何事实，包括"三大基础"的论述在内。但我们希望再用一些篇幅来进一步探讨三者之间的关系，并试图以一个更加准确、完整的视角来解释我们的世界。

2.3.1　为何不等于

我们不妨从这样一个假设演绎过程来开始这个讨论：如果"世界 = 物质+能量+信息"是成立的，这意味着什么？

这个关系式不仅仅体现了物质、能量、信息是客观世界的三大基础，还隐含了物质、能量、信息三者属于同一维度或层次，客观世界是一个"物质-能量-信息三元系统"的含义。如果你仅仅看完了 2.1 节，或许不会发现这一切有什么不对，曾经我们也是如此认为。但当我们真正花费了大量的精力去了解信息的本质，并接受了布尔金提出的本体论理论后，越来越多的疑惑开始浮现。

信息是如此地特别，我们或许不应该将它简单地与物质、能量放在一起。物质与能量都属于有形的物质世界，爱因斯坦的质能方程也说明了它们之间可以相互转化，有着内在统一性，这说明它们都是一个维度或层次，且这一维度中并不包含信息。在这种情况下，"三元系统"这一说法就显得有点站不住脚了，因为"元"的概念强调的是统一体、单位体[26]。"三元系统"的说法是单薄的，不够立体的。至今并没有证据表明信息（注意：不是信息载体）可以与物质、能量直接地相互转化，但我们清楚地意识到信息与我们这个世界极其密切的联系。

当我们仔细揣摩布尔金关于信息载体的界定时，我们似乎发现，信息其实与物质世界是密不可分的，因为物质世界的一切都可以是信息载体，只要人或其他系统尝试提取信息。信息显然具有改变物质世界的能力，但它又并没有真实地"接触"或"操控"任何物质与能量。在工业领域，为了观察火焰与炉膛，我们可以通过实时的数据来构建虚拟的锅炉系统仿真模型，但我们从来没有与火焰直接地接触，我们仅仅是通过提取的信息来了解甚至控制火焰。这个世界就是这样奇妙，我们似乎看到了一组数据就看到了一团火焰，我们似乎闻到了一丝香气就猜到了邻家的菜肴。我们其实一直在通过信息来认识这个世界，人们通过关于我们的信息来认识我们。我们的表情与肢体语言都可能随时地被解读，这些提取出的信息最终使身边的人们加深了对我们的认知，而我们从未怀疑过这个世界的真实性。因为某种意义上，这个世界对于我们每个人而言，都是由大量感官获取的信息所塑造的。

"三元系统"论断对于我们的世界显然是缺乏解释力的，这就是为何我们给出了"世界≠物质+能量+信息"的关系式。信息就像看不见摸不着的时间，它们属于与我们物质世界不同的维度，我们知道它们随时都在，无处不在，但我们无法用任何物质世界的工具捕获它。它们塑造着我们的世界，而我们又无法从我们的世界剥离出它们。只要物质世界存在，信息就相伴随地永远存在。

2.3.2　二象系统视角

当否定了"三元系统"的论断后，我们便需要新的假说或理论来解释我们的世界，特别是重新认识物质、能量、信息三者之间的关系。事实上，围绕着这些本原性的问题，人类已经探讨了数千年之久，每个时代的智者都清楚地知道，这个世界并非想象中那样简单。

随着自然科学的飞速进步以及信息时代的来临，我们愈发确信一个事实，那就是我们通常所能感觉到的这个物质空间并非是这个世界唯一的空间，甚至只是很小的一部分，而非物质或超物质性的存在已是必然。然而，对于大众而言，我们似乎仍然持有一种传统的观念，我们相信只有感觉到的物质世界才是真实存在的，这个世间的一切都应该是"实实在在"的。

上千年的哲学思辨汇集了人类智慧的精华，如今我们对世界构成的探讨显然已上升到了哲学范畴。如果我们能够突破现有的思想桎梏，放下心中"唯物"还是"唯心"的争论，肯定这个虚实结合的世界，而不再强硬地将讨论局限于"真实世界"，或许一切可能就变得不再一样。特别是对于我们每个现代人，植根于心中的唯物主义思想已经不能代表绝对意义的真理。

高隆昌等[26] 提出的系统学二象论给予了我们一个非常独特的认知视角，这也是我们为何要在这里引述该理论的相关观点。该理论的提出融合了数学、系统科学和哲学，自上而下的逻辑非常严密而连贯。至今并没有足够的证据说明该理论是完美的，对于我们多数人而言，其中的很多观点恐怕还是难以完全在短时间内接受。但现代科学的诞生脱离不了假说演绎法（Hypothetico - deductive method），这是一个反复迭代又螺旋上升的过程，不断改进旧理论并提出新的假说，以实现对事实的更优解释力。只有这样，我们才能逐步接近真相或真理，现代科学的发展历程又何尝不是如此？

随着我们对于系统的认识逐步加深，特别是对于客观世界三大基础，我们就愈发感觉到"二象论"的思维开始变得富有良好的解释性。在系统学二象论的理论框架下有这样几个关键的假说。

（1）元空间（猜测）：客观世界的存在不只是我们所处的这个物质宇宙，而是还有一个超越物质宇宙而存在的存在，或者说还有个物质宇宙的背景空间，总体地称为元空间或超空间。元空间具有非物质性，已不具备物质的本质特性如质量、形体等。当然，物质空间与元空间之间可有联通、转换、过渡等多种方式。元空间具有涵存性，它不是存在于宇宙范畴之外的另一个存在，而是充满宇宙、包含宇宙但不占据宇宙，并高于宇宙的一种抽象存在。正如物质空间被认为是一切物质及其运作总体的背景空间，元空间也被认为是一种背景空间，只是元空间中的内容不是物质而是如种种精神、信息及信息间的种种关系等。

（2）完全空间：同时具有物质空间和元空间两个空间成分的空间称为完全空间。完全空间既可以是物质宇宙总体与元空间总体构成的极限的客观空间，也可以是物质宇宙的局部与元空间的局部构成的局部空间。但必须是两个空间的成分皆非空，否则不称为完全空间。

（3）广义能量观：在元空间及其完全空间意义下的客观世界是广义能量构成的，这样的世界观称为广义能量观。

（4）对偶：对偶是两个对象间的一种关系，关系是一种相互作用，而作用是一种既对立又统一的关系。对立产生动力，统一产生进步。一般对象皆有其对偶对象，元空间与物质宇宙是一对特殊的、终极的对偶对，即这是最大的一个对偶关系，没有更大的对偶空间了。

基于以上假设，高隆昌等深入分析了现有系统概念的不足，并大胆提出了二象系统和二象论：

任一系统皆由具有空间层次差异的、一虚一实的两个方面构成，称为系统的（虚象、实象）"二象"。从二象系统及其二象出发作出的理论研究和应用研究统称为二象系统论，或系统学二象论，简称二象论。

二象论与"三元系统"论显然是处于完全不同的层次。正如我们前面所述，元的概念强调的是统一体、单位体，这与"象"有着根本性的不同。"象"本身即意味着其不是孤立的，不是独立体。例如，从"元"的角度看待夫妻，则"一对夫妻"可以看作"一个男人+一个女人"，但似乎这并不是一个完美的解读，毕竟不是任意的男女组合都成为了一对夫妻。而从虚实二象的角度，"一对夫妻 ＝（一个男人+一个女人）×（感情+合法的婚姻关系）"可能是一种更为合适的描述，对于一对夫妻所构成的系统，其既有男女作为实体，又有超越物质的感情和关系的存在，且这是一对具有对偶关系的虚实二象，相伴而生。事实上，现实世界的信息绝非与物质、能量毫无关联地独立存在，相反，信息与世间万物关系密切，这种关系从"象"的角度来解读显然更加合适。

在二象系统的理论框架下，我们可以认为，包括客观世界在内的所有系统都是由实象、虚象两方面构成的系统，且信息属于系统的虚象部分。在二象系统中，虚象是实象的映射，这便使得虚象可能呈现出相对性与多样性，因此可以运用各种不同的信息来描述同一实体。而由于二象之间的"互动"机制，使得任一象的改变都将内在地引起对偶象产生相应改变，在这样的前提下，不仅物质的变化会导致信息的变化，而信息也能引起物质与能量的改变。

若仔细回想布尔金的信息本体论，我们便不难发现，二象系统理论与之在内在上是非常契合的。在布尔金的信息论中，信息载体与信息是被区分的概念，特别是对于物质性的信息载体，其可以被看作是实象，而可被提取的信息则是虚象。如果我们换种方式来看待信息，任何信息都可以看作是在具体接收者上实象的映射或投影。由于接收者及其时空状态的不同，同一实体的映射或投影也可以是截然不同的，正如"横看成岭侧成峰"或者经典的《画杨桃》故事告诉我们的道理一样。当我们反复地探究同一实体（信息载体）时，信息甚至可以是永不重复的，只要我们不断地变换角度，或者取样不同的部分。而更为重要的是，二象论强调了"互动机制"。实象变化引起虚象的变化是显而易见的，当一个人的体型发生改变时，其被他人所认知的形象也会必然发生变化。这个世界的每一点变化，都有可能成为新闻而被人们所接收。反过来，这也意味着虚象的变化也会导致实象的变化，这样看似不可思议的观点却与信息论中的一般变换原理和事实原理相统一。特别是对于管理领域如何由"虚"到"实"，二象论的视角是有其合理的解释的，只是二象论仍然没有强调信息这一关键介质在其中所起到的重要作用。

在系统学二象论的广义能量观下，信息作为"结构能量"的观点便更容易被接受。因为所谓"信息能"是元空间而非是物质世界的能量，其也不再遵循物质世界能量的各种特性，其作用的对象也是超维度的，即结构。信息与结构的关系是极其密切的，而这也是信息超维地浸存于客观世界的方式。在高隆昌的系统二象论中，信息属于元空间的范畴，其必然是非物质性的存在。因此，从二象系统的视角，回到本节最初的问题，我们认为客观世界至少等于"（物质+能量）×（信息）"，其中物质与能量构成了世界的实象（即物质空间），而信息（以及其他可能的要素）构成了世界的虚象（即元空间）。

2.3.3 猜想：信息的四维特性

尽管系统学二象论引入了元空间以及虚象，并断定了信息属于虚象及元空间，但二象论中对信息及"信息能"的描述也仅到此为止而没有更进一步。事实上，如果我们将此前奠定的所有理论基础都放在完全空间的假设下，或许对于信息便可以有进一步的认识。

在完全空间的讨论范畴下，当结合"结构"的观点来探讨信息时，我们认为，**信息是与第四维度，即时间维度高度相关的，且很有可能其是时间与物质世界之间作用的具体体现之一**。反之，一旦我们仅仅局限于我们所感知的物质空间，所谓"信息能"或结构能量的说法看起来就显得非常荒谬，因为这显然并非属于任何一种物理上的能量。在布尔金的一般变化原理和事实原理之下，我们可以明确一个基本事实，即转变与信息是共生而存的，转变意味着信息，而信息必然带来改变。这其中的关键是，改变一定是一个涉及时间的问题，因为如果时间静止，（结构）变化则一定不存在，物质与能量的存在与关系也将固化。正因为时间这一超越空间的独立维度存在，我们的客观世界总是在发生着变化，只要时间不止，信息则也几乎永久且必然存在。相反，当时间静止之时，所谓的"结构转变"将不再存在，那么从事实原理的角度，信息的存在也无法被证实。

回看我们的现实社会，在评价信息的价值时，时效性是非常重要的维度，不在恰当时间或不及时的信息，往往是无效或无用的，甚至是具有负面效应的，无论信息的内容又是如何。这也从另外一个侧面表明，信息是一个与时间密不可分的要素，这与衡量物质和能量的方式是截然不同的，因为物质和能量的存在与衡量都无须考虑时间，除非我们开始考虑运动与做功。信息引起的转变是必然的，但往往在恰当时机的必要转变才具有其最佳的价值，而延迟的转变不仅无法达成应有的效果，甚至还会适得其反。证券交易中的行情信息延迟必然会导致一系列的操作延迟，而延迟后的操作则往往不再是一个明智的操作，甚至结果会走向与期望截然相反的方向。尽管信息时代极大地提升了信息的数量及传播速率，但考虑到信息本体仅仅关乎接收者，接收者真正获取信息的时间才是信息时效性的衡量基础。

当然，信息的"时间效应"似乎会带来一个可怕的结果，那就是我们似乎感觉如今的时间流逝速度远远大于过去那个时代，每天的时间随着社交网络和视频媒体的应用而转瞬即逝。这仅仅是感觉吗？与其说大量的信息占据了我们的时间，不如说大量的信息催生了结构转变和伴随的时间流逝，这些都是"信息能"的作用。一旦我们摆脱了大量的信息摄入，作为信息接收者的我们便减少了转变，或许也就减速了相对时间的流逝。当我们静静地坐在空荡的房间时，时间便总是显得那样难熬。

或许，并非是时间真的变化了，而是人类对时间流逝的感知也依赖于信息，依赖于变化。否则，在没有时钟的地下赌场里，人们又为何不能发现外面早已日夜交替，时间早已飞速流逝？室内恒亮环境下生存的公鸡不再能够准点打鸣，失去了日夜照度变化的信息，公鸡对于时间的感知也将不再准确。或许，时间与信息就是这样交织在同一维度之下，时间是四维空间里的"实象"，而我们关于时间的信息仍不过是"虚象"。

参 考 文 献

［1］陈雨思．系统结构与系统三象［EB/OL］．http://survivor99.com/entropy/chen/chen5a.htm.

［2］黄素逸．能源科学导论［M］．北京：中国电力出版社，1999.

［3］龙妍．基于物质流、能量流与信息流协同的大系统研究［D］．武汉：华中科技大学，2009.

［4］侯金川．物质·能量·信息统一论［J］．湘潭大学学报（哲学社会科学版），1997（5）：110-114.

［5］李太杰．协同发展与物质能量信息一体化［J］．东北农业大学学报（社会科学版），2007，5（5）：75-78.

［6］曹凑贵．生态学概论［M］.2版．北京：高等教育出版社，2006.

［7］E.拉兹洛，闵家胤．技术和社会进步［J］．西安建筑科技大学学报（自然科学版），1988（增刊1）：74-78.

［8］戴星翼．人类生态系统和生态危机［J］．人口研究，1991（1）：18-21.

［9］孔冬．管理生态学——一种现代管理新范式［D］．苏州：苏州大学，2003.

［10］杨汉奎．人类生态系统的特征与结构［J］．环保科技，1989（3）：12-17.

［11］张晓春．人类中心主义和非人类中心主义的生态学解析［D］．沈阳：沈阳工业大学，2010.

［12］胡萌萌，张雷刚，吕军利．从生态学到人类生态学：人类生态觉醒的历史考察［J］．西北农林科技大学学报（社会科学版），2014（4）：162-166.

［13］颜爱民，李顺．企业人力资源生态系统稳定性影响因素实证研究［J］．统计与决策，2009（18）：167-170.

［14］Zhang F, Xie J. Green manufacturing process of shougang jingtang steel plant［M］. Berlin：Springer International Publishing，2017.

［15］朱志康．对术语"信息"的本质定义的探讨［J］．术语标准化与信息技术，2004（4）：32-33.

［16］钟义信．信息科学原理［M］.3版．北京：北京邮电大学出版社，2002.

［17］黄鲜光．论信息的哲学本质及其定义［J］．河池学院学报，1987（2）：10-16.

［18］朱志康．论信息的本质定义［J］．浙江万里学院学报，2001（3）：48-49.

［19］卜炜玮，成昀．信息的定义及哲学本质［J］．思想战线，2005，4（31）：129-131.

［20］吕苗荣，古德生．对信息本质问题的探讨［J］．系统科学学报，2007（1）：15-19.

［21］李龙强．信息的本质与广义同构原理［J］．汕头大学学报（人文社会科学版），2012，28（4）：7.

［22］蒋辉．信息本质探究—基于现代自然科学理论视角的考察［D］．武汉：华中科技大学，2016.

［23］李玉海．能量学与哲学［M］．太原：山西科学技术出版社，2005.

［24］Chaisson E. Energy flows in low-entropy complex systems［J］. Entropy，2015，17（12）：8007-8018.

［25］马克·布尔金．信息论：本质·多样性·统一［M］．北京：知识产权出版社，2015.

［26］高隆昌，徐飞，陈绍坤．系统学二象论：理论与方法［M］．北京：科学出版社，2014.

第二部分

理论篇

在本书的第一部分背景篇里，我们为读者铺垫了关于系统科学以及客观世界三大基础的一些重要知识，这些知识对于本书理论的构建是至关重要的。从系统，特别是复杂大系统的视角来分析与理解当今世界的方方面面，建立完善的系统思维，进行深入的系统思考，是我们科研工作的基本要求。

随着信息技术快速渗透至我们生活的方方面面，我们的社会组织形态正发生着翻天覆地的变化，网络化的设备、功能及人际关系正快速地将这个世界的一切变得更加复杂化。显然，在这样的社会背景下，任何系统都已不再是一个可以轻松简化并分析的对象，我们常常知道问题的复杂性，却又毫无办法。我们不可能为每一个分析对象都进行详尽且准确的建模，更不可能精确地依次推演出系统的演化规律。因此，我们需要一个通用而又简化的思路，这样的思路能够帮助我们更快梳理出复杂大系统中的关键问题，并试图通过有效的手段来影响最终的发展走势。

协同学作为整个系统科学大树之下的重要分支，其独特的魅力深深打动了我们。协同效应对于系统演化起到了非常关键的作用，若要领悟系统演化发展的秘密，协同效应便是重要的突破口。进一步地探究协同的秘密，充分理解并尝试利用协同效应，对于更好解决诸多关键社会问题都是一把"金钥匙"。特别是对于当今的中国来说，"协同"不应再只是一个概念或口号，协同效应以及"自组织"才是未来中长期内社会发展的决定性力量。为了能够进一步细分简化不同维度大小的复杂系统，物质-能量-信息概念组（客观世界三大基础）应该是较为合适的依据。将任何复杂大系统都依此分解为物质、能量、信息三大子系统，并通过子系统之间的作用与关系来进一步影响大系统的演化发展，是本书所述理论的核心思想。考虑到大系统不断转变演化的时空特性，大系统中的各个组元或要素显然都是动态的，这使得物质、能量与信息在动态演化中呈现出"流"的特性。从某种意义上来说，大系统的发展与演化源于流的发展与演化，大系统内的协同效应源于流与流之间的相互作用。

本部分将通过三章内容为各位读者系统地介绍本书所述的核心理论——物质流-能量流-信息流协同理论（简称为"M-E-I三流"协同理论）。"M-E-I三流"协同理论认为，任何大系统均是由物质流子系统、能量流子系统、信息流子系统耦合而成，彼此相互联系，密不可分。该理论最早由黄素逸、龙妍等学者提出，可作为系统科学体系下的分支理论，在吸收了协同理论、耗散结构理论、控制论、信息论以及熵理论等理论精髓的基础上，通过构建大系统中物质流、能量流与信息流的协同形成机制、协同实现机制以及协同评价机制，推演出复杂大系统协同演化的一般规律，进而探索出可促进不同领域复杂大系统高效、稳定、协同发展的建立、实施与评价体系。

3 物质流、能量流与信息流的结构和基本特性

任何一个复杂大系统都可以看作是由组元、环节或子系统构成的相对稳定的宏观结构系统，在系统内部各个组元、各个环节以及各个子系统彼此之间会通过物质、能量、信息交换等方式相互作用。在系统内部、系统与外部环境之间也在不断地进行着物质、能量和信息的交换，从而在时间和空间上形成物质流、能量流与信息流。

尽管任何"流"都是由基本的元素或要素所构成，但其整体所呈现出的独特性质是个体组元所无法呈现的，这与复杂大系统所呈现出的整体性有着密切的内在联系。而借助"流"的性质来进一步分析探讨大系统的特性或演化，有其十分重要的意义。将复杂大系统解构为"流"来进行分析，比面对数量庞大的个体系统组元要更为可行。特别是从发展演化的维度来思考，以"流"作为分析大系统的子系统，比仅仅静态地关注子系统的构成更具优势。

基于"物质、能量、信息是客观世界的三大基础"这一基本认识，我们可以意识到，物质流、能量流与信息流也是构成复杂大系统的三大基础。本章主要针对物质流、能量流和信息流的流结构及其基本特性，通过"流"这一独特的视角，奠定对大系统发展演化动态与统一的认知基础。

3.1 流的结构及其基本特性

当提到"流"的时候，我们会想到什么？中文词典中给出的关于"流"的解释比较抽象，是指"水流或类似于水流的东西"。而参考《韦伯斯特大辞典》中关于单词"flow"的英文解释[1]，我们可以更全面地理解"流"的三类名词含义：

第一类，平稳不间断的运动或进展（例如，信息流或信息的流动）；

第二类，水流，溪流，熔融时流动的大量物质（例如，古老的熔岩流）；

第三类，运动或发展的方向（例如，顺其自然或跟随大家的意见）。

上述三类含义中，第一类和第三类的含义显然与本章所探讨的话题是高度相关的。"流"所体现出的重要特性是其不间断的流动和传递特性。同时，对"流"的讨论也离不开其运动或发展的方向，特别是在复杂大系统演化发展的背景下。

客观现实中的大多数系统（如经济系统、社会系统、能源系统等）都是复杂大系统（或称为复杂大系统），**所谓复杂大系统是由许多个具有特定功能的子**

系统组成的具有多元素、多层次结构的功能系统。大系统中的流就是指在大系统各组元之间发生，并把组元连接起来，构成有一定功能、一定目标、一定结构的，具有流动和传递特性的客体[2]。例如，在大系统中存在连接物质组元的物质流、连接能量组元的能量流和连接信息组元的信息流。对于不同功能的不同组元，其组成的流结构也有所不同。任何一种流，在其流动过程中，都会在时间尺度和空间尺度上呈现出其特有的流动和传递特性。我们认为，流及流结构具有流通性、层次性、相关性、"烟"特性等 4 个基本特性。

3.1.1　流结构

任何系统都具有特定的结构。**所谓结构，是系统的各种组元在时空连续区上特定的相对稳定的排列组合方式、相互作用形式和相互联系规则，它们组成系统的特定秩序**。而发生系统中的任何一种流，都是以系统中各个组元、各个子系统为连接点（或称为节点），并在系统中各个组元、各个子系统之间沿着特定的流动路径而形成具有一定结构的网络，我们将这种**因流的流动而形成的网络结构称为流的流结构**。值得指出的是，流结构是从不同的侧面描述系统静态物理结构中各组元的连接关系，而对于同一个系统在不同时间尺度上则描述了系统的动态行为。由于流是具有一定功能的，所以流结构除了有静态描述和动态描述之外，还有描述系统在设计、运行和控制层面要实现的功能，以达到快速反应、优化运营和科学决策的目标。也就是说，流结构由静态结构、功能动态结构组成。

对于不同的大系统，构成大系统的诸要素都可以看作是物质、能量与信息的特定组合体，并呈现出一定的层次性。对于任意一个大系统，无论是农业、工业、城建等物质生产系统，还是交通、商业、旅游、文化、生态、经济等非物质生产系统，小到一个企业，大到一个国家、一个社会系统，均可抽象为一个由物质流、能量流与信息流构成的多输入多输出系统。其中各股流以大系统中的各个元素或各个子系统为连接点，并根据各元素或各子系统之间的相互关系形成各自的流动路径，从而形成如图 3-1 所示流动网络结构图。图中各个圆圈表示大系统中的不同元素或子系统。当然，对于不同结构的大系统，各股流形成的流结构是不同的。

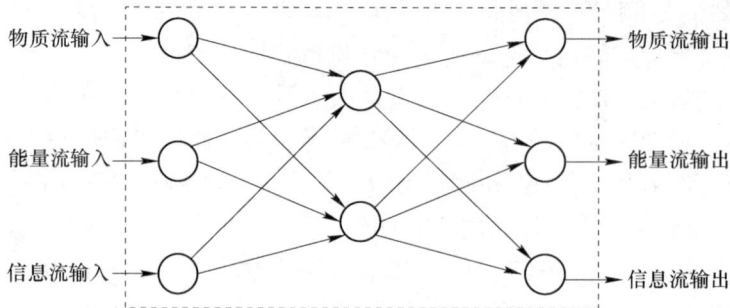

图 3-1　流结构网络简图

值得注意的是，即使对于同一个大系统，如果采用不同的方式或不一样的粒度将大系统划分为不同数量或不同结构的子系统，那么其各股流的流结构也不尽相同。显然，子系统划分得越多，流结构越复杂，也越能够清楚地描述出系统的静态及动态结构。所以，子系统的划分跟流结构是紧密相关的。一般来说，最好是按照大系统中的每个部件的功能来划分子系统，即把功能上联系比较紧密的设备划分成一个子系统。同时也需要注意的是，系统的划分并不是越细越好，而是要根据系统分析的目的和任务来选择一个合适的集成度（或粒度），即划分的规模和繁简程度。集成度越高（粒度越大），则系统所含子系统数量越少，系统中流的网络结构越简单，其反映出的信息量较少，精度较差，与真实系统的运行状况偏差较大；相反，集成度越低（粒度越小），则系统所含子系统数量越多，系统中流的网络结构越复杂，其包含的信息量较多，精度较高，与真实系统的运行状况更接近。

3.1.2 流通性

物质、能量、信息三者的有机联系共同构成了世间万物及其整体，而其背后支撑和维系这种有机联系的是"流通"。 相对于物质、能量、信息的流通，便是我们前面所说的物质流、能量流与信息流。弄清楚物质流、能量流与信息流流通的运动机理及足以支撑这种运动的动力结构，即研究物质流、能量流与信息流的流通性，具有深远的理论意义和重大的现实意义。

流通性是指流结构的流通性，例如物质流结构的流通性、能量流结构的流通性和信息流结构的流通性。各种流在其流结构中流动，那么在流结构中是否拥有足够的流动路径，保证各种流必要的流通？这是大系统能否正常工作的前提条件，也是大系统可协调性的必要结构条件。所以说，**流通性是一个大系统中各种流结构的基本特性，也是系统可控性、可观性和可协调性的前提条件**。例如，从控制论观点来看，各种有组织的系统，都存在着控制与通信过程，因此，也都是广义的控制系统和信息系统。对于大系统的控制过程都是信息获取、传递、变换、处理、利用的过程。若要使控制系统正常工作，就应该使得控制系统的信息结构拥有足够的信息通道，保证必要的信息流通，也就是说信息结构必须是流通的。同样，对于大系统中物质流和能量流，也要保证它们的流通性。

那么如何来分析物质流、能量流与信息流的流通性呢？实际上，对于任何一种流，它的流动过程属于一种转移过程，与自然界中存在的其他转移过程，如电量的转移、动量的转移、质量的转移等有类似之处。各种转移过程应具有共同的规律：

$$过程中的转移量 = \frac{过程的动力}{过程的阻力} \qquad (3-1)$$

那么，流也可以相应地表示为：

$$流 = \frac{势}{阻} \qquad (3-2)$$

式中，"势"为驱动"流"流动的驱动力；"阻"为阻止"流"流动的阻力。这里的"阻"从某种意义上来说，其本质实为耗散。例如，对于简单的电能传递过程，只要存在电势差，就一定会产生电流；在该流动过程中，又会由于某些耗能元件（如电阻）的存在而发生能量的损耗。同样，在物质流、能量流与信息流的流动过程中，也有"势"和"阻"的存在。

这样，各种流的流通性就可以用式（3-2）中"流""势"和"阻"的关系来描述。很显然，提高流通性的方法有：

（1）势不变，阻减小；

（2）阻不变，势提高；

（3）势提高，阻减小；

（4）势提高多，阻提高少；

（5）势降低少，阻降低多。

同时需要注意的是，这里的"势"包括驱动各种流在流动过程中的所有力，而流通则是各种力的聚合作用的结果。因此，要弄清各种流的流通运动机理以及提高各种流的流通性，还必须分析清楚各种流在流动过程中主要受到哪些力的驱动，以及如何使得这些力最终的聚合作用对流通性的提高贡献最大。

3.1.3 层次性

现代社会的各种组织机构、各种社会经济系统、工程技术系统等复杂系统，通常都具有一定的层次性结构，下层因素受到上层因素的支配，反过来上层因素又要受到下层因素的影响。也就是说任何系统都具有多层次的结构，层次的多少因系统而异。例如，经济系统具有宏观经济系统、微观经济系统，相应地，经济领域知识也是多层次的，如国际经济、企业经济、个体经济等。又如对一个国家而言，其能源系统就可以分为几个层次：国家能源系统、部门能源系统、地区能源系统和企业能源系统。其中，国家能源系统处于顶层，企业能源系统处于底层。同样对企业能源系统而言，又可以以班组、车间、全厂来将其分为不同层次。

递阶层次结构是一种最简单也是最实用的层次结构形式。根据问题的性质和需要达到的目标，可以将复杂问题层次化。即首先把问题明确化、条理化，将复杂问题分解成为不同的组成因素，并按因素间的相互关联影响和隶属关系将它们按照不同的层次聚集组合，形成一个多层次的分析结构模型。在这个模型下，复杂问题被分解为各种因素，这些因素又按其属性及关系形成若干层次，上一层次的因素对下一层次的有关因素起支配作用。一般情况下，递阶层次结构的层次数是不受限制的，具体层数要根据问题的复杂程度及需要分析的详尽程度来定。这种层次递阶的系统结构可以清晰地反映出各相关因素的彼此关系，使因素多、范围广、关系复杂的复杂问题从千头万绪之中顺理成章，便于对其进行定性和定量分析。

实际上，如果把大系统看作是由物质流子系统、能量流子系统和信息流子系统组成的，那么大系统的这种层次性结构可以说是由物质、能量和信息的流动而形成的，也就是说物质流、能量流与信息流在结构上也具有层次性。因此，推广到任意一种流，其在结构上也应具有层次性，这种层次性是对系统某种组元（例如物质组元、能量组元或信息组元）的一种静态描述。

3.1.4　相关性

复杂大系统作为一个整体，是诸多子系统或元素的有机组合而不是机械的总和，其中的每个子系统乃至每个子元素都是与系统内其他部分相互关联、彼此影响的。尽管每个子系统、子元素具有自身特定的功能和特点，有时彼此间甚至是相互冲突的，但它们都要为大系统的整体功能服务。

构成大系统的诸子系统或元素是作为整体的一个特定的部分而存在，如果要把它们从整体中剥离出来，那么它们不可能完全地保存原有的性质、特征和意义。因此，可以说大系统的特定构成要素的变化必然会按照一定方式引起该系统中其他要素的相关变化。例如，大系统中某一物质流发生变化（比如物质组元种类的变化、量的变化或物质流动路径的变化等）会引起其他流动路径中物质流的变化，以及伴随这一物质流而产生的能量流和信息流的变化，这就是流的相关性。同时，随着系统的发展变化，存在着系统之间的相互作用和交换关系，这就不可避免地存在发生物质、能量和信息形态变异的可能，即出现新的物质、能量和信息形式的可能性。

3.1.5　"㶲"特性

在热力学中，从转换的角度，把能量分为"㶲"（Exergy）和"炕"（Anergy）两部分。在给定的环境条件下，"㶲"可以连续地完全转换为任何一种其他形式的能量，因此㶲又称为可用能或有效能。"炕"则是一种不可以转换的能量，称为无用能或无效能。

实际上，"㶲"和"炕"的概念可以扩展到社会、经济、信息等众多领域。在任意大系统中存在的各种流，也有"㶲"和"炕"的概念。**对于流中有用的**

组元或元素，可以称之为"流㶲"，而对于流中没有用的组元或元素，可以称之为"流㶲"。我们将这种流的特性称之为"㶲"特性。例如在物质流中，我们把那些有用的物质称为"物质㶲"，而那些不能再利用的物质，称为"物质㶲"。同样，在信息流中，"信息㶲"是那些有用或有利的信息，而"信息㶲"是那些没有或容易产生误导且有害的信息。

3.2　物质流的流结构和基本特性

3.2.1　物质流的定义

我们从整个地球生态系统的角度来看，物质流是十分重要且最为基础的动态过程。因此，较为宏观的物质流可以理解为生态系统中物质运动和转化的动态过程[3]，这个过程包含了所有元素，涉及所有生物体与非生命体。

物质的流动总是要沿着一定路径流动的，在路径的不同阶段物质流动的形态及方式也不同。沿着食物链与生态循环的物质流动是整个地球生态系统中最为典型且重要的一部分。不过，我们目前所重点关注的领域并非所有的物质流，而是与我们人类社会生产生活更为关系密切的物质流，特别是工业生产过程中的物质流。这个过程不仅仅涉及可以清晰感知的物件、原材料、产品等实体，也涉及诸多重要元素的循环，特别是关系到工业生产可持续性的碳元素及其他重金属等。因此，本书中所指的物质流根据物质流动路径的不同阶段主要包括以下两个部分：

（1）物质从生产线起点到生产线终点之间的流动过程。这一阶段的物质流是指各种原材料、物料、矿产、半成品等非能源物质经过一系列物理化学变化沿着其生命周期的轨迹从天然资源到最终产品或废弃物而形成的流动过程。例如，各种钢铁、化工等过程工业中物质的流动过程就是指这一阶段的物质流。

（2）物质在生产线起点到生产线终点之外的流动过程。这一阶段的物质流是指最终产品从生产线终点到消费者的有效转移以及从原材料供应地到生产线起点的物理性转移所必需的各种活动，即管理学科中所指的物流。这里的物质包括所有非能源物质和能源物质。例如，天然资源被开采出来，通过保管、运输等环节输送到生产厂家过程中的物质流动过程，以及厂家生产出的最终产品经过货物运输、仓储保管、装卸、工业包装、库存管理、工厂和仓库的地理选择、订发货处理、市场预测、顾客服务等环节送到消费者手中的流动过程。

本书重点讨论的物质流包括以上两个部分，也就是包括物质在勘探、开发、生产、加工、转换、运输、分配、储备、使用各个环节中流动的全过程。

3.2.2　物质流结构

　　无论是宏观层面大系统、中观层面大系统还是微观层面大系统，物质流都是指各种物料、矿产等非能源物质和煤炭、石油、蒸汽、水等能源物质沿着其生命周期的轨迹而形成的流动。把这些静态物质组元按照某种流动路径相互连接成一定的动态网络结构，便形成了具有多层次的物质流结构。值得提出的是，物质流中的"物质"具有广泛的含义，既可以是生产用的原材料，如金属、矿物质、化石燃料，也可以是其他的资源，如建筑用的砂子、混凝土，农业资源，森林资源，渔业资源等，以及产品、制成品、固体废弃物和向大气、水体排放的污染物等。当然，不同的大系统中的物质是不一样的，而且物质流动的轨迹也不一样，但因物质流动而形成的物质流结构应该是大同小异的。其物质流结构图可以表示为图 3-2。能源物质和非能源物质以及其他一些物质（如回收循环的物质）作为输入物质输入到大系统中，这些静态物质组元在大系统内部通过开采、收集、加工等方式被储存起来，或被消耗掉，或被循环利用，最终转换成产品以及固体、液体或气体废弃物输出到自然环境中。**我们把物质沿其流动路径构成的物质流网络结构称为物质流子系统。**

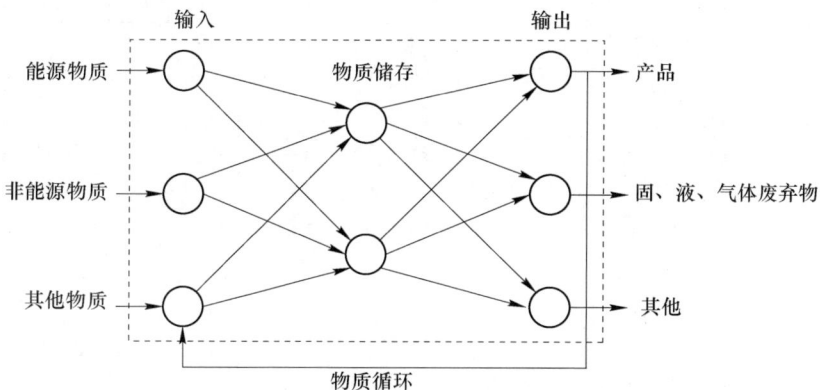

图 3-2　大系统中物质流结构网络简图

　　对于具体的大系统，其物质流结构的具体层次结构是不同的。例如在建筑物能量系统中，物质流主要包括燃料、空气、空调冷冻水、空调冷却水、热水、蒸汽和锅炉补水，则建筑物能量系统的物质类静态组元可分为六大类：能源类、水类、空气类、制冷剂类、蒸汽类和助剂类，其物质流结构的静态组元层次结构简图如图 3-3 所示。建筑物能量系统的物质流动过程涉及的是各种循环过程，即空气循环、水循环和制冷剂与载冷剂循环[2]。其中空气循环关系遵循质量守恒定律，也就是新风量与回风量的和为送风量，并且新风量等于排风量。水循环包括空调冷冻水循环、空调冷却水循环和采暖热水循环。其中空调冷冻水循环是指在冷水机组的蒸发器和空调用户侧的水循环；空调冷却水循环是指在冷水机组的冷凝器和冷却塔的水循环；而采暖热水循环是指在热源与采暖散热器之间的水循环，其水量关系均遵循送水量等于回水量与补水量之和。制冷剂循环是指冷媒在冷水机组各部件之间的循环，载冷剂循环是指载冷剂在冷水机组的蒸发器和蓄冷装置之间的循环，两者的质量关系仍满足送水量等于回水量与补水量之和。根据这些循环，可以画出如图 3-4 所示的建筑物能量系统的物质流功能动态网络结构简图。

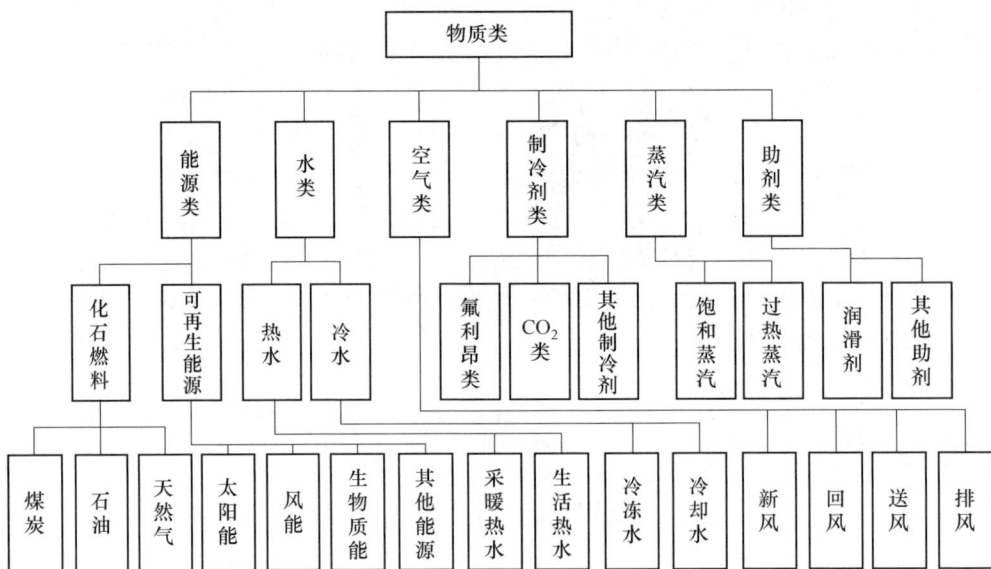

图 3-3　建筑物能量系统的物质静态组元层次结构简图[2]

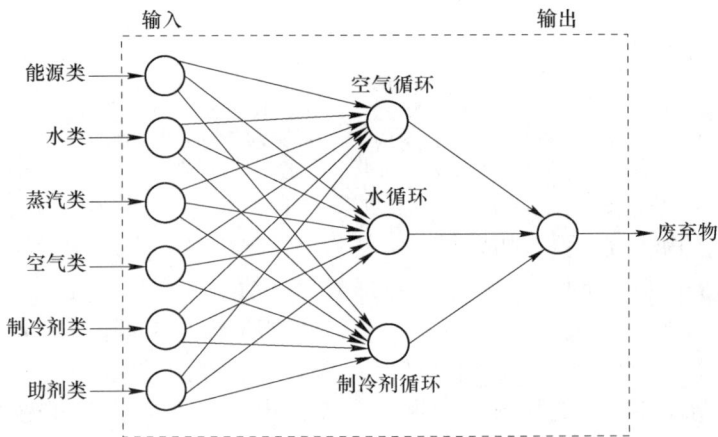

图 3-4　建筑物能量系统的物质流功能动态网络结构简图

3.2.3　物质流的流通性

如上所述，**物质流是指物质实体从供应者到需求者的物理化学运动，是沿着其生命周期的轨迹流动的**。以一个地区的能源系统为例（能源流动结构网络图如图 3-5 所示），其物质流是从一次能源，包括原煤、原油、天然气、水力、核能、地热、太阳能、风能、生物质能等，经过生产或开采，或调入或采集而进一步加工（如洗煤、炼油、核燃料加工等），有些再经过发电或转换成其他二次能源（如电力、热力、固体燃料、液体燃料、气体燃料等），再经过输电线、油管、煤粉管、气管、运载工具等方式输送和分配，供给用能设备，最终输送到各类消费用户使用的能源物质的流动过程。除此之外，还存在从其他地区调入的一次能源或二次能源的物质流，其物质流图可以简单地表示为图 3-6 所示的输入输出的形式。

正如前面所说的，物质的流动属于一种转移过程，应该遵循各种转移过程所具有的共同规律，也就是说物质的流动，必然存在某种流动势在驱动物质的流动，而物质在流动过程中，还会产生某种"阻力"来阻碍物质的流动。那么，对于物质的流动，其"势"和"阻"分别是什么呢？实际上，可以从宏观层面和微观层面上来分析物质流的"势"和"阻"，即物质流的流通性。

从宏观层面上来看，驱动物质流动的驱动力是不同消费用户或需求者对不同物质的某种需求，是人类社会运转的需求。正是在这种需求的驱动下，形成原始物料从供应商采购到企业，经企业进行生产加工，变成半成品或成品，最后销售到消费者的流动过程。每流过一个环节，物质的形态和价值都在发生改变。我们把这种驱动力称为"物质流动势"，简称为物流势。而物质在流经任何一个环节和活动（例如在开采、收集、调入、加工、运输、保管、分配、转换、输送等）时会产生的不同程度、不同形式的物质损耗或其他消耗，对于这种损耗或消耗实质上就是阻碍物质流动的"阻力"，我们称为"物流阻"。此时，物流势为"需求"，物流阻为"物质损耗"。从微观层面上来看，物质的流动是需要通过能量的推动作用而完成原料物流到产品物流的工艺转换。因此，从这个意义上来说，**物质流的流动势为"能量的作用"，而物流阻仍为"物质损耗"**。

无论从哪种层面上来考虑，都应在"物流势"一定的情况下，尽量减小"物流阻"，以提高物质流的流通性，即通过对物质流过程进行计划、组织、指挥、协调、控制和监督，来保证物质流动的顺畅和协调，以减少无谓的损失。当然，在我们目前的生产生活范畴下，物质守恒定律仍然是适用的，即使是对于化学反应，原子的重组也不会改变原子的种类与数量，它们更不会凭空消失。所有物质的"损失"在实质上都是针对特定过程的，例如对于单一产品的生产线而言，最终产品的物质总量必然小于初始原料，而这些损耗的物质仍然以某种形态存在着。

一次能源投入	一次能源输送	加工	转换	中心电站转换	二次能源及直接使用的一次

水电 27330.16 → 电力 10718.20 (0.392)　63282.26

核电 3052.14 → 电力 1196.97 (0.392)

风电 3007.77 → 电力 1179.57 (0.392)

回收能 772.00 → 发电 522.81 → 电力 219.11 (0.4191)

供热 249.19 → 热力 213.66 (0.857)　11941.99

发电112619.78 → 电力47198.9 (0.4191)

供热 12688.24 → 热力10878.9 (0.8574)

炼焦 3798.8 焦炭 3524.8 (0.928)

制油气 536.21 油气 482.51 (0.900)

型煤加工 131.22 型煤 111.44 (0.846)

直接使用 54350.13

原煤 184123.77

进口13847.44

煤炭 生产 253970.4

出口 786.53　257387.57　242606.1

增库存9643.73　损失 14781.47

洗精煤 46412.5 (0.9235)

发电52.51 → 电力22.00 (0.4191)

供热 38.44 → 热力32.96 (0.8574)

炼焦 43884 焦炭及其制品 40720.36 (0.928)

直接使用 2437.56

洗选 58482.33

损失 4470.38

其他洗煤 6921.5 (0.9235)

发电1378.71 → 电力577.82 (0.4191)

供热 382.61 → 热力328.05 (0.8574)

型煤加工 618.69 型煤523.41

直接使用 4090.44 (0.846)

煤矸石 677.94 (0.9235)

发电538.84 → 电力225.83 (0.4191)

供热 139.1 → 热力119.26 (0.8574)

油制口

炼油65638.07　64011.01 (0.975)

进口38718.93

原油 生产 29640.31

出口 347.45　66693.82　66431.64

增库存1317.97　损失 262.18

直接使用 793.57

发电2657.33 → 电力1113.69 (0.4191)

供热 430.56 → 热力369.16 (0.8574)

进口12834.65

天然气 生产 13929.89

出口 375.70　16388.84　16108.33

损失 280.51

液化 245.7 液化天然气 208.97(0.850) 电力138.17 (0.4191)

进口2578.92 损失 54.36

直接使用 12774.74

生物质能 4493.01

成型燃料300.00

发电1820.00 → 电力692.00 (0.38)

供热 1833.33 → 沼气1100.00 (0.60)

液化 539.68 液体燃料 340.00 (0.63)

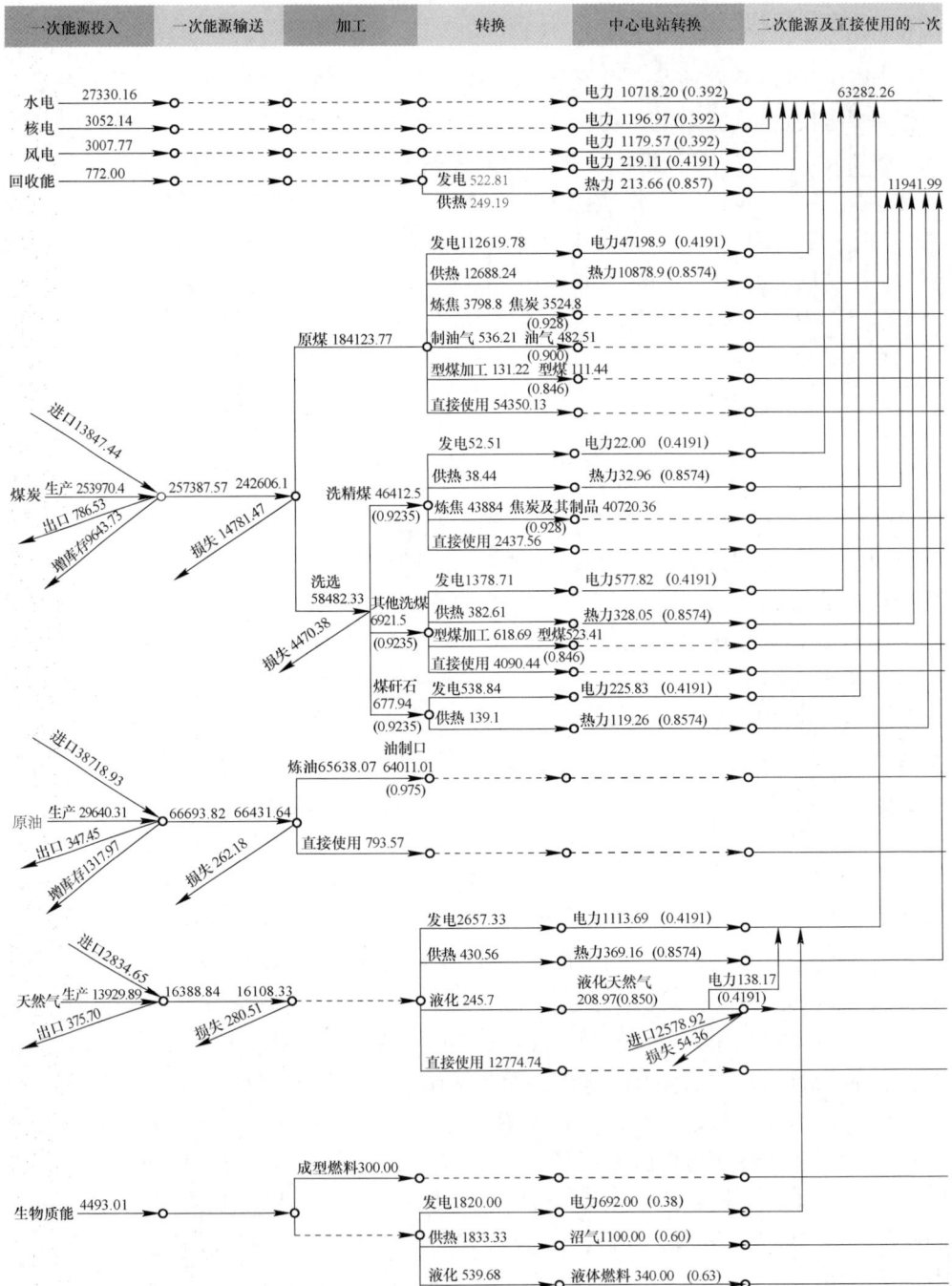

图 3-5　地区能源系统

（单位：万

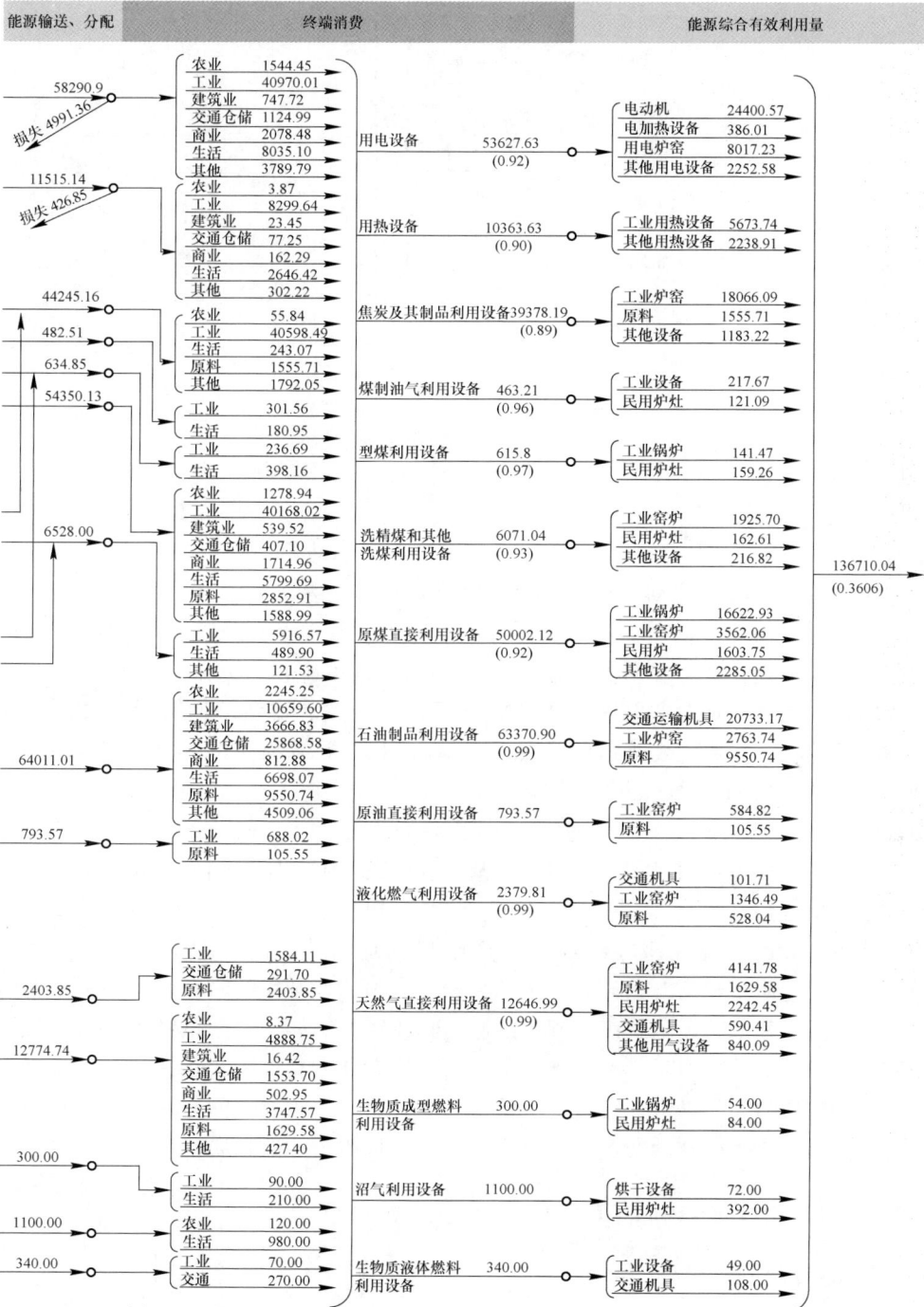

能源输送、分配	终端消费	能源综合有效利用量

58290.9　拟失 4991.36

- 农业 1544.45
- 工业 40970.01
- 建筑业 747.72
- 交通仓储 1124.99
- 商业 2078.48
- 生活 8035.10
- 其他 3789.79

用电设备 53627.63 (0.92)
- 电动机 24400.57
- 电加热设备 386.01
- 用电炉窑 8017.23
- 其他用电设备 2252.58

11515.14　拟失 426.85

- 农业 3.87
- 工业 8299.64
- 建筑业 23.45
- 交通仓储 77.25
- 商业 162.29
- 生活 2646.42
- 其他 302.22

用热设备 10363.63 (0.90)
- 工业用热设备 5673.74
- 其他用热设备 2238.91

44245.16

- 农业 55.84
- 工业 40598.49
- 生活 243.07
- 原料 1555.71
- 其他 1792.05

焦炭及其制品利用设备 39378.19 (0.89)
- 工业炉窑 18066.09
- 原料 1555.71
- 其他设备 1183.22

482.51
- 工业 301.56
- 生活 180.95

煤制油气利用设备 463.21 (0.96)
- 工业设备 217.67
- 民用炉灶 121.09

634.85
- 工业 236.69
- 生活 398.16

型煤利用设备 615.8 (0.97)
- 工业锅炉 141.47
- 民用炉灶 159.26

54350.13

- 农业 1278.94
- 工业 40168.02
- 建筑业 539.52
- 交通仓储 407.10
- 商业 1714.96
- 生活 5799.69
- 原料 2852.91
- 其他 1588.99

洗精煤和其他洗煤利用设备 6071.04 (0.93)
- 工业窑炉 1925.70
- 民用炉灶 162.61
- 其他设备 216.82

6528.00
- 工业 5916.57
- 生活 489.90
- 其他 121.53

原煤直接利用设备 50002.12 (0.92)
- 工业锅炉 16622.93
- 工业窑炉 3562.06
- 民用炉 1603.75
- 其他设备 2285.05

64011.01

- 农业 2245.25
- 工业 10659.60
- 建筑业 3666.83
- 交通仓储 25868.58
- 商业 812.88
- 生活 6698.07
- 原料 9550.74
- 其他 4509.06

石油制品利用设备 63370.90 (0.99)
- 交通运输机具 20733.17
- 工业炉窑 2763.74
- 原料 9550.74

793.57
- 工业 688.02
- 原料 105.55

原油直接利用设备 793.57
- 工业窑炉 584.82
- 原料 105.55

液化燃气利用设备 2379.81 (0.99)
- 交通机具 101.71
- 工业窑炉 1346.49
- 原料 528.04

2403.85
- 工业 1584.11
- 交通仓储 291.70
- 原料 2403.85

12774.74

- 农业 8.37
- 工业 4888.75
- 建筑业 16.42
- 交通仓储 1553.70
- 商业 502.95
- 生活 3747.57
- 原料 1629.58
- 其他 427.40

天然气直接利用设备 12646.99 (0.99)
- 工业窑炉 4141.78
- 原料 1629.58
- 民用炉灶 2242.45
- 交通机具 590.41
- 其他用气设备 840.09

300.00
- 工业 90.00
- 生活 210.00

生物质成型燃料利用设备 300.00
- 工业锅炉 54.00
- 民用炉灶 84.00

1100.00
- 农业 120.00
- 生活 980.00

沼气利用设备 1100.00
- 烘干设备 72.00
- 民用炉灶 392.00

340.00
- 工业 70.00
- 交通 270.00

生物质液体燃料利用设备 340.00
- 工业设备 49.00
- 交通机具 108.00

136710.04 (0.3606)

结构网络图[4]

吨标准煤)

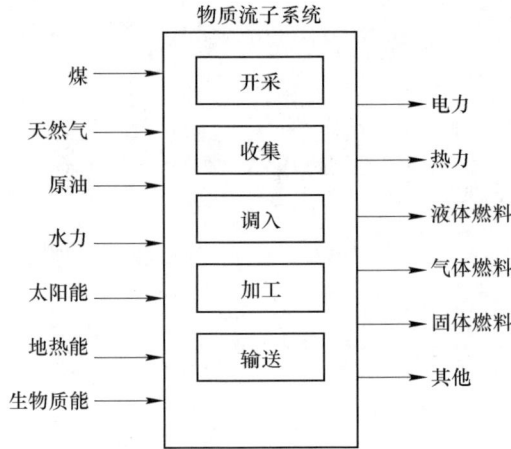

图 3-6 物质流子系统输入输出简图

3.2.4 物质流的"㶲"特性

大系统中物质的流动过程,也就是将原料通过各种方式、各种工艺加工成为半成品及制成品,并输送到消费者手中的全过程。在这个过程中,各种物质或被储存,或被消耗,或被循环利用,最终转换成各种废弃物进入到自然环境中。这些**被储存、被消耗或被循环利用的直接或间接被人类消费利用的有用的物质,就是"物质㶲"。而那些被排放到自然环境中、不能再被利用的物质,如废弃物,就是"物质㶑"。**即:

$$物质 = 物质㶲 + 物质㶑$$

值得一提的是,在生产供人类消费利用的产品的过程中,除了将物质从自然环境中萃取提炼得到所需原料外,还会产生额外挖掘土石方、细小的矿渣及多余的提炼废弃物,另外在将原料加工为半成品及制成品的过程中也会产生类似物质。这部分物质主要有开采矿物的遗留部分、木材砍伐及生物收获过程中的残留部分、土壤搬运和基础设施建设过程中的搬运物质等。例如,生产钢铁需要直接投入铁矿石,为开采铁矿石又必须剥离大量岩石,后者并未直接进入钢铁产品的生产过程,更没有作为商品进入消费过程。这些人类为获得有用物质而动用的、没有进入社会经济系统的生产和消费过程、又会造成很大环境负担的物质也是"物质㶑"。

3.3 能量流的流结构和基本特性

3.3.1 能量流的定义

与物质流类似,对能量流的界定也有着不同尺度与视角。从一个较为宏观的视角来看,能量流是指能量在生态系统中的流动过程[3]。对于这个地球上的生物而言，能量由太阳通过辐射向地球输入，然后通过漫长的食物链流动，而这些能量最终都以热能的形式逐渐散失到环境中。对于我们而言，人类社会的能量流动是我们更为关注的过程，这个过程长远地关系到了人类社会的运作与发展。

物质流动需要能量，那么不论物质流是单纯的物理性移动还是发生物理化学变化，其流动过程中必伴随着各种能量之间的转换、能量的利用以及能量的回收。因此，**能量流主要是指各种能量随物质流动的全过程沿着转换、利用和排放回收的路径流动的过程**。因为能量来源于能源，所以能量流实际上也就是煤炭、石油、蒸汽等能源物质发生物理化学变化的流动过程。各种能源物质在流动过程中会产生能量的转换、能量的利用和能量的回收，也就是各种能量沿着转换、利用和排放回收的路径形成能量流，例如电能、热能、机械能、废热等能量的流动。例如，某物质从开采地通过公路运输到生产厂家过程中，交通工具需要通过汽油等燃料（能源物质）来驱动，在此过程中，要发生化学能转换为热能再转换为机械能的能量转换过程，热能、机械能的能量利用过程以及尾气排放中带走热能的能量排放过程。

3.3.2　能量流结构

许多学者在进行过程能量综合优化研究时，特别是在进行热能的有效回收利用时曾提出过种种能量结构模型[5]。例如，图 3-7 所示的双子系统模型[6]、图 3-8 所示的三子系统交互模型[7]、图 3-9 所示的洋葱模型[8]等传统能量流结构以及华贲针对传统能量流结构的不足而提出的图 3-10 所示的三环节能量结构模型[9]。三环节能量结构模型能够全面地、定量地揭示能量在过程系统中转换、利用、回收和排出的普遍规律。虽然该能量流结构模型是针对过程工业而提出的，但也可以将它扩展到其他类型的大系统，如经济大系统、社会大系统等，得到普遍适用于任意大系统的能量流结构。

跟物质流结构类似，能量流结构是将能量静态组元按照特定流动路径连接在一起的能够描述某一时间层次上的动态网络结构。任意大系统的能量流结构如图 3-11 所示。其中 A 表示能量转换环节，B 表示能量利用环节，C 表示能量回收环节。

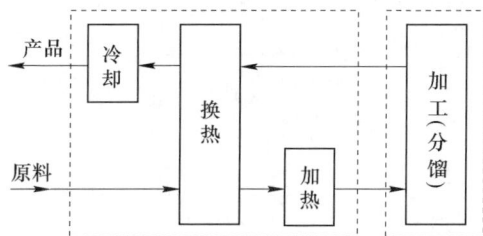

图 3-7　过程系统双子系统能量结构模型[6]

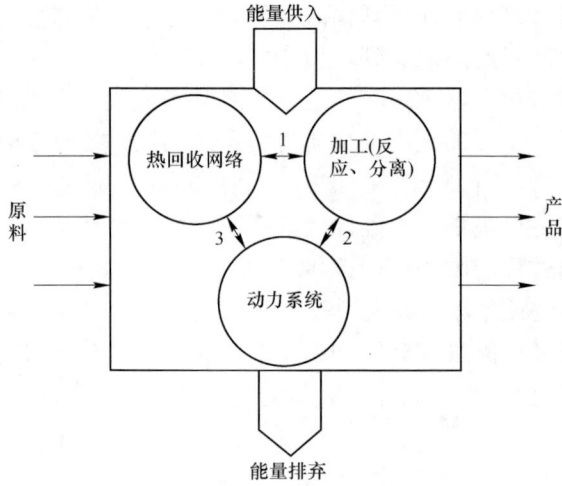

图 3-8 过程系统三子系统交互模型[7]

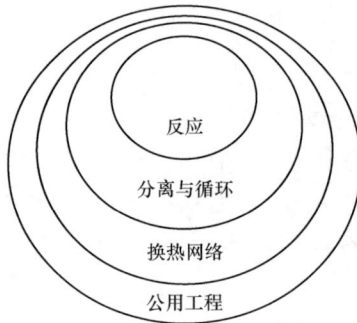

图 3-9 过程系统洋葱模型[8]

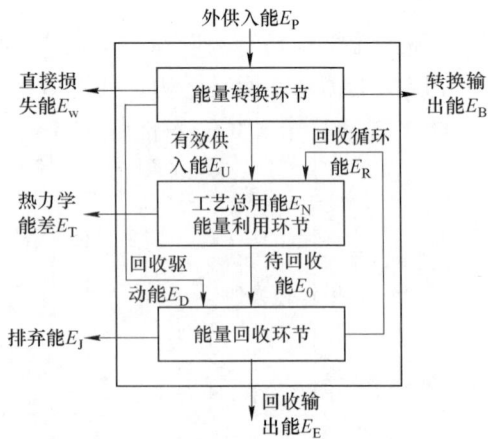

图 3-10 过程系统三环节能量结构[9]

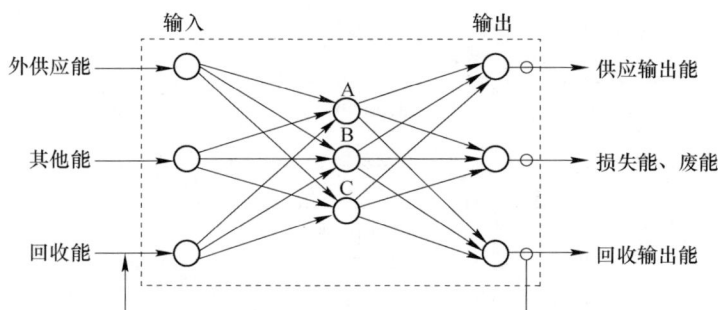

图 3-11　大系统中能量流结构网络简图

例如在建筑物能量系统中，其能量流主要包括由煤、石油和天然气等化石燃料转换而来的电能类和热能类，以及由太阳能、风能、生物质能等可再生能源转换而得到的电能类和热能类。建筑物能量流结构的静态组元层次结构简图如图 3-12 所示。楼宇三联供系统空调部分的能量流结构如图 3-13 所示[2]。

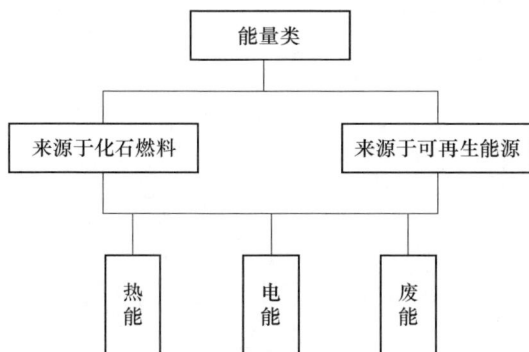

图 3-12　建筑物能量流结构的静态组元层次结构简图

3.3.3　能量流的流通性

能量的流动包括转移与转换两种形式。转移是某种形态的能，从一地到另一地，从一物到另一物；转换则是由一种形态变为另一种形态。其结果主要体现在两方面，即能量使用过程中所起的作用以及能量流动的最终去向。能量流动的最终去向通常只有两条：一是转移到产品或服务，一是散失于环境，包括直接损失和用于过程后再进入环境这两种情况。实际上，能量流动的实质就是能量利用的实质。如果把产品的使用也包括在内，能量的最终去向只能是唯一的，即最终进入环境。能量的流动是有一定条件的，即在有能量密度差的条件下，能量总是从能量密度大的物质或能量集中的地方，向能量密度小的物质或地方传递；总是从集中到分散并逐步达到平衡。

```
        天然气                    电力
          │                      │
          ▼                      ▼
  ┌──────────────┐   电力  ┌──────────────┐  其他用电
  │  小型燃气轮机  │───────▶│  低压配电系统  │──────────▶
  └──────────────┘        └──────────────┘
          │ 烟气                 │ 电力
          ▼                      ▼
  ┌──────────────┐        ┌──────────────┐
  │   余热锅炉    │        │   电制冷机组   │
  └──────────────┘        └──────────────┘
          │ 蒸汽                 │ 冷水
          ▼                      ▼
  ┌──────────────┐        ┌──────────────┐
  │ 吸收式制冷机组 │        │   蓄冷装置    │
  └──────────────┘        └──────────────┘
          │ 冷水                 │ 冷水
          └──────────┬───────────┘
                     ▼
            ┌──────────────┐
            │   风机盘管    │
            └──────────────┘
                     │ 冷风
                     ▼
            ┌──────────────┐
            │   空调房间    │
            └──────────────┘
                     │ 排风
                     ▼
            ┌──────────────┐   新风预冷
            │  冷量回收装置  │   冷量回收
            └──────────────┘
                     │
                     ▼
                  耗散排空
```

热能驱动冷量回收　　能量转换子系统　　电能驱动冷量回收

能量利用子系统

能量回收子系统

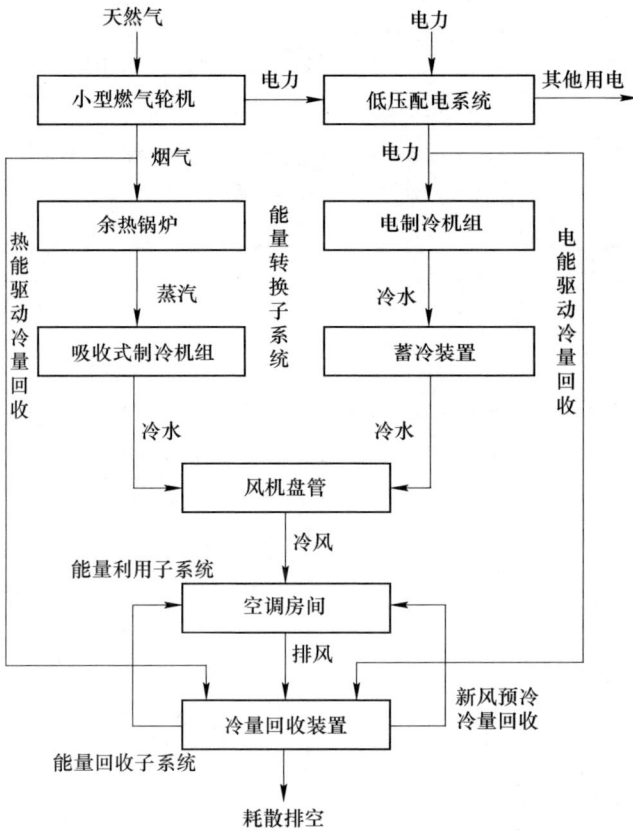

图 3-13　楼宇三联供系统空调部分能量流结构图[2]

　　能量的流动是伴随着物质的流动而流动的，从宏观上来说，由于物质流是在一定需求的驱动下形成的，所以能量的流动也应该来源于某种需求。根据式（3-2），我们将这种需求称为能量流动势（简称"能流势"）。而能量在转换、利用、回收的过程中，会产生能量的贬值、能量的损耗和有用能（㶲）的损失，使得能量在流动过程中受到阻碍，我们把这种阻力称为"能流阻"。根据能量流动所遵循的规律，能量流动的速率正比于流动的动力，而反比于流动的阻力。要想使能量流保持较高的流通性，其中一种方法就是要在"能流势"一定的情况下，尽可能使得"能流阻"减小。而合理按质用能，提高能量的有效利用，减小㶲损是减小"能流阻"的有效办法。最终使得能量的流动在其流动路径中保持顺畅，以达到能源总费用最少、节能量最大或能量损耗最小等目的。

　　这里强调一下"能流阻"中的其中一种——㶲损。任何不可逆过程都必定会引起㶲损失，只有可逆过程才没有㶲损失。因为实际过程均为不可逆过程，故㶲并不守恒，而且在能量利用过程中，即能量流动过程中㶲是不断减少的。㶲损耗是㶲的消耗和损失的简称。对某一能量流动过程，㶲损耗可能有三种情况[10]：

（1）㶲被转移。例如把原料的㶲转移到产品上，这是符合工艺目的的客观需要。最优的工艺过程是㶲被完全转移而没有损耗，这正是我们所希望实现的。

（2）㶲被消耗。借以推动生产或能量转化中各种过程的进行，比如流体的流动、热量的传递、物质的扩散和混合、化学反应的进行等所消耗的㶲。显然对由此所消耗的㶲，需要进行具体的分析，不能简单地一概认为是浪费，因为实际过程的进行，总是需要一定的速率，并克服一定的阻力，而㶲的消耗就是过程推动的代价。过程速率的选择，直接影响生产的速率和投资的大小，是一个技术经济问题，而阻力的大小则要看其是否与当前的技术水平相适应，并从这个角度考察部分㶲损耗大小是否合理。

（3）㶲被散失。即未产生实际效益而自发地转变为㶲，如各种炉窑中燃料的不完全燃烧，锅炉和热机的排烟和排热损失，冷却水（随物流排弃）带走的㶲，蒸汽管道和水管中介质的跑、冒、滴、漏，各种热力设备和热力管道向周围环境散热所损失的㶲（这些热量全部或部分变为㶲），以上这些都是可以节省的㶲，应在技术经济合理的范围内使这部分㶲散失减少至最小程度。

弄清楚㶲损的原因，对通过减小"能流阻"来保证能量流动的流通性是非常重要的。图3-5所示的某地区的能源系统，其能量流结构可以理论上简化为图3-14所示的输入输出形式。

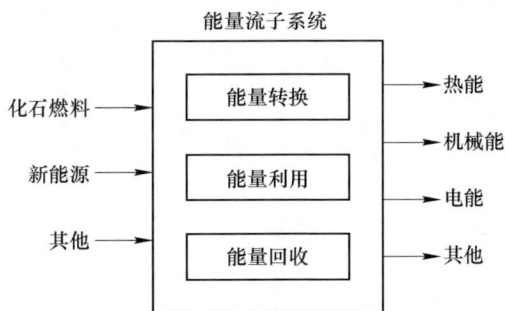

图 3-14 能量流子系统输入输出简图

3.3.4 能量流的"㶲"特性

对于一切形式的能量都可以表示成：

$$能量（E）= 㶲（E_x）+ 㶲（A_n）\tag{3-3}$$

按转换能力可将各种不同形式的能量分为以下三大类[10]：

（1）无限转换能（全部转换能）。它可以全部转换为功，称为"高质能"。高质能全部都是"㶲"，即 $E = E_x$，$A_n = 0$，因此它的数量和质量是统一的，如电能、机械能、水能、风能、燃料储存的化学能等。从本质上讲，高质能是有序运动所具有的能量，而且各种高质能理论上可以无限地相互转换。

（2）有限转换能（部分转换能）。它只能部分地转换为功，称为"低质能"，其 $E_x < E$，$A_n > 0$，因此它的数量和质量是不统一的，如热能、流动体系的总能等。

（3）非转换能（废能）。它受环境限制不能转换为功，称为"废能"。例如，处于环境条件下介质的内能、焓等。根据能量贬值原理，尽管废能有相当的数量，但从技术上讲，无法使之转换为功，所以对废能而言，$E_x = 0$，$E = A_n$。

为了全面衡量设备或过程在能量转换方面的完善程度，通常采用㶲效率来作为全面反映能量在转换过程中的有效利用程度和判断能量利用的综合水平的统一标准尺度。具体而言，㶲效率可表示为：

$$㶲效率 = \frac{（净）收益的㶲}{消耗的㶲} \tag{3-4}$$

或

$$㶲效率 = 1 - \frac{各项㶲损耗之和}{消耗的㶲} \tag{3-5}$$

探究能量流的"㶲"特性是很重要的，这与能量流的流通性问题并不处于同一纬度，甚至从某种意义上来说，能量流的"㶲"特性与当前人类社会所面临的主要能源挑战密切相关。

3.4　信息流的流结构和基本特性

3.4.1　信息流的定义

信息流（information flow）这一概念已经被国内外大量的研究所广泛地使用与讨论，其不仅仅涉及信息、通信或通讯科学与工程[11-14]，还大量涉及对企业、家庭、项目、市场或设备的管理与控制[15-19]。但是，在不同的背景下，信息流的含义显然存在着巨大的差异。定义这一概念是十分困难的，因为"信息"与"流"这两个概念都是比较抽象且涵义广泛的，甚至是充满争议的。这也使得在多数情况下，人们选择直接使用"信息流"这一概念而回避对其的解释或定义，只要在相同领域下的人们可以大体上互相理解。通常所提到的"信息流"仅仅是指某一类特殊的情况，例如往往所谓的"信息流"不过是数据流。这些"信息流"显然远远没有涵盖涉及人类社会中所广泛存在的各种信息，甚至探讨的未必是真正意义上的"信息"。

高隆昌等[20] 提出的系统学二象论给予了我们一个非常独特的认知视角，而这个基础决定了信息相较于物质、能量存在着本质的差别。我们可以认为任何系统都应该是一个由实象、虚象两方面构成的二象系统，且信息属于系统的虚象部分。在二象系统中，虚象是实象的映射，这便使得虚象可能呈现出相对性与多样性，因此可以运用各种不同的信息来描述同一实体。而由于二象之间的"互动"机制，使得任一象的改变都将内在地引起对偶象产生相应改变，在这样的前提下，不仅物质的变化会导致信息的变化，而信息也能引起物质与能量的改变。

信息科学相关理论[21]从本体论的角度告诉了我们一些关于信息的重要基本观念，这些观念与系统二象论推演出的结论是高度一致的。信息本体论认为，数据、消息、指令，乃至文字、语音等，则都属于信息的载体，并非信息本身。信息是接收者和载体的函数（或者映射），信息是相对的且取决于接收者。从更为严格的角度来看，信息是一个一般术语，其具体的代表则被称为一项信息。在这个前提下，一个信息项系列被称为一个信息流。

系统二象论与信息本体论中的相关讨论使我们认识到一个重要的事实，就是以往我们讨论的"信息"常常不过是信息的载体（实象），而非信息本身（虚象），显然看似没有什么差别。而在本书关于物质流、能量流与信息流的探讨中，信息流也并非是信息载体，特别是信息对于大系统运行、发展与演化所产生的作用，必定是建立在信息被接收的前提之下。如果仍将"信息"与"信息载体"这一组概念相混淆，就容易陷入"数据就是信息""信息无用"或"没有信息"的思维怪圈中。

信息科学的一般变换原理和事实原理❶告诉我们，信息是引起接收者（系统）变化的能力，且变化必然意味着信息的作用。因此，在大系统的运行、发展与演化过程中，会不断产生大量的信息，这些信息以各种形式，在系统中各元素之间、各环节之间或各子系统之间进行传递和储存，对物质流和能量流的流动起到重要的标示、导向、观测、警戒、调控的作用。本书中的信息流是指在对物质流和能量流进行控制、操纵、调节和管理的过程中所发生的信息的获取、传递、变换、处理和利用的流动过程。例如，对于一个火力发电厂，信息体现在对一次能源的选择、一次能源产地的选择、运输工具的选择、运输路线的选择、输电方式的选择、发电机组设备的选择、设备㶲损量的获取等。

3.4.2 信息流结构

控制论的创始人维纳认为[22]："信息是我们适应外部世界，并使这种适应外部世界所感到的过程中，对外部世界进行交换的内容的名称。"当我们尝试将这一关系进一步推演，将每个人视作一个系统，而把这个人以外的一切均视为"外部世界"，则不难发现，"交换的内容"就是信息，且是无处不在、相互作用的。而现代信息理论认为[21,23]，人类作为信息的接收者与加工者，可以从任何物质

---

❶ 关于信息本质的相关理论与探讨，详见 2.2 节的相关内容，在此不再赘述。

的、思想的或结构的载体中获取信息。因此，从人类世界的角度来考虑，信息流无处不在，无论是宏观的国家地区尺度，还是微观层面的人体之内。

在大系统中，信息流沿着信息获取、传递、变换、处理和利用的路径进行流动。对于人类世界中任何尺度的大系统，在任何一个信息流结构中，均包含信息源、信息加工（反应）系统和信息传输系统。任意大系统的信息流结构示意图如图 3-15 所示。

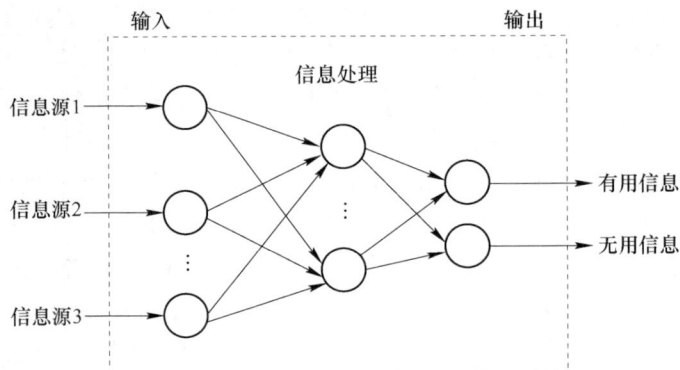

图 3-15 大系统中信息流结构网络示意图

考虑到信息载体或信息源极大的丰富性，大系统内完整的信息流结构是非常复杂且难以描述的。尽管信息的作用与传递在世界上几乎每个过程中都是双向的[23]，且大量过程并没有人类的参与，但从人类自身需求的角度来看，信息的流动仍与人类对信息的获取与利用过程高度相关。这些信息的流动才是我们通常所感知到的信息流。也就是，在有限的能力之下，我们主要关注和探讨与我们有关的过程，我们更关心从外部世界获取了什么信息，而不必深究外部世界从我们身上获取了什么，或者自然界中的动植物从气候的变化中感知到了什么。同样，我们也不必分析所有理论上与人有关的过程，而仅需关注主要的过程，毕竟仅仅一个人的表情或肢体语言就可能带来大量的信息，而这些信息显然无法被记录与追踪，而其通常也不涉及主要过程。

在这个前提下，人类世界中的信息流结构能够适当地变得更为简明而清晰，特别是对于特定的单元及过程。例如，在建筑物能量系统中，信息类主要表现为室内的舒适状态，各种控制元件的状态、指令等，能源市场的变化和气象参数的变化信息，还包括系统运行过程中的各种数据流[2]。在建筑物能量系统的运行过程中，主要的信息至少有三类：（1）外界信息，包括能源市场的价格波动和气象参数的随机变化；（2）运营信息，包括硬件技术系统的运行和软件技术系统的经营管理；（3）内部指令，系统的控制指令。图 3-16 是建筑物信息流静态组元层次结构简图。不同层次的信息流结构体现了建筑物能量系统在相应层次的自动化和智能化水平，而这些方面与目前对于能耗的智能化管控有着密切联系。当我们希望不断对建筑物能量系统产生影响并使其朝着更加节能高效的方向不断转变时，所有这些信息流便是不可或缺的前提。

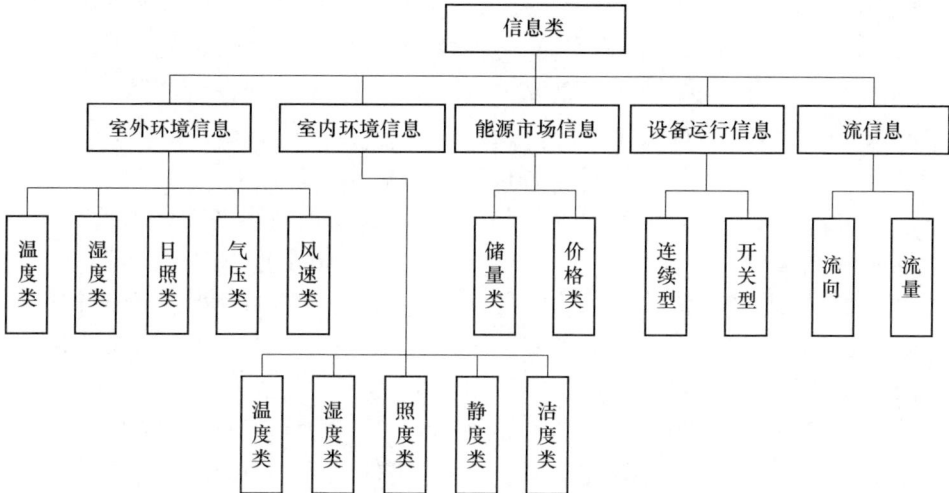

图 3-16　建筑物信息流静态组元层次结构简图[2]

在整个信息流结构中，人类作为信息的接收者和加工者，是整个结构中的核心。同时，现代信息技术的不断进步使得我们比起过去掌握了更多的数据，这些信息载体（或信息源）的存在使得人类获取的信息量也成倍增加。因此，技术革新带来的信息化确实有效地改变了人类生活的方方面面，特别是对于大型工业生产中过程的管理与控制。但我们不可以简单地认为，信息技术一定会"自然而然地"带来转变，因为信息技术带来的是载体而非信息本身。只有当这些载体被人类接收而成为信息，并且最终汇聚成"流"，其才能真正带来改变。就像图书馆里堆满的书籍，只有当人们阅读并理解了它们，其才能使人们发生转变，放在那里的书籍永远不会"自发地"发出信息来使人们变得更加富有智慧。

3.4.3　信息流的流通性

信息流的流通性是指系统信息结构的流通性。在探讨信息流通之时，必需结构是输入信息三元组（载体、信息、接收者/接收器），相反，发送者不是必需的[21]。对于人类社会而言，人类作为接收者对获取信息的需求是外部世界信息流向人类世界的核心驱动因素。因此，人类世界的"信流势"很大程度来源于需求。但相对物质流和能量流来说，信息流的流通性更为复杂，因为每个人作为强大的信息加工处理中心[23]，不仅仅具有接收信息的能力，还有着信息创造、加工、处理、分发的能力，信息在人与人之间的流转是频繁与复杂的。但从对人类社会发展的长期观察中可以发现，我们不仅可以时常感知到信息确实在向某种方向"流动"，且基于"势"与"阻"的流动模型在整个宏观的尺度仍然是存在的。

西安交通大学的李德昌等[24-29]提出了关于"势科学"的一系列理论，基于"信息人"的假设，形成了剖析人类社会的新视角，并且着重探讨了复杂系统中的"信息势"问题。其实在现实世界中的信息传播确实存在着"势"的差异。从政府或高层管理者的行政命令，到专家学者的观点主张，这些信息的传播显得更加具有"自上而下"的方向性，且传播距离更长，这与信源的"势"有着巨大关系。而在家庭中，处于更加强势地位的人也似乎拥有更多的话语权。"势科学"同时从"联系"和"差别"这一对基本要素分析了信息势与复杂系统不确定性等问题，而这些分析的背后也与信息的"负熵"特性形成了有效的呼应。反观现代管理科学以及管理体系方法中对于"领导作用""承诺"等的强调，无不体现了在管理问题中营造"信息势"的必要性。

除了"势科学"的视角，一些其他视角也可以证明"信息势"的存在。在传播学中，刘洋[30]通过类比电磁场而构建了"信息场"模型，提出了"信息势能"（包括深度信息势能与广度信息势能）的概念，分别评估了信息在本领域内和本领域之外的其他领域的影响力，验证了相关假设的可行性。同时，信息生态理论[23]作为信息科学与生态学交叉的新兴领域，其认为"信息势差"是信息生态链形成的内在驱动因素之一，而信息生态链的相关理论与本书涉及的信息流有着极大的相似性与相关性。因此，"信流势"的存在对于理解信息流以及信息的传播都有着极大的意义，其是信息流的驱动力，是信息流的关键因素之一。而结合信息本体论中"信息是引起变化的能力"的结论，更加可以看出信息与"势"这一概念在内在上的高度相关性。

尽管信息流不像物质流或能量流可以被切实地阻断或消耗，但我们在现实世界中仍然可以感受到信息流时常面临的阻碍或阻力，并能够感受到其带来的显著影响，特别是信息流沿着某一方向进行传播之时。虽然信息不会如能量般被耗散，但阻碍可能会造成信息时效性的损失甚至重要信息的丢失，最终造成信息价值的严重受损。在这个语境下，信息不应被等同地理解为数据、消息等信息载体，而一定要从接收者的角度来理解。从接收者的角度来看，同样的信息载体并非意味着永远相同的信息，当信息载体在不同的时间或地点出现时，接收者所获取的信息显然不再相同。信息传播的中断是最为明显的阻碍与阻力，其造成的影响也将是非常明显的，这样的情况在较为落后的"口口相传"场景中是极易发生的。而与此同时，信息传递的延迟或滞后也是较为常见的，微小的延迟可能仅仅让人焦急或不适，但在更多关键性的决策中，信息延迟或滞后将对整个系统带来一系列的重要影响。因此，"信流阻"在宏观上是必然存在的，且考虑到"信流势"很难在所有现实情景中人为地进行调整或优化，通过减少或消除"信流阻"的方法来提升信息流的流通水平则显得尤为重要。

若要改善信息的流通水平，必须借助一切手段，并同时考虑优化"信流势"并降低"信流阻"。考虑到信息的流通，或者从信息生态链的角度来考虑，人作为信息接收者与发送者是整个系统中的关键。在当今这个信息技术已经高度发达的时代，借助网络以及其他通信手段，点对点的数据传输已不再是问题，我们已经可以做到在仅仅毫秒级的延迟下实现全球范围的通信。然而，信息技术并不能解决复杂系统内信息流通的一切问题，甚至绝大多数问题仍未得到有效解决。这一切的关键可能在于人类社会本身的信息流通机制，或者说，人类本身正在成为整个信息流通中的"短板"。

我们以决策过程为例进行简要的探讨。在一个全自动控制的系统中，例如先进的工业控制系统或车辆的自动驾驶系统中，即使整个决策链拥有众多环节，囊括了数不清的传感器，但由于整个系统极高的信息流动水平，全自动控制系统可以及时完成所有的决策工作，其能够保证整个系统时刻处于绝佳的状态。相反，当我们将系统换作企业中的工作小组时，整个过程就变得完全不同。在整个决策链条中，数据与消息的传递过程仍然是毫秒级的，但人工的信息阅读、处理、分发，乃至最终的决策，都将消耗不少的时间。如果整个链条中的某人有意或无意地延误了消息的转发，整个决策链可能都会中断，而很多设计生产安全的关键决策中，不及时的决策会引发大量负面结果，轻则造成不必要的浪费或损失，重则造成重大的事故。如果我们从"势"的角度考虑，赋予重要信息的流动以极高的"势"，例如由高层管理者直接下达指令，或者提前赋予部分渠道的信息以足够的重要性，那么这些信息的流通过程将因为得到足够的重视而不被轻易忽视。企业基层工人的建议往往是很难传达到管理者耳中的，但这种情况不会出现在企业领导的指示上，这其中的重要差别便是"势"，且这个"势"并非取决于信息本身的价值或正确与否。总经理强调企业的节能与安全问题，一定比车间主任要更为有效。而同时，当企业拥有了先进的信息系统之后，可以考虑大幅缩减决策链中的中间层级数量，保证重要信息可以及时被高层领导获取，而无需层层转达，减少人工因素在其中的参与。在这样的情况下，信息流的"信流阻"便可以得到有效削弱，而信息流的流通水平也会因此得到优化，这些优化企业管理的策略已经在大量管理实践中得到了验证。

3.4.4 信息流的"㶲"特性

21世纪是信息的世纪。在这个时代里，到处充斥着信息。信息传播媒介除了人们熟悉的广播、电视、电话之外，又逐渐出现了计算机、光导纤维、通信卫星等各种新的信息载体和传递手段，这就使得社会现存信息的数量以惊人的速度爆炸性地增加，也就是所谓的"信息爆炸"。科技咨询顾问公司 IDC 于 15 年前就公布过一项调查，调查指出，2006 年全球资讯量大爆炸，全年的照片、影音档、电子邮件、网页、即时通信与行动电话等数码资料量，高达 1610×10^8 GB（161EB），如果拿容量为 80GB 的 iPod 来储存这些资料，20 亿台也不够。这种信息爆炸的现象弥漫在全世界的各个领域、各个角落。恰如 Gartner 首席分析师 Tom Eid 所言，"目前，企业的多数信息都杂乱无章"。在吹响向信息时代进军号角的同时，人们更多地感到"信息爆炸"所带来的不适和无奈，业务、决策总是在焦头烂额的信息搜集中无序进行。

　　"信息爆炸"所带来的问题远远不局限于降低效率与耽误时间。更加值得注意的是，正如在本书第 2 章关于信息本质的相关讨论中所述，任何信息都具有引起变化的能力，这些变化未必总是人们所期望的积极变化。错误信息所带来的灾难是惊人的，一个错误的数据可能导致对发展局势的严重误判，一条错误的消息可能引起数百万人的高度恐慌，甚至一本谬误的历史书可能引起几代人对史实认知的严重偏差。即使谣言终究会被辟谣，真相最终得以澄清，但引起的改变不可完全逆转，而为了消除错误信息的影响，代价也是巨大的。如何及时处理这些信息？如何分辨哪些是有用信息，哪些是无用信息？这是 21 世纪人类面临的重大课题，并且这些问题至今为止并没有得到有效应对。有用的信息将增加经济效益促进社会的发展，但信息无秩序地增加甚至泛滥成灾，将会带来信息犯罪和信息污染等各种社会问题，而无用的甚至错误的信息又会误导人们，导致做出错误的决策，造成各种各样的损失。

　　在复杂大系统中，信息流无时无刻不面临着这样的问题，其中**有用的信息流可以保证物质流和能量流更顺畅地流动，使大系统不断朝着更加有序的方向发展，我们把这样的信息流称为"信息烔"；而那些无用的信息流会阻碍物质流和能量流的流通性，降低系统的有序性，从某种程度上甚至会造成系统运行效率降低，我们将这样的信息流称为"信息炥"。**它们的关系如下：

$$信息 = 信息烔 + 信息炥 \qquad (3-6)$$

　　把信息流中的信息烔和信息炥找到，充分合理利用信息烔，削弱信息炥对系统的影响，在控制层面、运行层面和设计层面对整个系统都是非常重要并且具有现实意义的。尤其是对于当今的国家治理以及企业管理，保证外部信息流能够得以有效筛选与控制，将确保系统的发展不被引导向错误的方向。同时，系统内部的信息流也必须得到规整与梳理，不宜将每个人都纳入一条庞杂的信息流中，而要确保每个人都能在一条宽阔的"信息烔"之上。在这种情况下，每个人都能够获取适量的有用信息，而不会因为过多的信息而产生迷茫，在有限的处理能力下确保了人有足够的时间与精力去分析、筛选并利用这些信息。考虑到信息与接收者高度相关，因此信息流的"烔"特性没有统一的衡量标准，而是建立在接收者的需求与能力之上。对于企业中的任何员工，不关心或者用不上的信息流都属于"信息炻"，而看不懂的信息流显然也不具备"焆"特性。

参 考 文 献

[1] Merriam – Webster. Definition of flow [EB/OL]. https：//www. merriam – webster. com/ dictionary/flow.

[2] 胡文斌. 建筑物复合能量系统集成建模的策略研究及在设计层面的实现 [D]. 广州：华南理工大学，2002.

[3] 周健民，沈仁芳. 土壤学大辞典 [M]. 北京：科学出版社，2013.

[4] NRDC，WWF. 中国 2012 年能流图和煤流图编制及能源系统效率研究 [EB/OL]. http：//www. nrdc. cn/Public/uploads/2017–01–20/588175b25475d. pdf.

[5] Chen Q，Hua B. Application of Exergoeconomics to the Analysis and Optimization of Process Systems [J]. 热科学学报（英文版），1996，5（1）：1–10.

[6] Umeda T，Itoh J，Shiroko K. Heal exchange system synthesis [J]. Chem. Eng. Prog. ，1978 （7）：70–76.

[7] Townsend D W，Linnhoff B. Heat and power networks in process design. Part II：Design procedure for equipment selection and process matching [J]. AIChE Journal，1983，29（5）：742–771.

[8] Smith R，Linnhoff B. Design of separators in the context of overall processes [J]. Chem. Eng. Res. Des. ，1988，66（3）：195–228.

[9] 华贲. 工艺过程用能分析及综合 [M]. 北京：烃加工出版社，1989.

[10] 黄素逸，高伟. 能源概论 [M]. 北京：高等教育出版社，2004.

[11] Grusho A A，Grusho N A，Timonina E E. Content analysis in information flows [C] // International conference of numerical analysis and applied mathematics 2015（ICNAAM 2015）. AIP Publishing LLC，2016.

[12] He T，Lang T. Detection of information flows [J]. IEEE Transactions on Information Theory，2008，11（54）：4925–4945.

[13] He T，Lang T. Distributed detection of information flows [J]. IEEE Transactions on Information Theory，2008，3（11）：390–403.

[14] Marano S，Matta V，Lang T. Embedding covert information flow [C] // Signals，Systems and Computers （ASILOMAR），2010 Conference Record of the Forty Fourth Asilomar Conference. IEEE，2010.

[15] Nicoletti S，Nicolo F. A concurrent engineering decision model：Management of the project activities information flows [J]. International Journal of Production Economics，1998，54 （2）：115–127.

[16] Barwise J，Seligman J. Imperfect information flow [C] // IEEE Symposium on Logic in Computer Science，Lics. IEEE，1993.

[17] Clarkson，Michael R，Andrew C，et al. Belief in information flow [C] // 18th IEEE Computer Security Foundations Workshop （CSFW′05）. IEEE，2005.

［18］ Norden L L, Berchtold F. Information flows and option bid‐ask spreads ［J］. Journal of Futures Markets, 2010, 25 (12): 1147‐1172.

［19］ Jones A, Mutch A, Valero‐Silva N. Exploring information flows at Nottingham City Homes ［J］. International Journal of Information Management, 2013.

［20］ 高隆昌, 徐飞, 陈绍坤. 系统学二象论: 理论与方法 ［M］. 北京: 科学出版社, 2014.

［21］ 马克·布尔金. 信息论: 本质·多样性·统一 ［M］. 北京: 知识产权出版社, 2015.

［22］ Wiener N. Perspectives in cybernetics ［J］. Progress in Brain Research, 1965, 17: 399‐415.

［23］ 靖继鹏, 张向先. 信息生态理论与应用 ［M］. 北京: 科学出版社, 2018.

［24］ 李德昌, 廖梅. 复杂系统及势科学原理——信息人社会与势科学理论研究之一 ［J］. 阅江学刊, 2010 (4): 22‐30.

［25］ 李德昌. 关系社会学与社会群: 一个势科学的模型 ［J］. 西安交通大学学报 (社会科学版), 2010, 30 (3): 12‐18.

［26］ 李德昌. 管理学基础研究的理性信息人假设与势科学理论 ［J］. 管理学报, 2010, 7 (4): 489.

［27］ 李德昌, 张守凤. 能源可持续发展的管理信息势: 势科学暨信息动力学视角 ［J］. 管理学报, 2014, 11 (4): 610.

［28］ 李德昌. 势科学及其普适性——势科学理论研究之一 ［J］. 广东培正学院学报, 2009 (4): 12‐16.

［29］ 李德昌. 势论 ［J］. 系统科学学报, 2008 (1): 35‐40.

［30］ 刘洋. 基于信息场的信息影响力评估方法及在引文分析中的应用 ［D］. 上海: 上海大学, 2014.

4 物质流、能量流与信息流的协同控制策略

根据系统论的观点，系统整体功能和整体效应的发挥有赖于系统与环境之间以及系统内部各组成元素或子系统之间的相互联系和相互作用。如果系统中各子系统之间能够协同工作，那么系统的整体功能表现为大于各子系统功能之和，也就是各子系统间的相互作用为系统的整体功能带来正效应而使系统形成有序化的宏观结构。但是如果系统中各子系统之间协同度很低或根本不协同，那么结果是对系统的整体功能带来负效应，使系统的整体功能小于或等于各部分子系统功能之和而呈现无序化的系统宏观结构。因此，为了使得系统输出的整体功能和效应尽可能的大，就必须通过某种控制方法来组织或调控所研究的系统，使其达到一种协同状态而发生从无序到有序、从低级有序到高级有序的动态演化。

这样的道理并不难理解，我们的生活工作中有着大量的真实案例凸显了协同有序的重要意义。为了进一步地探究协同形成的机理，寻求某种能够使系统达到协同的控制策略，本章探索性地将控制论和协同学以及耗散结构理论结合起来，从硬控制和软控制两方面同时来探讨协同控制方法，以在组织系统和自组织系统之间寻求一种折中的平衡。本书认为系统中各子系统间的相互联系和相互作用都是以物质流、能量流和信息流的相互作用间接表现出来的，同时其中的信息流起重要的控制和引导作用。因此本章中提出的协同控制方案主要是基于信息流反馈机制的物质流、能量流与信息流的协同控制方案。

4.1 物质流、能量流与信息流的协同关系

为了逐步理解大系统内部的协同效应并且最终实现协同控制，我们必须首先理清大系统基本要素之间的协同关系，明白基本要素在大系统内的角色与相互作用关系。而大系统内部的基本要素就是物质、能量和信息，或者从时空动态的角度说，是物质流、能量流与信息流。在本节中，我们将首先论述物质流、能量流和信息流之间的基本关系，特别是信息流支配下的三大子系统之间的协同作用。

4.1.1 物质、能量与信息之间的关系

构成客观世界的三大基础是物质、能量和信息。科学史观认为，世界是由物质构成的，没有物质，世界便虚无缥缈；能量是物质的属性，是一切物质运动的

动力，没有能量，物质就静止呆滞；信息是客观事物和主观认识相结合的产物，没有信息，物质和能量既无从认识，也毫无用处[1]。

所谓物质，就是有质之物。经典物理学家把具有静止质量的粒子组成的物体称为物质，并且把质量的大小看成是衡量"物质多少的量"。任何物质无时无刻不在运动和变化着，并影响着其他事物不断发展和变化，这意味着物质还有一种根本属性，那就是能量。作为一个哲学上的概念，能量是一切物质运动、变化和相互作用的度量。具体而言，能量反映了一个由诸多物质构成的系统同外界交换功和热的能力的大小。广义地说，能量就是"产生某种效果（变化）的能力"。倘若任何效果和变化都没有，那么世界也就不存在了。到目前为止，人类所认识的能量有机械能、热能、电能、辐射能、化学能和原子能六种形式。正如科学史观认为的那样，物质是某种既定的东西，既不能被创造也不能被消灭，因此，作为物质属性的能量也一样不能被创造和消灭[1]。

信息是对客观事物特性、存在或运动变化的描述，依赖于具体的客观事实。对于任何物质和能量，不管是否被我们所认知，都必然具有信息形式。也就是说我们辨认一个系统，是通过接收它所传送给我们的信息来达到的。信息科学的理论强调，信息的存在性以及发送者不是必需的，必需结构实际上是输入信息三元组（载体、信息、接受者/接收器）。事实上，任何客体都是信息的载体，因此信息载体是无处不在的。同时，人类世界对一切信息的提取或接收都离不开能量消耗。信息的意义在于传递，没有不经过接收而存在的信息，也不存在没有任何信息的传递。信息在传递过程中发挥它的价值作用，不同接收者所获取的信息各不相同，信息的价值也千差万别。正是由于信息的传递，才出现充满生机和千变万化的世界。因此，物质不灭和能量守恒以及信息与物质和能量的不可分离性，决定了物质、能量和信息三者是构成宇宙间一切系统的原始要素。宇宙间不同运动形态的系统，都是这三种原始要素的有序化运动在无穷进程中的特定阶段的产物。生态学认为，地球上的任何生态系统都是一个物质-能量-信息系统，生态系统的基本功能是物质循环、能量流动及信息传递[2]。这样的结论对于人类赖以生存的各级人类生态系统来说，也是成立的。

对于客观世界中的任何系统来说，物质是承载者，它提供的是形体；能量是执行者，它提供的是活力；信息是指挥者，它提供的是灵魂。三者缺一不可，并按其自身的规律相互作用、相互转化，使物质运动形式不断从低级向高级发展。美国哈佛大学研究小组曾给出著名的物质-能源-信息资源三角形[3]，如图4-1所示。由于能源乃能量的物质来源，因此我们也可以给出类似但更为严谨的物质（M）-能量（E）-信息（I）三角形（见图4-2），其中物质和能量称为构成系统的硬件要素（或硬件资源），而信息则是软件要素（或软件资源）。即使在人类社会发展的历史长河中，物质、能量与信息三种要素（或资源）之间的相互作用和联系也起到了非常重大的作用。

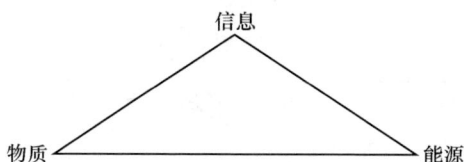

图 4-1 资源三角形

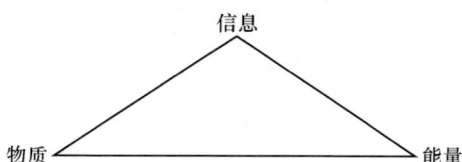

图 4-2 M-E-I 三角形

4.1.2 物质流、能量流与信息流之间的关系

一个系统的状态随时间而变动，在状态空间可以用一条线来描述，因而可以把系统状态的变化，形象地看作是一种流。那么对于任何一个开放大系统（生态的、自然的、生产过程的、社会的、市场的），在其内部各个环节之间及其与外部环境之间都在不断地进行着物质、能量和信息的交换，在时间和空间上形成物质流、能量流与信息流。

在各大系统中，物质流、能量流与信息流之间的关系是非常紧密的。一方面，物质流与能量流在时间上的路径反映了流动的动态关系，反映了物质与能量在各环节中流动的时间序列及在各环节中的积存与消耗。在此过程中，信息（如技术专利、情报资料和科研成果等）的不断产生、传递与利用形成信息流，并对物质流和能量流的控制、操纵、调节和管理起着极为重要的标示、导向、观测、警戒、调控的作用。另一方面，信息流不可避免地要以能量流或物质流为载体，进行信息的获取、传递、变换、处理和利用。在实际系统中，信息流伴随着相应的物质流或能量流，物质流或能量流也伴随着有关的信息流。

对于任意一个大系统，无论是农业、工业、城建等物质生产系统，还是交通、商业、旅游、文化、生态、经济等非物质生产系统，小到一个企业，大到一个国家、一个社会系统，均可抽象为一个由物质流、能量流与信息流构成的输入输出系统。其输入输出关系图如图 4-3 所示。系统从自然界获取资源，包括原料、矿石、能源、水、空气以及农林生物等，在把它们转换成产品的过程中，或储存起来，或消费掉，或循环利用，最终变成废弃物，再次进入到自然环境中。在随物质流动的过程中，也伴随着能量的流动和信息的流动。

图 4-3 中，MFS、EFS 和 IFS 分别表示组成大系统的物质流子系统、能量流子系统和信息流子系统。M_{in} 表示各种物料等非能源物质和煤炭、石油、蒸汽等能源物质的总输入；E_{in} 表示伴随各种物质流动的能量的总输入；M_{out} 表示有用产品输出和废弃物总输出；E_{out} 表示废能的总输出；E_c 表示回收利用的那部分能量；I_{in} 表示信息的总输入，属于控制输入，包括科技输入、政策输入、管理输入等；I_{out} 从信息的总输入中通过信息筛选、信息过滤等手段提取了有用信息后，

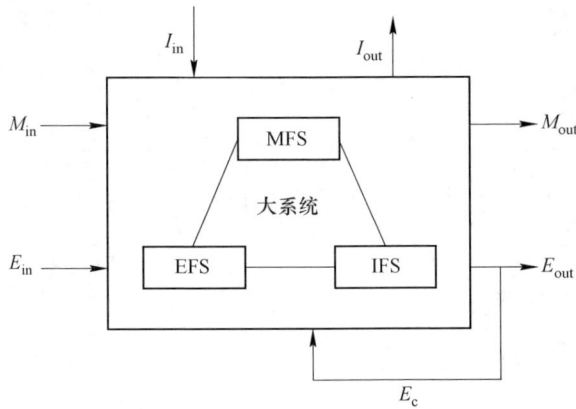

图 4-3 大系统中物质、能量和信息流动简图

输出的无用信息。信息科学认为，信息具有使接收者（包括接收信息的系统）发生变化的能力。信息的输入输出过程实际上是为了使得整个大系统中的物质流和能量流向有序化方向发展，从而对大系统进行有效的控制、操纵、调节和管理，以获得一些预期的目的。所有的大系统其物质流、能量流与信息流的流动特性都是大同小异的，只是针对不同结构类型的大系统，其物质流、能量流与信息流的具体内容以及流动路径有所不同。

4.1.3 物质流、能量流与信息流的协同关系

由于物质流、能量流与信息流之间的紧密关系，使得物质流、能量流与信息流在系统演化过程中相互连锁、彼此放大，形成一定的行为模式而引起系统行为的变化和波动。因此，对于任意一个大系统，无论是生命系统还是非生命系统，是在工程技术领域还是社会经济领域及生态环境领域中的大系统，抑或是微观层面的大系统还是中观层面的大系统及宏观层面的大系统，为了掌握系统的动态运行机制，以确定控制、操纵、调节和管理的具体方案，必须在系统内处理好物质流、能量流与信息流的相互作用关系。

协同学认为，任一远离平衡态的开放系统在与外界有物质、能量和信息交换的情况下，通过子系统之间的协同作用，可以使整个系统形成一种整体效应，自发地出现在时间、空间以及功能上的有序结构[4]。这种整体效应是指系统的宏观性质和宏观行为，并不是各子系统行为的简单机械叠加，是由各子系统的相互作用调节和组织起来而发生的一种合作效应。这种效应常常被人们表述为"1+1>2"或"2+2=5"，也就是说系统的整体效益大于各独立组成部分之和，即整体效应是大系统中各子系统间协同效应的结果。协同学研究的是自组织过程，认为系统的有序来源于系统内部，但也不排除外界的作用。系统通过不断与外界进行

物质流、能量流与信息流的交换以获得外部动力，同时，通过系统内部的各组成部分的相互耦合、相互作用以形成自然约束与相互协调来产生内部动力。系统内的各组成部分在内外动力的共同作用下自发组织起来并朝共同的目标发展。

本书认为，正如哈肯指出的，一切研究对象都是由组元、部分或子系统构成的系统，这些子系统彼此之间会通过物质、能量或者信息交换等方式相互作用。也就是说，大系统中各组元（或元素）、各部分（或环节）或各子系统之间的相互作用可以表现为物质流、能量流与信息流之间的相互作用。这样，我们可以把自组织过程的内外动力都与物质流、能量流与信息流联系起来，即自组织过程的外部动力是通过系统与外界环境之间进行物质流、能量流与信息流的交换而获得的，这与协同学是一致的。而内部动力，我们则认为是系统内部各要素、各环节、各子系统之间通过物质流、能量流与信息流的相互交换而产生相互耦合、相互协同的过程来获得的。这样一来，我们可以把自组织过程的内部动力与外部动力用物质流、能量流与信息流的相互作用统一起来，通过流的概念来描述大系统的状态，将大系统划分为物质流子系统、能量流子系统和信息流子系统三个子系统，通过物质流、能量流与信息流的协同作用使得大系统中各元素、各环节或各子系统之间形成一定的协同效应，进而推动大系统从无序到有序、从低级有序到高级有序的演化发展过程，最终获得大系统在某一特定时间、空间、功能和目标下的特定有序结构。

为了使得我们研究范围内的不同领域的大系统在不断演化发展的过程中，呈现时间上、空间上和功能上的有序，必须使得大系统内部以及大系统与环境之间的物质流、能量流与信息流之间的相互作用关系呈现协同的关系。在大系统中，对于物质流和能量流的控制、操纵、调节和管理是依靠信息流的标示、导向、观测、警戒、调控作用来完成，这与信息科学中的事实原理相符合。因此，信息流在系统通过物质流、能量流与信息流的协同作用来自发形成时间、空间和功能有序状态中所起到的作用是至关重要的。在讨论物质流、能量流与信息流的相互协同作用时，特别要重视信息流在协同中的重要地位和作用，要充分发挥和正确利用信息流对物质流和能量流的引导和控制作用。任何信息都具有使系统产生转变的能力，而要使系统产生的转变走向期望的方向，科学地利用正确的信息是非常有必要的。

这里需要注意的是，根据协同学理论，为了使整个系统形成一种整体效应，自发地出现在时间、空间以及功能上的有序结构，可以通过子系统之间的协同作用来达到。实际上，对于同一个系统，可以按照不同的研究目的、不同的研究方法把它看作由多种类型不同的子系统组成的组合体。或者根据规模的大小，按照不同的粒度即粗粒度、中粒度或细粒度将系统划分成包含不同数目子系统的组合体。总之，不管按照什么方式来划分子系统，为形成系统的有序结构而存在的子系统的协同模式是和该子系统划分的具体情况相对应的。这样一来，同一个系统中存在的协同模式是多种多样的。例如，在研究一个城市的演化过程时，可以把该城市按照产业种类划分为许多产业子系统，也可以按照地域的区别划分为若干地域子系统，同时也可以根据该城市中所有物质流、能量流与信息流的流动情况划分为物质流子系统、能量流子系统和信息流子系统等。那么，相对应的协同模式就有产业间协同模式、地域间协同模式和物质流、能量流与信息流协同模式。由此可见，本书中所提出的关于物质流、能量流与信息流的协同模式只是系统演替过程众多协同模式中的一种，也是必然存在的基本模式之一。

4.2 物质流、能量流与信息流的协同机理

系统在形成结构时，无论是形成组织结构还是自组织结构，都是由于系统中大量子系统之间协同的结果。由于两种协同方式的不同，研究它们的方法也不一样。通常用控制理论来研究组织结构中的协同性，而用协同学或耗散结构理论研究自组织结构中的协同性。这样，只要确定系统是组织系统还是自组织系统，就可以确定该用哪种理论来研究其协同性。然而，要确定系统是组织系统还是自组织系统并不是一件容易的事，甚至有时候对于同一个系统或现象，既可以把它看作是组织系统也可以看作是自组织系统。人们在研究系统与环境关系时，发现自组织是系统存在的一种最好形式，也是系统在一定环境下最易存在、最稳定的状态，因此即使对于那些可以当作他组织研究的系统，我们也应该使其达到自组织状态[5]。例如在生态系统中，大量事实已经证明，目前全球所面临的温室效应、臭氧层空洞、酸雨等严重威胁着人类生存的环境恶化问题，都与人类在征服自然、改造自然过程中的人为"组织"或活动有关，这就包括对森林的乱砍滥伐、煤炭资源的滥采滥用等。值得庆幸的是，从可持续发展理念以及循环经济在全球范围内的兴起来看，现在人们已经深刻地意识到应该使人类的组织行为限制在生态系统的自组织范围中活动。同样，在经济系统中也要按照经济规律来组织生产、安排经济活动，使经济系统处在自组织状态。考虑人类行为的高度自主性，所有人类存在的大系统都不可能被超出人类认知的外部力量精准操控。相反，人类存在的大系统显然是自组织系统。鉴于此，在本书中把所有系统都当作自组织系统来进行研究，并运用协同学理论和耗散结构理论来分析物质流、能量流与信息流的协同机理。

根据耗散结构理论和协同学，我们知道系统进化（发生质变或相变）的动力在于外界的物质、能量或信息的持续输入。协同学称外界的物质、能量或信息为控制变量，认为只有当控制变量达到某个临界值（或阈值）时，系统中才有可能出现自组织过程，对系统中是否能够发生相变的"控制"是起决定性作用的，没有达到临界值，系统就根本没有出现相变的可能性。而相变的过程是靠由

外界条件所确定的慢变量的放大过程，也就是在序参量支配下的自组织过程。也就是说，系统发生相变的过程（自组织过程）同时具有外因和内因，其中外因是变化的条件，内因是产生相变的根据[6]。下面我们就从系统的自组织过程来分析物质流、能量流与信息流的协同机理。

我们认为系统的进化过程（或发生相变的过程，或自组织过程）的内外因（内外动力）都与物质流、能量流、信息流的流动以及相互作用有关。为了要维持系统具有一定的稳定结构而存在，必须要与外界发生物质流、能量流与信息流的流动交换过程，也就是说只有外界向系统持续不断地输入物质流、能量流与信息流，才能使系统呈现一种"活"的状态，就像生命结构只有不断地与外界环境进行物质、能量和信息的新陈代谢才能得以维持一样。外界向系统输入的物质流、能量流与信息流总是在随时间发生变化的，当输入的这些物质流、能量流与信息流的某一或某些特性值（如流量、流速或流动势等）达到某个临界值（或阈值）时，将会引起系统内部各元素或各子系统之间物质流、能量流与信息流的流动路径、流动方式或相互作用发生改变，出现多种多样的流动路径、流动方式以及相互作用，我们称之为物质流、能量流与信息流的流动涨落，而这些涨落又直接影响着系统内各元素或子系统本身的状态以及之间的耦合作用发生改变。从能量的角度来看，物质流、能量流与信息流的流动涨落引起了子系统的关联而产生的耦合能量与子系统自由运动之间的相互较量，使系统间可能出现各种各样的耦合关系而引起耦合的涨落。这样一来，系统内出现的各种物质流流动涨落、能量流流动涨落、信息流流动涨落此起彼伏，风起云涌，它们不时地冲击着系统中各个子系统，进而使得子系统间的耦合涨落相互竞争而不时地冲击着整个系统。这里每个涨落都包含着一定的内容或模式，都是系统可能发生的宏观状态的胚芽状态，都代表着一定宏观状态的微观组态。

仔细分析这些系统内部涨落之间的关系，我们会发现它们之间具有一定的因果关系（或支配关系）：系统中各子系统之间的耦合涨落是由于物质流、能量流与信息流的流动涨落引起的，而通过前面我们对物质流和能量流与信息流之间关系的分析可知，物质流和能量流的流动涨落是受到信息流的引导和控制的。因此，我们认为波及整个系统的巨涨落必将产生于信息流的各种流动涨落中，而对于信息流的流动涨落中存在着快变量意义的涨落和慢变量意义的涨落。我们知道包含着快变量意义的信息流流动涨落，因为快变量的阻尼大，得不到更多信息流的响应便很快消失，这种涨落虽然数量大且出现频繁，但却仅局限于系统的某些局部，始终不能发展成为波及整个系统的巨涨落，不能形成主宰系统演化进程的主导力量。这样的规律与大系统所呈现的稳定性是内在相关的，系统的整体效应并不会随着少数变量的频繁变化而变化。相反，代表慢变量的并且满足边界条件的无阻尼信息流流动涨落，虽然它们的数量比较少，而且在系统相变过程中的出现带有一定的偶然性。但只要它（或它们）一旦出现便会得到邻近信息流流动涨落的响应，进而得到物质流、能量流流动涨落的响应，并逐渐扩大它（或它们）的影响，从局部涨落逐渐放大到整个系统形成巨涨落，成为支配整个系统演化的主导力量，这些慢变量就是协同学中所提到的序参量。而这种信息流流动涨落从无到有的逐渐放大过程，实际上就是系统从无序逐渐转变到有序状态的过程。

再把注意力放到信息流流动涨落所形成的巨涨落的放大过程上。实际上，这种巨涨落的放大过程是信息流慢变量支配信息流快变量的过程，是物质流、能量流相继伺服于序参量的过程，是按照信息流序参量的涨落模式驱使越来越多的物质流、能量流伺服变量的过程。随着物质流、能量流伺服变量数目的不断扩大，同时通过反馈促使信息流序参量的不断增强，这样一来，信息流序参量的强化又使得它的影响面更大更广，使被支配的物质流、能量流就越来越多。在整个转变过程中，信息流序参量从无到有、从小到大，是通过正反馈而产生的自加速作用过程。但需要注意的是，当涨落波及整个系统之后，信息流序参量值并不能无限制的增加，因此信息流序参量除了具有自加速性质之外还有自饱和的性质。

物质流、能量流与信息流之间产生的这种协同合作是系统从无序转变为有序的内在根据，而系统中各子系统间的协同合作正是由于它们之间存在着物质流、能量流与信息流所带来的相互关联力造成的，这种关联力主要体现在信息流在流动过程中所表现出来的一种"势"的引导和控制作用上。因此可以说，系统走上有序以及形成演化序列的内在原因就是在信息流支配下形成的物质流、能量流与信息流之间的协同运动。

4.3 物质流、能量流与信息流的协同控制思路

为了掌握系统的动态运行机制以及进一步对其进行优化，必须在系统内处理好物质流、能量流与信息流的相互作用关系，并充分利用信息流的支配作用。而为了使系统能够实现从无序状态向有序状态、从低级有序状态到高级有序状态的演化，物质流、能量流与信息流之间的这种相互作用关系必须是一种相互协同、相互协作的作用方式。

自组织过程强调过程的自发性，也就是"系统自己走向有序结构就可以称为系统自组织"[7]。研究系统科学的专家学者认为，现实的系统，都处在自我运动、自发形成组织结构、自发演化之中[8]。系统的自组织，作为一种客观的、普遍的现象发生在我们面对的自然界、我们的社会甚至我们人的精神运动过程中。由此看来，既然世界万物都处在自发运动、自发组织、自发形成结构和功能的过程之中，那么我们似乎无需做任何事，我们的世界就会自发地向更有序的状态实现演化。

　　然而，事实并非如此。第一，系统的自组织并不是绝对的。也就是说，绝对自由的系统实际上是不存在的，现实世界中的所有系统都是相互联系、相互作用、相互影响、相互制约的，因而系统的自组织也总是在与其他系统的相互作用中实现的，并总是在不同程度上受到作为其环境的其他系统的制约。第二，系统由自组织方式形成的演化方向和结果是不确定的。也就是说，系统虽然可以通过自组织方式实现从混沌无序到协同有序的发展和演化，但是这种演化后形成的新的结构、新的性质、新的功能可能有很多种选择，也许最后的结果并不是我们所期望的那种有序结构。第三，系统发展演化的最终目的是为了实现系统的优化。大自然自发地在演化之中实现优化，才会实现从混沌到有序、从低级有序到高级有序的发展。系统科学家研究系统科学、实践系统科学的最终目的就是系统优化，也就是要实现系统的演化优化。由此可见，我们大可不必担心自己的无能为力，实际上，为了使系统更好地发挥自组织功能，我们可以做很多的事情。

　　在本书中，我们所做的工作正是围绕更好地使系统发挥自组织功能来展开的。通过信息流反馈机制对大系统中物质流、能量流与信息流进行协同控制，使系统的演化能够实现某些特定的目的，并实现系统耗散最小、效率最高、效益最大的最优化过程。主要控制思路是将协同学中的软控制原理与控制论中的硬控制原理相结合，利用信息流的反馈机制使系统实现熵减的过程，实现物质流、能量流与信息流的协同，最终实现系统的协同化和最优化。

4.3.1　信息流在物质流、能量流与信息流协同中的重要作用

　　信息流的主体是信息。信息沿一定的信息通道从发送者（信源）到接收者（信宿）的流动过程中，产生信息的收集、加工、存储、传播、利用、反馈等活动便形成了信息流。"信息就是信息，不是物质也不是能量"[9]。现代信息科学认为信息之于结构，相似于能量之于物质，从广义能量观（能量、精神能量、结构能量）来看，信息可以被视为一种结构能量，其对结构对象做结构功，使信息接收者完成结构改变。信息的功能表征着物质客体的成分、结构、状态、特性、行为、功能、演化趋势等。任何系统都是物质系统，一旦物质的信息属性被确定下来，那么物质的其他各种属性也被确定下来，特别是物质的演化趋势，即物质内部序的变化，则系统的演化趋势也将被确定下来。

　　从人类社会的发展、经济的发展以及科技的发展进程中，都可以明显地体会到信息在其发展演化中所起到的重要作用。例如，在人类发展过程中，信息作为一种资源是社会、经济发展所必需的一种重要的、特殊的战略资源，为人类提供了一种非物质形态的社会财富。在人类社会发展的进程中，随着科学技术的迅猛发展，特别是计算机的出现和普及，使得人类获取、处理、传递和利用信息的能力，革命性地实现了由量变到质变，人类由此进入了信息时代。随之而来的就是

人类越来越重视信息资源的充分利用，并将之运用于人类各种各样的生产和生活中。于是，科学技术进一步向前发展，经济继续大幅度增长，人们生活水平越来越高。可以说，人类社会经济的不断发展与信息资源利用程度和规模的不断提高有着密不可分的联系。历史也证明，世界上凡是较好地开发利用了信息资源的国家和地区，其社会经济都得到了较快的发展。同时，从各国各行业建立的各种各样的信息管理系统（如 ISM、MIS、IRM、SIS、ERP、BPR 等）来看，也可以发现社会各界已经认识到并承认了信息资源对社会发展、经济发展以及科技发展中的特殊价值。由此可见，信息作为一种新型的、特殊的资源，在人类社会中正发挥着越来越大的作用，因为信息是引起变化的能力。

我们认为，系统的动态演化过程可以用物质流、能量流与信息流之间的相互关系来描述。信息可以决定物质系统的演化趋势，也就是系统的演化过程可以由信息所表现出来的一种"势"来引导。当然，正是这种决定系统演化趋势的"势"的存在，使系统中各个元素、各个子系统之间的结构、性质、功能、相互作用等随着"势"发生变化。而这些变化的具体表现便是系统中物质流、能量流的流动变化（当然，信息流也会发生变化，"势"随之变化），一旦这种"势"使物质流和能量流协调一致地向同一个方向（发展目标）流动时，物质流和能量流之间便形成了一种协同作用，进而使整个系统发生从无序到有序、从低级有序到高级有序的演化。由此可见，信息流在物质流、能量流与信息流的协同过程中起着重要的引导和控制作用。

在研究物质流、能量流与信息流的相互协同作用时，特别要重视信息流在协同中的重要地位和作用。为了充分发挥并正确利用信息流的重要作用，对大系统中各子系统之间以及大系统与环境之间的物质流和能量流得到充分和正确地控制、操纵、调节和管理，必须恰当地对信息流进行控制以充分发挥信息流的标示、导向、观测、警戒、调控作用，从而进一步使得物质流、能量流与信息流之间协同。

4.3.2 基于信息流反馈机制的协同控制结构

任何运动着的系统，特别是开放系统，必然会有信息的流动。信息是控制的基础，控制离不开信息，离不开信息反馈。控制论的奠基人维纳曾指出[9]："信息就是我们对外界进行调节并使我们的调节为外界所了解时而与外界交换来的东西。接受信息和使用信息的过程就是我们对外界环境中的种种偶然性进行调节并在该环境中有效地生活着的过程。"在这里，他把信息与反馈联系在了一起。贝塔朗菲[10]认为反馈"是一个循环过程，部分的输出作为反应的初步结果，有控制地回送到输入中去，因而，在维持某些变量的意义上或者在引向一个预期目标的意义上，使系统成为自调节"。系统的反馈在本质上是信息流的流动、加工、接收。对于一个系统，无论它是一个生产流程，还是生物有机体，抑或是社会系统、文化系统、生态系统、经济系统甚至是精神系统等，其中的反馈形式尽管是多种多样、各不相同，但这些形形色色的反馈都具有信息反馈的共性，其反馈的回路本质上是信息通道，即信息流的流动路径，通过信息流的流动来利用和发挥信息对系统的结构、功能和行为的调节和控制作用。

信息的相互作用，本身就意味着信息的反馈。只要存在相互作用和联系，必定会产生信息的流动，也就会产生信息的反馈。因此，可以把反馈理解成为系统的输出和输入之间，以及系统中不同元素、不同环节、不同子系统之间的相互作用。这里对于信息及反馈的运用并不局限于控制论等他组织理论中，在自组织理论中同样也存在信息及信息反馈。例如，在耗散结构理论中认为非线性反馈是形成耗散结构的条件之一，而协同学中所指的序参量与子系统之间的相互作用实际上也是信息反馈过程。因此，无论是从协同学的角度还是从控制论的角度来设计系统中物质流、能量流与信息流的协同控制方案，都应该利用信息流的反馈机制来控制物质流、能量流与信息流之间的相互作用以趋于协同。但是值得注意的是，信息反馈的具体形式是多种多样的。如果从反馈调节的目的和效应来看，信息反馈具有正反馈和负反馈两种基本形式。那么，在不同的协同控制方案中是利用信息流的正反馈机制还是负反馈机制，或是两种反馈机制都要利用呢？为了解决这个问题，我们需要弄清楚正反馈机制和负反馈机制在系统中所起到的作用是什么。

所谓信息流的负反馈机制，就是利用信息流的调节作用使得系统的运动和发展保持向既定目标方向进行。一般来说，负反馈具有自我调节能力，是系统的抑制机制、稳定机制和衰减机制。在自然系统、生命系统和社会系统等系统中需要大量运用信息流的负反馈机制来保证系统的稳定性。

而信息流的正反馈机制与信息流的负反馈机制所表现出来的作用效应恰好相反，**正反馈具有自我强化变动的效果，是系统的激励机制和放大机制，它会推动系统偏离原有的目标、离开既有的稳定性，使系统产生"突现"**[11]。从这个角度来看，似乎正反馈是一种不希望出现的现象。但是在一定条件下，正反馈的作用对系统的发展是不可或缺的，没有正反馈就没有系统的演化。例如，耗散结构理论中所描述的自组织过程就是利用正反馈机制使得系统中的某些涨落得以放大，以致破坏系统原有的稳定性，使系统远离平衡态，从而发生质变而进入新的稳定状态。总之，**信息流的负反馈是系统的稳定性因素，信息流的正反馈是推动系统发展演化的动力，信息流的正、负反馈的共同作用保证了系统稳定性和发展性的统一**。因此，无论是信息流的正反馈机制还是负反馈机制，在对系统的协同控制中都具有重要的作用。

4.3.3 基于控制论和协同学的协同控制原理

为了使大系统中物质流、能量流与信息流相互协同，进而使系统中各子系统之间形成一种协同模式而相互协作和协调，最终使整个系统通过某种方式（例如，自组织形式）在宏观层次上形成一些微观个体层次不存在的新的结构和特征，即形成一种时间上、空间上和功能上的有序宏观结构。我们需要通过某种组织者或控制者通过一定的方法去指挥大系统中物质流、能量流以及信息流的动态行为，使它们通过相互作用而趋向相互协同。控制论和协同学中都有其相应的协同控制原理，但它们的协同控制原理是不同的。

在控制论中所指的协同控制（即协调控制）主要是对既定系统（如工程技术系统等人造系统），通过系统外的某个组织者或控制者按照事先预定的协调计划或协调方案，发出协调指令（协调信息）来指挥和操纵系统中的各个子系统应该如何动作和协调。因此，**控制论中的协同控制是对子系统的直接控制，或称为"硬控制"**。此外，只要知道了外部指令，其子系统的动作和它们之间的协调方式也就清楚了。因此，控制论中的协同控制方式也是一种确定的控制方式，许多人造系统和复合系统的协同问题都是以这样的方式进行协调控制的。例如，一个工厂每年的生产任务、计划、指标都是由上级（厂级领导）下达的指令，那么车间的布局和分工协调是为完成上级指令而协同动作起来的，而相应的设备、产品、人员、资金、原材料、销售等相关活动也都是按照这些指令而进行的。

而协同学中所说的协同控制过程实际上就是自组织过程，主要是在一定边界条件下由系统中所出现的某个序参量或某些（少数）序参量，利用正反馈作用对系统中各个子系统产生支配和控制作用而使系统趋于协同的过程。在这个协同控制过程中，序参量是主要组织者或主要控制者，外界输入系统的物质流、能量流与信息流是辅助但必不可少的控制者，只有在内外这两种组织者的控制下，系统中各子系统才能产生协同作用，推动系统从无序状态向有序状态发展和演化。当然，在这种协同控制过程中，控制作用所产生的协同都是自发形成的，并且系统发展的方向没有一个确定的目标，而是通过各种涨落之间以及各种序参量之间的竞争和协同而决定的，其发展方向具有很多可能性。也就是说，协同学中的协同控制是一种不确定的控制。由于协同学中的协同控制不是直接对系统的某一部分或子系统的行为进行控制，而是以一种"软"的方式或"间接"的方式控制整个系统，进而研究单个子系统如何对这种控制做出反应并形成某种有意义的系统状态。因此，相对于控制论中的协同控制来说，**协同学中的协同控制是一种间接控制或"软控制"**。

如果我们希望一些自组织系统按照某种特定的方式向某一个目标去发展和演化，就必须采用控制论中的硬控制方法或直接控制方法以明确的方式，如选择适当的控制参数和序参量对系统施加控制以调节和控制系统向既定的目标实现演化。当然，如果我们希望某些（他）组织系统（人工系统）具有一定程度的自组织功能，也可以采取某些自组织控制方式来处理具有某种不确定性的控制系统，在控制过程中利用从输入和输出数据中所获取到的新的信息，通过有效的控制方法减少该系统的不确定性，使之具有调整自身结构或改变参数的功能。因此，为了使系统在演化过程中呈现出一种组织与自组织之间的折中和平衡，特别是对社会系统、经济系统或能源系统等复合系统进行协同（协调）控制时，往往需要将以上两种控制原理结合起来对系统进行控制。

4.3.4 基于耗散结构理论的协同控制手段

比利时布鲁塞尔学派领导人、耗散结构理论的创始人普利高津指出，一个远离平衡态的开放系统，通过不断地与外界交换物质与能量。当外界条件的变化达到一定阈值时，能从原来的无序状态转变为在时间上、空间上或功能上的有序状态，当外参量继续改变时，还会出现一系列新的结构状态。这种在远离平衡态情况下所形成的新的有序结构，称为"耗散结构"[12]。这里，普利高津所说的开放系统可以是力学的、物理学的、化学的、生物的，以至社会性的、经济性的所有系统。而研究耗散结构的性质、形成、稳定和演变的规律的科学，便是耗散结构理论。

耗散结构是在远离平衡区的非线性系统中所产生的一种稳定化的自组织结构。**耗散结构理论认为，系统的发展过程完全可以经过突变，通过能量的耗散与系统内非线性动力学机制来形成和维持与平衡结构完全不同的时空有序结构。**而形成一个典型的耗散结构并维持它的存在，至少需要具备三个基本条件。其一，系统必须是开放系统，因为"耗散结构"只有不断地通过与外界进行物质、能量和信息的交换才能以一种"活"的状态得以维持。其二，系统必须处于远离平衡的非线性区，当系统进入远离平衡态的非线性区域并达到一定阈值以后，外界条件不能满足系统维持原来的稳定平衡态而变得不稳定，正是系统处在这样不稳定的状态下，系统才会"自己组织起来"而产生某种新的稳定结构。其三，系统中必须有些非线性不可逆的动力学过程，即所谓的非线性反常涨落，如正负反馈机制等，只有存在这种非线性相互作用才能使系统内各要素、各子系统之间产生一定的协同动作和相干效应，从而使得系统从杂乱无章的状态变为井然有序的状态。正如普利高津指出的："我们今天知道，不可逆性可能是有序的源泉，相干的源泉，组织的源泉。"[13]

在耗散结构理论中有一个非常重要的观点，也就是说一个对象要想在实践中获得生存和发展，必须不断地从外界引入负熵流，以抵消对象体内正熵的增加，从而确保对象不断地走向更高层次的稳定有序结构。正如薛定谔所说的，一个有机生命体要活着的唯一办法就是从环境里不断地汲取负熵，即不断地与外界环境进行物质、能量和信息的新陈代谢。新陈代谢的本质就在于使有机体成功地消除了当它活着时不得不产生的全部的熵[14]。此时系统需要满足以下关系，才能维持其耗散结构。

$$ds = d_e s + d_i s < 0 \tag{4-1}$$

$$d_e s < 0,\ 且\ |d_e s| \geq d_i s \tag{4-2}$$

式中，ds 为开放系统在 dt 时间内的熵变化；$d_e s$ 为系统与环境之间交换物质和能量引起的熵流，其值可以是正、负或零；$d_i s$（>0）为系统内部不可逆过程引起的熵产生的。

也就是说系统与环境之间的物质和能量交换导致了系统熵的降低，出现了新的低熵有序结构。

从广义热力学的角度，物质流、能量流与信息流都具有一定的熵。一般认为能量流和物质流的熵随流动而增加，信息流的熵随流动而减少，通过信息流熵减来弥补一部分能量流和物质流的熵增，使系统在信息流熵和物质流熵以及能量流熵之间的联系约束下达到协同。

因此，为了通过协同控制使系统产生有序的结构，必须使系统中的总熵呈现减少的趋势，即把 $ds<0$ 作为协同控制的总约束条件。在这个过程中主要利用信息流的反馈作用，通过对信息流的有效控制，使得系统的发展程度更高，发展过程更快，以实现系统在演化过程中的优化。

综上所述，本书提出的协同控制总体思路是把大系统划分为物质流子系统、能量流子系统与信息流子系统，采用具有信息流反馈机制的递阶控制结构，利用信息流正反馈作用实现系统内部信息流序参量对物质流子系统、能量流子系统以及信息流子系统的控制作用。同时，利用信息流负反馈作用，并选择适当的系统内部信息流序参量以及系统外部的信息流控制参数使物质流子系统、能量流子系统和信息流子系统按照系统总熵变小于0的既定目标进行协同。同时，对信息流进行有效控制，加快系统的演化发展过程，在实现各个子系统中各元素或各个子子系统之间的协同和有序的基础上，最终实现大系统的协同化、有序化和最优化。

4.4　物质流、能量流与信息流的协同控制方案

4.4.1　协同控制结构

根据工程技术领域、社会经济领域、生物生态领域等各种不同领域中大系统的结构特征，基本的控制结构通常分为三种：集中控制结构、分散控制结构和递阶控制结构。考虑到递阶控制结构具有控制有效性高、运行可靠性好、设计的简易性、技术的可实现性高、维护的方便性的特点，再加上递阶控制结构在各种领

域大系统的广泛应用（如工程技术领域中的多级计算机控制与管理系统、社会经济中的国家行政管理系统以及生物生态领域中的脊椎动物神经系统等），本书中的协同控制结构也采用递阶控制结构。物质流、能量流与信息流的协同控制结构如图 4-4 所示。

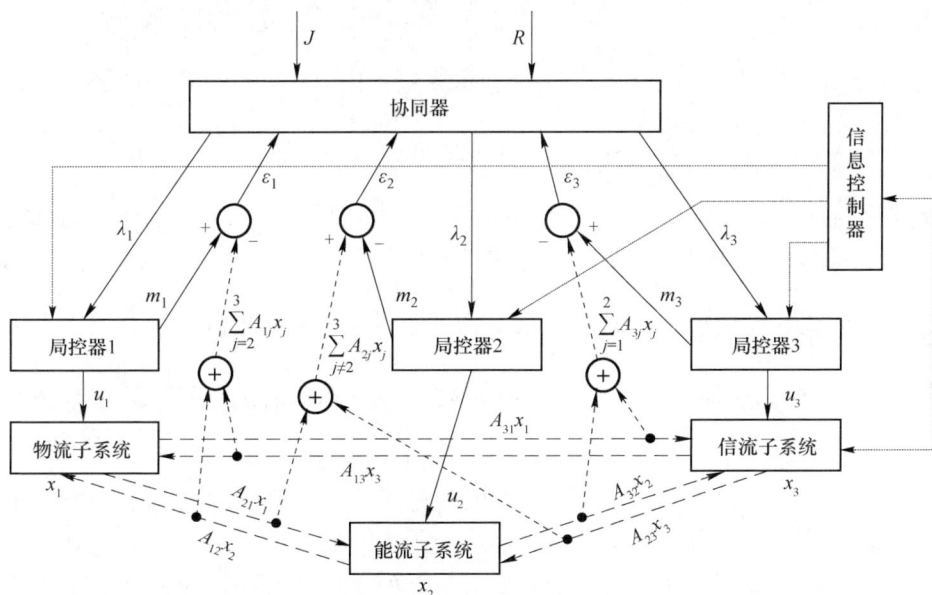

图 4-4　物质流、能量流与信息流的协同控制结构示意图

图 4-4 中，J 表示总目标，R 表示总约束；ε_1，ε_2，ε_3 为协同偏差；λ_1，λ_2，λ_3 为协同变量；m_1，m_2，m_3 为假想关联（假想变量）（局控器到节点的实线箭头）。

由第 2 章给出的物质流、能量流与信息流的数学描述，我们可以给出由物质流子系统、能量流子系统与信息流子系统组成的大系统的状态方程组：

$$\begin{cases} \dot{x}_1 = A_{11}x_1 + B_1u_1 + \sum_{j=2}^{3} A_{1j}x_j \\ \dot{x}_2 = A_{22}x_2 + B_2u_2 + \sum_{j\neq2}^{3} A_{2j}x_j \\ \dot{x}_3 = A_{33}x_3 + B_3u_3 + \sum_{j=1}^{2} A_{3j}x_j \end{cases} \quad (4\text{-}3)$$

式中，$x_1 = (x_{1k}, X_1, u_1, L_1)$，$x_2 = (x_{2k}, X_2, u_2, L_2)$，$x_3 = (x_{3k}, X_3, u_3, L_3)$ 分别为物质流子系统、能量流子系统、信息流子系统中的各状态变量；$u_1 = (e_1, F_1(t))$，$u_2 = (e_2, F_2(t))$，$u_3 = (e_3, F_3(t))$ 分别表示物质流子系统、能量流子系统、信息流子系统中的控制变量；x_{1k}，x_{2k}，x_{3k}（$k=1, 2, \cdots, n$）

分别表示物质流子系统中的物质组元、能量流子系统中的能量组元、信息流子系统中的信息组元；X_1，X_2，X_3 表示物质流、能量流与信息流的空间坐标；u_1，u_2，u_3 分别表示物质流、能量流与信息流的流速；L_1，L_2，L_3 分别表示物质流、能量流与信息流在流动过程中的积累；$e_1 = (e_{11}, e_{12}, \cdots, e_{1l})$，$e_2 = (e_{21}, e_{22}, \cdots, e_{2l})$，$e_3 = (e_{31}, e_{32}, \cdots, e_{3l})$ $(l = 1, 2, \cdots, n)$ 分别表示物质流子系统、能量流子系统、信息流子系统中的序参量；$F_1(t) = \sum_{m=1}^{n} [F_{1m}(t)]$，$F_2(t) = \sum_{m=1}^{n} [F_{2m}(t)]$，$F_3(t) = \sum_{m=1}^{n} [F_{3m}(t)]$ 分别表示物质流子系统、能量流子系统、信息流子系统中的总驱动势。A_{11}，A_{22}，A_{33} 分别为物质流子系统、能量流子系统、信息流子系统的对象矩阵；B_1，B_2，B_3 分别为物质流子系统、能量流子系统、信息流子系统的控制矩阵；$\sum_{j=2}^{3} A_{1j} x_j$ 表示物质流子系统与其他两个子系统之间的耦合；$\sum_{j \neq 2}^{3} A_{2j} x_j$ 表示能量流子系统与其他两个子系统之间的耦合；$\sum_{j=1}^{2} A_{3j} x_j$ 表示信息流子系统与其他两个子系统之间的耦合。

需要注意的是，这里为了便于问题的讨论，我们忽略了物质流子系统、能量流子系统以及信息流子系统中各自组元或子子系统之间的耦合。同时，对于不同的大系统，其物质流、能量流与信息流的数学描述也会不同，而且三者之间的相互耦合情况也不相同。

该协同控制系统在结构上的主要特点是体现了两个方面的递阶，控制递阶和信息递阶。其中控制递阶主要表现为"上级—下级"的分级递阶式控制结构。下级有三个独立的局部控制器分别对物质流子系统、能量流子系统和信息流子系统进行局部控制，其主要作用是分别使物质流子系统、能量流子系统、信息流子系统在各自子系统内部实现既定的协同目标。上级有一个协同器通过对下级三个局部控制器进行协调控制，间接地实现对大系统的集中式全局控制。而信息递阶表现在"协同器—三个局部控制器—三个子系统"之间的纵向递阶式信息传递。另外，上级协同器与下级三个局部控制器、三个子系统之间形成宝塔式的树型拓扑结构。为了充分利用信息流对物质流子系统和能量流子系统的引导和控制作用，协同控制系统中在信息流子系统和三个局控器之间设计了信息流正反馈回路，而在信息流子系统与总协同器之间设计了信息流负反馈回路。信息流的正反馈作用是为了加快各子系统中序参量的出现，信息流的负反馈作用是为了减小系统的实际演化目标与既定演化目标之间的偏差。同时，为了提高信息的有效性，信息流在进入反馈回路之间要经过一个信息处理器，其主要作用是采用有效的信息处理办法，对信息进行分类，留住有用信息，抛弃无用信息，以防止无用信息对协同控制系统的污染。

4.4.2 协同控制原理

4.4.2.1 目标和约束

这里协同控制的任务在于适当处理各子系统之间的相互关联（耦合关系，协同关系），在各子系统局部最优化（局部协同）的基础上，通过总协同来实现大系统的全局最优协同，即使总目标函数极小化（或极大化），例如经济效益最大、能耗最小、物耗最小、经济成本最小、排污最小等。

$$J = \sum_1^N J_i \rightarrow \min(\text{或} \max) \qquad (4-4)$$

式中，第 i 个子系统局部最优化的子目标函数为：

$$J_i = \frac{1}{2} \int_0^t (x_i^\tau Q_i x_i + u_i^\tau R_i u_i) \, \mathrm{d}t \qquad (4-5)$$

式中，$\boldsymbol{Q}_i = \begin{bmatrix} q_{11} & q_{12} & \cdots & q_{1n} \\ q_{21} & q_{22} & \cdots & q_{2n} \\ \vdots & \vdots & \vdots & \vdots \\ q_{m1} & q_{m2} & \cdots & q_{mn} \end{bmatrix}$, $\boldsymbol{R}_i = \begin{bmatrix} r_{11} & r_{12} & \cdots & r_{1n} \\ r_{21} & r_{22} & \cdots & r_{2n} \\ \vdots & \vdots & \vdots & \vdots \\ r_{m1} & r_{m2} & \cdots & r_{mn} \end{bmatrix}$ 为各子系统的权重矩

阵；x_i^τ，u_i^τ 为各系统中状态矢量和控制矢量的转置矢量。

协同控制系统的总约束 R 为：

$$\mathrm{d}s = \mathrm{d}_e s + \mathrm{d}_i s < 0 \qquad (4-6)$$

$$\mathrm{d}_e s < 0 \qquad (4-7)$$

$$|\mathrm{d}_e s| \geqslant \mathrm{d}_i s \qquad (4-8)$$

式中，$\mathrm{d}s$ 为开放系统在 $\mathrm{d}t$ 时间内的熵变化；$\mathrm{d}_e s$ 为系统与环境之间交换物质和能量引起的熵流；$\mathrm{d}_i s$ 为系统内部不可逆过程引起的熵产生。

一般认为，系统与环境之间除了存在随物质流和能量流的交换而引起的熵流，还应该存在由于信息流的交换而引起的熵流。同样，系统内部由于不可逆过程引起的熵产也应该包括各子系统之间发生物质流、能量流与信息流的相互作用时引起的熵产。我们用 $\mathrm{d}_{e1}s$、$\mathrm{d}_{e2}s$、$\mathrm{d}_{e3}s$ 表示系统与环境之间的物质熵流、能量熵流和信息熵流；$\mathrm{d}_{i1}s$、$\mathrm{d}_{i2}s$、$\mathrm{d}_{i3}s$ 表示系统内部因物质流动引起的熵产、因能量流动引起的熵产和因信息流动引起的熵产。于是，存在以下关系：

$$\mathrm{d}_e s = \mathrm{d}_{e1}s + \mathrm{d}_{e2}s + \mathrm{d}_{e3}s \qquad (4-9)$$

$$\mathrm{d}_i s = \mathrm{d}_{i1}s + \mathrm{d}_{i2}s + \mathrm{d}_{i3}s \qquad (4-10)$$

$$\mathrm{d}s = (\mathrm{d}_{e1}s + \mathrm{d}_{e2}s + \mathrm{d}_{i1}s + \mathrm{d}_{i2}s) + (\mathrm{d}_{e3}s + \mathrm{d}_{i3}s) \qquad (4-11)$$

因此，上述约束也可写为：

$$\mathrm{d}s = (\mathrm{d}_{e1}s + \mathrm{d}_{e2}s + \mathrm{d}_{e3}s) + (\mathrm{d}_{i1}s + \mathrm{d}_{i2}s + \mathrm{d}_{i3}s) < 0 \qquad (4-12)$$

$$d_{e1}s + d_{e2}s + d_{e3}s < 0 \tag{4-13}$$

$$|d_{e1}s + d_{e2}s + d_{e3}s| \geq d_{i1}s + d_{i2}s + d_{i3}s \tag{4-14}$$

4.4.2.2 协同控制功能

协同控制主要分为两级控制，下级的局部协同控制和上级的总协同控制。

A 局部协同

局部协同的功能主要由三个下级局部协同控制器来完成。这三个局部协同控制器的功能完全相同，主要作用是处理各子系统之间的相互耦合关系，即对其进行解耦，将复杂大系统分解为三个基本独立的子系统，再分别并行求解各子系统的局部优化协同控制问题。如果这里所指的物质流子系统、能量流子系统与信息流子系统之间的相互耦合关系与我们给出的既定协同耦合关系一致，那么它们之间的相互关系就是相互协同的。

假设我们给出既定协同耦合关系 m_i：

$$m_i = \sum_{j \neq i}^{3} A_{ij}x_j \tag{4-15}$$

则由物质流子系统的局控器给出的协同耦合关系为：

$$m_1 = A_{12}x_2 + A_{13}x_3 \tag{4-16}$$

由能量流子系统的局控器给出的协同耦合关系为：

$$m_2 = A_{21}x_1 + A_{23}x_3 \tag{4-17}$$

由信息流子系统的局控器给出的协同耦合关系为：

$$m_3 = A_{31}x_1 + A_{32}x_2 \tag{4-18}$$

并把既定协同耦合关系与实际耦合关系之间的差别作为协同偏差反馈信号输入到上级总协同控制器。设协同偏差反馈信号为 ε_i，即：

$$\varepsilon_i = \sum_{i=1}^{3} \left[m_i \lg \frac{m_i}{\sum\limits_{j \neq i}^{3} A_{ij}x_j} + (1 - m_i) \lg \frac{1 - m_i}{1 - \sum\limits_{j \neq i}^{3} A_{ij}x_j} \right] \quad (i = 1, 2, 3; j = 1, 2, 3)$$

$$\tag{4-19}$$

这里我们把给出的既定协同耦合关系当作"假想变量"来考虑分解过程对实际耦合关系的影响。由于既定协同耦合关系与子系统间实际的耦合关系可能不同，需要对各子系统目标函数进行修正，即子系统的修正目标函数 J_i^* 为：

$$J_i^* = \frac{1}{2} \int_0^t (x_i^\tau Q_i x_i + u_i^\tau R_i u_i) \, dt + \int_0^t (x_i^\tau \sum_{j \neq i}^{3} A_{ji}^\tau \lambda_j - m_i^\tau \lambda_i) \, dt \tag{4-20}$$

式中，λ_i，λ_j 为拉格朗日乘子，表示修正参量。

则局控器 1 的修正目标函数 J_1^* 为：

$$J_1^* = \frac{1}{2} \int_0^t (x_1^\tau Q_1 x_1 + u_1^\tau R_1 u_1) \, dt + \int_0^t [x_1^\tau (A_{21}^\tau \lambda_2 + A_{31}^\tau \lambda_3) - m_1^\tau \lambda_1] \, dt \tag{4-21}$$

局控器 1 的修正目标函数 J_2^* 为：

$$J_2^* = \frac{1}{2}\int_0^t (x_2^\tau Q_2 x_2 + u_2^\tau R_2 u_2)\,\mathrm{d}t + \int_0^t \left[x_2^\tau (A_{12}^\tau \lambda_1 + A_{32}^\tau \lambda_3) - m_2^\tau \lambda_2 \right]\mathrm{d}t \quad (4\text{-}22)$$

局控器 1 的修正目标函数 J_3^* 为：

$$J_3^* = \frac{1}{2}\int_0^t (x_3^\tau Q_3 x_3 + u_3^\tau R_3 u_3)\,\mathrm{d}t + \int_0^t \left[x_3^\tau (A_{13}^\tau \lambda_1 + A_{23}^\tau \lambda_2) - m_3^\tau \lambda_3 \right]\mathrm{d}t \quad (4\text{-}23)$$

B 总协同

当上级总协同控制器接收到下级局部协同控制器输送过来的协同偏差反馈信号 ε_i 后，就根据协同偏差 ε_i 的大小及符号、信息流子系统经过信息控制器发过来的信息以及约束条件，在协同控制器内部经过"协同变量"自整定装置给出协同变量，即各子系统目标函数的修正参量 $\lambda_1(\varepsilon_1, x'_3)$，$\lambda_2(\varepsilon_1, x'_3)$，$\lambda_3(\varepsilon_1, x'_3)$。通常选取与系统当前运行点 P 距离最短的标准协同工作点 P^* 作为内部给定的"协同变量"，这里的标准协调工作点即是在"协同工作曲面"上的点。所谓"协同工作曲面"是在 n 维状态空间 $y_i \in R^n$ 中相应于协同关系 $F_c(y_1, y_2, \cdots, y_n) = 0$ 的超曲面。因此，具体给定过程根据具体系统、协同问题来给定。

总协同控制器的修正目标函数，即整个大系统的修正目标函数为：

$$\begin{aligned}
J^* &= \sum_{i=1}^3 J_i^* \\
&= \frac{1}{2}\int_0^t (x_1^\tau Q_1 x_1 + u_1^\tau R_1 u_1)\,\mathrm{d}t + \int_0^t \left[x_1^\tau (A_{21}^\tau \lambda_2 + A_{31}^\tau \lambda_3) - m_1^\tau \lambda_1 \right]\mathrm{d}t + \\
&\quad \frac{1}{2}\int_0^t (x_2^\tau Q_2 x_2 + u_2^\tau R_2 u_2)\,\mathrm{d}t + \int_0^t \left[x_2^\tau (A_{12}^\tau \lambda_1 + A_{32}^\tau \lambda_3) - m_2^\tau \lambda_2 \right]\mathrm{d}t + \\
&\quad \frac{1}{2}\int_0^t (x_3^\tau Q_3 x_3 + u_3^\tau R_3 u_3)\,\mathrm{d}t + \int_0^t \left[x_3^\tau (A_{13}^\tau \lambda_1 + A_{23}^\tau \lambda_2) - m_3^\tau \lambda_3 \right]\mathrm{d}t
\end{aligned} \quad (4\text{-}24)$$

然后，把各个子系统目标函数的修正参量再返回到下级各个局部协同控制器对各个子系统进行目标协调，各局部协同控制器再经过局部协同算法计算后向各子系统输入控制信号，去修正物质流子系统、能量流子系统与信息流子系统的相关状态变量，进而改变它们之间的耦合关系，使它们之间的耦合关系趋近于既定协同关系，即：

$$m_i \approx \sum_{j \neq i}^3 A_{ij} x_j; \quad \varepsilon_i \approx 0 \quad (4\text{-}25)$$

这时，修正的目标函数接近于原有目标函数，即：

$$J_i^* \approx J_i; \quad J^* \approx J \quad (4\text{-}26)$$

则在各子系统局部协同优化的基础上，实现了大系统的全局协同优化。

对于具体的控制实施方式可以根据复杂大系统所固有的复杂性、非线性和不确定性等特性来选择，一般是选取专门针对系统的复杂性、非线性和不确定性而提出的智能控制。这类控制方法所研究的主要目标不再是被控对象，而是控制器本身；而且控制器也不再是单一的数学模型解析型，而是由数学解析和知识系统相结合形成的广义模型，是包含了多种学科知识的控制系统。智能控制系统的智能主要表现为先验智能、反应性智能、优化智能以及组织与协调智能四个方面。也就是，有关控制对象及干扰的先验知识，从一开始就考虑在控制系统的设计中；具有在实时监控、辨识及诊断基础上对系统及环境变化的正确反应能力，能够对系统性能的先验性优化及反应优化，可以实现对并行耦合任务或子系统之间的有效管理与协调。智能控制发展到现在已经有相当多的实现途径[15-17]，总结归纳出来主要表现为四种方式：（1）基于专家系统的专家智能控制器；（2）基于模糊推理和计算的模糊控制器；（3）基于人工神经网络的神经网络控制器；（4）基于系统科学、进化算法和以上三种方法集成型智能控制器。具体实施过程本书不作讨论。

4.4.3 信息流控制器模型

本书多次强调了信息流在工程技术领域、管理领域、经济学领域等几乎所有领域中的重要地位。无论是在面向社会经济系统等宏观层次大系统的管理、规划和设计中，还是在面向企业计划和生产过程控制等微观层次系统的管理、规划和设计中，其最终目的都是为了能做出正确的决策，以取得最优的经济、技术和社会效果。因此，必须要对信息做大量的处理工作，也就是要对信息流进行有效控制，以在海量的信息中精选出质量高、效率高的有效信息。

在本协同控制方案中设置了一个信息流控制器，主要就是把大系统中包括物流信息、能流信息在内的所有信息进行有效控制和处理，把精选出的高质量、高效率的有效信息以反馈形式送到三个下级局部协同控制器和一个上级总协同控制器中，为整个系统的协同优化提供重要的决策和推动作用。主要是利用信息的正负反馈机制，使大系统中发生非线性的反常涨落，进而使大系统内部各要素之间、各子系统之间相互交换的物质流、能量流与信息流产生协同动作和相干效应，从而使得系统从杂乱无章变为井然有序。由于对信息流的处理不是本书的主要工作，因此仅依据所查阅到的相关文献在此对信息流控制器的设计思路做出综述性的介绍。

本书认为，信息流在物质流、能量流与信息流的协同中起着关键性的作用，因为物质流、能量流在流动过程中的所有状态、所有趋势、所有变化都是以信息的形式通过信息流的流动来标示、导向、观测、警戒和调控的。因此，为了要使物质流和能量流实现在某种程度上的协调或协同，以使系统获得最大的整体效应，必须通过有效控制信息流来实现。对信息流的控制应该贯穿信息流从信源到信宿的整个流通过程，沿着信息从产生到利用到再利用的全路线对信息的获取、信息的加工处理、信息的传递、信息的存储、信息的利用以及信息的反馈（即信息的再利用）各个环节都要进行控制。

对信源的控制主要是对信息的获取过程以及信息的加工处理过程进行控制。也就是，主要是用有效的信息获取手段选择正确的信息源收集相关的信息，以及用有效的信息处理技术对所获取的信息进行去粗取精，去伪存真，除"炀"留"烱"，把信息流中的信息烱和信息炀区分开来，充分合理利用信息烱保证物质流、能量流顺畅的流通性，削弱信息炀对系统的控制及决策过程的干扰和影响。

对信息通道的控制，主要是对信息的传递和信息的存储过程进行控制，这是信息流控制中的核心环节。主要采取有效的控制手段使信息通道保证必要的能通性，使信息得到充分的传递，并且保留必要的信息积累，以实现对物质流、能量流的优化管理，进而实现大系统在结构上的最优化和协调化，从结构上保证物质流、能量流与信息流之间的可协调性。

对信宿的控制主要体现在信息的利用和反馈过程上，这是信息流控制中的最终环节，也是评价信息利用程度的重要环节。从系统的动力学角度来看，可以把信源的控制看作是对信息流流速的控制，而把对信息通道的控制看作是对信息流驱动势及信息流流量的控制。

本书所提出的信息流控制器实际上包括了以上所述的三个方面的信息流控制，但最主要的是获取最重要、最有效的信息去控制整个协同过程，信息流控制器的实现可以有很多形式。由于本书中讨论的是包括工程技术领域、社会经济领域以及生物生态领域在内的复杂大系统的动态演化过程，在控制其信息流的过程中，信息流及其流动过程中主要具有以下特点：

（1）信息流量大而杂。由于复杂大系统包含的组元多、层次多，使系统内部组元与组元之间，以及系统与外部环境之间的物质流、能量流与信息流的交换量庞大，因此复杂大系统中的信息流量大而杂。

（2）信息质量不高。例如，信息流随着系统和环境的不确定动态变化而变化，增加了信息中的噪声、干扰、误差、信息的未知性和不完全性。

（3）信息模式的复杂性和信息的模糊性。

因此，在选择信息流控制器模型时，我们可以采用两篇文献[18,19]中提出的信息质量检验的熵模型及信息通透性模型作为信息流控制器模型来检验系统中信息流的信息质量以及系统内外之间的信息流通性。

4.4.3.1 对先验信息的检验模型[18]

决策状态空间 $x = \{x_1, x_2, \cdots, x_n\}$ 中存在先验信息 I，对状态空间内各状态发生概率的预测为 $\{p(x_1), p(x_2), \cdots, p(x_n)\}$，则先验信息 I 的期望信息量为：

$$E(I) = \sum_{i=1}^{n} p(x_i)\lg p(x_i) + \lg n \tag{4-27}$$

先验信息 I 在样本 $R=$ $(1, 2, \cdots, k)$ 中的实际平均信息量为：

$$I = \frac{1}{k}\sum_{r=1}^{k}\sum_{i=1}^{n}\sigma_{ir}\lg p(x_i) + \lg n \tag{4-28}$$

若选取样本足够大，且样本数据 σ_{ir} 之间相互独立，如果 I 所传递的实际平均信息量近似服从如下正态分布，则先验信息 I 符合观察结果；反之，若根据样本计算出统计量的值落入否定域，则认为原信息提供的期望信息量与实际不符。

$$\begin{cases} E(I) = \sum_{i=1}^{n} p(x_i)\lg p(x_i) + \lg n \\ VAR(I) = \frac{1}{k}\left\{ \sum_{i=1}^{n} p(x_i)\left[\lg p(x_i) + \lg n\right]^2 - \left[\sum_{i=1}^{n} p(x_i)\lg p(x_i) + \lg n\right]^2\right\} \end{cases} \tag{4-29}$$

4.4.3.2　对后验信息的检验模型[18]

决策状态空间为 $x = \{x_1, x_2, \cdots, x_n\}$，预测结果空间为 $y = \{y_1, y_2, \cdots, y_n\}$，先验概率分布为 $p(x) = \{p(x_1), p(x_2), \cdots, p(x_n)\}$，后验信息 I 所预测的概率分布为 $p(x/y) = \{p(x_i/y_j), i=1, 2, \cdots, n; j=1, 2, \cdots, m\}$，则后验信息 I 的期望信息量为：

$$E(I(X; X/Y)) = \sum_{j=1}^{m}\sum_{i=1}^{n} p\left(\frac{x_i}{y_i}\right)\left[\lg p\left(\frac{x_i}{y_i}\right) - \lg p(x_i)\right] \tag{4-30}$$

后验信息 I 在样本 $R=(1, 2, \cdots, k)$ 中的实际平均信息量为：

$$I(X; X/Y) = \frac{1}{k}\sum_{r=1}^{k}\sum_{j=1}^{m}\sum_{i=1}^{n}\sigma_{ijr}\left[\lg p\left(\frac{x_i}{y_i}\right) - \lg p(x_i)\right] \tag{4-31}$$

若选取样本足够大，且样本数据 σ_{ijr} 之间相互独立，如果 I 所传递的实际平均信息量近似服从如下正态分布，则后验信息 I 符合观察结果。如果实际平均信息量与期望信息量不一致，需进一步判断实际获取信息量是否大于或小于期望获取量。若大，表示该信息可以很好的满足需要，能够提供比预期更为准确的情报；若小，则说明该信息不适用于决策人所处的决策环境。

$$\begin{cases} E(I(X; X/Y)) = \sum_{j=1}^{m}\sum_{i=1}^{n} p\left(\frac{x_i}{y_i}\right)\left[\lg p\left(\frac{x_i}{y_i}\right) - \lg p(x_i)\right] \\ VAR(I) = \frac{1}{k}\left\{ \sum_{r=1}^{k}\sum_{i=1}^{n} p\left(\frac{x_i}{y_i}\right)\left[\lg p\left(\frac{x_i}{y_i}\right) - \lg p(x_i)\right]^2 - \right. \\ \left. \left[\sum_{r=1}^{k}\sum_{i=1}^{n} p\left(\frac{x_i}{y_i}\right)\left(\lg p\left(\frac{x_i}{y_i}\right) - \lg p(x_i)\right)\right]^2\right\} \end{cases} \tag{4-32}$$

4.4.3.3　信息效应指数模型[19]

$$\phi = \frac{C_1}{C_2 Z} \ln \frac{[A]_o}{[A]_i} = C \ln \frac{[A]_o}{[A]_i} = -\frac{C_1}{C_2 Z} \ln \frac{[B]_o}{[B]_i} = C \ln \frac{[B]_o}{[B]_i} \qquad (4-33)$$

式中，ϕ 为信息效应指数；A 为有用信息；$[A]_i$，$[A]_o$ 分别为 A 的输入系统和输出系统的信息强度；B 为无用信息；$[B]_i$，$[B]_o$ 分别为 B 的输入系统和输出系统的信息强度；Z 为特定信息的倍增效应系数，其绝对值越大，则该信息对于企业影响的放大倍数越大；C_1 为信息的外部推进系数；C_2 为信息的内部排斥系数；$\dfrac{C_1}{C_2 Z}$ 为常量。

4.4.3.4　恒定激励下的信息流模型[19]

$$E = C \ln \frac{\displaystyle\sum_{k=1}^{n} P_{I_k}[I_k]_o + \sum_{j=1}^{m} P_{I_j}[I_j]_i}{\displaystyle\sum_{k=1}^{n} P_{I_k}[I_k]_i + \sum_{j=1}^{m} P_{I_j}[I_j]_o} \qquad (4-34)$$

式中，C 为常数；I_k $(k=1, 2, \cdots, n)$ 为有用信息；$[I_k]_i$，$[I_k]_o$ 分别为 A 的输入系统和输出系统的信息强度；I_j $(j=1, 2, \cdots, n)$ 为无用信息；$[I_j]_i$，$[I_j]_o$ 分别为 B 的输入系统和输出系统的信息强度；P_{I_k}，P_{I_j} $(k=1, 2, \cdots, n;\ j=1, 2, \cdots, m)$ 分别为有利信息 I_k 和不利信息 I_j 的通透系数；它们之间的关系为：

$$\begin{cases} P_s = \dfrac{\beta_s D_s}{\delta} \\ -I_s = P_s \dfrac{Z_s^2 E C_2^2}{\beta^2 C_1} \times \dfrac{\beta_s^2 [S]_o - [S]_i e^{Z_s C_2 E/C_1}}{(1 - e^{Z_s C_2 E/C_1})} \end{cases} \qquad (4-35)$$

式中，δ 为部门层次的"厚度"；β 为保真系数；C_1 为信息的外部推进系数；C_2 为信息的内部排斥系数；Z 为特定信息的倍增效应系数。

通过上述模型的计算，对系统中的相关信息进行质量验证和流过通透性分析。对于信息流控制器的设计，可以采用模糊神经网络模型，限于篇幅，模型的具体实施我们这里不作讨论。

参 考 文 献

[1] 黄素逸，高伟. 能源概论 [M]. 北京：高等教育出版社，2004.

[2] 曹凑贵. 生态学概论 [M]. 2版. 北京：高等教育出版社，2006.

[3] 国通供应链管理研究中心. 供应链管理平台 [M]. 北京：机械工业出版社，2003.

[4] Tschacher W, Haken H. Intentionality in non-equilibrium systems? The functional aspects of self-organized pattern formation [J]. New Ideas in Psychology, 2007, 25 (1)：1-15.

［5］许国志．系统科学［M］．上海：上海科技教育出版社，2000．

［6］Haken H. Slaving Principle revisited［J］．Physica D，1996（97）：95-103．

［7］钱学森，等．论系统工程［M］．长沙：湖南科学技术出版社，1982．

［8］魏宏森，曾国屏．系统论：系统科学哲学［M］．北京：清华大学出版社，1995．

［9］Wiener N. Homeostasis in the individual and society［J］．Journal of the Franklin Institute，1951，251（1）：65-68．

［10］冯·贝塔朗菲，林康义．一般系统论［M］．北京：清华大学出版社，1987．

［11］范冬萍．复杂系统突现论［M］．北京：人民出版社，2011．

［12］邹珊刚．系统科学［M］．上海：上海人民出版社，1987．

［13］普利高津．从存在到演化：自然科学中的时间及复杂性［M］．上海：上海科学技术出版社，1986．

［14］埃尔温·薛定谔．生命是什么：活细胞的物理学观［M］．上海：上海人民出版社，1973．

［15］Silva C A，Sousa J，Runkler T A，et al. Distributed supply chain management using ant colony optimization［J］．European Journal of Operational Research，2009，199（2）：349-358．

［16］Lessmann S，Vo S. A reference model for customer-centric data mining with support vector machines［J］．European Journal of Operational Research，2009，199（2）：520-530．

［17］Wenstop F，Koppang H. On operations research and value conflicts［J］．Omega，2009，37（6）：1109-1120．

［18］蔡坚学，邱菀华．信息质量检验的熵模型［J］．系统工程，2004，22（3）：77-79．

［19］赵炎，陈晓剑．企业对内外部信息的通透性模型研究［J］．预测，2002（5）：53-58．

5 物质流、能量流与信息流的协同评价方法

在第 4 章中我们讨论了大系统中物质流、能量流与信息流的协同形成机制，并运用软控制与硬控制相结合的方法提出了大系统中物质流、能量流与信息流的协同控制策略。然而，对于人类社会中的任何复杂大系统，其内部的协同效应并非仅仅处于有或无的二元状态中，协同效应不仅需要形成，也需要不断优化与改进。因此，为了实现理想的协同效应，除了大系统的协同形成机制和协同实现机制之外，还必须构建大系统的协同评价机制。

通过评价机制，人们可以掌握大系统协同效应的现状，找到提升改进的机会，并在改进之后验证改进的效果。只有形成、控制和评价这三大机制同时存在，大系统才能真正迈向理想的协同效应，并充分利用协同效应来实现大系统的整体效应最大化。

在本章中，我们将提供三种不同的角度来构建大系统的协同评价模型，并提供推荐的评价流程及方法。评价的基础离不开协同度和有序度这一组基本的概念，这一组概念也将贯穿本书接下来的所有内容中。考虑到评价工作是一项系统性工作，对大系统的评价工作也必须参考所有评价类研究的通用流程与方法体系，一个科学严谨的评价所必须遵循的基本原则在协同评价中同样适用。

5.1 有序度与协同度

为了评价大系统的协同效应，我们需要提出两个相关的可量化指标以衡量大系统的有序性与协同效应程度——有序度和协同度。**系统有序性或有序状态的高低程度就是有序度，而系统内部各元素、子系统之间的协同程度就是协同度。**

协同学告诉我们，系统在一定外界条件下，可以通过其内部各元素、各子系统之间的协同作用，推动系统从混沌无序状态向有序状态、从低级有序状态或高级有序状态发生演变，自发形成时间上、空间上以及功能上的有序宏观结构。因此，系统内部各元素、各子系统之间协同程度与系统整体上的有序程度是密切相关的。相较于更为抽象的协同度，分析并量化系统的有序度显然更为可行，这样的分析方式可以忽略系统内部发生的复杂的相互作用，仅仅关注于系统最终呈现出的整体效应。

从某种意义上说，协同效应是大系统走向有序的条件与基础，更好的协同效

应可以使得大系统在向有序方向演化的速度加快，或者说使得大系统的演化更为"高效"。协同程度越高，系统演化越快，形成更高有序程度的速度也越快，或者在相同时间内形成的最终有序程度也越高。因此，可以通过分析有序度变化的快慢，对系统内部的协同程度进行评价，即对协同度进行评价。

需要指出的是，分析系统的有序度可以从多种不同的角度进行分析，也就是说，可以通过很多种不同的方式来表示系统的有序度。本章主要从大系统中物质流、能量流与信息流的流通水平（流动势）、熵、序参量的角度来分析系统的有序度，并给出相应的物质流、能量流与信息流协同度评价模型。

5.2 基于流通水平的协同评价模型

本书是从物质流、能量流与信息流的角度来研究大系统的协同问题。如果把物质流、能量流与信息流抽象成为一股具有流速的纯粹流动的流体来看，我们可以从它们的流通水平给出物质流、能量流与信息流的协同评价模型。通过流的作用规律来简化并分析系统，是本书所述理论的重要核心。

我们知道支撑和维系物质、能量、信息三者有机联系的是"流通"，而流通又是各种驱动势（驱动力）聚合作用的结果。物质、能量与信息的流通水平主要取决于各种驱动势的"聚合"程度。因此，物质流、能量流与信息流的协同性可以体现在物质流、能量流与信息流流通性能（流通结构）的协同上。具体表现为以下两个层次：

（1）各种流中各驱动势要协同：也就是对于单一的物质流、能量流与信息流，各种流的不同驱动势要尽可能协调一致，即各驱动势的方向尽可能趋于一致。

（2）三股流的三个总驱动势要协同：对于物质流、能量流与信息流的各总驱动势要尽可能协调一致，即系统中各股流的流速的方向要尽可能协调一致。

5.2.1 势协同度的概念

通过前面的讨论，我们知道各流驱动势在物质流、能量流与信息流的协同过程中有着非常重要的作用，当各流驱动势的大小和方向发生变化时，都会直接影响物质流、能量流与信息流的流量、流速及流通水平，从而影响物质流、能量流与信息流的协同效果，进而影响系统向有序发展的演替过程。因此我们可以利用势协同度的概念来表示物质流、能量流与信息流之间的协同程度。

定义 1 设 F_i 为驱动某流的第 i（$i=1, 2, 3, \cdots, n$）个驱动势，F_a 为第 a 个流驱动势，F_b 为第 b 个流驱动势，$\alpha_{a,b}$ 为 F_a 与 F_b 之间的夹角。其中，$1 \leqslant a \leqslant n$，$1 \leqslant b \leqslant n$，$a \neq b$，则定义 F_a 与 F_b 之间的势协同度 SYD_{ab} 为：

$$SYD_{ab} = \frac{|F_a| \cdot |F_b| \cdot \cos\alpha_{a,b}}{|F_a| \cdot |F_b|} \tag{5-1}$$

推论 1 如果对于 n 个流驱动势，其中任意两个流驱动势都满足：

$$SYD_{ab} = \frac{|\boldsymbol{F}_a| \cdot |\boldsymbol{F}_b| \cdot \cos\alpha_{a,b}}{|\boldsymbol{F}_a| \cdot |\boldsymbol{F}_b|} = 1 \qquad (5-2)$$

则称该流各驱动势完全协同（协同程度为100%），即流驱动势协同度 SYD_M 为1。此时，该流中所有驱动势的方向都指向同一个方向，即所有流驱动势两两夹角为0°，流总驱动势最大：

$$|\boldsymbol{F}| = |\boldsymbol{F}_1| + |\boldsymbol{F}_2| + \cdots + |\boldsymbol{F}_n| = \sum_{i=1}^{n} |\boldsymbol{F}_i| \qquad (5-3)$$

5.2.2　物质流、能量流与信息流中各驱动势的协同

物质流、能量流与信息流的主体分别是物质、能量与信息。当存在某种驱动势（驱动力）去驱动物质、能量或信息按照某种方式沿着一定路径在某段时间内发生转移时，便形成了随时间、空间变化的物质流、能量流与信息流。因此，这种驱动势的存在对流动的形成是至关重要的，并且驱动势的总方向也影响着物质流、能量流与信息流的流动方向。

通常，驱动物质流动的驱动势根据不同的具体情况存在不同大小及不同数量的驱动势。同样，对于驱动能量与信息流动的驱动势也具有同样的现象。对于物质流、能量流与信息流的驱动势的分析，我们已在第3章中做了详细讨论，这里不再重述。具体对于物质流来说，如果同时存在方向和大小都不相同的 n 种驱动势去驱动其流动，就相当于一个物体同时受到 n 个不同大小和不同方向的力的作用。在经典物理学中，对于求解这样一个物体的最终移动方向时，主要是通过把这 n 个力进行合成而获得，这是一个非常简单的求解过程。实际上，这个物体的移动方向以及移动速度就是这 n 个大小、方向各不相同的力之间的竞争结果。显然，当这 n 个力的方向是趋于一致，即这 n 个力两两夹角为0°时，物体的移动速度是最大的。

因此，对于物质流动过程中，如果驱动其流动的 n 个驱动势的方向趋于一致，在相同的驱动阻力情况下，物质流的流通是最顺畅的，即流通水平最高。不考虑物质流、能量流与信息流之间的耦合关系，而把物质流、能量流与信息流看作相互独立流动的过程，根据前面对势协同度的定义和推论，可以得到物质流的驱动势协同度的定义及推论。

定义 2　设 $\boldsymbol{F}_{M,i}$ 为驱动物质流流动的第 i 个驱动势（$i=1$，2，3，$\cdots$，n），$\boldsymbol{F}_{M,a}$ 为第 a 个物质流驱动势，$\boldsymbol{F}_{M,b}$ 为第 b 个物质流驱动势，$\alpha_{a,b}$ 为 $\boldsymbol{F}_{M,a}$ 与 $\boldsymbol{F}_{M,b}$ 之间的夹角。其中，$1 \leqslant a \leqslant n$，$1 \leqslant b \leqslant n$，$a \neq b$，则 $\boldsymbol{F}_{M,a}$ 与 $\boldsymbol{F}_{M,b}$ 之间的势协同度 $SYD_{M,ab}$ 为：

$$SYD_{M,ab} = \frac{|\boldsymbol{F}_{M,a}| \cdot |\boldsymbol{F}_{M,b}| \cdot \cos\alpha_{a,b}}{|\boldsymbol{F}_{M,a}| \cdot |\boldsymbol{F}_{M,b}|} \qquad (5-4)$$

推论 2 如果对于 n 个物质流驱动势，其中任意两个物质流驱动势都满足：

$$SYD_{M,ab} = \frac{|\boldsymbol{F}_{M,a}| \cdot |\boldsymbol{F}_{M,b}| \cdot \cos\alpha_{a,b}}{|\boldsymbol{F}_{M,a}| \cdot |\boldsymbol{F}_{M,b}|} = 1 \tag{5-5}$$

则称物质流各驱动势完全协同（协同程度为 100%），即物质流驱动势协同度 SYD_M 为 1。此时，物质流中的所有驱动势的方向都指向同一个方向，即所有物质流驱动势两两夹角为 0°，物质流总驱动势最大：

$$|\boldsymbol{F}_M| = |\boldsymbol{F}_{M,1}| + |\boldsymbol{F}_{M,2}| + \cdots + |\boldsymbol{F}_{M,n}| = \sum_{i=1}^{n} |\boldsymbol{F}_{M,i}| \tag{5-6}$$

同样，对于能量流与信息流也存在同样的定义与推论。

定义 3 设 $\boldsymbol{F}_{E,i}$ 为驱动能量流流动的第 i 个驱动势（$i=1, 2, 3, \cdots, n$），$\boldsymbol{F}_{E,a}$ 为第 a 个能量流驱动势，$\boldsymbol{F}_{E,b}$ 为第 b 个能量流驱动势，$\alpha_{a,b}$ 为 $\boldsymbol{F}_{E,a}$ 与 $\boldsymbol{F}_{E,b}$ 之间的夹角。其中，$1 \leqslant a \leqslant n$，$1 \leqslant b \leqslant n$，$a \neq b$，则 $\boldsymbol{F}_{E,a}$ 与 $\boldsymbol{F}_{E,b}$ 之间的势协同度 $SYD_{E,ab}$ 为：

$$SYD_{E,ab} = \frac{|\boldsymbol{F}_{E,a}| \cdot |\boldsymbol{F}_{E,b}| \cdot \cos\alpha_{a,b}}{|\boldsymbol{F}_{E,a}| \cdot |\boldsymbol{F}_{E,b}|} \tag{5-7}$$

推论 3 如果对于 n 个能量流驱动势，其中任意两个能量流驱动势都满足：

$$SYD_{E,ab} = \frac{|\boldsymbol{F}_{E,a}| \cdot |\boldsymbol{F}_{E,b}| \cdot \cos\alpha_{a,b}}{|\boldsymbol{F}_{E,a}| \cdot |\boldsymbol{F}_{E,b}|} = 1 \tag{5-8}$$

则称能量流各驱动势完全协同（协同程度为 100%），即能量流驱动势协同度 SYD_E 为 1。此时，能量流中所有驱动势的方向都指向同一个方向，即所有能量流驱动势两两夹角为 0°，能量流总驱动势最大：

$$|\boldsymbol{F}_E| = |\boldsymbol{F}_{E,1}| + |\boldsymbol{F}_{E,2}| + \cdots + |\boldsymbol{F}_{E,n}| = \sum_{i=1}^{n} |\boldsymbol{F}_{E,i}| \tag{5-9}$$

定义 4 设 $\boldsymbol{F}_{I,i}$ 为驱动信息流流动的第 i 个驱动势（$i=1, 2, 3, \cdots, n$），$\boldsymbol{F}_{I,a}$ 为第 a 个信息流驱动势，$\boldsymbol{F}_{I,b}$ 为第 b 个信息流驱动势，$\alpha_{a,b}$ 为 $\boldsymbol{F}_{I,a}$ 与 $\boldsymbol{F}_{I,b}$ 之间的夹角。其中，$1 \leqslant a \leqslant n$，$1 \leqslant b \leqslant n$，$a \neq b$，则 $\boldsymbol{F}_{I,a}$ 与 $\boldsymbol{F}_{I,b}$ 之间的势协同度 $SYD_{I,ab}$ 为：

$$SYD_{I,ab} = \frac{|\boldsymbol{F}_{I,a}| \cdot |\boldsymbol{F}_{I,b}| \cdot \cos\alpha_{a,b}}{|\boldsymbol{F}_{I,a}| \cdot |\boldsymbol{F}_{I,b}|} \tag{5-10}$$

推论 4 如果对于 n 个信息流驱动势，其中任意两个信息流驱动势都满足：

$$SYD_{I,ab} = \frac{|\boldsymbol{F}_{I,a}| \cdot |\boldsymbol{F}_{I,b}| \cdot \cos\alpha_{a,b}}{|\boldsymbol{F}_{I,a}| \cdot |\boldsymbol{F}_{I,b}|} = 1 \tag{5-11}$$

则称信息流各驱动势完全协同（协同程度为 100%），即信息流驱动势协同度 SYD_I 为 1。此时，信息流中所有驱动势的方向都指向同一个方向，即所有信息流驱动势两两夹角为 0°，信息流总驱动势最大：

$$|\boldsymbol{F}_I| = |\boldsymbol{F}_{I,1}| + |\boldsymbol{F}_{I,2}| + \cdots + |\boldsymbol{F}_{I,n}| = \sum_{i=1}^{n} |\boldsymbol{F}_{I,i}| \tag{5-12}$$

5.2.3　物质流、能量流与信息流总驱动势的协同

当确定了物质流、能量流与信息流的流动方向后，即得到了物质流、能量流与信息流各自的总驱动势的方向，同时也就明确了物质流、能量流与信息流的流速方向。那么，对于大系统中同一个空间坐标点，在同一时刻都同时存在物质流、能量流与信息流。对于大系统中任意两个空间坐标点（可以认为是任意两个子系统）之间在同一时刻进行物质流、能量流与信息流交换的程度的高低主要由物质流、能量流与信息流的相互竞争和合作的结果来决定，而这种竞争和合作主要是以物质流、能量流与信息流的总驱动势的方向来体现。显而易见的是，如果物质流、能量流与信息流的总驱动势各指一方，这时大系统中任意两个空间坐标点之间进行物质流、能量流与信息流交换的程度最低，也最困难；如果物质流、能量流与信息流的总驱动势的方向趋于一致，那么大系统中任意两个空间坐标点之间进行物质流、能量流与信息流交换的程度最高，也最充分。而如果要使物质流、能量流与信息流的总驱动势的方向都趋于一致，只要物质流、能量流与信息流各自的总驱动势或流速两两夹角为0°即可。同样，根据势协同度的定义与推论，可以得到物质流、能量流与信息流的势协同度定义与推论。

定义 5　设 $\boldsymbol{F}_M$ 为物质流总驱动势、$\boldsymbol{F}_E$ 为能量流总驱动势、$\boldsymbol{F}_I$ 为信息流总驱动势，$\boldsymbol{F}_M$ 与 $\boldsymbol{F}_E$ 之间的夹角为 α_{M-E}、$\boldsymbol{F}_M$ 与 $\boldsymbol{F}_I$ 之间的夹角为 α_{M-I}、$\boldsymbol{F}_E$ 与 $\boldsymbol{F}_I$ 之间的夹角为 α_{E-I}，则物质流总驱动势与能量流总驱动势的势协同度 SYD_{M-E} 为：

$$SYD_{M-E} = \frac{|\boldsymbol{F}_M| \cdot |\boldsymbol{F}_E| \cdot \cos\alpha_{M-E}}{|\boldsymbol{F}_M| \cdot |\boldsymbol{F}_E|} \tag{5-13}$$

物质流总驱动势与信息流总驱动势的势协同度 SYD_{M-I} 为：

$$SYD_{M-I} = \frac{|\boldsymbol{F}_M| \cdot |\boldsymbol{F}_I| \cdot \cos\alpha_{M-I}}{|\boldsymbol{F}_M| \cdot |\boldsymbol{F}_I|} \tag{5-14}$$

能量流总驱动势与信息流总驱动势的势协同度 SYD_{E-I} 为：

$$SYD_{E-I} = \frac{|\boldsymbol{F}_E| \cdot |\boldsymbol{F}_I| \cdot \cos\alpha_{E-I}}{|\boldsymbol{F}_E| \cdot |\boldsymbol{F}_I|} \tag{5-15}$$

推论 5-1　如果 $SYD_{M-E}=1$，称物质流与能量流是完全协同的。

推论 5-2　如果 $SYD_{M-I}=1$，称物质流与信息流是完全协同的。

推论 5-3　如果 $SYD_{E-I}=1$，称能量流与信息流是完全协同的。

推论 5-4　如果 $SYD_{M-E}=SYD_{M-I}=SYD_{E-I}=1$，则称物质流、能量流与信息流是完全协同的。

从上述定义与推论可以看出，势协同度表示各流、各流驱动势及各流中各驱

动势之间的协同程度。要使物质流、能量流与信息流从流通结构这个角度来体现完全协同，必须首先要使各流中各驱动势之间完全协同，其次要使各流总驱动势完全协同，最终才能保证物质流、能量流与信息流的完全协同。当然，在物质流、能量流与信息流的流动过程中，不可能总是完全协同的，但只要保证势协同度在一定数值以上时，可认为物质流、能量流与信息流是完全协同的。

因此，可以借用势协同度的概念，来考察同一系统在不同的条件下物质流、能量流与信息流在流通结构中的协同程度，通过比较协同程度的高低，来评价该系统在结构上及功能上的有序度。协同程度越高，系统越有序。这种协同评价方法，简单易行，容易理解，着眼于"流"的基本特性，但其中最主要的问题是如何对各种流的"驱动势"进行量化的问题。这需要我们针对具体系统，采取某些简化、抽象化的办法来解决。

5.3　基于序参量的协同评价模型

我们将大系统内部各子系统之间的物质流动网络、能量流动网络以及信息流动网络分别当作大系统的三个子系统，称为物质流子系统、能量流子系统和信息流子系统，这三个子系统都与外界环境相连接，因此也都是开放系统。在前面的分析中，我们知道，如果要使系统实现整体协同，必须要使物质流子系统、能量流子系统与信息流子系统之间产生协同作用，相互协调。同时，我们也知道，大系统本身具有的复杂性，使得其物质流子系统、能量流子系统以及信息流子系统也是非常复杂的，大系统中的元素越多，复杂性越强。因此，对于物质流子系统、能量流子系统、信息流子系统而言，它们实质上也是属于大系统的范畴，其系统内部中也由许多元素组成。

由此来看，可以把物质流子系统、能量流子系统和信息流子系统继续细分为 n 个物质流子子系统，m 个能量流子子系统和 l 个信息流子子系统，这样一来可以通过 n 个物质流子子系统之间的相互协同作用、m 个能量流子子系统之间的相互协同作用、l 个信息流子子系统之间的相互协同作用使得物质流子系统、能量流子系统和信息流子系统分别实现协同，进而使得整个大系统实现协同。然而，试图弄清一个复杂大系统中所有要素或子系统之间的相互作用是几乎不可能的，且并非每个相互作用都对大系统的演化至关重要。利用复杂大系统本身的基本特性来分析协同效应，找准形成协同效应转向有序目标的关键，就显得尤为重要。

根据协同学，在系统的演化过程中，存在许多控制参量，并非所有的控制参量都会成为主导系统演化的因素。协同学中把控制参量分为两种：快变量与慢变量（也称为快弛豫系数与慢弛豫系数），其中居于主导地位的是慢变量——序参量，慢变量支配快变量，少数的序参量对系统行为有支配作用。序参量之间协同与竞争的过程，实际上是系统从低级有序向高级有序的演化过程[1]。

因此，我们可以通过序参量来简化地描述子系统的状态与特性，利用序参量来度量系统的有序程度，进而度量引起有序性变化的物质流、能量流与信息流的协同度。在基于序参量的协同评价模型中，分析的对象并不是"流"本身，而是三个子系统。我们并非直接分析流之间的协同效应，而是从大系统演化的角度来衡量向有序方向演化的速率，进而反推协同度。

本书主要依据孟庆松等[2]给出的协同度模型，经过适当修改后，形成了基于物质流、能量流与信息流的协同评价模型。

假设 1 由物质流子系统、能量流子系统、信息流子系统组成的大系统为 $S = \{S_1, S_2, S_3\}$，其中 $S_1 = \{S_{11}, S_{12}, \cdots, S_{1n}\}$ 为物质流子系统，S_{1i} $(i = 1, 2, \cdots, n)$ 为物质流子系统中的第 i 个元素或子子系统；$S_2 = \{S_{21}, S_{22}, \cdots, S_{2m}\}$ 为能量流子系统，S_{2j} $(j = 1, 2, \cdots, m)$ 为能量流子系统中的第 j 个元素或子子系统；$S_3 = \{S_{31}, S_{32}, \cdots, S_{3l}\}$ 为信息流子系统，S_{3k} $(k = 1, 2, \cdots, l)$ 为信息流子系统中的第 k 个元素或子子系统。

假设 2 在系统发展过程中，大系统中产生的序参量为 $\mu = (\mu_1, \mu_2, \mu_3)$；物质流子系统 S_1 中产生的序参量为 $\mu_1 = (\mu_{11}, \mu_{12}, \cdots, \mu_{1n_1})$，对应的值为 $q_1 = (q_{11}, q_{12}, \cdots, q_{1n_1})$；能量流子系统 S_2 中产生的序参量为 $\mu_2 = (\mu_{21}, \mu_{22}, \cdots, \mu_{2n_2})$，对应的值为 $q_2 = (q_{21}, q_{22}, \cdots, q_{2n_2})$；信息流子系统 S_3 中产生的序参量为 $\mu_3 = (\mu_{31}, \mu_{32}, \cdots, \mu_{3n_3})$，对应的值为 $q_3 = (q_{31}, q_{32}, \cdots, q_{3n_2})$。其中，$n_1$, n_2, $n_3 \geqslant 1$, $\mu_{an_a} \in [\alpha_{an_a}, \beta_{an_a}]$ $(a = 1, 2, 3)$。

定义 6 物质流子系统 S_1 中各序参量 μ_{1i_1} 的有序度为 $OD_{1i_1}(\mu_{1i_1})$ $(i_1 = 1, 2, \cdots, n_1)$。

$$OD_{1i_1}(\mu_{1i_1}) = \begin{cases} \dfrac{q_{1i_i} - \alpha_{1i_1}}{\beta_{1i_1} - \alpha_{1i_1}} & (\text{正功效}) \\[3mm] \dfrac{\beta_{1i_1} - q_{1i_i}}{\beta_{1i_1} - \alpha_{1i_1}} & (\text{负功效}) \end{cases} \tag{5-16}$$

由上述定义可知 $OD(\mu_{1i_1}) \in [0, 1]$，其值的大小代表了各序参量对系统"有序度"贡献的大小。显然，$OD(\mu_{1i_1})$ 的值越大，序参量 μ_{1i_1} 对物质流子系统 S_1 "有序度"所做的贡献越大。那么，把所有序参量 μ_{1i_1} 对系统"有序度"的贡献集成起来，便可作为序参量 μ_1 对物质流子系统 S_1 有序程度的"总贡献"。

定义 7 物质流子系统 S_1 的有序度为 $OD_1(\mu_1)$。

$$OD_1(\mu_1) = \sqrt[n_1]{\prod_{i_1=1}^{n_1} OD_{1i_1}(\mu_{1i_1})} \tag{5-17}$$

或

$$OD_1(\mu_1) = \sum_{i_1=1}^{n_1} \omega_{i_1} OD_{1i_1}(\mu_{1i_1}) \quad (\omega_{i_1} \geqslant 0, \ \sum_{i_1} \omega_{i_1} = 1) \tag{5-18}$$

同理，可以得到能量流子系统 S_2 和信息流子系统 S_3 的系统有序度定义，并由此定义出大系统的有序度。

定义 8　能量流子系统 S_2 的有序度为 $OD_2(\mu_2)$。

$$OD_2(\mu_2) = \sqrt[n_2]{\prod_{i_2=1}^{n_2} OD_{2i_2}(\mu_{2i_2})} \tag{5-19}$$

或

$$OD_2(\mu_2) = \sum_{i_2=1}^{n_2} \omega_{i_2} OD_{2i_2}(\mu_{2i_2}) \quad (\omega_{i_2} \geqslant 0, \ \sum_{i_2} \omega_{i_2} = 1) \tag{5-20}$$

其中：

$$OD_{2i_2}(\mu_{2i_2}) = \begin{cases} \dfrac{q_{2i_2} - \alpha_{2i_2}}{\beta_{2i_2} - \alpha_{2i_{12}}} & \text{（正功效）} \\[3mm] \dfrac{\beta_{2i_2} - q_{2i_2}}{\beta_{2i_2} - \alpha_{2i_2}} & \text{（负功效）} \end{cases} \tag{5-21}$$

定义 9　信息流子系统 S_3 的有序度为 $OD_3(\mu_3)$。

$$OD_3(\mu_3) = \sqrt[n_3]{\prod_{i_3=1}^{n_3} OD_{3i_3}(\mu_{3i_3})} \tag{5-22}$$

或

$$OD_3(\mu_3) = \sum_{i_3=1}^{n_3} \omega_{i_3} OD_{3i_3}(\mu_{3i_3}) \quad (\omega_{i_3} \geqslant 0, \ \sum_{i_3} \omega_{i_3} = 1) \tag{5-23}$$

其中：

$$OD_{3i_3}(\mu_{3i_3}) = \begin{cases} \dfrac{q_{3i_3} - \alpha_{3i_3}}{\beta_{3i_3} - \alpha_{3i_{13}}} & \text{（正功效）} \\[3mm] \dfrac{\beta_{3i_3} - q_{3i_3}}{\beta_{3i_3} - \alpha_{3i_3}} & \text{（负功效）} \end{cases} \tag{5-24}$$

定义 10　大系统 S 的有序度为 $OD(\mu)$。

$$OD(\mu) = \sqrt[3]{\prod_{i=1}^{3} OD_i(\mu_i)} \tag{5-25}$$

或

$$OD(\mu) = \sum_{i=1}^{3} \omega_i OD_i(\mu_i) \quad (\omega_i \geqslant 0, \ \sum_{i=1}^{3} \omega_i = 1) \tag{5-26}$$

于是，可以根据三个子系统在某一时间段 $t(i) - t(i+1)$ 内有序度的改变来定义大系统的协同度模型，即物质流、能量流与信息流的协同评价模型。设 t 时刻：物质流子系统的有序度为 $OD_1^t(\mu_1)$，能量流子系统的有序度为 $OD_2^t(\mu_2)$，信息流子系统的有序度为 $OD_3^t(\mu_3)$，大系统的有序度为 $OD^t(\mu)$；$t+1$ 时刻：物质流子系统的有序度为 $OD_1^{t+1}(\mu_1)$，能量流子系统的有序度为 $OD_2^{t+1}(\mu_2)$，信息流子系统的有序度为 $OD_3^{t+1}(\mu_3)$，大系统的有序度为 $OD^{t+1}(\mu)$。

定义 11 SYD_μ 为物质流、能量流与信息流的协同度。

$$SYD_\mu = \pm\sqrt[4]{\prod_{i=1}^{3}\left|OD_i^{t+1}(\mu_i) - OD_i^t(\mu_i)\right|\left|OD^{t+1}(\mu) - OD^t(\mu)\right|} \quad (5\text{-}27)$$

式中，如果 $OD^{t+1}(\mu) - OD^t(\mu)$ 及 $OD_i^{t+1}(\mu_i) - OD_i^t(\mu_i)$（$i=1$，2，3）均大于零时，$SYD_\mu$ 取正号（+），其他情况均取负号（-）。

由上述定义可知，仅当 $OD_1^{t+1}(\mu_1) > OD_1^t(\mu_1)$、$OD_2^{t+1}(\mu_2) > OD_2^t(\mu_2)$、$OD_3^{t+1}(\mu_3) > OD_3^t(\mu_3)$、$OD^{t+1}(\mu) > OD^t(\mu)$ 同时成立时，大系统中物质流、能量流与信息流才具有完全正向的协同效应，或者说，具备我们所期望的协同效应。相反，系统存在有序度不增反降的情况时，说明系统内可能存在反向的协同效应，某些元素或子系统之间的演化趋势甚至完全相反，这样的效应必然使得系统正在往更糟的方向发展，这时系统的协同度也必然为负。

以上各式组成了基于序参量的物质流、能量流与信息流的协同评价模型。该协同评价模型主要是通过各子系统中各序参量对系统有序度"贡献"来衡量各子系统的有序程度，并在此基础上，以各子系统有序度随时间的变化情况来定义系统的协同度。在具体评价过程中，可以首先通过对具体系统中物质流、能量流与信息流的流动情况进行具体分析，以确定各自的序参量，然后建立适当的评价指标体系，最后通过综合评价的方法求得最终系统的协同度。该评价方法的主要优点是能够较准确地反映出系统协同的内涵，提高系统协同分析的可信性和科学性，同时在计算过程中能够有效减少在模型求解中的困难。

5.4 基于熵的协同评价模型

熵（Entropy）概念来自平衡热力学，是由德国科学家克劳修斯（R. Clausius）于 1865 年正式提出的。克劳修斯当时把熵作为表达热力学第二定律的一个概念，即用熵来度量热力学系统转化为有用功的能力，其实质是说明过程的不可逆性，即反映过程会朝哪一个方向进行，同时也反映了过程进行中的有序和无序的关系。克劳修斯规定，一个热力学系统越是接近平衡态，其熵越大，其数学公式可表述为：

$$\mathrm{d}S \geq \frac{\delta Q}{T_r} \quad (5\text{-}28)$$

式中，S 为熵；δQ 为过程的换热量；T_r 为热源温度。

引入了熵概念后，热力学第二定律可表示为：

$$S_2 - S_1 \geqslant \int_1^2 \frac{\delta Q}{T_r} \tag{5-29}$$

式中，"="表示可逆过程；">"表示不可逆过程。

系统内部的不可逆过程总是伴随着熵的增加，而熵的增加则意味着系统的能量从量上来说虽然不会消失，但能量的"质量"越来越差，转变成功的可能性越来越低，不可用程度越来越高，即所谓能量耗散了。可见，熵是能量不可用程度的量度，熵增加标志着宏观能量在质方面的贬值。熵作为分子无序或混乱程度的量度，热力学第二定律也可以说是熵增加定律。

随后，经过许多科学家的研究，特别是玻尔兹曼在统计力学方面以及申农在信息论方面都赋予了熵新的内涵。玻耳兹曼通过对分子运动的进一步研究，把熵与热力学概率联系起来，即将热力学系统的熵变的方向同系统状态变化的方向联系起来，使熵有了更深刻的含义。1877 年他提出了著名的 Boltzmann 定律，即：

$$S = k\ln W \tag{5-30}$$

式中，S 为统计熵；k 为玻耳兹曼常数；W 是宏观态对应的微观态数目，又叫热力学概率。

公式（5-30）揭示了熵在不可逆过程中增加的本质，是宏观过程总是自发地向着热力学概率大或微观态数目多的方向进行，即对熵概念的物理意义做出微观解释。熵值越大，微观态数目越多，对应的宏观态越无序。因此，熵可以看作是系统混乱状态或无序程度的度量。

信息论的创始人申农将熵概念从热力学领域引进了信息领域，提出了信息熵的概念，在全新的角度上赋予了熵更广义的概念。信息熵的本质含义是对事物不确定性的数学度量，信息熵越大，则可确定性越小。

假设试验中有 n 个可能出现的结果 A_1，A_2，$\cdots$，A_n，假设它们出现的概率分别是 P_1，P_2，$\cdots$，P_n，则规定这个试验的熵为信息熵，即：

$$H = -P_1\lg_2 P_1 - P_2\lg_2 P_2 - \cdots - P_n\lg_2 P_n = -k\sum_{i=1}^n P_i\lg_2 P_i \tag{5-31}$$

信息量也就是当我们得到足够的信息后所消除的关于事物运动或状态的不确定性程度，或者说所消除或减少的熵。因此，人们也把信息熵称为负熵，用它来表示系统的有序度。

综上所述，熵作为系统状态的一个定量描述，不仅可以描述系统的存在状态，还可以用来描述系统的有序程度或混乱程度。构成系统的元素种类越多、元素与元素之间的关系越复杂，系统内部的微观状态数越多，则系统对应的熵值就越大，系统也就越混乱；熵越小，系统的混乱程度越低，系统越有序。参考 5.3 节中基于序参量的协同评价模型，只要可以通过熵来描述系统的有序程度，系统的协同度也可以随之量化。熵值越低，系统越有序；系统熵减越快，则系统的协同效应越显著。

一般情况下，当系统完全无序时，可以认为系统的熵达到了极大值 $H = H_{max}$；当系统完全有序，整体组织化程度达到最高时，则系统熵 $H = 0$。如果实际系统的熵为 H'，则认为该系统整体的有序度为：

$$R = 1 - \frac{H'}{H_{max}} \quad (R \in [0, 1]) \tag{5-32}$$

从式（5-32）可以看出，当系统的熵 H' 逐渐增大至接近于 H_{max} 时，系统有序度就趋近于 0，系统内部各子系统间的协同程度也达到了极小值；当系统的熵 H' 逐渐减小时，系统的有序度就逐渐提高。

这里有必要对系统的序做个补充说明。在分析系统的有序与无序时，人们通常要从两个方面来考虑系统的序，即结构排列上的"结构序"和先后实现不同功能的"功能序"。其中，结构序包括系统在空间分布上的空间序，系统发展变化时表现在时间顺序上的时间序以及系统在时间和空间的四维坐标系中变化时所呈现的时空序。现有的大部分研究都是针对结构序来进行的。但是随着研究问题的深入，目前除了研究结构序的上述三种形式外，还需要讨论系统的功能序，或称为功能结构。在研究复杂系统的演化过程中，我们不仅关心其演化轨迹，更要关心系统演化过程中所反映出来的功能或新功能。当系统演化过程中某些组织结构没有变化或变化不明显但其功能发生变化时，我们就可以通过分析其功能序来确定系统是有序还是无序。

为了能够说明系统在结构上的不确定性或有序性，我们定义了系统的结构熵来描述系统的结构有序度；同理，为了能够说明系统在功能上的不确定性或有序性，我们定义了系统的运行熵来描述系统的功能有序度。另外，由于系统内部各子系统之间无时无刻不在进行着物质流、能量流与信息流的流动，各股流沿着一定路径的流动形成了各自的纵横交错的网络结构，网络结构中的各个节点是大系统中具有具体功能的子系统或元素。从一定意义上来说，可以把这些网络结构当作是大系统的中观结构甚至是微观结构，那么这些网络结构的相互叠加和综合便形成了大系统的整体宏观结构。同样，各股流在其网络中流动时所表现出来的不同性质以及相互作用则能够表现成为系统的宏观性质和功能。因此可以说，**物质流、能量流与信息流的流通结构（流结构）决定着整个大系统的结构有序度，而物质流、能量流与信息流的流通性能（运行特性）决定着整个大系统的功能有序度**。

于是，我们从大系统中物质流、能量流与信息流的角度，分别从它们在流通结构和流通性能两个方面表现出来的性质，定义出流结构熵和流运行熵来分别描述各流子系统在结构和功能上的不确定性或有序性。其中，流结构熵包括物质流结构熵、能量流结构熵和信息流结构熵，流运行熵包括物质流运行熵、能量流运行熵和信息流运行熵。

假设 3 系统的结构总熵为 H'_o，最大结构总熵为 $H_{o\max}$；系统的运行总熵为 H'_v，最大运行总熵为 $H_{v\max}$；物质流结构熵为 H'_{o1}，最大物质流结构熵为 $H'_{o1\max}$；物质流运行熵为 H'_{v1}，最大物质流运行熵为 $H'_{v1\max}$；能量流结构熵为 H'_{o2}，最大能量流结构熵为 $H'_{o2\max}$；能量流运行熵为 H'_{v2}，最大能量流运行熵为 $H'_{v2\max}$；信息流结构熵为 H'_{o3}，最大信息流结构熵为 $H'_{o3\max}$；信息流运行熵为 H'_{v3}，最大信息流运行熵为 $H'_{v3\max}$。

定义 12 系统的结构有序度 R_o 为：

$$R_o = 1 - \frac{H'_o}{H_{o\max}} \tag{5-33}$$

定义 13 系统的功能有序度 R_v 为：

$$R_v = 1 - \frac{H'_v}{H_{v\max}} \tag{5-34}$$

定义 14 物质流子系统的结构有序度 R_{o1} 为：

$$R_{o1} = 1 - \frac{H'_{o1}}{H_{o1\max}} \tag{5-35}$$

定义 15 物质流子系统的功能有序度 R_{v1} 为：

$$R_{v1} = 1 - \frac{H'_{v1}}{H_{v1\max}} \tag{5-36}$$

定义 16 能量流子系统的结构有序度 R_{o2} 为：

$$R_{o2} = 1 - \frac{H'_{o2}}{H_{o2\max}} \tag{5-37}$$

定义 17 能量流子系统的功能有序度 R_{v2} 为：

$$R_{v2} = 1 - \frac{H'_{v2}}{H_{v2\max}} \tag{5-38}$$

定义 18 信息流子系统的结构有序度 R_{o3} 为：

$$R_{o3} = 1 - \frac{H'_{o3}}{H_{o3\max}} \tag{5-39}$$

定义 19 信息流子系统的功能有序度 R_{v3} 为：

$$R_{v3} = 1 - \frac{H'_{v3}}{H_{v3\max}} \tag{5-40}$$

值得指出的是，我们在构建基于熵的协同评价模型时，可以从两个角度来进行定义系统整体的有序度（包括结构有序度和功能有序度）：一种是从系统熵的加和原理[3] 的角度来定义，一种是从物质流子系统有序度、能量流子系统有序度和信息流子系统有序度分别对系统整体有序度的贡献角度来定义，于是可以得到两种不同的基于熵的协同评价模型。

5.4.1 基于熵的协同评价模型 I

系统熵的加和原理可以表述为：一个处在非平衡状态的系统，其熵等于其各个局部分别处在各自平衡态上的熵之和，即：

$$H = \sum_{i=1}^{n} H_i \tag{5-41}$$

需要说明的是，式（5-41）的成立需要满足两个条件：（1）要求系统各个局部处在平衡态，即系统要满足局域平衡假定；（2）要求系统满足叠加原理。在满足这两个要求的情况下，我们就可以对于一个系统根据不同的性质定义出多个熵，用以反映系统整体的不确定性，或反映系统整体与局部之间的关系，同时它们之间的关系满足系统熵的加和原理。一般对于第一个要求来说，大多数系统都会满足，除非系统处在高真空条件或正进行着如爆炸之类的剧烈反应。因此我们在定义系统中的熵时，只要能够满足第二个条件即可。实际上，根据前面的分析和讨论可知，我们提出的物质流、能量流与信息流无论是在结构上还是在功能上都可以相互叠加构成大系统的整体结构和功能，因此我们定义的各流结构熵和各流运行熵是满足系统熵加和原理的，即存在以下的关系：

$$H'_o = \sum_{i=1}^{3} H'_{oi} = H'_{o1} + H'_{o2} + H'_{o3} \tag{5-42}$$

$$H'_v = \sum_{i=1}^{3} H'_{vi} = H'_{v1} + H'_{v2} + H'_{v3} \tag{5-43}$$

$$H_{o\max} = \sum_{i=1}^{3} H_{oi\max} = H_{o1\max} + H_{o2\max} + H_{o3\max} \tag{5-44}$$

$$H_{v\max} = \sum_{i=1}^{3} H_{vi\max} = H_{v1\max} + H_{v2\max} + H_{v3\max} \tag{5-45}$$

则系统总熵以及最大总熵为：

$$H' = H'_o + H'_v \tag{5-46}$$

$$H_{\max} = H_{o\max} + H_{v\max} \tag{5-47}$$

于是，可得到系统的结构有序度 R_o^{I} 为：

$$R_o^{\mathrm{I}} = \frac{H'_o}{H_{o\max}} = \frac{\sum_{i=1}^{3} H'_{oi}}{\sum_{i=1}^{3} H_{oi\max}} = \frac{H'_{o1} + H'_{o2} + H'_{o3}}{H_{o1\max} + H_{o2\max} + H_{o3\max}} \tag{5-48}$$

系统的功能有序度 R_v^{I} 为：

$$R_v^{\mathrm{I}} = \frac{H'_v}{H_{v\max}} = \frac{\sum_{i=1}^{3} H'_{vi}}{\sum_{i=1}^{3} H_{vi\max}} = \frac{H'_{v1} + H'_{v2} + H'_{v3}}{H_{v1\max} + H_{v2\max} + H_{v3\max}} \tag{5-49}$$

系统的总有序度 R^{I} 为：

$$
\begin{aligned}
R^{\mathrm{I}} &= \frac{H'}{H_{\max}} = \frac{H'_o + H'_v}{H_{o\max} + H_{v\max}} = \frac{\sum\limits_{i=1}^{3} H'_{oi} \sum\limits_{i=1}^{3} H'_{vi}}{\sum\limits_{i=1}^{3} H_{oi\max} + \sum\limits_{i=1}^{3} H'_{vi\max}} \\
&= \frac{H'_{o1} + H'_{o2} + H'_{o3} + H'_{v1} + H'_{v2} + H'_{v3}}{H_{o1\max} + H_{o2\max} + H_{o3\max} + H_{v1\max} + H_{v2\max} + H_{v3\max}}
\end{aligned}
\tag{5-50}
$$

同样可以根据三个子系统在某一时间段 $t(i)-t(i+1)$ 内有序度的改变来定义大系统的结构协同度模型、功能协同度模型以及总协同度模型。

设 t 时刻，物质流子系统的结构有序度为 $R_{o1}(t)$，物质流子系统的功能有序度为 $R_{v1}(t)$；能量流子系统的结构有序度为 $R_{o2}(t)$，能量流子系统的功能有序度为 $R_{v2}(t)$；信息流子系统的结构有序度为 $R_{o3}(t)$，信息流子系统的功能有序度为 $R_{v3}(t)$；大系统的结构有序度为 $R_o^{\mathrm{I}}(t)$，大系统的功能有序度为 $R_v^{\mathrm{I}}(t)$；大系统的总有序度为 $R^{\mathrm{I}}(t)$。

$t+1$ 时刻，物质流子系统的结构有序度为 $R_{o1}(t+1)$，物质流子系统的功能有序度为 $R_{v1}(t+1)$；能量流子系统的结构有序度为 $R_{o2}(t+1)$，能量流子系统的功能有序度为 $R_{v2}(t+1)$；信息流子系统的结构有序度为 $R_{o3}(t+1)$，信息流子系统的功能有序度为 $R_{v3}(t+1)$；大系统的结构有序度为 $R_o^{\mathrm{I}}(t+1)$，大系统的功能有序度为 $R_v^{\mathrm{I}}(t+1)$；大系统的总有序度为 $R^{\mathrm{I}}(t+1)$。

定义 20 物质流、能量流与信息流的结构协同度 SYD_o^{I} 为：

$$
SYD_o^{\mathrm{I}} = \pm \sqrt[4]{\prod_{i=1}^{3} |R_{oi}(t+1) - R_{oi}(t)| \, |R_o^{\mathrm{I}}(t+1) - R_o^{\mathrm{I}}(t)|}
\tag{5-51}
$$

式中，如果 $R_o^{\mathrm{I}}(t+1) - R_o^{\mathrm{I}}(t)$ 以及 $R_{oi}(t+1) - R_{oi}(t)(i=1, 2, 3)$ 均大于零时，SYD_o^{I} 取正号（+），其他情况均取负号（-）。

由上述定义可知，当 $R_{o1}(t+1) > R_{o1}(t)$，$R_{o2}(t+1) > R_{o2}(t)$，$R_{o3}(t+1) > R_{o3}(t)$，$R_o^{\mathrm{I}}(t+1) > R_o^{\mathrm{I}}(t)$ 同时成立时，则称大系统中物质流子系统、能量流子系统与信息流子系统是结构协同的。

定义 21 物质流、能量流与信息流的功能协同度 SYD_v^{I} 为：

$$
SYD_v^{\mathrm{I}} = \pm \sqrt[4]{\prod_{i=1}^{3} |R_{vi}(t+1) - R_{vi}(t)| \, |R_v^{\mathrm{I}}(t+1) - R_v^{\mathrm{I}}(t)|}
\tag{5-52}
$$

式中，如果 $R_v^{\mathrm{I}}(t+1) - R_v^{\mathrm{I}}(t)$ 以及 $R_{vi}(t+1) - R_{vi}(t)(i=1, 2, 3)$ 均大于零时，SYD_v^{I} 取正号（+），其他情况均取负号（-）。

由上述定义可知，当 $R_{v1}(t+1) > R_{v1}(t)$，$R_{v2}(t+1) > R_{v2}(t)$，$R_{v3}(t+1) > R_{v3}(t)$，$R_v^{\mathrm{I}}(t+1) > R_v^{\mathrm{I}}(t)$ 同时成立时，则称大系统中物质流子系统、能量流子系统与信息流子系统是结构协同的。

定义 22 物质流、能量流与信息流的总协同度 SYD_H^{I} 为：

$$SYD_H^{\mathrm{I}} = \sqrt{SYD_o^{\mathrm{I}} \cdot SYD_v^{\mathrm{I}}} \tag{5-53}$$

式（5-41）~式（5-53）组成了基于系统熵加和原理的协同度评价模型Ⅰ。

5.4.2 基于熵的协同评价模型Ⅱ

协同评价模型Ⅱ和协同评价模型Ⅰ的主要区别是系统总结构有序度、系统总功能有序度以及系统总有序度的定义上的不同。本协同评价模型是从物质流子系统有序度、能量流子系统有序度和信息流子系统有序度分别对系统整体有序度的贡献角度来定义系统总结构有序度、系统总功能有序度以及系统总有序度。

物质流子系统结构有序度 R_{o1}、功能有序度 R_{v1}，能量流子系统结构有序度 R_{o2}、功能有序度 R_{v2}，信息流子系统结构有序度 R_{o3}、功能有序度 R_{v3}，其定义同定义14~定义19。

定义 23 系统的总结构有序度 R_o^{II} 为：

$$R_o^{\mathrm{II}} = \sqrt[3]{\prod_{i=1}^{3} R_{oi}} = \sqrt[3]{R_{o1} \cdot R_{o2} \cdot R_{o3}} \tag{5-54}$$

或

$$R_o^{\mathrm{II}} = \sum_{i=1}^{3} \omega_{oi} R_{oi} = \omega_{o1} R_{o1} + \omega_{o2} R_{o2} + \omega_{o3} R_{o3} \quad (\omega_{oi} \geqslant 0, \ \sum_{i=1}^{3} \omega_{oi} = 1) \tag{5-55}$$

定义 24 系统的总功能有序度 R_v^{II} 为：

$$R_v^{\mathrm{II}} = \sqrt[3]{\prod_{i=1}^{3} R_{vi}} = \sqrt[3]{R_{v1} \cdot R_{v2} \cdot R_{v3}} \tag{5-56}$$

或

$$R_v^{\mathrm{II}} = \sum_{i=1}^{3} \omega_{vi} R_{vi} = \omega_{v1} R_{v1} + \omega_{v2} R_{v2} + \omega_{v3} R_{v3} \quad (\omega_{vi} \geqslant 0, \ \sum_{i=1}^{3} \omega_{vi} = 1) \tag{5-57}$$

定义 25 系统的总有序度 R^{II} 为：

$$R^{\mathrm{II}} = \sqrt{R_o^{\mathrm{II}} \cdot R_v^{\mathrm{II}}} \tag{5-58}$$

或

$$R^{\mathrm{II}} = \alpha R_o^{\mathrm{II}} + \beta R_v^{\mathrm{II}} \quad (\alpha \geqslant 0, \ \beta \geqslant 0, \ \alpha + \beta = 1) \tag{5-59}$$

由于协同评价模型Ⅰ和协同评价模型Ⅱ中对物质流子系统、能量流子系统以及信息流子系统各自的结构有序度和功能有序度的定义是相同的，因此在协同评价模型Ⅱ中对于大系统中物质流、能量流与信息流的结构协同度 SYD_o^{II}，物质流、能量流与信息流的功能协同度 SYD_v^{II} 以及物质流、能量流与信息流的总协同度

$SYD_H^{\mathbb{I}}$ 的定义同定义 20~定义 22。

综上所述，在基于熵的协同评价模型（包括模型Ⅰ和模型Ⅱ）中，只要计算出大系统中物质流结构熵 H'_{o1}，最大物质流结构熵 H'_{o1max}；物质流运行熵 H'_{v1}，最大物质流运行熵 H'_{v1max}；能量流结构熵 H'_{o2}，最大能量流结构熵 H'_{o2max}；能量流运行熵 H'_{v2}，最大能量流运行熵 H'_{v2max}；信息流结构熵 H'_{o3}，最大信息流结构熵 H'_{o3max}；信息流运行熵 H'_{v3}，最大信息流运行熵 H'_{v3max} 后，便可按照上述各式计算出不同的协同度，构建出协同评价模型。关于结构熵和运行熵的计算方法可参考相关文献进行计算，本书不做赘述。

5.5 大系统协同评价的流程与方法选取

5.4 节所介绍的协同评价模型旨在服务于对任何大系统协同效应的量化评价。事实上，对于任何评价工作而言，都是一个资源密集型的工作，要求系统、严谨且细致地应用一系列的科学方法。因此，仅仅依靠上述介绍的任何一种协同评价模型都无法完成系统的协同评价。在本节中，我们将结合多数现有评价类研究的通识，简要地介绍大系统协同评价的基本流程，并为方法选取提供必要的思路与考虑。

5.5.1 协同评价的总体流程

尽管评价研究的种类众多，目的、对象及方法各不相同，但在参阅了大量评价类研究后发现，评价的整体流程都是非常相似的，这些评价流程在目前企业中的绩效评价工作中也得到了广泛应用。总结出的评价工作基本流程主要包括以下四步：

（1）明确指标体系构建的基本原则；

（2）构建评价指标体系；

（3）明确指标体系权重计算方法，并确定指标权重；

（4）建立并运用评价模型，得到并分析评价结果。

因此，当读者在特定背景下对某系统进行协同评价时，整体流程仍将依据上述流程。本章所述的协同度评价模型内容仅仅针对的是评价工作的最后一步。

评价工作前面三步的内容将在接下来的小节中逐步介绍，每一步虽然看似简单，但仍然需要一系列科学方法的支撑。评价工作的每一步都会对评价的最终有效性产生显著影响，一个基于错误方法或错误数据的评价是毫无意义的。从这个意义上来说，评价方法是否科学合理远比评价结果本身更为重要。这也就是为何我们仍然需要在此强调使用模型前的每个流程。

我们认为，对系统的协同评价应与其他评价工作一样，遵循以下几项基本原则，以保证评价能够真正达到其目标。

（1）科学、准确、合理；

（2）独立、公平、公正；

（3）以客观事实为评价依据。

5.5.2 指标体系构建的基本原则

指标体系构建是评价的关键与核心，是评价方法建立的基础。对于系统的协同评价而言，针对不同的评价对象和目标，其指标体系可能是完全不同的。在没有明确的参考依据时，评价方应当依据一些基本原则进行指标体系的构建，以保证指标体系的科学合理并且符合评价工作的目标与要求，而这些基本原则对于任何科学合理的评价而言都是通用的。

为了总结指标体系构建的基本原则，我们仔细分析并总结归纳了17篇评价类研究文献中的相关内容。我们对这些文献中提到的指标体系选取原则进行了统计整理，以找到不同评价研究中所公认的关键原则。同时，我们也对相似的原则进行了合并，因为有些原则虽然命名不同，但在描述上是基本相似的。

所有原则及其解析归纳于表5-1中，以供读者参考。在所有的14项原则中，"科学性原则""动态性原则""可操作性原则"和"系统性原则"出现频次最高，因此，这4项原则将是协同评价指标体系构建的主要原则，需要重点考虑。其他原则也具有一定合理性，在进行具体评价工作时，也应适当纳入考虑。对于"针对性原则"与"普适性原则"两个原则，显然不可能同时采用，应当充分考虑评价工作的对象与目的来进行选择合适的原则。当评价仅针对单个对象，且评价方法不考虑应用于其他相似对象时，"针对性原则"相比"普适性原则"更为重要。

表5-1 指标体系构建基本原则与具体解释

原则	具 体 解 释
可操作性原则	选取的指标应尽量简明且通用，基于日常企业所关注或测量的参数或指标，相关信息方便获取或者统计
动态性原则	在评价指标的选取中，要充分考虑评价对象动态性的特点，选择能够动态反映评价对象动态变化的指标
系统性原则	从整体性视角来对评价对象进行整体考虑，指标体系周详完备，涵盖各个重要方面，结构严谨，逻辑缜密
科学性原则	评价体系的指标体系构建必须科学合理，在构建其评价指标时应必须充分考虑该体系的构架和组成，科学合理的分析其运行过程和活动规律
定性与定量结合原则	针对能够量化的指标信息，需要进行系统的收集与整理，有助于更加科学的定量建模分析；同时，需要提炼一些具有代表性的定性指标，保证指标体系构建的全面性

原则	具 体 解 释
独立性原则	评价指标之间通常都存在一定程度的相关关系，从而使数据所反映的信息有所重叠；应尽量保证评价指标间的独立性，减少对评价结果客观性的影响
针对性原则	为使得评价指标体系具有更强的现实针对性，具有实践意义，设计时应充分考虑评价对象的现状及特征
简明性原则	评价指标体系的大小也必须适宜，如果指标体系过大，指标层次过多，指标过细，势必将评价者的注意力吸引到细小的问题上，并使得评价工作变得复杂；而指标体系过小，指标层次过少，指标过粗，则不能充分反映实际情况，影响了评价的效果
普适性原则	不同地区不同行业的企业均有各自的特点，为了让评价体系能够尽可能适应这些企业，建立的指标体系应该具有一定的普适性，选取一些符合相应规范、相对统一的指标
层次性原则	综合评价指标体系的构建，需要对大量的信息进行合理的指标筛选及分类处理。因此，要求能够将指标进行科学的层次划分，以便于不同评价方面的对比分析，体现指标体系的层次性及综合性
协调性原则	在评价指标建立的过程中，可能会遇到矛盾指标（所谓矛盾指标是指两个难以同时实现的指标）。此时应该对矛盾指标的一方进行限制，限定在某一合理的值域范围内
为政策服务的原则	各行各业都有一定的政策法规，建立的评价体系必须与政策法规的要求相结合，使得评价结果能够成为企业或政府部门的直接参考依据
敏感性原则	评价预选指标集进行筛选时，应删除那些对评价目标不产生影响的指标，选择的指标应与评价目标有着更强的相关性
可比性原则	评价体系应保证纵向、横向的可比性，同一层次的指标具有相似或相同的计量方法、计量口径和计量范围，指标所取的值也尽可能采用可比的相对值或折算值

　　指标选取除了依据上述总结的原则，还需要结合要采用的评价模型来综合考虑。在考虑协同评价指标选取的时候，不难发现，对于多数读者来说，目前较为简易可行的协同评价模型是基于序参量的协同评价模型。因为基于驱动势和基于熵的评价方法，探讨的对象都是十分抽象的"流"；而对于现实中的企业而言，无论是提取分析"流"，还是计算驱动势或熵，都具有较大的难度。一旦采用这两种方法，指标的定义、量化与解释将十分困难，且这些指标必然脱离了日常企业运行所长期监测统计的常用指标。在这样的情况下，"可操作性原则"就无法得到满足，评价工作本身不仅将投入过多的资源，且评价结果难以转化为对企业实际运行改进的指导。

　　相反，基于序参量的方法并不严格针对"流"本身，而是针对支配系统演化的关键慢变量，即序参量。这一协同评价方法的基础与目前企业广泛采用的一组概念——关键绩效指标（Key Performance Indicator，KPI）和关键过程域（Key

Process Area，KPA）有着诸多共通之处。KPI 与 KPA 都是一种简化的思想，强调企业的绩效评价或改进都要把主要精力放在关键的结果和过程上，只要抓住了企业中 20% 的关键行为，就抓住了主体。而对于企业来说，序参量是支配企业演化的关键变量，通过对序参量产生影响与作用，就可以对系统的演化产生影响。从"M-E-I 三流"协同理论的角度出发，所有的序参量也必定隶属于大系统的物质流子系统、能量流子系统或信息流子系统，在构建指标体系时，所有的指标（即序参量）可以按照三大子系统进行分类，这样的分类方式对于任何系统也将是适用的。

因此，在运用基于序参量的协同评价模型时，指标体系的构建可以着重参考企业的 KPI 与 KPA，且尤其应当关注决定最终结果的关键中间结果与过程，而不仅仅是最终企业整体所呈现出的结果。这个过程的积极意义并非在于评价本身，当我们从序参量的角度看待评价工作之后，我们或许会发现，此前制定的 KPI 或 KPA 并没有真正意义涵盖所有影响企业发展的关键中间过程，仅仅看结果的好坏也不是现代企业管理流程方法的初衷。

5.5.3 指标体系的构建

在明确了指标体系构建的基本原则后，下一步就是构建协同评价的指标体系。结合 5.5.2 节中的讨论分析，我们在此仍然建议采用基于序参量的协同评价方法并构建相应的指标体系。本书所建议的指标体系样式已展示于表 5-2 中。

表 5-2 协同评价指标体系参考样式

子系统	子系统权重	指标权重	指标名称	年份 1	…	年份 n
物质流子系统	WM	W_{m1}	M_1		…	
		W_{m2}	M_2		…	
		W_{m3}	M_3		…	
		W_{m4}	M_4		…	
		W_{m5}	M_5		…	
能量流子系统	WE	W_{e1}	E_1		…	
		W_{e2}	E_2		…	
		W_{e3}	E_3		…	
		W_{e4}	E_4		…	
		W_{e5}	E_5		…	
信息流子系统	WI	W_{i1}	I_1		…	
		W_{i2}	I_2		…	
		W_{i3}	I_3		…	
		W_{i4}	I_4		…	

在表 5-2 中，指标体系总共分为了物质流子系统、能量流子系统、信息流子系统。而三大子系统的权重之和应为 1，且三大子系统内部，各指标权重之和应为 1。权重的计算方法将在 5.5.4 节中介绍。

具体指标的选取，需要依据 5.5.2 节中提供的基本原则，结合评价对象的具体情况来选取。考虑到序参量的"关键"性，指标数量并非越多越好，而是指标应当确实能够对系统的演化起到至关重要的作用。同时，指标之间不应存在明显的线性相关性，而要依据"独立性原则"选取独立的指标。

指标的选取可以参考企业的 KPI 指标体系，并且从指标本身的特性来说，应能够尽量单纯地体现"物质性""能量性"或"信息性"。此时，一些复合或综合性的指标可能并不合适。对于一般的工业企业来说，物质流和能量流子系统的指标相对较为容易选取，也相对较为容易理解。而对于信息流子系统的指标，对于多数企业来说是较为陌生的。在本书后面的内容中，我们将提供一些更为针对性的具体应用示例，读者可以结合这些具体领域的应用来理解三大子系统，尤其是信息流子系统。

5.5.4 指标体系权重的计算方式

在考虑对企业的协同评价时，不同的企业对于不同的指标或结果有着不同的关注或重视程度，评价的结果不可避免会受到这些因素的影响，而科学的评价也有必要考虑这些关注或重视程度。指标体系的权重能够反映对应属性的重要程度，权重越大表明该属性越重要，同理权重越小则表明属性重要程度次之。不同的权重设置将导致评价的结果有着很大的不同。在几乎所有的评价研究中都会涉及权重的确定问题，权重的确定方法也有很多。

从大的分类上看，赋权方法可以大致分为主观赋权法、客观赋权法和组合赋权法[4]。对于协同评价，赋权方法的选取并没有特殊的要求，可以根据实际情况从所有已知的赋权方法中选取适宜的方法。理论上，即使使用了完全相同的指标体系，不同企业在进行协同评价时应该或可以使用不同的指标权重。权重的结果并没有绝对意义上的正确或合理与否，从最基本的原则上来看，赋予较高权重的指标应该是值得重视或至关重要的，即使选取的所有指标都属于企业的序参量，但不同序参量对企业演化的支配作用也必然存在差异。

主观赋权法是根据决策者主观上对各属性的重视程度来确定属性权重的方法，其原始数据由专家或决策者根据经验主观判断而得到。该方法的优势在于可以体现决策者的工作经验和对指标的偏好程度以及指标权重具有一定的可继承性；劣势在于具有主观随意性，容易受决策者的认知文化和经验水平影响。

客观赋权法基于决策矩阵等客观信息，即根据属性值或指标数值之间的相关关系或属性值的变异程度来确定权重，不依赖于人的主观判断。该方法的优势在于有完善的数学理论基础、不依靠人的主观态度、突出被评价对象在评价指标之间的差异性且评价透明；劣势在于不同阶段指标变化权重也发生改变，不具有继承性，依赖数学理论致使计算复杂，没有考虑决策者的主观意见。

而组合赋权法是综合了主观与客观赋权法，既能客观反映各项指标的重要程度，又能考虑决策者的主观意愿，其不足是普遍算法复杂影响应用的有效性。

综合研究文献中不同的赋权方法，我们将目前多数已知的方法整理在表 5-3 中，便于针对不同的实际情况来进行选取，每种方法的具体内容不在此赘述。关于每种方法的优缺点介绍参见附录 1。所有的方法都各有优缺点，并不存在绝对的好坏。从目前国内研究中所常用的方法来看，主观赋权法中较为常用的为网络层次分析法（ANP）、层次分析法（AHP）、Delphi 法（德尔菲法），而客观赋权法中较为常用的为主成分分析法、熵权法、模糊类、粗糙集类等方法，组合赋权法则极为少见。在主观赋权法中，ANP 是 AHP 的进化与升级版本，两种方法都由 Thomas L. Saaty 提出，ANP 方法修正了 AHP 在基本假设上的不完善。在这两种方法中，尽管 ANP 更为科学合理，但其建模过程及计算都更为复杂，所以 AHP 法至今仍得到了更为广泛的应用，在 AHP 的基本假设不影响建模科学性的前提下，使用 AHP 方法也是可行的。事实上，很多赋权方法都有共同的基础，新方法的出现往往是一些基础方法的综合或者修正。

表 5-3 权重计算的方法分类

类别	主 要 方 法
主观赋权法	网络层次分析法（ANP）、层次分析法（AHP）、最小平方和法、Delphi 法（德尔菲法）、偏好比率法、环比评分法、二项系数法、比较矩阵法、重要性排序法
客观赋权法	主成分分析法、熵权法、多目标最优法、相似系数法、模糊聚类法、拉开档次法、模糊综合评价法、线性加权综合法、改良层次法（G1 法）、基于粗糙集理论的综合权重求解法、基于模糊判断矩阵的专家法、Frank-Wolfe 法

当我们使用基于序参量的协同评价模型时，构建的指标体系所涉及的权重应包括两个方面：

（1）物质流、能量流、信息流三大子系统（子体系）的权重；

（2）每个子系统（子体系）内各指标的权重。

关于主观赋权与客观赋权方法的选取，作者认为主观赋权方法对于多数情况都更为适用。因为对于系统的协同度评价工作有着时间上的延续性，考虑到评价结果的可比性，评价的方法体系不宜频繁调整。而客观赋权方法的权重将随着指标数值的变化而发生变化，这可能会使得不同年份的评价结果之间无法比较。同时，从大系统本身的基本特性而言，在短期内系统不会发生根本性的改变，无论是结构上还是功能上。因此，决定系统演化的关键控制变量以及系统内的作用关系，会在一定的时间内保持相对稳定，所有这些考虑都将指标体系的权重保持相对稳定。

考虑到人们可能未必真实地知道序参量之间的重要程度，对一个系统进行首次回顾性的协同评价时，也可以考虑通过客观赋权方法来计算出不同指标的权重分布。只要保持权重的结果不再频繁改动，后续协同评价结果的可比性仍然可以得到保障。

5.6 协同评价序参量识别的定性与定量方法参考

基于序参量的协同评价方法是本书重点推荐的内容，其整体评价的方法与流程相似于传统的基于指标的评价方法，反映到具体流程上，协同评价的序参量在形式上就是协同评价的指标。无论是协同度评价，还是其他评价研究，评价指标的识别与选取都是十分关键的，其结果的科学性、合理性与可行性将决定整体评价研究的质量。虽然在5.5节中，我们已经参考既往其他评价研究给出了指标选取的一般性准则，但是针对协同评价的序参量识别问题，我们将进一步地从定性与定量两个方面给出方法学的参考。毕竟协同度评价作为一类较为特殊的评价，其并不能完全照搬通常的评价指标，序参量不仅仅要与系统在某方面的演化发展具有密切的相关性，其关键性、役使性与决定性是必须得到重视的。当然，在本节中提供的方法仍然仅供参考，读者在应对具体问题时要灵活处理。

序参量作为子系统行为的支配者，主宰者系统的演化进程。例如，工业企业在进行能源管理活动时，可以认为是工业企业系统在内外部的作用下，在某一特定方向上（改善能源效率或降低能源成本等）演化的过程。根据协同学的基本原理，在这个过程中，必然存在着支配系统演化的若干宏观参量，而这些宏观参量则是能源管理的序参量。

所谓序参量的识别，就是对有关某种事物或某种现象所表现出来的宏观特征，进行信息的搜集和分析，然后针对这些信息对其进行描述、解释与界定的过程。在识别过程中所涉及的这些特征信息，既可以以文字和数字的形式呈现，也可以以图像的方式呈现。序参量识别对于把握系统的演化机制，进而寻找实现某一目标下的最优路径，有着不可替代的作用。

总结文献资料[5-8]，序参量的识别方法一般有两种，即定性分析法与定量分析法。定量分析法中包括最早由哈肯在《协同学导论》与《高等协同学》中提到的三种方法，即从微观上考察的弛豫系数法、从宏观上考察的最大信息熵法与在描述自组织行为时采用的哈肯模型中所涉及的序参量识别法。此后，不少学者在应用上述方法中发现一些问题，这些情况诸如弛豫系数法对系统真实数据的要求比较高，最大信息熵法中信息熵表面增长而数据处理后却在熵减，哈肯模型在多宏观参量时计算量大且容易出现循环判断等。为此，后来学者又提出了主旋律分析法、专家打分的主成分分析法与层次分析法的序参量识别方法。作者重点关注工业生产型企业的协同发展问题，因此结合工业生产型企业的相关应用场景，在本节中重点推荐介绍定性分析、绝热消去以及主旋律分析三种序参量识别方法。考虑到"M-E-I三流"协同理论中信息流的特殊地位，以及"熵"的有序性思想与该理论的高度相关性，本节也将介绍基于最大信息熵的序参量定量识别方法供各位读者参考。

5.6.1 基于波达计数法的定性分析方法

对于序参量的识别，定性方法一定是首要尝试的分析策略。定性分析是从质的方面，对研究对象进行分析，进而得出我们所需要的结论。所谓序参量的质，就是要把握序参量的基本特点：

（1）序参量是用于描述系统整体行为的宏观参量；

（2）序参量是微观子系统集体运动的产物、合作效应的表征和度量；

（3）序参量是子系统行为的支配者，主宰系统演化过程。

考虑到本书基于序参量的协同评价方法，序参量识别定性分析的总体步骤至少应该包括如下几个基本方面：

（1）工业企业某一方面（例如能源管理）的整体系统分析，包括对物质流子系统、能量流子系统以及信息流子系统的分析，其中信息流子系统分析既包括企业信息系统中有关数据采集、处理与传递的各个技术因素分析，也包括企业相关方面管理组织架构的管理因素分析。

（2）制定并遵循序参量识别的总体原则，这些原则主要参考表5-1中提到的各种指标选取原则，重点考虑这样几个方面：1）要保证识别的目标性，即选取的序参量与系统所要达成的目标是相关的，能够以某种形式反映系统向目标状态的演化程度；2）要综合考虑序参量识别的科学性与可操作性，既充分考虑系统的特性，也不把问题搞复杂，做到"宁缺勿滥"，所选取的序参量在指标上是科学、可量化且可靠的；3）要考虑序参量选取的全面性、系统性与层次性，序参量的选取要涉及所有子系统以及各子系统与子子系统的主要方面，不能仅仅关注结果，而是要从客观作用规律上找到真实的相关因素。

（3）圈定序参量的候选池，这些候选的因素与参量首先需要满足前两个步骤的所有要求，是真正与所分析方面或领域的动态演化相关的参量，且应该按照参量所属的三大基本子系统进行分类。

（4）分析确定最终的所有序参量，整个分析过程应综合考虑企业领导层意见、基层相关人员实践经验、专家评议三个方面，可以采用打分、计数等常见的方法对于不同的意见进行综合量化。

序参量识别工作的难点除了对于序参量的理解之外，另一个常见的难点就是如何综合多方面不同的意见和观点来最终确定所有序参量。运筹学领域可用的量化方法是多样的，在"M-E-I三流"协同理论的思想框架下，本书在此介绍推荐一种可以体现协同发展演化的打分技术方法——波达计数法（Borda count）。波达计数法作为一种排序投票法，相较于简单多数规则，其特点是较不容易选出极端或有争议的人，其在历史中曾经多次被提出应用于议会选举投票中。当我们将这样的特性引入序参量的选取时，我们便可以在整合多方面意见时不用刻意避免人数优势对结果的影响，反而落脚到不同群体对于参量重要性的认识上，最终突出所有人的共性认识并排除部分群体的"偏激"观点。相较于引入权重因素的赋权统计方法，波达计数法不仅操作上更为简单明了，同时也避免了因为权重设置合理性问题而引发的一系列后续问题。毕竟在探讨一个企业运转的关键参量问题时，不同群体的身份地位差异并不应该左右客观事实的判定，给予任何人额外的权重都未必会使计数结果更为合理。

在此我们简单地介绍如何应用波达计数法来确定最终的序参量。假设候选池内有 n 个候选参量，首先，参评者依据序参量的本质属性和选取原则，对候选池内的宏观参量，按重要或关键程度降序的顺序进行排列，首位记 $n-1$ 分，次位计 $n-2$ 分，依次类推，直至末位记 0 分。然后根据所有参评者的评议结果进行加和，累计分数越高者代表参评者对该宏观参量对于系统在序参量层面意义的认可度越高，反之则对其认可度越低。以一个包含四个宏观参量的系统为例，参量编号分别为 A、B、C、D 通过 100 位参评者的评议，评议结果见表5-4。

表5-4 波达计数法统计结果示例

排位	人　　数			
	51人	5人	23人	21人
第一位	A	C	B	D
第二位	C	B	C	C
第三位	B	D	D	B
第四位	C	A	A	A

按照前文所述的评分准则，四个参量的最终评分为：

参量 A：153　参量 B：151　参量 C：205　参量 D：91

可以认为，参量 C 是参评者普遍认同的序参量，虽然有多数参评者把参量 A 放在了第一位，但是针对不同角度评价可以得到不同的排序。其他的参评者认为 A 最不具有序参量的特性，采用波达计数法的结果就将参量 A 这一最受争议的候选量排除在外。

若采用多数制时，依据上述打分结果，参量 A 则会被认为是系统演化中最重要的序参量。事实上，参评者的不同视角带来了不同的结果，其他大量参评者从另外的角度得出了参量 A 不具备序参量的特征，因而参量 A 并不能体现系统在各个方面的演化特性。而对于参量 C，虽然并不排在多数参评者认为的第一位，但普遍都认为参量 C 能在很大程度上支配系统的发展演化，故参量 C 最具有序参量的性质。这样基于波达计数法的结果，我们看来在一定程度上体现了系统协同演化的思想，因为序参量往往是少数的，但又是至关重要的，其必然牵涉到了系统中的诸多要素。

5.6.2 基于哈肯模型——绝热消去法的序参量识别方法

哈肯在《协同学导论》一书中，在对自组织进行描述的过程中，给出了一种序参量的识别方法，该方法的核心思想是绝热消去法。哈肯在书中给出的数学模型，被后人称之为哈肯模型。哈肯作为协同学的创始人，提出的方法学对于"M-E-I 三流"协同理论的协同评价也有着非常重要的参考价值，这就是为何我们在此处介绍这些方法。

5.6.2.1 绝热消去法——哈肯模型的理论基础

假设 4 系统 t 时刻，某宏观状态 $q(t)$ 仅仅依赖于外力 $F(t)$，且外力 $F(t)$ 随时间是衰减的，该宏观参量与外力 $F(t)$ 的关系可以用式（5-60）和式（5-61）表示：

$$F(t) = ae^{\delta t} \qquad (5-60)$$

$$q(t) = \gamma q + F(t) \qquad (5-61)$$

式中，a 为常数，δ 为外力 $F(t)$ 的阻尼系数；γ 为系统宏观参量的阻尼系数。

对上述微分方程求解，得式（5-62）：

$$q(t) = \frac{a}{\gamma - \delta}(e^{-\delta t} - e^{\gamma t}) \qquad (5-62)$$

假设 5 由于上一时刻的外力不对该时刻系统产生影响，该时刻系统对外力的瞬时响应过程进行得很快，系统参量来不及发生改变，这样的过程类似传热学中的绝热，所以称上述过程为"绝热"过程。该过程假设的数学表达是：$\gamma \gg \delta$，即系统阻尼远远大于外力的阻尼，此时，$q(t)$ 可以有如式（5-63）的近似：

$$q(t) \approx \frac{a}{\gamma}e^{-\delta t} = \frac{1}{\gamma}F(t) \qquad (5-63)$$

绝热消去法中，最重要的就是要验证 $\gamma \gg \delta$ 这一假设的成立。

5.6.2.2 哈肯模型——序参量定量识别的基本方法

哈肯在《协同学导论》中，讨论了一个简单的动力系统，在这个系统中只有一个作用力 F 和一个子系统组成，作用力 F 用 q_1 表示，子系统状态变量由 q_2 表示。设系统满足运动方程式（5-64）与式（5-65）：

$$\dot{q}_1 = -\gamma_1 q_1 - aq_1 q_2 \qquad (5-64)$$

$$\dot{q}_2 = -\gamma_2 q_2 - bq_1^2 \tag{5-65}$$

式中，γ_1，γ_2 为常数，且分别为作用力 q_1 与子系统变量 q_2 的阻尼系数；a，b 为常数，它们反映了 q_1 与 q_2 的相互作用强度。

当作用力 q_1 不作用于子系统 q_2 时，q_2 是稳定的，q_2 由于自身阻尼 γ_2 的存在最终返回到 $q_2=0$。当然这里存在一个隐含的假设，即 $\gamma_2>0$。

依据绝热消去法，假设 $\gamma_2 \gg \gamma_1$，外力 q_1 的突然改变，不足以使子系统变量 q_2 发生改变，可以近似地认为 $\dot{q}_2$ 随时间的变化为 0，即：

$$\dot{q}_2 = 0 \tag{5-66}$$

根据式（5-65）求得：

$$q_2 = \frac{b}{\gamma_2} q_1^2 \tag{5-67}$$

式（5-67）清楚地表明了子系统式（5-65）是随着式（5-64）而变化的，子系统 q_2 的行为要接受作用力 q_1 的指令，也就是作用力 q_1 支配着子系统参量 q_2。因此，我们可以认定，q_1 决定着 q_2 的状态，进而决定着整个系统的宏观状态，那么 q_1 就是我们要寻找的序参量。

在式（5-64）中的 q_2 以式（5-67）代替，我们可以得到如下方程式：

$$\dot{q}_1 = -\gamma_1 q_1 - \frac{ab}{\gamma_2} q_1^3 \tag{5-68}$$

哈肯模型还可以进一步对 $\dot{q}_1$ 的相反数进行积分，得到系统的势函数，求解系统的平衡点，也就是系统自组织的目的地。对此，因与本研究相关性不大，故不再赘述。

哈肯模型是动力学方程，其变量针对的连续型变量，在实际应用哈肯模型识别序参量的过程中，往往需要对哈肯模型进行离散化。在此，我们给出哈肯模型的离散化表达式，其中，t 取序参量识别数据的基准年开始：

$$q_1(t+1) = (1-\gamma_1)q_1(t) - aq_1(t)q_2(t) \tag{5-69}$$

$$q_2(t+1) = (1-\gamma_2)q_2(t) - aq_1^2(t) \tag{5-70}$$

基于上述方法，我们构建了一套相对完整的流程。当读者在分析一个大系统之时，应用哈肯模型进行序参量的定量识别可以参考如下基本步骤：

（1）构造模型假设，即 $\gamma_2 \gg \gamma_1$ 或 $\gamma_1 \gg \gamma_2$；

（2）构造动力学方程，判断方程是否成立；

（3）依据数据，进行回归分析，建立回归方程，求解方程参数；

（4）判断求解出的参数是否满足"绝热条件" $\gamma_2 \gg \gamma_1$ 或 $\gamma_1 \gg \gamma_2$；

（5）逆向假设，即假设步骤（1）中，$\gamma_2 \gg \gamma_1$ 或 $\gamma_1 \gg \gamma_2$ 中的另一个；

（6）重复步骤（2）~（4）；

（7）依据哈肯模型的判断标准，识别序参量。

5.6.2.3 哈肯模型的拓展——多参量序参量识别

哈肯模型给出了序参量识别的基础办法，该方法可以准确地识别出由两个参量描述的系统的序参量。但是，哈肯模型的局限性也是明显的，即对于绝大多数系统而言，很难简化成只有两个宏观参量就可以描述的系统。那么，对于多宏观参量系统而言，就必须对原有方法进行拓展，使之具有能够在多宏观参量描述的系统中也达到序参量识别的目的。本书在此简述两种方法，对哈肯模型进行拓展。

（1）在哈肯的《协同学导论》中，同样给出了一种用于处理多个参量描述的系统的集合，假设这其中存在 n 个参量，对于这些参量，依次用 q_1，q_2，$\cdots$，q_n 表示，系统的动力学方程可以用如下形式表示：

$$\dot{q}_1 = -\gamma_1 q_1 + g_1(q_1, q_2, \cdots, q_n)$$
$$\dot{q}_2 = -\gamma_2 q_2 + g_2(q_1, q_2, \cdots, q_n)$$
$$\vdots \qquad\qquad\qquad\qquad\qquad (5\text{-}71)$$
$$\dot{q}_n = -\gamma_n q_n + g_n(q_1, q_2, \cdots, q_n)$$

与哈肯模型一样，进行一定的绝热假设，我们假设：

γ_i 代表微小阻尼，其中 $i=1, 2, \cdots, m$；

γ_s 代表稳定阻尼，其中 $s=m+1, m+2, \cdots, n$。

同样求助于绝热近似原理，令 $\dot{q}_s=0$，将 $s=m+1, m+2, \cdots, n$，与 $q_1 \sim q_m$ 作为给定量，即可求解式中的微分方程组。

（2）通过哈肯模型对多个参量描述的系统中所涉及的参量，进行两两验证。假设系统中存在 n 个描述系统的参量，那么需要应用哈肯模型进行 A_n^2 次序参量识别，综合所有判定结果，对序参量进行综合识别。

以上便是两种扩展哈肯模型的思路。

5.6.3 基于主旋律分析的序参量识别方法

主旋律分析法[6]是一种基于目标规划评价模型（Goal Programming Evaluation Model）的序参量识别方法。通过对序参量概念的剖析，序参量是能够反映系统运动模式并决定该系统的结构及有序度的宏观参量，继而可以认定，序参量是体现了系统的价值追求的宏观参量。主旋律分析法从综合评价理论的观点出发，认为指标变量可以体现组织系统的结构与功能等宏观特征，通过指标变量的发展变化，描述系统及其子系统的宏观改变，继而反映系统发展演化的趋势。那么，序参量也必然来源于系统的指标变量体系。

在序参量识别过程中，通过对工业企业某一活动或流程的系统分析，我们可以获得各个环节、各个方面所涉及的参数体系，那么这个体系中的所有宏观参量都是评价工业企业物质、能源、信息流动的指标参数。这种指标参数满足确定过程具有客观性，即可以得到准确、有效的数据支撑，并且这个指标体系体现了工业企业系统众多指标参数共同为改进某一具体方面（例如提高企业能源效率、降低污染物排放）的趋同特性。

该方法一个最大的特点就是目标指向。然而，主旋律分析法基于目标规划的模型，隐含了一个假设条件，即系统已经由描述系统变量构建了科学且完整的指标体系。这个隐含假设的存在，对于管理完善的工业企业而言是可以做到的，企业经过长期的实践检验，应当具备制定科学的、完整的指标体系的能力。然而，对于部分中小企业，其管理相对不够完善，国家强制和推荐性的指标也还不足以涵盖企业某一活动或流程的各个方面，故使得该模型在应用上存在困难。因而本书只给出主旋律序参量识别法的基本思想，具体数学模型，可参考温馨等的相关研究文献[8]。

5.6.4 基于最大信息熵的序参量识别方法

对于具有网络结构的某个系统来说，最大信息熵的方法识别其中的序参量是一种有效的方式，某一节点的信息熵可以表示该节点在该网络结构内的重要程度，越是重要的节点表明该节点是整个系统内部的重要参量。

在某一流动网络中，有 a 个输出流的节点 i 和有 b 个输入流的节点 j，如图 5-1 所示，平均信息熵为：

$$H(i) = -k \sum_{a=1}^{a} p(i_a) \lg p(i_a) \tag{5-72}$$

式中，i_a 为节点 i 的第 a 个输出流；$p(i_a)$ 为第 a 个输出流出现的概率；k 为常数。

由于在网络中第 a 个输出流出现的概率 $p(i_a)$ 无法计算，因此需要借助于 j 节点。i 节点中的流是 j 节点接收到流的概率为 $p(i_a \mid j_b)$，因此节点 i 的后验熵可以表示为：

$$H(i \mid j_b) = -k \sum_{b=1}^{b} p(i_a \mid j_b) \lg p(i_a \mid j_b) \tag{5-73}$$

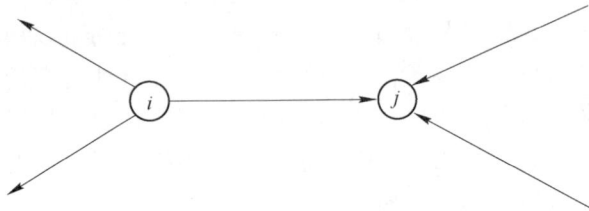

图 5-1 两节点能源网络示意图

由此可以得到 i 的条件熵为：

$$H(i \mid j) = -k \sum_{a=1}^{a} \sum_{b=1}^{b} p(i_a j_b) \lg p(i_a \mid j_b) = -k \sum_{i,j} p(ij) \lg \frac{p(ij)^2}{p_i p_j} \quad (5\text{-}74)$$

根据 Rutledge 等人的研究[9]，平均信息熵是由条件熵和平均互信息量组成的，根据以上计算可以得到平均互信息量为：

$$I(i;j) = H(i) - H(i \mid j) = k \sum_{a=1}^{a} \sum_{b=1}^{b} p(i_a j_b) \lg \frac{p(i_a j_b)}{p(i_a) p(j_b)} = k \sum_{i,j} p(ij) \lg \frac{p(ij)}{p(i)p(j)}$$

$$(5\text{-}75)$$

在实际网络结构中，流与流之间的概率不易获取，Ulanowicz 等人在理论的基础上提出了切实可行的办法[10]，即假设：

$$p(ij) \sim \frac{T_{ij}}{T_{..}}, \quad p(i) \sim \frac{T_{i.}}{T_{..}}, \quad p(j) \sim \frac{T_{.j}}{T_{..}}$$

因此可以轻易得到整个网络结构中的概率，而且该概率是非常具有实际意义的。在这一假设的基础上得到信息熵、条件熵和平均互信息，为了方便记录，网络结构的信息熵、条件熵和平均互信息分别采用 H、Ψ 和 I 表示：

$$H = -\sum_{i,j} \frac{T_{ij}}{T_{..}} \lg(\frac{T_{ij}}{T_{..}}), \quad \Psi = -\sum_{i,j} \frac{T_{ij}}{T_{..}} \lg(\frac{T_{ij}^2}{T_{i.} T_{.j}}), \quad I = \sum_{i,j} \frac{T_{ij}}{T_{..}} \lg(\frac{T_{ij} T_{..}}{T_{i.} T_{.j}})$$

$$(5\text{-}76)$$

对于某一个节点 i 的信息熵、条件熵和平均互信息分别为：

$$H_i = -\sum_{j} \frac{T_{ij}}{T_{..}} \lg(\frac{T_{ij}}{T_{..}}), \quad \Psi_i = -\sum_{j} \frac{T_{ij}}{T_{..}} \lg(\frac{T_{ij}^2}{T_{i.} T_{.j}}), \quad I_i = \sum_{j} \frac{T_{ij}}{T_{..}} \lg(\frac{T_{ij} T_{..}}{T_{i.} T_{.j}})$$

$$(5\text{-}77)$$

对于某一网络能够利用上述公式识别出网络节点中的最大熵 H_i，将该节点的网络特性值作为序参量就能够很好地研究整个系统的重点与演化。因此最大熵序参量识别法是一种重要的量化识别法，可以在适当的场合考虑运用。

参 考 文 献

[1] 孟令钊. 基于物质流-能量流-信息流协同理论的能源管理体系研究 [D]. 武汉：华中科技大学.

[2] 孟庆松，韩文秀. 复合系统整体协调度模型研究 [J]. 河北师范大学学报（自然科学版），1999，23（2）：177-179.

[3] 许国志. 系统科学 [M]. 上海：上海科技教育出版社，2000.

[4] 封胜杰. 多属性决策中的组合赋权及 TOPSIS 法研究 [D]. 镇江：江苏科技大学，2016.

[5] 刁晓纯，苏敬勤. 基于序参量识别的产业生态网络演进方式研究 [J]. 科学学研究，2008，26（3）：506-510.

[6] Giri B C, Jalan A K, Chaudhuri K S. Economic order quantity model with weibull deterioration

distribution, shortage and ramp-type demand ［J］. International Journal of Systems Science, 2003, 34 (4): 237-243.

［7］ 李琳, 刘莹. 中国区域经济协同发展的驱动因素——基于哈肯模型的分阶段实证研究 ［J］. 地理研究, 2014, 33 (9): 124.

［8］ 温馨, 赵希男, 贾建锋. 基于 GPEM 主旋律分析的系统序参量识别方法研究 ［J］. 运筹 与管理, 2011 (3): 168-175.

［9］ Rutledge R W, Basore B L, Mulholland R J. Ecological stability: an information theory viewpoint ［J］. J Theor Biol. , 1976, 57 (2): 355-371.

［10］ Ulanowicz R E, Goerner S J, Lietaer B, et al. Quantifying sustainability: resilience, efficiency and the return of information theory ［J］. Ecological Complexity, 2009, 6 (1): 27-36.

第三部分

应用篇

在第二部分理论篇里，我们为广大读者介绍了物质流-能量流-信息流协同理论。该理论为简化分析复杂大系统的演化提供了一种通用的思路，一种将系统解构为三大"流"子系统，关注流与流之间的协同效应，并着重于信息流调控作用的思路。

几十年前的科学家们或许难以想象，如今的世界，这样一个信息化、数字化以及网络化的世界，居然变得如此纷繁复杂。对于当今的大型企业，不仅仅是所有的工业生产流程变得更加复杂，企业的发展与运作目标开始变得多元，经济效益与资源环境效应的复杂关系也开始困扰着管理者。复杂性随处可见，而解决复杂性的方法或手段，或许既不在于物质也不在于能量，但一定在于信息，在于流动，在于协同。

我国经济正处于由高速增长转向高质量发展的重要阶段，建立健全绿色低碳循环发展的经济体系，完美实现我国的绿色发展转型是新时代下我国高质量发展的重要发展方向，也是现阶段我国面临的一个非常重要的时代课题。带着对于我国发展转型的密切关注，作者长期致力于促进工业企业迈向更加协同、高效的生产运营；同时，也在近年来开始涉足城镇地区的可持续发展。在应用篇，我们将展示"M-E-I 三流"协同理论的部分应用研究成果，展示如何为一些典型的复杂问题注入新思想与新方法。或许这些应用与思考并不够成熟，但也希望我们的思考能够为广大读者带来一些启发。

6 物质流–能量流–信息流协同理论在组织能源管理中的应用

将复杂系统相关理论应用于管理领域是可行的，因为管理所探讨的对象正是人类或社会生态系统中的一类重要子系统——组织（生态）系统。从某种意义上来说，探讨管理问题就是探讨组织系统的运行、演化和发展的问题，复杂系统相关理论的许多重要知识对于现代管理理论与实践的进化有着非常重要的意义。

事实上，国内外已有将复杂系统相关理论应用于管理领域的探索与尝试。生态学与管理学内在的高度统一性使得运用生态系统方法研究管理问题成为20世纪末开始的新潮流。美国学者迈克尔·汉南所著的《组织生态学》将组织视为一种生态系统，将生态学模型作为研究社会演化过程的框架，为解决组织发展与演化问题提出了诸多新思路与新方法[1]，与之相似的概念还包括管理生态学、企业生态学和商业生态学。一般认为，管理生态学起源于商业生态学，诞生于保罗·霍肯（Paul Hawken）的著作《商业生态学：可持续发展的宣言》以及詹姆斯·弗·穆尔（James F. Moor）发表《新的竞争生态》一文[2]。在国内，孔冬在论文中深入探讨了21世纪管理学的新困境与新思想，并对生态系统理论与管理学的融合进行了大量探索[3]。孔冬认为，以整个管理生态系统为主体，考察其内部组织系统同管理生态环境之间进行物质、能量交换的复杂关系，就是管理学的研究对象。除了管理生态学，高隆昌等也在其著作《系统二象论：理论与方法》中，尝试使用系统二象论的方法探讨了一些管理学中的问题[4]。尽管不同的理论从各不相同的视角解读了管理问题，但这些理论都已在一个问题上达成了共识，并且这一共识在今天已被管理领域广泛接受，即：任何组织或企业都是一个开放的复杂大系统，是整个社会大系统中的一个子系统，其自身又由若干子系统构成[5]。

本书所提出的物质流–能量流–信息流协同理论诞生于可持续发展的大背景下，旨在为能源相关问题提供新观点与新方法。因此，作者近年来将目光放在了一个更为细分的领域——能源管理。能源管理是近十年来可持续发展领域的重要分支，能源管理实践已被国际学界视作最有效且最有前途的改进能源绩效❶方法之一[6-9]。这一领域对于中国来说，也是相当重要的，尤其是考虑到技术进步的

---

❶ 能源绩效：与能源效率、能源使用、能源消耗有关的、可测量的结果。

空间正在变得愈发有限，大规模的投资与改建已经不会带来显著的效益[10-13]。

为进一步提升我国企业的能源管理水平，我国颁布了以 GB/T 23331 为代表的一系列能源管理体系标准，并在部分地区、行业推动实施了能源管理体系建设与认证试点工作，取得了显著的成果。然而，我国能源管理领域在经历了一段高速发展之后，仍然面临着一些问题。我国能源管理实践主要依赖于参考国际标准与发达国家的经验，在能源管理领域缺乏深入、创新的理论研究。这样的研究差距不仅造成了对能源管理在理解上的诸多障碍，还造成了能源管理方法学的缺失，大量借鉴而来的能源管理方法在实践中往往流于表面。能源管理的关键到底是什么？能源管理与节能有什么关联？怎样的能源管理是有效的？如何评判能源管理的有效性？这样一系列的问题都迫切地需要得到解答。

因此，本章将"M-E-I 三流"协同理论投入实践，通过提出一系列创新的观点来完善对组织（或企业）能源管理的科学认识，并提出基于协同度的新方法来满足我国能源管理领域的部分迫切需要。这些相关工作结合了作者近年来大量的思考，所提出的诸多观点也已得到了我国能源管理领域专家的认可。更重要的是，我们并非简单地将本书理论篇提供的相关方法应用在能源管理领域，而是从理论核心的角度重新审视了对能源管理的本质。

6.1　组织能源管理的研究对象与范畴

为了明确组织能源管理的研究对象与范畴，我们需要结合具体知识来明确组织和能源管理分别意味着什么。

组织能源管理的研究对象毫无疑问是组织。在 ISO 50001：2018《能源管理体系　要求及使用指南》和 ISO 14001：2015《环境管理体系　要求及使用指南》这两大有关能源和环境管理体系的核心国际标准中，组织（organization）被定义为"为实现目标，由职责、权限和相互关系构成自身功能的一个人或一组人"，这也是目前在探讨组织能源管理问题时最为权威的定义参考。在其他的国际来源中，组织还可被定义为"一个由多个人组成的实体，具有集体目标并与外部环境相联系"[14]。而在国内的定义中，组织从广义上是指"由诸多要素按照一定方式相互联系起来的系统"；从狭义上是指"人们为实现一定的目标，互相协作结合而成的集体或团体"。从管理学的角度，所谓组织，是指"这样一个社会实体，它具有明确的目标导向和精心设计的结构与有意识协调的活动系统，同时又同外部环境保持密切的联系"[15]。组织包括政府部门、学校、军队等，公司或企业也包含在组织的范畴中，可以将企业看作是组织的一个特例[16]。而组织能源管理研究的主要对象自然也是公司与企业。

关于组织的定义，尽管在表述的形式上略有差别，但其都有着相似甚至相同的核心内涵，在对于组织的认识上已达成了高度的一致。在以上的定义与内涵中，我们认为可以提取出四个值得关注的**核心概念或要素：目标、人、协调（协作）、系统**。

组织能源管理的理论基础自然离不开现有的组织理论。在对于组织的理论研究中，管理学与组织生态学（包括管理生态学）是两个重要的分支领域。组织行为学是管理学的重要支撑与基础，它是"系统地研究人在组织中所表现的行为和态度的学科"，而其研究对象就是人，或者说是组织中的"人-人"系统（另一重要系统则是"人-物系统"）[17]。由于管理的核心要素是人，因此组织行为学的研究对于管理学有着举足轻重的意义，甚至在一定程度上，人们常将组织行为学与管理学的研究范畴视作等同。

组织生态学作为一种新兴的交叉学科，成为了21世纪组织理论中的重要分支[18]。组织生态学将组织生态系统作为研究对象，认为组织生态系统是一个由人、组织（活动）、环境共同构成的复合系统。在组织生态学的框架下，探讨的话题主要围绕组织与环境的相互关系，即整个组织生态系统各方面的关系[3]。组织生态学将组织理论与生态系统理论进行了有机的结合，这也意味着生态学和系统科学的诸多研究方法与结果也可以应用于对组织的理论研究中，其中自然也包括协同论的方法，这些全新的视角为本书对组织能源管理的理论研究提供了宝贵的启示。

所以，什么是组织能源管理？组织能源管理是组织理论在能源问题上的细分领域，主要探讨公司与企业如何在能源问题上策略性地运作，或如何有效且高效地管理能源供给和消费的全过程，其最终目的是在满足能源需求的前提下提高能源绩效，并考虑到相关的经济和环境目标[19-22]。形成对组织能源管理的科学认识，离不开组织理论体系下的管理学、系统科学等相关理论的支撑。因此，在对于组织能源管理的研究中，目标、人、协调（协作）和系统这些要素的内在联系以及作用规律需要借助相关的理论进行探究与完善。本章接下来的内容将从这四大要素的角度来逐步深入。

6.2　组织能源管理的系统科学理论基础

考虑到组织能源管理发生在企业等复杂大系统中，可以借助系统科学领域的相关研究成果，形成对于组织及组织能源管理更为科学的认识。其中，物质流-能量流-信息流协同理论（"M-E-I三流"协同理论）是本章探讨组织能源管理的首要基础。

6.2.1　组织的系统特性

企业或公司等典型的复杂系统或复合系统，拥有任何系统都具备的一般特性。在第1章中已经列举了系统至少具有的一般特性，除此之外，从人类生态系统与社会生态系统的角度来看，企业或公司作为中观的社会生态系统，还应具有一些其他的重要特性，包括[3,23-27]：

（1）开放性：系统与环境之间相互作用、相互影响，不断地与外界进行物质、能量和信息的交换；

（2）动态性：（生态）系统具有内在的动态变化的能力，其具有有机体的一系列生物学特性，如发育、代谢、繁殖、生长与衰老等；

（3）适应性：（生态）系统在与环境不断相互作用的过程中，不断地进行自我调整与改进，以便与不断变化的环境相适应；

（4）协同性：系统中的各部分、各元素在相互作用中功能互补，形成协同效应并推动系统的演化，从而获得系统整体功能大于部分功能之和的效果；

（5）复杂性：系统内部非线性因素的作用和复杂的反馈因果、生克关系，以及系统同时不断与外界环境的相互作用，使得（生态）系统具有高度的复杂性；

（6）非线性：（生态）系统内单元之间的关系大多是非线性的，这也使得系统已不存在简单的因果关系，因果之间的联系在时空上均不是紧密相关的，使得系统呈现出反直观性；

（7）不可逆性：系统进化、发展的过程是不可逆的，其不断由较低级、旧的结构与质，向较高级的新结构与质、有序结构发展。

我们必须认识到，组织的管理包括能源管理，其必然受到系统一般特性的影响与支配。对于企业等组织，存在一定伴随着或必须伴随着特定的目的或目标，并围绕着目标不断发展与演化。而组织还需适应外部环境的变化，以不被大环境所淘汰，但组织的稳定性又使得组织对于外界环境的变化并不会那么敏感，组织已经形成的结构与功能往往能够得以保持或快速恢复。同时，组织本身具备显著的复杂性与非线性特征，发生在或者作用于组织的因果关系难以判断。最终呈现出的反直观性容易造成决策者出现重大失误，这样的情况在现实的能源管理实践中也时常出现。

从系统的一般特性可以了解到，协同效应与自组织对于系统演化与发展至关重要。因此，加深对于协同与自组织的理解，有助于我们完善对组织及组织能源管理演化规律的认识与理解，这些问题正是物质流-能量流-信息流协同理论所讨论的重点。

6.2.2 组织的协同演化

在现代的管理学理论中，组织变革是伴随组织的存在而不断发生的过程。组织变革的目的是提高组织的效能和适应不断变化的内外部环境，变革的动因分为外部环境因素和内部环境因素[5]。我们发现，这些从大量实践中总结出的管理学

理论与 "M−E−I 三流" 协同理论关于系统演化的一些观点不谋而合。因此，从 "M−E−I 三流" 协同理论的角度来解释组织的协同演化，可以对现有组织理论提供有力补充。

在 "M−E−I 三流" 协同理论分析系统演化过程中，理论认为推动系统演化使其从无序走向有序、从低级有序走向高级有序是外部动力（外因）与内部动力（内因）共同作用的结果，这样的观点同样适用于组织或企业。对于企业而言，外因是外部环境影响以他组织的形式对企业的作用，其作用方式是企业和外部环境之间的相互交流，这种交流与物质流、能量流与信息流的相互流动有关。推动企业演化的内因是内部各元素、各环节、各子系统之间相互"交流"的结果，这种"交流"以物质流、能量流与信息流的自组织的形式存在。物质流、能量流与信息流的协同作用可以使得企业中各元素、环节或子系统之间形成某种协同效应，进而使企业表现为在某一特定时间、空间、功能和目标下的特定有序结构。从理论上，协同效应是企业走向有序的条件与基础，更好的协同效应可以使得企业向有序方向演化的速度加快，或者说使得企业的演化更为"高效"。可以将有序与协同的关系想象为力学中位移与合力的关系，更好的协同效应意味着在位移方向上更大的合力，这能够使得系统在位移方向上获得更大的加速度；而没有协同效应，各个作用力方向不一致，不仅可能会互相抵消，还可能导致企业发展偏离应有的方向。

尽管复杂系统演化的非线性过程与机制难以被解析，但并不意味着控制或影响系统的演化是不可能的。序参量是协同学中的重要概念，也是 "M−E−I 三流" 协同理论中的重要概念。对于任何复杂系统，只有一个或少数几个控制参量主导系统的演化而形成协同作用，它们就是序参量，在系统演化中处于支配地位。对序参量施以有效的影响，便可能显著影响系统的演化方向与进程。企业的存在与发展往往有其目的或目标，同时需要与外界的环境相适应，其演化的方向不是企业整体在绝对意义上的"有序"，而同时需要考虑其演化的目标。相应地，协同效应也依赖企业的目标或目的而存在。严格地说，企业演化的方向是在其目标方向上形成"有序"结构，并依靠围绕特定目标的协同效应。例如对于高耗能行业企业而言，由于资源成本与政策法规在外部环境上的压力，企业需要提高总体能源效率，这就需要企业在产品生产与能源消费上形成更为"有序"的结构。通过消除产品过度生产或能源无组织使用的"无序"状态来最大程度上避免物质和能源的浪费，企业的演化也就会不断向更为节能高效的方向进行，演化的实现需要管理者、员工以及设备等各系统要素相互协调、共同努力，围绕着提高综合能效的目标形成了特定的协同效应。

对于从宏观到中观再到微观的人类生态系统，不同系统演化的目的决定了序参量的不同。即使是同样的序参量，对序参量的影响方式也并不相同，不同组织或企业内所需或者已经形成的协同效应也各不相同。同时也要注意到，序参量的变化结果本身并不等同于企业目标的直接结果，但它与目标的达成紧密相连，为了使企业朝着目标方向演化，序参量需要向着特定的方向演化，并在序参量之间形成特定的协同效应。例如企业需要实现更低的能源消耗，并不能通过直接控制能源消耗来实现，关键的大型耗能设备需要向着高能效的方向来转变，各种管路也需要向着低流阻、低泄漏的方向来优化改进，对员工操作的管理需要更加严格，甚至对生产计划的制订也需要更加谨慎。所有对企业能耗产生重要影响的关键环节或参数都可视为不同的序参量，所有这些方面形成的协同效应将最终促使企业在能耗水平上得到明显改进。

6.3　组织能源管理的管理学类比

建立对组织能源管理的科学认识，除了需要理解组织或企业，还需要从另一个方面来理解管理。在本节中，我们将尝试通过管理学的既有知识回答一些能源管理领域的关键问题。

从本章开篇提到的相关定义与内涵可知，能源管理是对组织能源系统全过程或各环节的管理，是组织或企业管理体系中的一部分或子体系，是组织管理工作中的分支领域。从原理上看，能源管理应服从组织管理的基本规律与原理，管理学的通识对能源管理而言也是同样适用的，而成功的管理与成功的能源管理在方法学及认识上也没有本质差别。因此，我们可以通过与管理学进行类比，实现对能源管理基本认识的完善。结合国内管理学教材中的相关内容[5]，我们尝试将能源管理的基本理论通过类比的方式进行总结，涉及的方面包括管理的定义与内涵、沟通、决策与控制，类比的详细内容总结于表 6-1 中。这样类比的分析确实使我们对组织能源管理的一些关键问题有了更为明确的理解，而分析的结果与能源管理实践经验也并不矛盾。

表 6-1　能源管理关键问题的管理学类比

问题	管理学	能源管理
定义与内涵	管理是为实现组织目标服务的，是一个有意识、有目的的活动过程	能源管理是为实现组织能源目标服务的，是一个有意识、有目的的活动过程
	管理工作要通过综合运用组织中的各种资源来实现组织目标。管理的有效性如何，集中体现在它是否使组织花最少的资源投入，取得最大的、符合需要的产出成果	能源管理的有效性如何，集中体现在它是否使组织花最少的资源投入，实现符合能源目标的能源绩效
	管理工作是在一定的环境条件下开展的。管理必须将所服务的组织看作一个开放的系统，它不断地与外部产生相互影响和作用	能源管理所服务的组织是一个开放的系统，它不断地与外部产生相互影响和作用

问题	管理学	能源管理
定义与内涵	管理是指一定组织中的管理者，通过实施计划、组织、人员配备、指导与领导、控制等职能来协调他人的活动，使别人同自己一起实现既定目标的活动过程	能源管理是指能源管理者，通过实施计划、组织、人员配备、指导与领导、控制等职能来协调他人的活动，使别人同自己一起实现能源目标的活动过程
沟通	沟通是管理的浓缩	沟通是能源管理的浓缩
	从某种意义上说，整个管理工作都与沟通有关，可以说管理的过程就是信息、思想、情感在个人或群体间传递的过程。有效沟通则是正确地传递信息，信息被接收而且被理解	能源管理的过程就是信息、思想、情感在个人或群体间传递的过程。有效沟通则是正确地传递信息，信息被接收而且被理解
	沟通的三种表现形式：人与人之间的沟通、人与机之间的沟通、机与机之间的沟通	能源管理的沟通也有人-人沟通、人-机沟通、机-机沟通三种表现形式
	主管人员把各种信息的交流过程看成是一个整体，叫做管理信息系统	能源管理是各种信息及交流过程形成的整体，可称为能源管理信息系统
决策	一个成功的决策，等于90%的信息加上10%的直觉。——沃尔森	一个成功的能源决策，等于90%的信息加上10%的直觉
	决策是组织管理工作中最重要的工作，是组织运行成败的关键	能源管理最重要的工作是决策，是能源管理成败的关键
	决策的过程：提出问题—确定目标—拟订方案—评价和选择方案—方案的实施—信息反馈及决策的修订	能源管理的决策过程与一般的决策过程相同，PDCA持续改进就是决策的缩影
	科学决策的四大基础：（1）要对决策的问题有清晰的认识；（2）用正确的思维方式分析问题，科学的方法和有效的工具制订解决问题的方案；（3）真实的数据和信息；（4）快速检验决策方案正确性	能源管理的科学决策离不开足够的、真实的数据和信息
控制	控制职能是对组织内部的管理活动及其效果进行衡量和校正，以确保组织的目标以及为此而拟定的计划得以实现	能源管理中的控制是对能源管理活动及其效果进行衡量和校正，以确保能源目标以及为此而拟定的计划（或能源管理实施方案）得以实现
	控制工作的主要内容包括确立标准、衡量绩效和纠正偏差	能源管理控制工作主要包括确立标准、衡量绩效和纠正偏差

续表6-1

问题	管理学	能源管理
控制	控制的特点中，比较重要的两点是：管理控制是对人的控制和由人执行的控制；控制不仅仅是监管，更重要的是指导和帮助	能源管理的控制是对人的控制和由人执行的控制；控制不仅仅是监管，更重要的是指导和帮助
	控制的五点前提：（1）控制的基础是信息；（2）控制的核心概念是反馈；（3）控制要围绕组织目标进行；（4）控制要有计划；（5）控制要有明确的组织结构	能源管理控制的基础是信息，核心概念是反馈，要围绕能源目标进行，要有能源计划和明确的能源管理组织结构

结合能源管理体系中的相关概念[28]，能源管理各项工作必须紧密围绕基于能源方针❶的能源目标❷，以最终实现能源绩效的不断改进。能源方针可以视为企业在能源问题上演化与发展的宏观目标。能源管理的实质还是由人来管理人，最终实现人员之间的协同，无论现实中的辅助技术如何升级，这一实质都不会发生变化。能源管理的过程就是信息、思想、情感传递的过程，即沟通，包括"人-人""人-机""机-机"三种沟通形式。能源管理最重要的工作就是决策，其离不开足够的、真实的信息。能源管理控制的基础是信息，核心概念是反馈，且是由人执行的对人的控制。控制的绩效评估需要选择一些关键点作为控制点，分为定量标准与定性标准，定量为主、定性为辅。

因此可以看到，从管理学的角度来分析，能源管理的两大关键要素就是人、信息，这与能源管理体系以及国内外相关研究文献中所着重强调的也是一致的。

6.4 组织能源管理的信息本质

通过管理学类比，我们可以知道沟通在某种意义上就是管理的浓缩，而沟通就是关于信息的传递、接收与理解。对于能源管理来说也毫不例外。同时，决策和控制作为管理中最核心的工作，均离不开信息这一基础。可见，**能源管理与信息必然有着紧密联系，掌握了信息的本质，就掌握了能源管理的关键**。

从"M-E-I三流"协同理论的观点来看，信息流子系统对于整个复杂大系统扮演着"指挥者"的关键角色，起着引导和调控的作用。这不仅是本书的重要观点之一，在各类系统相关研究中也都得到了广泛印证。例如，人类生态学研究认为，整个人类生态系统的能量流动与物质循环正是由人类社会特有的强大信息流所导向[29]。考虑到管理与"指挥者"在职能上的相似性，企业的管理系统与信息流子系统之间也必然有着本质上的紧密联系。

---

❶ 能源方针：最高管理者发布的有关能源绩效的宗旨和方向。
❷ 能源目标：为满足组织的能源方针而设定、与改进能源绩效相关的、明确的预期结果或成效。

在本节中，我们将结合信息科学理论中的相关观点，揭示能源管理的信息本质，并尝试合理地解释一些企业能源管理中的常见问题。这些内容对于后续的分析与方法至关重要，理解了能源管理的信息本质，很多问题的答案就会自然而然地浮出水面。关于信息本质，在第 2 章中已经进行了详尽地讨论，那些内容也是本节的重要基础。如果阅读到这里的读者对于信息的本质仍没有足够清晰而准确的理解，建议先阅读第 2 章中的相关内容。在本节中，我们所引述的信息本质是指布尔金在其著作中提供的关于信息本体论的相关观点（见第 2 章）。

6.4.1 能源管理信息本质的推导

信息生态理论认为，在人类社会中，人是最高级的信息处理加工者[23]。信息人是信息生态系统的核心，信息在信息人之间的大量创造、传播、分享形成了信息生态链。与此同时，信息科学的理论表明，信息不可能脱离接收者而独立存在。在人类社会中，人自然是最为重要的接收者。因此，无论是大系统中的信息流子系统，或是信息生态系统，都不可能将人从中分离，一个没有人而只有信息的系统在人类社会中是不存在的。考虑到人对于身边一切事物能够不断地有意识或无意识地提取信息，并且每个人都会是信息生态链上的一环而不断地创造、传播、分享信息，企业的信息生态系统必然会涉及相关的所有人以及其所掌握的大量信息。

正如管理中的沟通过程不可能脱离人的参与，管理也不可能脱离人、信息这两大关键要素。结合"沟通是管理的浓缩"，对于组织或企业，其管理系统或体系❶必然从属于信息生态系统或信息流子系统，甚至在某种意义上是等同于信息生态系统或信息流子系统。管理学中对于沟通的相关认识，是基于大量管理实践总结出的事实，也与基于信息科学的理论推导相一致。

能源管理作为组织或企业管理的一部分，结合信息生态系统的观点来看，企业的能源管理包含于企业的信息流子系统，其发生在企业的信息流子系统中。最终的推导逻辑如下：

因为　　　　　　　　　沟通≈企业管理⊇信息+人

且　　　　　企业信息流子系统≈企业信息生态系统⊇所有信息+所有人

所以　　　　沟通≈企业管理∈企业信息流子系统≈企业信息生态系统

又因为　　　　　　　　企业能源管理∈企业管理

所以　　　　　　　　企业能源管理∈企业信息流子系统

---

❶ 无论是管理体系还是管理系统，其英文表述均为 management system。因此，虽然中文的表述有所差别，从词源的角度考虑，这两个概念在很大程度上有着内在一致性。

6.4.2 能源管理问题的信息视角分析

由以上分析可知，信息问题就是管理的核心问题，是能源管理的核心问题。结合信息科学中关于信息本质和特性的观点，我们可以更准确地了解信息如何在能源管理过程中产生影响。我们发现，很多能源管理实践中存在的困惑正是源自对信息本质和特性的理解缺陷。

从信息本质的角度出发，信息在人、机之间频繁流转，信息是引起系统变化的能力，其不仅能够引起人的变化，也能够引起机械系统的变化。对于能源管理而言，信息是引起组织在能源方面变化的能力，包括所有涉及的人与机。结合信息的一般变换原理与事实原理，组织或企业系统的改变也必然意味着信息的作用。若组织或企业未接收相关的信息，则在包括能源在内的任何方面都不会发生变化或转变。考虑到组织系统的开放性，组织必然不断与外界环境进行信息的交换，因此组织也不断处于演化的动态之中。组织内部的各种相互关系使得组织在能源方面也会不断变化，虽然这些变化未必都会按照组织所希望的方向进行，这是因为信息带来的转变并不一定等于积极的转变。

因此，要加强对企业能源方面的影响，需要更多能对能源方面产生积极影响的信息。这些信息是全方位的，不仅来自外部环境，更多来自组织本身。这些信息不仅来自客观的事物或者既有的知识（物质或结构载体），也来自组织中的人的新思考、新态度（精神载体）。在现实的企业管理中，个别领导者仅仅观念与态度的转变就带来了企业巨大的变化，这些变化与领导者向整个企业传递的信息有着显著关系。我们也看到，企业对于能源状况的不了解以及不重视的结果，就是企业在能源方面并不会得到改进或转变。而一旦企业领导知道了能源成本对企业带来的巨大影响，其必定会积极地支持节能工作以寻求能源成本的降低，带来的结果也必然是显著的。

结合信息科学的理论，我们也对于企业在能源管理上存在的一些问题找到了合理的解释。信息不足对于能源管理来说是一项巨大的阻碍因素，解决信息的存在性是首要的。然而，仅仅解决信息的存在性是远远不够的。对于某些企业来说，即使拥有先进的能源管理系统，可以采集大量的能源数据，形成了完备的能源报表，收集了大量的法律法规文件，也仅仅意味着企业拥有了丰富的信息载体或潜在的信息；仅当它们被人们接收并理解，其才成为了信息并可能有作用。一份积压在文件堆中的重要资料，它可能永远无法为企业提供有效的信息，无法为企业带来改变，尽管它一直都存在。

事实上，很多企业建设了能源管理系统并拥有完善的数据统计存档，但并未从中提取太多有效的信息以使得能源系统得到优化与完善，甚至长期没有人认真地看过这些数据。这意味着，企业存在着大量的能源相关信息载体，却鲜有管理者能够从中提取信息并对整个企业产生影响。这些企业看似高度信息化但未产生太多效益，反而可能认为在信息化方面的高额投资是不划算或者没有实际意义的，实际上，这些企业在能源管理上是没有信息化的。因此，当今企业是否有可能实现能源方面的改进，前提是拥有足够可获取的信息，而且信息被人们有效地接收并理解。能源相关信息的可获取性是更加重要的，企业不仅仅需要保证能够有人及时地提取有用的信息，还需要保证管理者能够快速、准确地从大量资源中找到所需的信息。信息的可获取性问题对于当今的很多中国企业，仍没有得到有效解决。

进一步地，就算有人及时地去查看数据与报表，是否就一定能够有效地提取出有用的信息呢？答案显然是否定的，因为这一切与人也有着密切关系。考虑到信息的相对属性，不同的人阅读同一份能源报表，所获取的信息及产生的理解可能也是截然不同的。例如对于没学过拉丁语的人来说，他们无法从一本拉丁语的书中获取信息，并不是因为书中没有潜在的信息，而是他们不理解。在管理的沟通过程中，接收者的理解十分重要，若接收者无法理解或者出现了严重的理解偏差，有效的信息将无法存在，企业能源方面也不会发生理想的调整与转变。这就是为何在大量成功的能源管理实践经验中，在能源管理的重要岗位上，需要具备一定知识、技能基础的专业人员，他们的知识能力将保证信息被有效提取并最终发挥作用。而中高层管理人员与基层技术人员在信息获取的渠道与方式上也应有所不同，企业能源信息系统的设计必须考虑到不同人员对信息的需求及其对信息的理解能力。

通常情况下，企业的中高层领导面对单个设备的大量数据之时，他们可能并不能理解这其中意味着什么。但他们肯定能够理解设备单耗升高对总体成本带来的影响，并且会在意这些变化。在对某大型水泥企业的调研中发现，企业的信息系统能够为不同的人员展示最为恰当的信息。企业的最高领导者每天都能收到当天各分厂的企业单位产品能耗等综合指标，并附带了对标分析的结果，这些无疑是领导关注且可以理解的重要信息。对于各分厂的技术人员，他们则可以看到该厂不同设备和工序的大量参数，因为他们能够从这些数据及时发现并解决问题，这种详细的数据对于企业高层领导通常是没有必要的，这就是一个好的关于如何恰当地使用信息的例子。

6.5 解读企业能源管理的机制：一种物质流–能量流–信息流协同理论的视角

在前面的几节中，我们已经铺垫了关于系统科学、管理以及信息方面的大量知识，并尝试推导了能源管理的信息本质。在本节中，我们将结合"M–E–I 三流"协同理论的观点，从整个企业大系统的角度来揭示能源管理的作用机理。

组织的能源管理，是发生在企业这一复杂大系统内的。基于"M–E–I 三流"协同理论对客观世界的认识，企业系统可以解构为物质流子系统、能量流子系统与信息流子系统，三个子系统彼此耦合，密不可分，如图 6-1 所示。在物质–能量–信息三者的关系中，物质是"承载者"，能量是"执行者"，信息是"指挥者"。对于大型生产企业而言，产品的生产需要原料，需要相关指令及生产加工的图纸，还需要人力（生物能量）、动力、电力等能量的供应。原料的位移、形态转变乃至所有物理化学过程，都离不开能量的作用。而生产的安排、指令以及图纸等信息，决定了产品的形态，或者说，给予了原料新的"结构能量"。能量来源于能源，而能源的输运、转化过程同样离不开能量的作用。正是如此，在企业的生产过程中，物质流、能量流、信息流的相互作用无处不在，在信息流子系统的"指挥"下，物质流子系统与能量流子系统不断相互作用，相互转化。

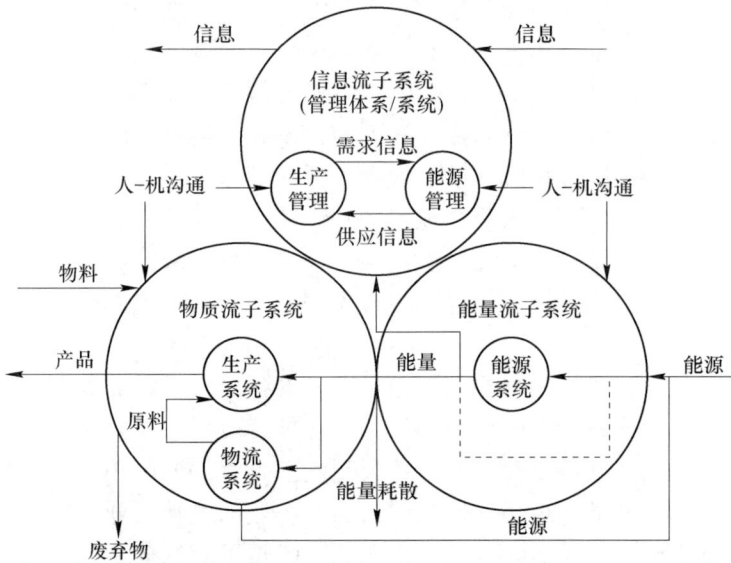

图 6-1　企业系统的"M–E–I 三流"解构

考虑到管理的信息本质，我们可以将企业的管理系统或管理体系大致等同于企业的信息流子系统，信息随着管理行为（例如沟通、决策）的发生渗透到企业的每一个部分，管理系统不断地提取信息、接收信息，并传递信息。在能源管理问题中，能源管理体系作为企业管理系统或体系的一部分，通过信息流子系统的作用不断引起能源供应与消费的全流程发生变化，从而实现对能源绩效的影响。

对于能源管理的主要对象，即能源系统，我们可以将其与企业的能量流子系统大致等同看待。能源系统主要参与了对能源的加工转换和输送分配这两大环节[30-31]，是企业的能量供应者，并决定了企业最终实际消耗能源的量。

对于生产型的企业来说，物质流子系统主要涵盖生产系统与物流系统两个部分，它们是企业最主要的能量消费者。生产系统负责将原料加工为产品，而物流系统则主要负责运输包括能源在内的各种原料。固定不变的物质资产不再需要持续的能源供应，能量的供应是为了物质的转变与运动，主要是为了满足生产系统及物流系统对于能量的需要，以及企业日常管理工作对电力、热力等的需要。

结合目前我国企业能源管理的实际情况，能源管理通常不涉及大量对生产的管理，仅在必要时辅助支持组织的生产管理决策，以减少不必要或不划算的能源需求。如图 6-1 所示，在实际的生产中，生产管理与能源管理之间有着频繁的双向信息交流，生产计划制订往往需要提前知道能源供应的相关情况，而能源供应的准备工作也需要事先了解生产计划，最终目标都是在保障生产用能的前提下，尽可能高效、经济地供应能源。

人在企业中扮演的角色是十分微妙且复杂的，不能将人简单地视作一种物质，而是要将每个人都视作开放的子系统。尽管人有其物质基础，但在企业系统中，人主要分别在能量与信息方面扮演着两种角色。无论是过去还是现在，人都会在企业中以人力的方式贡献大量的生物能量，这是人在企业中的能量特性。随着时代发展，大量消耗能源的机械取代了人的很多工作，人的能量特性在如今的企业中已不再显著。

人在当今企业更为重要的贡献，是以信息处理加工者的身份，不断通过信息流来对物质流子系统与能量流子系统产生作用。或者说，在企业中，所有的人都扮演者一定的管理者或指挥者身份，对其他人或机械产生作用。管理因为人的存在而存在，是人最终引起了对企业中所有机械及设备的改变，完全由机械自主管理的企业目前还是不存在的。因为除了人与人之间的沟通，在信息流子系统与其他系统的边界中，都存在着大量的人-机沟通过程。在先进的工业生产中，员工通过向电控系统输入相应的指令或代码便实现了对生产与能源系统的控制与调整。可以说，企业里大量的过程都体现了"信息是引起系统变化的能力"，人不仅可以被信息影响，人也通过信息影响了无处不在的机械系统、电控系统。

6.6 能源管理体系与节能的本质区别

标准化的能源管理体系已被认为是目前最有前途且有效的方法或工具，旨在持续不断地改进组织的能源绩效[32]。大量国际实践表明，长期运行标准化的能源管理体系就能为组织带来显著的节能效益，并且不要求大量的财政投资[33~36]。这些赞誉让我国的工业企业都对能源管理体系充满了期待，因为看起来，这正是他们想要的"零成本"节能手段。然而，随着我国越来越多的工业企业建立并认证了能源管理体系，一些质疑的声音开始显现。有些企业质疑，为何企业花了时间和财力建立了能源管理体系，没有立即看到显著的节能效果？还有企业认为，产生的节能效益都来自大量的技术改造和装备升级，而根本不是能源管理体系的功劳。我们也曾听到企业表示，搞能源管理体系的和日常节能工作的不是同样的团队，技术人员甚至瞧不起能源管理体系的那帮人，觉得他们是在"搞虚的"。

基于本章中对于企业系统的"M-E-I 三流"解构，我们认识到，能源管理体系的本质是组织或企业管理体系中的子体系，也是企业信息流子系统中的分支。能源管理体系本身并没有任何"能量"，也并不存在一种能量被称为"管理能"，因此，建立能源管理体系并不能立即增加或减少一定的能量。那么，能源管理体系或者有效的能源管理为何能够带来企业的节能效益呢？能源管理体系真的是无用的吗？

在图 6-1 中可以清楚地看到，生产型企业的能量由能源系统进行供应，主要被生产系统和物流系统所消耗，少量的能量用来维持企业日常办公等的需要。能源消耗的基本原则可以看作：

$$能源消费量 \times 综合能源效率 = 能源有效利用量 = 能源需求量$$

因此，减少能源消费量或者节能的基本法则有两个：（1）提高综合能源效率；（2）减少能源需求。

在我国的节能理论与实践中，普遍认为当今节能的两大路径可以分为"技术节能"和"管理节能"[37]。这样看似明确的节能"二元论"，对于认可管理在节能中的重要地位起到了积极意义，却在实践中引起了较大的误会，这是因为可能人们对于节能语境下的"技术"和"管理"的理解存在一定的偏差。

事实上，无论用何种手段节能，技术上的或管理上的手段，最终都是从上述两个基本法则着手的。除了少量的办公能耗，节能针对的对象就是能源需求端（生产系统和物流系统）和供应端（能源系统）。大量的技术手段可以改进能源系统的效率或能源的利用率，减少能源转化和输运中的浪费，例如烟气余热回收或者高炉煤气余压透平发电（TRT）。尽管在"管理节能"这一标签下也可以找到不少实际的案例，例如要求员工更加规范化的操作，或者优化物流与生产的调度。但这些案例严格来说，仅是"管理手段/措施节能"，甚至本质上也还是一种"技术节能"❶。这些手段都遵循节能的两大基本法则，即减少了能源的不必要浪费或者不合理的能源需求，其作用的对象都是企业的物质流子系统和能量流子系统，与"管理"并无本质上的关系，或者说不等同于"管理"。

---

❶　在这里，"技术"一词应得到更宽泛的理解，其含义应同时包含英语词汇"technical"和"technological"。它并非仅是我们常联想到的机械或设备层面的"技术"，而是也包含"技巧"等方面。在国外的能源管理研究及理论中，大量使用的词语均为"technical"，但由于翻译的问题，无论是"technical"还是"technological"均被译作"技术的"，这很可能造成了我们在理解上的偏差。

能源管理体系的建立在很多企业看来不过是建立了一些流程和文件，都是"虚"的，无法解决企业的问题。事实上，能源管理工作与节能工作有着本质上的差别，而这一差别直到目前为止仍未在我国学术界得到澄清。无论是能源管理工作，还是能源管理体系，都是基于且发生在企业的信息流子系统中。我们可以认为，建立标准化的能源管理体系主要优化了企业的信息流子系统（能源方面），其并非直接影响物质流子系统和能量流子系统。ISO 50001 等能源管理体系标准中也从大量细节上透露出其"信息本质"。在能源管理体系的系列标准中，各个流程与要求中被反复强调的核心方法或要素仅有两个，即"文件化信息"❶和"信息交流"❷。从第 2 章关于信息本质的相关理论基础可以看到，"文件化信息"使得企业具备了大量的信息载体，而"信息交流"或"沟通"使得信息得以传播并被接收。

信息是引起系统改变的能力，与能源相关的信息必然能够引起组织或企业这一大系统在能源方面的改变。对于企业而言，无论是企业内部的信息还是从外部获取的信息，都能够引起企业发生改变，或者引起企业的演化。因此，随着越来越多的信息不断影响着企业的生产系统、物流系统以及能源系统，这些子系统及其内部要素将不断发生变化与调整，包括所有涉及的员工与设备。从这个层面来看，能源管理体系是节能工作的内部驱动机制，信息的积累与传播为节能工作找到了机会与方向，最终引起了改变。这些机会不仅可能在生产、物流或者能源系统中的任何环节，也包括所有员工的操作以及所有的设备本身。

在能源管理体系的持续改进机制下，能源管理者需要不断通过信息分析企业的改进机会，策划相关的项目，并评估项目的效果。至于如何去实现改进的目标，这已经属于节能工作的范畴，需要涉及具体的技术手段或管理手段，能源管理体系标准以及全球各种能源管理指南都并未深入涉及这些内容。能源管理体系中，管理者不断被信息影响，并通过信息来影响企业的生产、物流和能源系统。所谓的"管理节能"更多的是描述了一种结果，好的能源管理往往带来了好的节能效益，但这并不意味着能量或能源是被管理所直接"节"下来的，这个中间还有着复杂的、微妙的作用机制。在企业中，很多能源管理人员并不能"亲手"堵住管路的泄漏或者阻止高温烟气的放散，他们通过指令的传达或者一些运行维护规程的发布，甚至开展专题培训与教育，影响了相关操作员工和运维团队的行为，改变了员工的能源意识，最终带来了能源的节约。可见，好的管理工作确实能够带来结果的巨大改变。

---

❶ Documented information，包括体系文件和记录等。在此前版本的标准中，常使用 documentation 等词语。

❷ 英文名 Communication，等同于管理学中的"沟通"，只是在目前我国管理体系标准语境下被译作"信息交流"。

无论是企业的管理，还是能源管理，形式上都是企业系统的自组织，最终实现自我优化。对于不同的企业，优化的方式与目标各有不同，但都离不开信息流子系统的支配作用。外界的信息被企业所接收，这促使企业必须发生改变以适应不断变化的外界环境。内部信息得到传递，系统内的各个要素都在统一的信息流支配下不断发生变化，不断相互作用，最终形成企业这一系统在整体上的演化与革新。没有外界的信息，企业便失去了演化的方向与驱动力；没有内部的信息，企业便不知如何进行调整与改变；没有信息的传递，企业内的各个要素便无法响应整体的需要而进行调整。

能源管理体系标准是全球能源管理实践的理论化结晶。事实上，从信息科学的观点来看，在企业的能源管理体系中，"文件化信息"与"信息交流"缺一不可。"文件化信息"只是信息的载体，只有"信息交流"才能使得信息被传递与接收，进而真正大量地产生影响。两者兼顾，保证能源管理体系的有效运行，才能真正发挥作用。某些企业仅仅建立了能源管理体系的文件，并未真正有效运行能源管理体系，往往体现在"信息交流"的缺乏，很少有人真正接触了体系文件并严格执行。类似地，很多企业每天都在大量地收集数据，但可能极少有人认真看过并分析过。这就意味着，尽管信息载体存在，但整个企业内几乎不存在能够引起变化的信息，最终的结果就是企业整体缺乏在能源方面演化的驱动力。

6.7　能源管理有效性的协同视角

能源管理的有效性非常值得深入探讨。因为"无效管理"在现实中并不罕见，某些企业对能源管理体系的质疑也并非空穴来风。所有的企业都希望能源管理是有效的，特别是在投入了大量资源之后。在6.3节中，我们通过管理学类比的方式，认为能源管理的有效性集中体现在它是否使组织花最少的资源投入，实现能源目标或能源绩效的有效改进。从更为严谨准确的角度出发，我国学者在对管理有效性评价的研究中认为，管理有效性是指剔除客观基础条件优劣的影响，真正反映由于管理者主观努力而产生积极效益的管理活动的行为特性[38]。尽管这些观点非常清晰明了，但真正落实到评判能源管理有效性的问题上时，还有很多问题仍需澄清。在本节中，我们将结合管理有效性的定义，尝试从"M-E-I三流"协同理论的视角分析能源管理有效性，并提出一种能源管理有效性的评判依据。

从管理有效性的观点可以看到，有效性是主观努力与积极效益之间的关系。因此，对能源管理有效性的分析可以拆解为对三个方面的分析：（1）主观努力；（2）积极效益；（3）关系。

6.7.1　能源管理的主观努力与积极效益

从目的与目标来看，当今企业追求的是更高的能源效率与更加合理的能源成本，甚至更低的能源相关污染物排放，其可以体现在能源绩效的改进上，这些与能源管理体系标准中对持续改进能源绩效的需求是完全一致的。因此，能源管理所追求的积极效益就是能源绩效在目标方向上的改进，只有往更优方向的改进才是能源管理所期望的。从信息论的事实原理来分析，组织能源绩效的改变一定意味着信息产生了作用，但这样的改变是否完全是出于管理者的主观努力呢？并不见得。因为组织是一个开放的复杂大系统，外界信息的作用也必然会对组织的演化产生影响，即使管理者无所作为，企业在能源方面的变化可能也会"被动地"发生。这些改变可能恰好是朝着期望的方向去变化的，比如新推出的能源监管政策指令。但还有很大的可能性，能源绩效变得更糟了。所以，仅仅从结果的角度，即使能源绩效朝着更好的方向改进了，也无法衡量能源管理的有效性，还要同时考虑管理者的主观努力。

相较于积极效益，能源管理的主观努力显然需要更多的考虑。结合前面几节所铺垫的知识，企业的能源管理基于且发生于能源管理体系中，这是企业信息流子系统中的一部分。因此，对于能源管理工作的主观努力，应体现在企业的能源管理系统（体系）之上，这与6.6节中关于能源管理体系本质的分析也是一致的。当企业没有主观努力时，所有信息的产生、传播过程都将是"自由"的，这就意味着信息对于能源系统产生的影响将是不可控的。若要使得能源系统发生变化且与预期相符，管理体系必须付出足够的努力以充分获取、加工所有必要的信息，并通过决策、沟通职能确保这些信息能够被能源系统所接收，最终实现引导能源系统的发展。标准化的能源管理体系为能源管理工作制定了一套流程框架，当企业严格按照标准来运行能源管理工作时，能源管理团队需要按照流程不断地形成"文件化信息"并进行"信息交流"。这些基于信息的工作就是通过长期能源管理实践所总结出的必要努力，形成了这样完整的能源管理体系，企业才能长期确保对能源方面的改变在计划与控制之中。因此，为了衡量企业在能源管理工作方面的努力程度，我们可以将能源管理体系标准作为一个基准，充分评估企业是否拥有所有必要的流程，以及在各个流程方面企业做到了怎样的水平，或者实现了什么级别的能力。当企业的管理状态从混沌变为体系化时，越来越多的人参与其中，所有的事情开始流程化运作，数据收集与分析开始成为常态，我们显然有理由相信，企业在能源管理方面更加努力了。保持或改进能源管理的水平都可以体现企业的主观努力，这主要取决于企业对自身的要求与目标。而企业如果不够努力，客观的管理水平必然会下降或低于预期的发展目标。简单来说，企业的能源管理水平离不开主观努力的不断支持。

在这里有必要补充讨论一个问题，关于企业能源管理的主观努力为何仅仅体现在能源管理水平上。根据我们通常的理解，能源管理的努力可以用更多"实在"的方面来体现。例如，某些企业会在年终的社会责任报告中写出当年为了节能改造投资的资金数额、进行的技改项目数量，以及参与相关培训的人员或数量等。企业往往想通过这些信息来传达他们的努力，这样的投入看起来也确实十分努力，如果今年比去年投入更多，似乎就更加努力。但客观来说，这些资源（包括人力、物力、财力等）的客观投入总量与主观努力的程度并没有任何直接关联，某些资源的投入是企业不得不付出的，而一味强调加大资源投入甚至会适得其反。

一方面，管理者可以行使的职能包括实施计划、组织、人员配备、指导与领导、控制等[5]，对于能源管理工作而言也不例外。因此，能源管理的主观努力也应该直接体现在这些职能上，相关人员不行使职能显然是失职或不努力的，而围绕最终目标来充分行使这些职能是能源管理者应尽的努力。评判能源管理的主观努力应该看这些职能的运用程度，这并不包括投入资源的量。

另一方面，如果某企业今年仅仅通过持续宣传学习，提高意识，加强数据分析，就全厂实现了"低费用"或"零费用"能效提升，难道这不是好事情吗？更低的人力、物力投入，却换取了同样的能源绩效改进，这恰好是有效管理的所谓"低投入、高产出"。因为这里的主观努力恰好是培训、教育、分析等工作，这些努力成功地提升了能源管理水平，也找准了提升能效的关键突破口，或许解决这些突破口并不需要大量资源。相反，没有任何人期望或要求必须投入大量的资源，更不希望巨额投资却收效甚微。同时，在我国工业节能的背景下，很多节能项目投资甚至并非"主观"，这些投资项目可能是为了应对政府监管或者技术推广而不得不上的，企业自身可能并没有强烈的主观意愿。

从管理的沟通与决策职能来看，每一笔投资或投入都是管理决策的结果，每一次技改或设备更换也脱离不了企业的管理体系。能源管理的主观努力换来的更高管理水平，最终将为企业带来更加积极且明智的决策。改进能源绩效的工作都离不开能源管理体系本身，做或不做都是管理者决策的结果，不能将功劳仅仅算在执行者的身上。只要管理者在管理这件事上努力了，后续的行动自然会有。相反，每项行动本身是无法轻易评判的，从整体的角度来讲也无需评判。

6.7.2　协同度即有效程度

当我们理解了"主观努力"与"积极效应"后，评判能源管理有效性的核心就落脚到"关系"上。这种关系应是一个可量化度量的关系，并且不存在绝对意义上的"无效"能源管理。

事实上，定义能源管理有效性比定义整个企业管理的有效性要困难很多。因为传统的企业管理有效性问题可以将企业本身黑箱化处理，仅仅关注所有显性的流入（投入）与流出（产出）即可，无论是物质还是能量，这些均可以得到量化，最终统一到价值单位下进行分析即可。即使对于互联网产业以及传统服务业这样非物质产出的部门，因为其产出仍然具有商品化、市场化的属性，价值仍然可以得到衡量。但对于能源管理来说，其投入与产出是无法统一到价值单位下的，因为能源管理工作发生于信息流子系统中，涉及的内外部信息没有商品化与市场化，其隐性价值是无法量化的[39]。因此，评判能源管理有效性需要新的视角，从传统的投入产出视角来分析能源管理的有效性问题，在实际操作层面是几乎不可行的。

在过去的数年中，本书作者已经深耕能源管理这一领域，积极寻找能源管理与"M-E-I三流"协同理论之间的关联，而关于能源管理有效性问题，也是探索的重要发现之一。尽管新方法与新思路可能不尽完美，但在传统视角比较受限的背景下，探索总有其积极的意义。

从6.3节关于管理学的相关观点中可以推导出，管理可以概括为运用各项管理职能实现组织目标的过程，而有效的管理将使这一过程更加快速高效。这些观点也可以从"M-E-I三流"协同理论的角度来进行解读。"M-E-I三流"协同理论认为，从理论上，协同效应是系统走向有序的条件与基础，更好的协同效应可以使得系统向有序方向演化的速度加快。结合这些观点可以发现，协同效应与管理有效性之间或许存在着某种内在联系，有序度、协同度等概念或许也可以应用于能源管理领域中。如何将"有序"和"协同"的观念运用到能源管理的解读中，就是本节的讨论重点。

现在我们需要探讨企业在能源方面的有序问题。对于生产型企业而言，物质流子系统决定了主要的能源需求，能量流子系统决定了能量的供应，企业在能源方面的有序性将由这两个方面共同决定。无论是能源系统对能源的加工转换及运输，还是生产系统等对能源的使用，都不可避免地出现能量的耗散，理想的结果自然是尽可能减少任何不必要的能量浪费，提高能源有效利用的比例。在能源方面无序、混乱的企业存在大量无谓的"内耗"，这些资源的损耗无法产生任何价值。无序与混乱可以体现在需求端的能源使用与实际需求不匹配，例如在生产中，长时间使用压缩空气，或者炉内温度长期高于工艺所需的最佳温度；在办公环境下，将空调温度长期设定在过低的温度，或者无人的房间却保持灯光常亮。与此同时，无序与混乱还可以体现在能量供应端的低效运行与维护不佳上，例如管路的泄漏与堵塞得不到及时的发现与解决，大型空压机等设备经常处于较低的负载率，高温高压的烟气或蒸汽等直接放散等。现象上的无序、混乱就是缺乏管理的表现，是能源供应与消费行为上过大的自由度带来的结果。企业在能源利用全过程上的有序，是能源供应与消费行为上的规范与协调，而无序的能源利用带来的往往是低能效、高成本，甚至高污染。对于没有发生任何改变的生产型企业而言，其能源绩效水平与有序程度也将维持现有的状态。企业能源利用全过程不存在绝对意义上的"无序"，但有序的程度是可以衡量与改进的。

从目的与目标来看，当今企业追求的是更高的能源效率与更加合理的能源成本，甚至更低的能源相关污染物排放，这些与能源管理体系对改进能源绩效的需求是完全一致的。从某种意义上来说，企业能源方面演化的目标与方向，是形成能源生产与利用更高的有序性，其可以体现在能源绩效的改进上。呼应 6.6 节的分析，能源管理所追求的积极效益就是在能源生产与利用方面更高的有序性。

对于能源管理工作本身来说，发生于企业的信息流子系统，也存在着"有序"与"内耗"的相关问题。管理的有序程度对于能源管理而言也是非常重要的，为了高效、高质量地行使管理职能，就十分依赖于管理流程。科学合理的管理流程是管理有序性的一种体现，也是管理水平和能力的一种体现，而不成体系、缺乏流程定义的管理状态显然是无序的，其中必然充满内耗。对于很多没有建立能源管理体系或者完全没有重视能源问题的企业来说，缺乏能源管理相关流程是一个普遍现象，这也使得企业在应对能源相关问题时往往面临很多困难。在混乱无序的管理中，各种信息作为管理中的核心载体开始变得十分脆弱，信息的可获取性、时效性和准确性没有保障，信息的沟通过程存在严重阻碍，甚至重要信息还会因为管理不当而丢失或被篡改。以能源相关数据为例，没有定义能源数据的采集、分析、保存、上报的流程，当真正需要数据时，企业管理者便不知道数据是否存在，也不知道数据在何处，或许在问过很多人之后才发现，某些几年前的重要数据已经随某员工的离职而被带走或删掉，类似这些情况在我国不少企业中都长期存在。同时，我国不少企业的能源管理工作中也存在着大量无谓的内耗，决策与指挥的混乱造成了管理中不少人力、物力、财力的浪费。因此，建立能源管理体系以及相关配套流程，提高管理水平，能源管理规范化，使得能源管理更加有序，也是当前企业能源管理工作所追求的重要目标之一。呼应 6.6 节的分析，可以说，能源管理的主观努力体现在保持或改进能源管理的有序性上。

结合以上分析，衡量企业能源管理水平与能源绩效，也就是衡量企业在能源管理和能源生产利用方面的有序程度。这两个方面的改进都是能源管理工作所追求的，也是企业整体有序演化目标中的一部分。

"M-E-I 三流"协同理论探讨了物质流子系统、能量流子系统、信息流子系统之间的协同效应。能源管理带来的积极效应，即能源绩效的改进，体现了物质流子系统与能量流子系统之间的协同效应，表明子系统的演化总体都是朝着一致目标的方向进行。能源绩效改进的速度越快，能源目标越是顺利达成，则两大子系统之间的协同程度越高。物质流子系统、能量流子系统之间的协同效应将促使两系统不断为了共同的目标相互配合，最大化地实现能源的供需匹配，尽量不在任何非必要的环节浪费能源。反之，如果没有协同效应，企业生产系统与能源系统的演化方向不一致，则能源绩效的持续改进是难以实现的，甚至还会出现能源绩效指标的恶化。例如，某企业生产部门决定下一年开始撤除部分生产线，减少产品产量，提高利润；而与此同时，设备部门将锅炉等主要耗能设备进行了翻新与扩容，以最大化满足稳定生产的需要。尽管能源系统的理论效率实现了提高，但供需不匹配的加剧使得设备会长期低负荷运行，最终的能效水平可能还会不增反降，这便是子系统没有实现协同演化所带来的影响。反之，当生产与能源系统都考虑到为了改进能源绩效而服务时，协同效应将催生更加合理的双赢策略。

从能源管理的有效性出发，无效的管理并不意味着企业的能源绩效无法改进，而是管理体系与能源生产利用之间缺乏协同效应，缺乏一种能让所有行动"事半功倍"的正面效应。考虑到大系统中信息流子系统的支配作用，企业在能源方面的演化是受到信息流子系统的引导与控制的，也就是管理的作用。若管理体系与能源生产利用之间存在良好的协同效应，企业在能源管理水平上的任何提升（主观努力）都能够相应地带来显著的能源绩效改进（积极效益）。例如，某企业回顾了近年来的能源管理工作，并从今年起在能源管理体系中的信息交流方面进行改进，加强管理层与基层之间能源相关信息的互通，各个车间的能源绩效改进情况也得到了及时通报，这些能源管理方面的努力最终使得能源相关问题能够得到更加及时地强调，车间之间也形成了良性的竞争，企业的能源绩效也最终因此受益。反之，若管理体系与能源生产利用之间几乎没有协同效应，可能企业的努力对能源绩效改进的影响是极其微弱的，这也就形成了一种看似"无效"的管理。例如，某企业借鉴业内先进企业的经验，建立了一套全新的信息化能源管控平台，并为之投资数亿元人民币，这使得企业在能源数据获取的能力方面大幅提高，管理的硬实力得到了提升。然而，全新的数据平台长期在默默地运行，企业从过去至今仍没有资深技术人员运用这些数据来深度挖掘节能机会，数据仅仅被运维部门用来判断设备的运行状态，更多细粒度的数据对实际生产运行也不能产生显著影响，最终数据平台的建设没有为能源绩效带来显著的改进。在这样的例子中，能源生产利用其实需要更多的深入分析和改进行动，而能源管理的演化仅仅是在数据可获取性方面，两者之间缺乏一种协同效应来高效地实现目标，导致能源管理方面的努力其实收效甚微。

因此，从"M-E-I 三流"协同理论的角度出发，企业能源管理与能源生产利用之间的协同度可以用来衡量能源管理的有效程度，更高的协同度意味着更高的有效程度，意味着向有序目标的演化更加高效。无论是协同度还是能源管理有效程度，都不是一成不变的，企业管理体系的重大变动可能会带来协同度的降低，但随着管理者之间的配合愈发默契，管理者的能力愈发提高，协同度也可能随之不断提高。而当企业已经实现阶段性目标，并且追求新的有序目标时，企业内部也可能需要建立新的协同效应来驱动企业的发展与演化。

6.8 组织能源管理有效性的评价方法

在 6.3 节中，我们通过类比的方法，阐述了能源管理中的控制职能是对能源管理活动及其效果进行衡量（绩效评估）和校正。其中，评估或评价是改进与校正的基础。在标准化运行的能源管理体系中，组织或企业依据 PDCA 机制持续改进企业的能源绩效，并同时追求能源管理体系的不断优化，每一轮改进的起点与终点都离不开评估或评价。评价既能够帮助组织评判当前的能源管理水平，找到需要解决的问题，同时也是检验改进措施效果的必要评判依据。

在能源管理体系的建立与发展过程中，组织一定要有一套科学完整的能源管理评价方法，便于组织及时进行自我评估，促进组织能源管理水平的不断提升。如何更加科学地进行能源管理评价，也正是本书作者正在努力解决的关键问题之一。能源管理有效性作为能源管理工作中的新问题，一直难以实现有效地量化评价，目前也几乎没有发现成熟的方法体系来解决这一问题，这从客观上导致了企业难以发现问题并不断改进有效性。因此在本节中，将结合 6.7 节的相关分析以及基于协同度的评价方法，提出一套可行的能源管理有效性评价方法。

6.8.1 能源管理评价的两大方法

在现有的能源管理的评价方法中，有两大类型：一类是基于成熟度的对企业能源管理水平的定性评价，另一类是基于能源绩效指标体系的对能源管理结果的定量评价[40]。基于能源绩效指标体系的定量评价属于目前组织管理中广为采用的绩效评价方法，是目前 ISO 50001 能源管理体系框架所采用的评价方法路径。在能源管理体系中，能源指标❶是能源绩效的定量目标值，是能源管理体系需要实现的阶段性结果。能源绩效指标的好坏能否客观地反映能源管理水平的高低呢？事实上，绩效评价的局限性问题是管理领域正面临的共性问题之一，仅仅将能源绩效作为能源管理实践中的评价依据，也是存在明显不足的。

对于定量的能源绩效评价的结果，事实上受到诸多因素的影响，它是企业能源管理所关注的结果，但并不是能源管理工作的直接或唯一结果。引起企业能源绩效变化的因素众多，既有企业的内因，也有企业外部环境的外因，可能是技术因素带来的结果，也可能是其他管理因素带来的结果。大量的研究与企业案例揭示出，企业在建立能源管理体系并运行后，能源绩效能够得到改善，但无法说明这些改善都与能源管理方面的努力有必然关系。企业作为典型的复杂大系统，其内部非线性因素的作用存在复杂的反馈因果，企业越复杂规模越大，因果之间的关联便越不可描述。绩效评价的局限性可能还会带来潜在的负面效果。假设企业某年在能源管理方面没有付出任何努力，其能源绩效的结果相比上一年却因为一些其他原因而有所改善，企业在能源管理方面的态度可能会因此变得更为消极。相反，企业某年在能源管理方面付出了大量的努力，能源绩效的结果却因为一些

---

❶ 能源指标：能源绩效改进的可量化目标。

不可控因素而没有得到任何改善，企业在能源管理方面的积极性可能会因此严重受挫。这样的情况在现实中是经常发生的。因此，只关注能源绩效的结果对于能源管理的评价是不够全面的，尤其是从指导企业不断提升能源管理水平的角度来看。

目前国际上针对组织能源管理水平的评价，以基于成熟度❶的定性评价方法为主。在成熟度模型领域最为著名的研究成果，是由卡耐基梅隆大学开发的能力成熟度模型集成（CMMI），该模型集成也成为了众多后续成熟度模型的研究基础与框架，包括一些能源管理成熟度模型[41]。CMMI 的目的是帮助软件企业对软件工程过程进行管理和改进，增强开发与改进能力，从而能按时地、不超预算地开发出高质量的软件。CMMI 为改进一个组织的各种过程提供了一个单一的集成化框架，新的集成模型框架消除了各个模型的不一致性，减少了模型间的重复，增加透明度和理解，建立了一个自动的、可扩展的框架，因而能够从总体上改进组织的质量和效率[42]。能源管理水平体现了组织能源管理的能力，从这个角度来看，将能源管理与成熟度模型相结合是合理可行的。能源管理成熟度模型主要有两个作用：一方面，它为组织进行能源管理成熟度等级的分析提供了评价框架；另一方面，它又为组织提供了能源管理发展的指导性模板以及知识基础[43]。

6.8.2 能源管理有效性评价体系

对能源管理的评价，无论是基于成熟度的对企业能源管理水平的定性评价，还是基于能源绩效的对能源管理结果的定量评价，都有其意义与必要性，两者缺一不可。Noel Finnerty 等[44] 在为非能源密集型多站点工业组织提出的 GEMS（Global Energy Management System）方法中，提出了同时考虑定量与定性的针对站点的对标与评价方法。其中，定量评价基于 KPI score，定性评价基于 EM❷ score，即"能源绩效评价+能源管理成熟度"评价。在 Energy Star® 提供的能效工具与指南中，也同时涵盖了基于能源绩效参数（EPI）的定量分析工具（例如，ENERGY STAR Energy Performance Indicators for plants），以及对能源管理水平定性评价的工具（例如，Energy Program Assessment Matrix）。上述依据都表明，在目前先进的能源管理实践理论中，定性、定量相结合的评价方法已被认为是更加全面、科学的。

然而，在使用以上所述的两类评价方法的过程当中，获得的结果的关联性不是很明显。因此，本书认为，如果能够建立定性、定量两套评价方法之间的联系，应该能够更加深入地挖掘出能源管理的进步空间。传统的评价策略，会让企

❶ 成熟度（maturity）：衡量一个组织持续改进某一特定方面或领域的能力[41]。
❷ 能源绩效：与能源效率、能源使用、能源消耗有关的、可测量的结果。

业觉得，管理只是管理，通过改进管理可以拉高能源管理成熟度的评价结果，但对于企业改进能源绩效并没有什么实质性关联。最终可能导致的结果就如现在某些企业一样，运行能源管理体系和日常生产运行的人员是两套人员，他们各自承担着各自的任务，而彼此之间没有协同合作。我们认为，通过能源管理有效性评价，可将现有的定性评价方法和定量评价方法进行有机地结合。在 6.7 节中，我们分析了能源管理有效性的三个方面，即：

（1）主观努力：为了衡量企业在能源管理工作方面的努力程度，可以将能源管理体系标准作为一个基准，充分评估企业是否拥有所有必要的流程，以及在各个流程方面企业做到了怎样的水平，或者实现了什么级别的能力。保持或改进能源管理的水平都可以体现企业的主观努力，这主要取决于企业对自身的要求与目标。

（2）积极效益：能源管理所追求的积极效益就是能源绩效在目标方向上的改进。

（3）关系：企业能源管理与能源生产利用之间的协同度可以用来衡量能源管理的有效程度，更高的协同度意味着更高的有效程度，意味着向有序目标的演化更加高效。

结合前文中所提到的所有方法，我们发现，现有的两大能源管理评价方法恰好可以对应"主观努力"和"积极效应"的量化，只要能够实现量化，改进也同样可以进行衡量与评判。基于成熟度的定性评价方法，就是对能源管理在各个流程方面做到的水平或实现的能力的评价，能源管理成熟度的保持或提升就意味着管理者的主观努力。而基于能源绩效的评价方法则可以用来量化能源管理所追求的积极效应，能源绩效的指标朝着更优的方向提升就是积极效应。而至于"关系"，则可以使用本书中所提供的基于序参量的协同度评价方法，通过建立相应的指标体系，来计算组织的能源管理协同度。

最终，为了评价组织能源管理的有效性，能源管理有效性评价的指标体系应包括两个子体系，以分别体现两个方面的量化结果：

（1）能源绩效指标体系：所有与能源效率、能源使用、能源消耗有关的，可测量的结果[28]；

（2）能源管理指标体系：通过建立和运行能源管理体系，组织在各流程方面所取得的成效与结果。

两个指标体系的建立均可以参考国内外大量研究与案例，本书在此不做详细介绍，读者可以参考附录 2 中提供的基于 ISO 50001：2018 的能源管理成熟度模型以及评价示例。不过需要注意的是，指标体系的构建或者指标的选择，应当严格遵循科学的指标构建原则，并结合企业的实际情况。对于企业而言，序参量的选取在实际中往往考虑到企业的目的及演化的方向，而有序度与协同度从严格意义上来看，是企业由特定序参量主导的，在特定方向或目标上的有序度与协同度。一个企业能源方面演化的序参量可能并不多，在进行评价时，指标的数量也并非越多越好，而是要选取真正的关键指标，这些指标彼此之间有着独立的意义与内涵，每个指标的变化都能反映出企业能源方面的变化。因此，过多重复或无关的指标对于任何评价研究都是应该避免的。

6.9　基于物质流-能量流-信息流协同理论的能源管理有效性评价模型

在本节中，我们将介绍基于协同度的能源管理有效性评价模型，尽管评价的方法采用基于序参量的协同评价模型，但结合能源管理有效性评价的具体应用场景、模型的指标体系与计算方法都会进行适当调整。在这里提出的评价方法将尽量结合能源管理领域现有的概念与定义，并进行适当延伸。表 6-2 为一个完整的能源管理有效性评价指标体系的示例，我们将结合本示例介绍能源管理有效性评价的具体方法。

表 6-2　能源管理有效性评价指标体系示例

项目	子体系权重	指标权重	指标名称	基准值 XB	2013 年	2014 年	2015 年	目标值 XT
能源绩效	WE	W_{i1}	EnPI1	101	99	98	97	95
		W_{i2}	EnPI2	78	75	74	73	70
		W_{i3}	EnPI3	115	110	108	104	95
		W_{i4}	EnPI4	90	86	83	82	82
		W_{i5}	EnPI5	98	96	95	90	88
能源管理	WM	W_{j1}	EnMS1	2	2	2	3	4
		W_{j2}	L1	2	3	3	4	4
		W_{j3}	L2	2	2	2	3	4
		W_{j4}	L3	2	3	3	3	4
		W_{j5}	P1	2	2	2	3	4
		W_{j6}	P2	2	2	2	3	4
		W_{j7}	P3	2	3	3	3	4
		W_{j8}	P4	2	3	3	4	4
		W_{j9}	P5	2	3	3	3	4
		W_{j10}	SO1	2	2	2	3	4
		W_{j11}	SO2	2	3	3	3	4
		W_{j12}	SO3	2	2	3	3	4
		W_{j13}	SO4	2	3	3	3	4
		W_{j14}	SO5	2	3	3	3	4

项目	子体系权重	指标权重	指标名称	基准值 XB	2013 年	2014 年	2015 年	目标值 XT
能源管理	WM	W_{j15}	SO6	2	2	3	3	4
		W_{j16}	SO7	2	2	3	3	4
		W_{j17}	SO8	2	2	3	3	4
		W_{j18}	PE1	2	3	3	3	4
		W_{j19}	PE2	2	2	2	3	4
		W_{j20}	PE3	2	2	3	3	4
		W_{j21}	PE4	2	2	3	3	4
		W_{j22}	I1	2	2	3	3	4

表 6-2 构建了一个典型的指标体系，包括能源绩效子体系与能源管理子体系。其中，能源绩效子体系的总体权重为 WE，各能源绩效指标的权重为 W_i；能源管理子体系的总体权重为 WM，各能源管理体系绩效指标的权重为 W_j。指标体系权重满足以下基本条件：

$$\sum W_i = 1$$

$$\sum W_j = 1$$

$$WE + WM = 1$$

权重的计算方法可以参考本书中提供的各种方法，只要最终结果满足上述基本条件即可。指标的名称可以使用代号表示，也可以使用全称。

指标体系中除了特定年份的实际数值，还需提供每个指标的基准值 XB 与目标值 XT。依据能源管理体系标准中能源绩效参数值、能源基准和能源指标这几个概念之间的关系，我们可以扩展理解指标体系中各项目之间的关系。基准值 XB 与目标值 XT 的实际含义基本对应能源管理体系中的能源基准❶与能源指标❷，只是在对象上从能源绩效扩展至了能源管理。在《能源管理体系：能源基准和能源绩效参数》国家标准编制说明[45] 中指出，能源基准是基准期内能源绩效参数的数值，一旦选定能源绩效参数，就应确定相应的能源基准。因此，能源管理绩效指标体系中的基准值 XB 即能源绩效或能源管理体系绩效指标在基准期或基准年的数值。对于表 6-2 中的情况，XB 可以是 2012 年相应指标的数值，也可以是更早年份的。基准期最常见的数据周期为 1 年，也允许少于 1 年或者超过 1 年；而目标值 XT 则是当前设置的能源绩效或能源管理指标改进后的目标结果。

对于建立了能源管理体系的企业，确定能源基准以及能源指标是必不可少的

---

❶　能源基准：用作比较能源绩效的定量参考依据。
❷　能源指标：能源绩效改进的可量化目标。

工作，因此填写能源绩效的基准值与目标值并不存在困难。对于没有建立能源管理体系的企业，则可以根据上一年或前几年中具有代表性的典型年份的数据作为基准值，而以目前需要达到的结果为目标值，目标值可以参考政府的相关监管要求，也可以参考相关国家标准中给出的先进值。除了能源绩效的各项指标需要基准值与目标值，能源管理的各项指标同样需要基准值与目标值的设定。能源管理每项的评分范围通常在1~5之间，这是因为目前多数能源管理成熟度模型或评价工具都分为了五个级别。基准值的选取要求也是类似的，建议采用上一年或者基准期的结果；而目标值则需要结合企业在能源管理方面总体的发展目标和计划来确定。

总之，无论是能源绩效还是能源管理，目标值的设定需要有明确的依据并考虑到可实现的程度，毕竟企业并非在所有方面都有着巨大的改进空间，改进空间的大小不仅取决于理论上的空间，还取决于企业的经济实力以及相关行业整体的发展态势与行情。

当企业已经建立了表6-2所示的指标体系并完成了所有内容，则企业已经做好了进行能源管理有效性评价的准备工作，可以按照以下方法进行评价。

6.9.1 改进的验证

无论是能源管理的主观努力还是积极效益，都应该通过"改进"而不是指标数值本身来衡量，因此验证改进是建立指标后的第一项重要工作。而验证改进的方法，可以参考能源绩效改进的验证方法。

《能源管理体系 能源基准和能源绩效参数》（GB/T 36713—2018）已于2018年9月17日正式发布，并于2019年4月1日正式实施。该标准基于ISO 50006进行了结构上的调整，提供了对能源绩效进行直接测量并且改进验证的方法，如图6-2所示。

从图6-2中可以看出，能源绩效的改进可以通过报告期内能源绩效指标的数值与能源基准期的差额来体现。对于能源管理的指标，由于并不存在相关变量、静态因素等问题，成熟度的高低就是能源管理水平的判据，因此也可以沿用相同的方法。

方法一：设指标的报告值或当前实际值为 X_S，指标改进值为 X_I，则指标改进值的验证可以参考以下基本公式：

$$指标改进值 = \pm（报告值 - 基准值）$$

或者

$$X_I = \pm（X_S - X_B）$$

其中，当所验证的指标为正向指标❶时，括号外运算符取"+"；而当所验证

---

❶ 正向指标是代表向上或向前发展、增长的指标，这些指标值越大评价就越好。类似地，反向指标是指数值越小越好的指标。

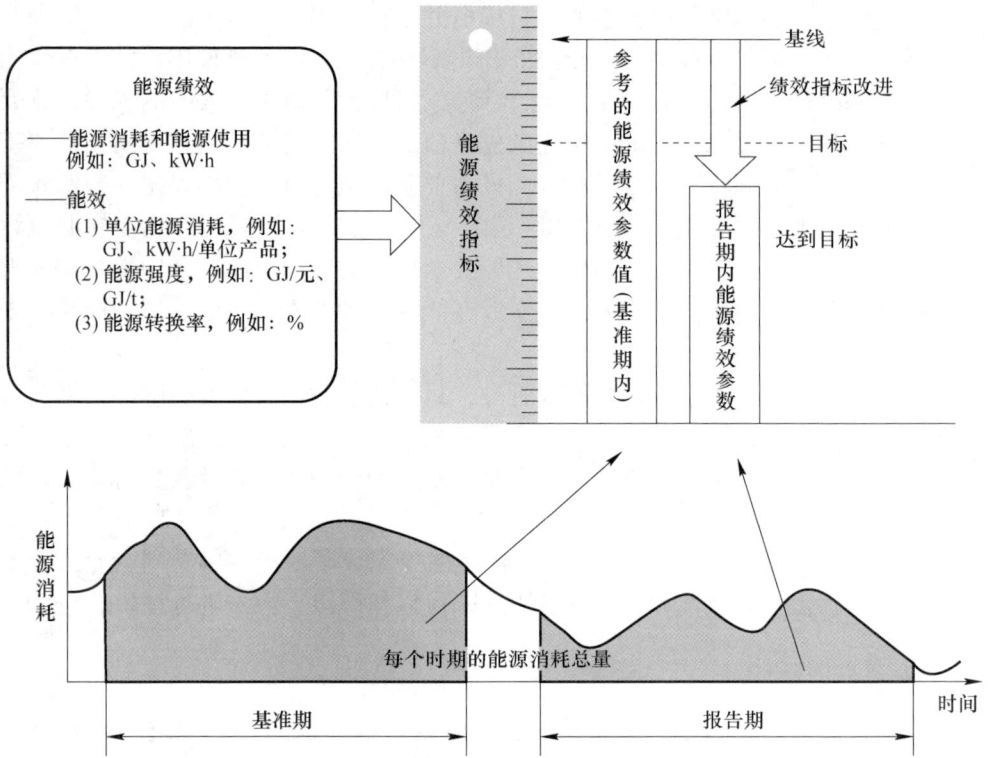

图 6-2 对能源绩效进行直接测量的示意图

的指标为反向指标时，括号外运算符取"－"。由此可以看到，当指标改进值 X_I 的结果为正时，表明相关指标取得了改进，结果朝向好的方向发展；反之，则表明相关指标不仅没有改进反而朝着更糟的方向发展了。总之，对于方法一，X_I 的值越大，则指标改进越突出。

除了关注各项指标的改进，组织也会关心当前指标的结果是否已经达到了目标值或者离目标值还有多少距离。企业在各项指标上的目标值存在着两种可能的设定方法：(1) 每年为每项指标设置目标值；(2) 为每项指标设置一个中长期目标。

对于能源绩效指标，建立了能源管理体系的企业通常会设置每年的目标并在下年初对目标的实现情况进行考核，也可能同时会设置一些关键指标的中长期目标（例如"五年计划"中的阶段目标）。对于没有建立能源管理体系的企业，目标值的存在则往往取决于合规性的压力，每年的目标并非是明确的，但往往存在着中长期的阶段目标。而对于能源管理，由于没有监管或考核的压力，企业可能还未设置相关的目标值。考虑到能源管理水平的变化周期通常较长，能源管理的相关建设工作可能需要数年的周期，所以能源管理的目标值更有可能采用中长期目标的方式。

方法二：基于目标值的指标改进值的验证可以参考以下基本公式：

$$指标改进值 = \pm（目标值 - 报告值）$$

或者

$$X_I = \pm（X_T - X_S）$$

其中，当所验证的指标为正向指标时，运算符取"+"；而当所验证的指标为反向指标时，运算符取"-"。由此可以看到，指标改进值 X_I 的结果越小，则说明能源管理绩效向目标值的进步空间越小，目标完成得越好；当 X_I 结果为负时，则说明能源管理绩效已经超过了目标值的要求，即超额完成目标。总之，对于方法二，X_I 的值越小，则指标改进值越突出。

作者认为，组织可以建立指标体系，并通过上述提供的方法一或方法二，以验证在能源绩效与能源管理方面的改进，两种方法结合使用将更加有利于明确改进的进展。仅进行指标的比较分析以及能源管理绩效改进的验证时，指标的权重是非必要的。

6.9.2 能源管理协同度评价模型

"M-E-I 三流"协同理论提出了多种协同评价方法，其中，基于序参量的协同评价方法最为适用于对能源管理有效性的评价。与"M-E-I 三流"协同理论中默认将指标体系分为物质流子系统、能量流子系统、信息流子系统不同，本研究中的指标体系仅包括能源绩效和能源管理两大指标体系。事实上，这样的处理并没有与理论上的物质-能量-信息关系相违背。

在能源绩效指标的选取中，最常用或最为适用的能源绩效指标为"单位分行业实物产出的能耗"，在国外的研究中，这些指标被统称为"Specific Energy Consumption（SEC）"，通常意义上来说就是我国常用的"单位产品能耗"。因此，当我们选取能源绩效指标时，这类指标一定是不可避免的，甚至是首选的，最终使得绝大部分选出的指标都体现了物质产品产出与能源消费量之间的比率关系。因此，严格意义上来说，这些能源绩效指标都非单纯的"能耗指标"或纯粹的"能量指标"，而是"能耗-产品"复合指标或"能量-物质"复合指标，已经体现了企业中物质流子系统与能量流子系统之间的关系。这与我们在 6.7.2 节中的相关分析讨论也是一致的。至于能源管理的指标，其体现的是管理方面的成效与结果，针对的是信息流子系统。因此，"能源绩效 + 能源管理"的指标体系已经充分体现了物质-能量-信息三者关系，评价能源绩效与能源管理之间的协同度已经足以代表企业能源管理的协同度或有效性。

能源管理协同评价工作流程如图 6-3 所示，本节将重点介绍协同度的计算方法。在整个工作流程中，首先要做的是建立指标体系，获取指标数据，并确定各指标的权重以及两个子体系的权重。这些工作的具体方法在前面的章节中进行了介绍，符合所有评价研究的通识，在此不再赘述。在后续协同评价的方法介绍中，我们仍将使用表 6-2 的指标体系作为示例，相关的名称、代号保持一致。

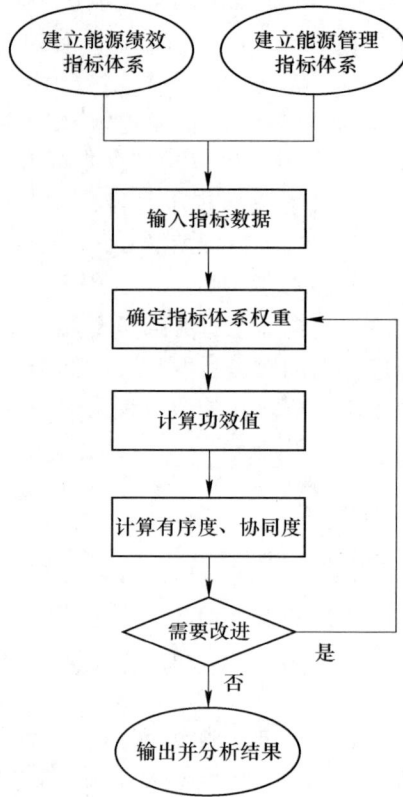

图6-3　能源管理协同度评价的工作流程

6.9.2.1　功效值的计算

在"M-E-I三流"协同理论中，定义了序参量的功效系数或功效值 OD，以 OD 来体现序参量对系统有序性或有序程度的贡献。原则上 OD 取值应介于 0~1 之间，OD 数值越大越好，较大的数值体现了序参量对于系统有序性的贡献较大。描述 OD 的关系式称为功效函数，若序参量用 V_{ji} 表示，则 $OD(V_{ji}) = F(V_{ji})$。

企业能源指标演化与发展的过程，就是企业从一个有序结构走向新的有序结构的过程，发展的目标也是有序的目标。这一过程的结果，可以体现为能源绩效与能源管理从基准水平达到目标水平。在此，定义指标的功效值为 OD_{im}（能源绩效指标）或 OD_{jn}（能源管理指标），对应指标的报告值或实际值（若涉及多年的数值，还需要进行年份的区分）为 XS_{im} 或 XS_{jn}，基准值为 XB_{im} 或 XB_{jn}，目标值为 XT_{im} 或 XT_{jn}，则功效值的计算公式为：

$$OD_{im} = \frac{XS_{im} - XB_{im}}{XT_{im} - XB_{im}}$$

$$OD_{jn} = \frac{XS_{jn} - XB_{jn}}{XT_{jn} - XB_{jn}}$$

其中，m，$n = 1$，2，3，4，5，…。

无论相应的指标是正向指标还是反向指标，关于功效值的计算公式均是适用的。从公式不难看出，当报告值或实际值等于基准值时，则功效值 OD 为 0，表明该指标对实现有序性目标没有贡献；而当报告值或实际值等于目标值时，则功效值 OD 为 1，表明该指标对实现有序性目标的贡献程度已经达到100%。在某些情况下，OD 还可能出现小于 0 或大于 1 的情况，小于 0 则表示贡献为负或有反方向的贡献，而大于 1 则表示贡献超出了目标的要求。

尽管功效值 OD 仅是最终计算协同度的中间环节，但是仍有必要解释其具体含义。实际上，功效值体现了指标在所需进步或改进的空间中，实际进步或改进程度所占的比重。图 6-4 以表 6-2 中的 EnPI1 指标为例，解释了功效值对于特定指标的意义。在图 6-4 中，线段 AB 的长度代表这项指标的改进，而线段 AC 的长度代表这项指标所需的改进空间，则功效值 OD 代表线段 AB 与 AC 长度的比值。

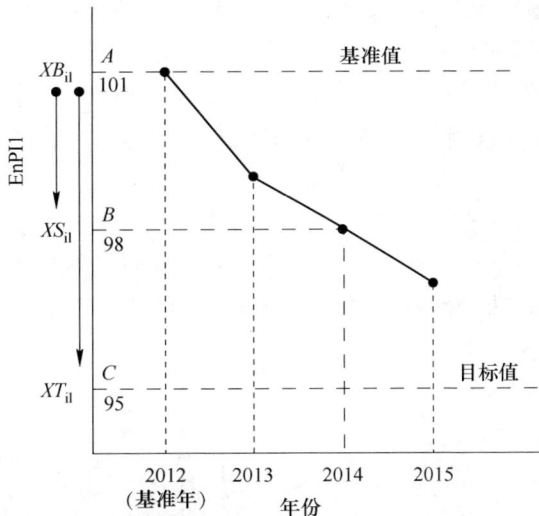

图 6-4 指标功效值的示例说明

在指标体系中，每个指标都有其改进的需要，最终所有指标的目标结果共同构成了企业在能源管理方面的新有序状态（或结构），不同指标在实现目标的进程上进展不同，对于企业实现目标的贡献则不同，即功效值不同。进展越快则功效值越大；反之，则功效值越小。

6.9.2.2 能源管理的有序度与协同度计算

有序度与协同度之间有着密切的关系。"M-E-I 三流"协同理论认为，系统中内部各元素、各子系统之间的协同程度可以通过有序度的高低进行反映。因此，对于能源管理协同度评价，首先需要评价能源绩效与能源管理这两个子体系的有序度及整个体系的有序度。

定义能源绩效子体系的有序度为 U_E，能源管理子体系的有序度为 U_M，组织（或企业）能源管理总体有序度为 U。则依据"M-E-I 三流"协同理论中基于序参量的协同评价方法，有序度的计算公式为：

$$U_E = \sum_{k=1}^{m} OD_{ik} \times W_{ik}$$

$$U_M = \sum_{k=1}^{n} OD_{jk} \times W_{jk}$$

$$U = U_E^{WE} \times U_M^{WM}$$

其中，m，$n = 1$，2，3，$\cdots$。

从上述公式中可以看出，U 可以看作是两个子体系有序度的耦合，其体现了组织（或企业）在能源方面总体达到有序目标的程度。两个子体系的有序度 U_E 和 U_M 则体现了各自距离有序目标的实现程度。尽管有序度的计算主要是为了满足协同度计算的需要，但有序度作为无量纲化的综合结果，也可以作为能源管理的综合评价结果之一。考虑到三个有序度指标的通常取值范围都在 0~1 之间，在具体评价时，可以考虑将三个有序度值均乘以 100，将结果转换为一个 0~100 之间的分值。

在计算得到各年份的有序度结果后，便可以计算协同度。从理论上，协同效应是系统走向有序的条件与基础，系统朝向有序方向发展则认为系统具有正向的协同效应；反之，则认为系统具有反向的协同效应。结合多年的有序度计算结果，就可以反推计算相应年份的协同度。

定义能源管理协同度为 SYD，年份为 t（例如 2014 年，$t-1$ 就是 2013 年），则 t 年的协同度计算公式为：

$$SYD = \pm \sqrt[3]{\left| (U_{Bt} - U_{Bt-1})(U_{Mt} - U_{Mt-1})(U_t - U_{t-1}) \right|}$$

同时规定，当且仅当三个括号中的运算结果均为正时，根号外运算符取"+"；否则，根号外运算符均取"−"。因为当有任何一项协同度的变化为负值时，表明系统此时呈现出了反向的协同效应，而从能源管理的角度来看，多个指标朝向目标的反方向发展绝不是一个好的迹象或好的结果，很难说能源管理工作是十分有效的。结合表 6-2，评价的第一年为 2013 年，此时，计算 2013 年的协同度时，被减去的有序度为基准年的有序度。结合有序度的相关定义可知，基准年的各有序度均为 0。

协同度评价分析与管理中的绩效评价一样，是从结果的角度来反思可能存在的问题。由于不同的企业在基准值与目标值的设定上有所不同，企业发展态势也有所不同，因此企业之间在有序度与协同度上并没有绝对的可比性。协同度预示着有序度的发展趋势，当协同度下降时，有序度的增长态势也会放缓。而当企业维持着同样的增长态势或速率时，也意味着企业能源管理方面形成的协同效应没有发生新的变化，其对企业发展带来的驱动力也维持着一定的水平。

6.10 能源管理有效性评价示例

为了展示能源管理有效性评价模型的应用，我们在此虚构一个企业示例，并尝试按照本章提供的方法计算这个企业的能源管理有序度、协同度，实现对能源管理有效性的评价。

假设一家大型水泥生产企业，其能源管理有效性指标体系的基本框架见表6-3。能源绩效共包含5个指标，均为可比能耗指标，这些指标都是水泥企业常用的指标。而能源管理指标体系共22个指标，以能源管理体系标准涉及的管理流程为基础，评分的范围为1~5分，对应五个级别的能源管理成熟度❶。评价的年份为2011~2015年，企业在"十二五"规划中，设定了到2015年时各个指标的目标值，而各指标的基准值为企业在2010年的水平。

表6-3 某水泥企业能源管理有效性指标体系

项目	子体系权重	指标权重	指标名称	基准值 XB	2011 年	2012 年	2013 年	2014 年	2015 年	目标值 XT
能源绩效	0.7	0.2	可比熟料综合标煤耗/kg·t^{-1}	112	111	100	99	98	97	90
		0.2	可比熟料综合电耗/kW·h·t^{-1}	80	79	76	75	74	73	64
		0.2	可比熟料综合标煤能耗/kg·t^{-1}	120	115.9	110	110	109	108	90
		0.2	可比水泥综合电耗/kW·h·t^{-1}	90	89	85	84	83	82	82
		0.2	可比水泥综合标煤能耗/kg·t^{-1}	98	97	96	95	94	93	80

---

❶ 此处使用的能源管理成熟度评价模型为本书作者专门针对中国用户所开发，简称为 EMMM-China，其中文版将提供于附录2。EMMM-China 是目前唯一基于真实中国能源管理实践特征所开发的模型工具，已在实际案例研究中被验证为有效且易用。当读者需要对我国的组织进行能源管理评价时，也建议使用该模型。关于 EMMM-China 的完整研究内容已发表在国际学术期刊 *Journal of Cleaner Production*，该文献检索链接为：https://doi.org/10.1016/j.jclepro.2020.125168。

项目	子体系权重	指标权重	指标名称	基准值 XB	2011 年	2012 年	2013 年	2014 年	2015 年	目标值 XT
能源管理	0.3	0.045	EnMS1	1	1	2	2	2	3	4
		0.045	L1	1	1	2	3	3	4	4
		0.045	L2	2	2	2	2	2	3	4
		0.045	L3	2	2	3	3	3	3	4
		0.045	P1	2	2	2	2	2	3	4
		0.045	P2	1	2	2	2	2	3	4
		0.045	P3	2	2	2	3	3	3	4
		0.045	P4	2	2	2	3	3	4	4
		0.045	P5	2	2	2	3	3	3	4
		0.045	SO1	1	1	2	2	3	3	4
		0.045	SO2	2	2	2	3	3	3	4
		0.045	SO3	1	1	2	2	3	3	4
		0.045	SO4	2	2	2	3	3	3	4
		0.045	SO5	1	2	3	3	3	3	4
		0.045	SO6	2	2	2	2	3	3	4
		0.045	SO7	2	2	2	2	3	3	4
		0.045	SO8	1	2	2	2	3	3	4
		0.045	PE1	2	2	3	3	3	3	4
		0.045	PE2	1	1	2	2	2	3	4
		0.045	PE3	1	1	2	2	3	3	4
		0.045	PE4	2	2	2	2	3	3	4
		0.045	I1	2	2	2	2	2	3	4

由于这里的示例只是一个虚构的算例，关于指标体系的严谨性与合理性，在此并不进行讨论。在实际的能源管理有效性评价工作中，能源绩效指标的合理性应由企业依据实际情况来重点把握。对于目标值与基准值的设定，企业也可以依据实际情况来决定，基准值的选取应考虑企业的生产经营状况，选择连续正常生产的时间段作为基准期，而目标值除了依据政府部门的相关要求，也可以根据企业自身的发展要求来设定。

在本示例中，含有较少指标的能源绩效子体系的权重设置为了 0.7，而相应的，能源管理子体系的权重为 0.3。在各个子体系中的每个指标权重都设置为完全相同。事实上，权重的设定不仅仅应该依据评价工作的目标和背景，而且权重的设定对于评价结果也有显著的影响。

在本示例中，能源绩效指标的数量明显偏少，而且在更多实际的案例中，能源绩效指标的数量也难以达到 22 个之多。本书作者发现，当两个子体系权重均为 0.5 时（$WE : WM = 1 : 1$），由于能源管理指标的数量明显更多，这些指标对能源管理有序度和协同度的影响都更大一些，尽管并不是特别显著。因此，有必要赋予能源绩效子体系的权重 WE 更高的值（即大于 0.5），以抵消指标数量偏少带来的影响。与此同时，由于能源绩效往往涉及合规性问题，也是企业的关键绩效指标，因此能源绩效子体系的重要性也应该更高。综合以上结论，我们认为在构建指标体系时，能源绩效子体系的权重 WE 应更高，建议 WE 可以取 0.7 或更高。至于各指标的权重设为相同，是因为我们并没有理由认为某些指标明显更为重要或不重要。对于能源绩效指标和能源管理指标，理论上每个都很重要。为指标赋权应是一个科学严谨的过程，不同的赋权结果必然会导致评价结果的不同。

依据能源管理协同度评价的步骤，在建立了完整的指标体系并明确了权重后，接下来就是计算功效值。表 6-4 展示了各指标各年份功效值的计算结果。

表 6-4　各指标各年份功效值计算结果

项目	指标名称	2011 年	2012 年	2013 年	2014 年	2015 年
能源绩效	可比熟料综合标煤耗/kg·t^{-1}	0.045454545	0.545454545	0.590909091	0.636363636	0.681818182
	可比熟料综合电耗/kW·h·t^{-1}	0.0625	0.25	0.3125	0.375	0.4375
	可比熟料综合标煤能耗/kg·t^{-1}	0.136666667	0.333333333	0.333333333	0.366666667	0.4
	可比水泥综合电耗/kW·h·t^{-1}	0.125	0.625	0.75	0.875	1
	可比水泥综合标煤能耗/kg·t^{-1}	0.055555556	0.111111111	0.166666667	0.222222222	0.277777778
能源管理	EnMS1	0	0.333333333	0.333333333	0.333333333	0.666666667
	L1	0	0.333333333	0.666666667	0.666666667	1
	L2	0	0	0	0	0.5
	L3	0	0.5	0.5	0.5	0.5
	P1	0	0	0	0	0.5
	P2	0.333333333	0.333333333	0.333333333	0.333333333	0.666666667
	P3	0	0	0.5	0.5	0.5

项目	指标名称	2011 年	2012 年	2013 年	2014 年	2015 年
能源管理	P4	0	0	0.5	0.5	1
	P5	0	0	0.5	0.5	0.5
	SO1	0	0.333333333	0.333333333	0.333333333	0.666666667
	SO2	0	0	0.5	0.5	0.5
	SO3	0	0.333333333	0.333333333	0.666666667	0.666666667
	SO4	0	0	0.5	0.5	0.5
	SO5	0.333333333	0.666666667	0.666666667	0.666666667	0.666666667
	SO6	0	0	0	0.5	0.5
	SO7	0	0	0	0.5	0.5
	SO8	0.333333333	0.333333333	0.333333333	0.666666667	0.666666667
	PE1	0	0.5	0.5	0.5	0.5
	PE2	0	0.333333333	0.333333333	0.333333333	0.666666667
	PE3	0	0.333333333	0.333333333	0.666666667	0.666666667
	PE4	0	0	0	0.5	0.5
	I1	0	0	0	0.5	0.5

　　完成功效值计算后，我们可以依据公式分别计算能源绩效子体系有序度、能源管理子体系有序度、能源管理有序度和能源管理协同度，汇总的结果如图 6-5 所示，这也是能源管理有效性评价的主要结果。下面我们将尝试简要地分析评价结果，理解评价结果呈现出的规律。

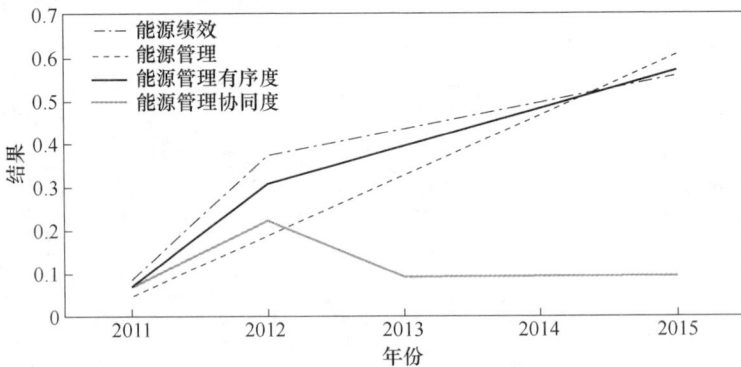

图 6-5　能源管理有效性评价结果

　　在图 6-5 中，两条虚线分别是两个子体系的有序度计算结果，两条实线分别是企业总体能源管理有序度和协同度的计算结果。在分析的时候，这四条线都有其意义，而能源管理有效性主要体现在能源管理协同度上。能源管理协同度越高，说明企业的能源管理有效程度越高。而企业具体指标值，或者能源管理有序度的高低，都与能源管理协同度没有直接的必然联系。

首先可以看到，企业总体能源管理有序度的曲线总是位于两条子体系有序度曲线之间，因为整体有序度是子体系有序度复合而成。图6-5中，能源管理子体系有序度一直保持稳定的增速，呈现出一条直线的状态。而能源绩效子体系有序度则从2012年开始出现了增速的下滑。在这一情况下，自2012年开始，能源管理有序度的增速也开始下降，2012年开始保持以相对较低的速率增长，这是受到了能源绩效子体系变化的影响。从2012年开始，能源管理有序度的增长速率保持稳定。结合能源管理有序度和协同度两条曲线可以发现，能源管理协同度与能源管理有序度的变化趋势有关，当能源管理有序度的增速变化时，能源管理协同度也会随之变化。有序度增速降低，能源管理协同度随之降低；而当能源管理有序度增速不变时，能源管理协同度也保持不变。这个规律与"M-E-I三流"协同理论关于协同效应的表述相符，更好的协同效应可以使得系统向有序方向演化的速度加快，或者说使得系统的演化更为"高效"；反之，演化速度越快，则说明有着更好的协同效应。

从能源管理有效性的角度来理解，示例中的企业自2012年开始，能源管理有效性开始降低并随后保持稳定。以"主观努力"和"积极效益"的关系来解读，企业一直在能源管理的改进（能源管理有序度）上保持着相同的增速，能源管理所追求的结果（能源绩效有序度）在进步速度上却放缓，即能源管理的主观努力保持恒定状态，而积极效益却降速增长。这对于企业来说并不是一个好的结果，体现出企业在能源管理方面的努力对能源绩效改进所起到的促进作用自2012年开始有所下降，能源管理方面的有效性没有因为努力而得到改善。事实上，尽管能源绩效指标受到众多影响因素的影响，不利因素的出现确实会阻碍能源绩效改进，但企业在能源管理方面能力的强弱决定了企业在控制结果上的能力，更有效的能源管理以及更强的管理能力会使得企业始终能够采取有效的措施来完成既定目标。反之，当企业不具备自我管理能力时，则企业的能源绩效会变得不可控制，其会受到更多其他因素的影响。从这个层面来看，能源管理协同度的评价结果有参考价值，且确实体现了能源管理的有效性。

除了结合协同度的评价宏观地了解能源管理有效性的变化，企业还可以结合具体指标的变化来找到背后的原因。能源绩效有序度从2011年至2015年间每年均有提升，但2012年以后增速开始减小。分析指标输入数据可知，从基准年到2012年，可比熟料综合标煤耗、可比熟料综合电耗、可比熟料综合标煤能耗以及可比水泥综合电耗这四个指标的进步都较为明显，特别是在2012年，快速地向着目标值靠近，因此能源绩效有序度总体以较快速度增长。但从2012年开始，这四项指标尽管每年仍有改进，但相比起 2012 年之前的改进幅度，这四项指标的改进速度明显较缓。这就使得从 2012 年开始，能源绩效改进的进度减慢，能源绩效子体系的有序度增速也随之放缓。由于 2015 年时各能源绩效指标与目标值都还有一定的距离，2015 年能源绩效子体系的有序度不到 0.6。这样的最终成绩对于整个企业的能源管理来说，确实很难说得上令人满意。

基于上述分析，对于该示例水泥企业，如果想要提高能源管理的有效性，可以从多个方面着手。其中最为简易合理的方法之一，就是重新制定更为合理的目标。从表 6-3 的各指标来看，到 2015 年几乎没有指标达到目标值（包括能源绩效和能源管理两个方面），或者说，每个指标的目标值对于该企业来说都似乎太高了。从基于协同度的能源管理有效性评价模型的角度分析，如果在各个指标实际值相同的情况下，每个目标值都能更低一些，则每个指标的功效值都会变得更高，最终在各有序度的结果上自然会变得更好，虽然能源管理协同度变化趋势还会与目前一致，但绝对数值也会更好。

降低目标的方法看似不合理，但企业若常制定超出自身能力范围的目标，本身就是能源管理存在问题的表现。在实际的能源管理工作中，企业应该定期地结合数据进行能源评审，全面地审视企业当前在能源方面的实力，并通过内外部对标的方式，找准自己的定位。当企业制定目标时，除了要考虑到政策法规的要求，更多应该考虑自身的经营状况，外部的市场环境，所有因素的影响都考虑之后，制定的目标才是合理且可实现的。对于拥有这样自我管理或把控能力的企业来说，能源管理的有效性自然是更为有保障的，不制定客观上难以实现的能源绩效目标，同时也充分考虑企业自身的特点，在能源管理方面的投入做到"量力而行"，不盲目跟风，这时企业的能源管理必定处于恰到好处的状态，能源管理才能做到真正的有效。也就是说，企业在看待能源管理问题时，应该同时理性地看待管理和能源绩效，就算能源绩效的目标无法降低，企业也可以适当放慢能源管理方面变革的脚步，先让目前的这套体系充分运行，保证能源管理各个环节的有效性，专注于追求能源绩效持续进步。在未来对能源管理的硬实力有新的要求时，企业再从各个能源管理流程尝试优化改进。从能源管理有效性的角度来评判能源管理，不仅丰富了能源管理评价的深度，也可以避免企业为了片面追求能源管理方面的高成熟度，而最终投入过多资源。

6.11 理论融合：能源管理体系的"M-E-I 三流"协同优化机制

在前面的内容中，我们基于"M-E-I 三流"协同理论的视角深入分析了企业能源管理的本质，提供了一种从协同思想看待能源管理有效性的解释性理论，并给出了全套基于协同度的能源管理有效性定量计算分析方法。事实上，作者对于能源管理的认识也是随着能源管理体系方法的引入和应用而逐步建立并深入的，能源管理体系作为一套在全球范围内得到广泛认可的方法论，其来源于大量长期的优秀实践并得到了不断精炼，是扎根理论（grounded theory）在现实中应用的典型案例之一。这样的方法论是朴实而又可靠的。

　　然而，科学的螺旋上升离不开理论与实践之间的不断相互作用，这对于目前的能源管理相关方法论而言也是如此。本书所述的"M−E−I 三流"协同理论是一套广泛适用的通识性理论，利用该理论，我们从一种自上而下的角度对能源管理领域目前面对的诸多问题进行了推理，最终得出的结论也已得到业界专家学者的逐步认可。作为"M−E−I 三流"协同理论的提出者，我们深知理论的诞生并非空中楼阁，如果没有对节能减排工作的长期观察与实践，我们的脑海中也不会迸发出灵感的火花。因此，我们希望在本节中尝试将能源管理体系方法以及"M−E−I 三流"协同理论进行融合，找到两套不同路径方法之间的相关性，并且借助"M−E−I 三流"协同理论打通能源管理体系实践中的某些关键点，真正实现理论指导实践。

6.11.1　能源管理体系与"M−E−I 三流"协同理论的相关性

　　能源管理体系方法采用了国际上广泛使用的 PDCA 循环改进机制（见图 6-6），该机制参考了质量管理体系与环境管理体系中的相关内容，PDCA 循环是全面管理应遵循的科学程序。该能源管理体系的基本模式认为管理者不应在出现问题之后寻找解决的措施，而是管理者在组织企业活动的过程中，自发地寻求管理过程

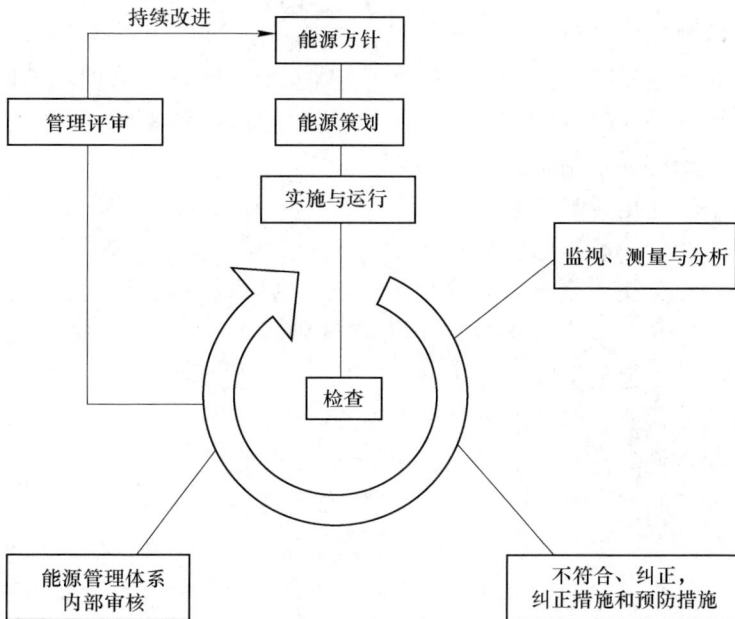

图 6-6　能源管理体系 PDCA 运行模式

的有效性和高效性的改进。PDCA 分别为 Plan（计划）、Do（执行）、Check（检查）和 Act（处置），PDCA 循环是以其中的某个环节开始，并且循环地进行下去的科学程序。能源管理体系通过策划，根据组织的指导目标与需求，建立科学、高效的实施计划；通过实施，完成能源绩效改进的实施过程；通过检查，对组织的目标和计划的执行与完成情况进行监视、检测和评价，并报告结果；通过处置，对检查结果中出现的问题采取有效的措施，提出新的目标和要求，达到持续改进的目的。

从能源管理体系的运行模式来看，其相对于传统的企业能源管理是进步的。从工业企业能源管理的角度来看，传统的能源管理已经关注了"谁来做"和"做什么"的问题，对于"怎么做""对谁做最有效"与"做到什么程度"，往往没有科学理论提供有效的支撑，主要由能源管理的执行者依据个人经验甚至主管意愿来决定。这样导致节能工作虽然有一定成效，但很大程度上使得企业节能还达不到预期的效果，实际上是造成了人力资源和物力资源的相对浪费。而能源管理体系的 PDCA 循环改进机制要求管理者不应在出现问题之后才寻找解决的措施，而应是管理者在组织企业活动的过程中，自发地寻求管理过程的有效性和高效性的改进。这样的要求并非易事，因为随着持续改进循环的不断进行，越来越多的问题或改进机会不再是表面化、现象化的，但企业的投入不可能是无止境的，"关键问题究竟在哪"以及"到底需要多大投入"这两个至关重要的问题，早已不是中层管理者的经验或直觉就能明确的问题。这样典型的实践问题最终就落到了前面提到的序参量和有效性（协同度）上。对于工业企业而言，能源管理的序参量就是主要影响企业能源利用的支配参量，而能源管理者不仅仅在乎结果，还希望所有采取的行动都是有效的。因此，能源管理体系方法与"M-E-I三流"协同理论存在理论上的高度相关性。

从企业不断优化能源管理的实践来看，能源管理体系所要求的方方面面，正是企业管理为了不断优化改进必须打好的基础，其整个作用机制完全符合"M-E-I三流"协同理论关于大系统协同演化的观点，这体现了两套理论的实践相关性。工业企业以及绝大多数企业的成长，其管理都是从建立之初的相对粗放型的管理，逐步向精细化管理发展，这样一个发展历程是循环改进机制的体现。在相对粗放管理时期，企业内部各组员没有明确的责任和目标，组员的行为具有很强的随机性和不确定性；这种随机性和不确定性，在"M-E-I三流"协同理论中，表述为系统内部的"无秩序性"；组员之间很难存在很好的协同关系，这样的管理带来的风险是企业生产效率、产品质量很难提高，企业抗风险能力差。随着企业管理的不管完善，精细化程度不断提高，组员的责任和目标逐渐清晰，组员的行为则具有很强的规律性和趋向性，这在"M-E-I三流"协同理论中，表述为系统内部的"有序"，组员之间存在很好的协同关系，这样的管理可以为企业整体运作水平的提高提供保证。如果结合本书所述理论中有关"熵"的论述，可以将上述过程概括为系统熵减的过程。企业的能源管理作为企业管理的一部分，同样遵循上述演化过程，可以认为，工业企业能源管理体系的实践，实际上是企业系统物质流、能量流、信息流协同演化的一个组成部分。

　　能源管理体系所关注的重点其实并不在生产或能源本身上，而是企业的信息流子系统。能源管理体系虽然旨在改变企业的能源生产与利用过程，但其转变的根本驱动力仍然在于信息，这与信息的本质密不可分。能源管理体系对于测量与监视流程提出了很高的要求，数据的长期收集与分析也不可间断，这些关于信息的基础工作是企业转变的前提。信息是正确认识企业状态的基础，大量积累的参数所呈现出的变化特性，体现了不同参量对企业整体形势影响的显著程度，找到那些少数的关键参量，序参量便浮出了水面。事实上，大量参数所呈现出的变化远比现象或故障的体现更为敏感，异常现象的出现实际上是无数个量变所引发的质变。能源管理体系运行的起始就是不断发现问题，从而进行预防性的维护或者改进，如果脱离了信息的指示效应，能源管理体系的其他功能就不再能够发挥任何作用。考虑到信息对系统影响的广泛性，任何信息都不可避免地会给企业带来影响，这些影响并非都是积极的。能源管理体系不仅指明了必要信息的类型，也要求信息本身应该得到规范地收集、保存和交流，整个过程要求企业的信息加工与传递过程实现从"无序"到"有序"的转变，不仅最大限度地获取足够的信息载体，还要保证信息能够在恰当的时机被恰当的人所获取。只有如此，信息流对于整个企业能源生产和利用的引导才能真正发挥积极的作用。

6.11.2　能源管理体系协同优化机制

　　基于前面相关的分析讨论，我们知道，现代工业企业作为一个复杂的大系统，其物质流、能量流、信息流相互耦合，彼此之间相互作用与影响。即使对于能源管理这项职能而言，所重点关注的能量流也并非独立存在，相反，其与物质流、信息流都有着密切的关系，甚至在某种意义上，能量的流动主要受到物质流和信息流的影响。对于工业生产企业，其业务的核心实际上是从原料到产品的全流程物质流，无论是物料的运输，还是原料被加工转换为产品，这一切过程都离不开大量的能量；或者说，生产的规模需求和质量需求决定了一个企业主要的能量流，同时涉及能量流的流量以及流向。比如在水泥回转窑中，窑炉的热工状况往往决定了产品的质量，在部分行业中存在能源物质本身作为原料的一种参与反应，其扮演着物料提供者和能量来源的双重身份。

　　真实的能源管理与企业的所有流程业务在边界上都是模糊的，如果强行切分这些工作，要求能源管理不能干涉其他任何流程，从结果上，能源管理最终只能面向能源生产与供应环节，可以做的工作很有限。因此，企业的能源管理问题并不像标准那样，可以将质量、环境、能源分开讨论，这些问题都是企业整体发展演化下的分支问题，需要统筹考虑、协同优化。一旦企业对于生产和排放有了新的变化，企业能源利用的结果就会发生改变，即使能源生产与供应都是正常且高效运转着，企业的能源利用总量和相关排放结果也会发生显著改变。能源管理体系尽管可以提供完善的能源管理运行机制，但在能源管理相关事务的职权边界问题上，目前并没有清晰的答案。因此，若要补完能源管理体系的空白之处，就要将协同的思想融入其中。

如图6-7所示，我们围绕"M-E-I三流"协同理论中的控制、评价这两大关键机制，在PDCA循环改进机制的框架基础上构建了能源管理体系协同优化机制，实现了能源管理工作与企业演化的融合。其中的关键在于协同控制中心。事实上，企业的协同控制中心即是整个企业的管理体系，之所以强调为协同控制中心，则是突出管理职能对于整个企业起到的协同控制作用，而弱化管理职能中对于财务、环境、质量、安全以及能源等问题的划分。当我们将这个流程机制推广至其他领域时，无论在具体问题上如何调整，共同的交汇之处就是企业的协同控制中心，因为其承载了企业发展与生存的一切事务。虽然在图6-7中涉及的数据以及序参量都是与能源管理流程相关的，但这些信息对于整个企业的决策仍然是重要的，因为涉及能源的决策很可能也关系到了企业的生产和安全等问题。

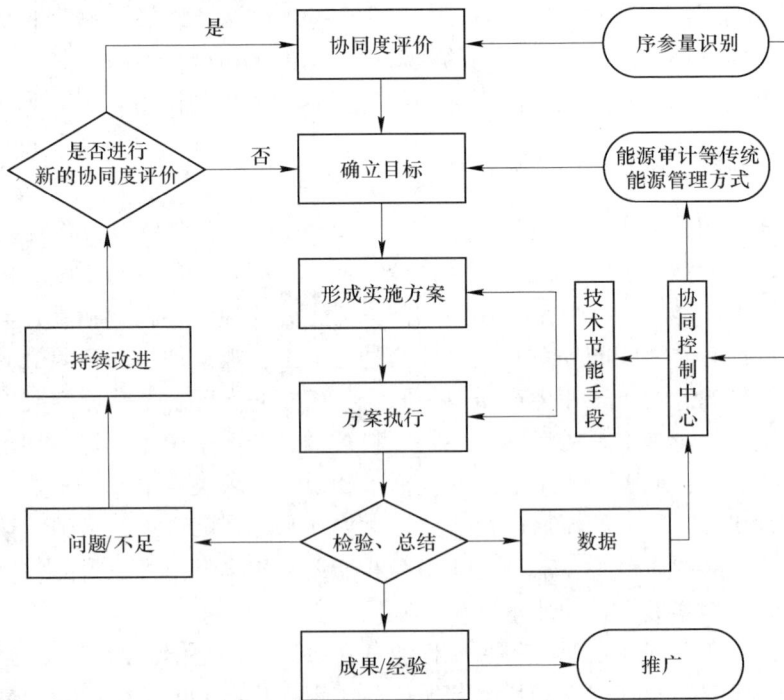

图6-7 能源管理体系的协同优化机制

　　协同控制中心对于能源管理目标和实施方案的制定起到了决策作用，而整个决策过程需要全盘考虑企业的物质流、能量流与信息流，以保证各个方面都围绕同样的终极目标而相互协同配合，避免无谓的冲突和内耗。协同控制的结果也并非生产和能源某方面的最大化或最优化，相反，它应是各个方面相互妥协的结果，体现了企业在特定时间内的总体目标。在妥协的结果下，企业能源管理的目标得以最终确定，而这个目标并不是一味地减少能耗。

　　在整个能源管理体系的协同优化机制上，协同度评价体现了能源管理的有效性，是企业不断改进能源管理工作的核心风向标。在能源管理体系的理论中，尽管已经开始强调持续改进能源管理体系，但整套方法论中所围绕的仍然是能源绩效，这些与能源有关的结论性指标并不完全与管理有关，这与企业外部的市场、政策环境同样密不可分。例如在市场淡季情况下，企业部分能源绩效的改进可能是随着缩减生产而发生的情况，甚至无需企业做任何改变。这时，能源绩效的改进显然不能体现企业的能源管理水平。在本节中，我们提出了基于协同度的能源管理有效性评价方法，从理论层面肯定了协同度评价对于体现能源管理有效性的事实意义。

　　随着协同控制与评价这两大机制融入能源管理体系的运作框架，企业面对能源管理工作时，不再是从庞大的工业系统中盲目地寻找机会。相反，序参量思维将占据主体位置，识别序参量成为了企业实现协同、高效管理的起点。序参量的识别不仅是为了完成协同评价，更是企业协同控制中心的主要抓手。对于每个层级的管理者，随着对企业认识的不断加深，所有的关键决策将锁定少数的几个控制参量，以这些序参量为纲，来推动所有措施的不断深入。

参 考 文 献

［1］弗雷曼. 组织生态学［M］. 北京：科学出版社，2014.

［2］MBA 智库百科. 企业生态学［EB/OL］. https：//wiki. mbalib. com/wiki/%E4%BC%81%E4%B8%9A%E7%94%9F%E6%80%81%E5%AD%A6.

［3］孔冬. 管理生态学——一种现代管理新范式［D］. 苏州：苏州大学，2003.

［4］高隆昌，徐飞，陈绍坤. 系统学二象论：理论与方法［M］. 北京：科学出版社，2014.

［5］杨洁，孙玉娟. 管理学［M］. 2 版. 北京：中国社科出版社，2006.

［6］Păunescu C，Blid L. Effective energy planning for improving the enterprise′s energy performance ［J］. Management & Marketing，2016，11（3）：512-531.

［7］Schulze M，Nehler H，Ottosson M，et al. Energy management in industry——a systematic review of previous findings and an integrative conceptual framework ［J］. Journal of Cleaner Production，2016（112）：3692-3708.

［8］Jovanovic B，Filipovic J，Bakic V. Energy management system implementation in Serbian manufacturing - Plan-Do-Check-Act cycle approach ［J］. Journal of Cleaner Production，2017，162（20）：1144-1156.

［9］ Finnerty N, Sterling R, Contreras S, et al. Defining corporate energy policy and strategy to achieve carbon Emissions reduction Targets via energy management in non - energy intensive multisite manufacturing organisations ［J］. Energy, 2018, 151 (15)：913-929.

［10］ Ngai E, Ng C, Huang G Q. Energy sustainability for production design and operations ［J］. International Journal of Production Economics, 2013, 146 (2)：383-385.

［11］ UNIDO. World Manufacturing Production Statistics for Quarter IV, 2017 ［EB/OL］. https：// www. unido. org/sites/default/files/files/2018-03/World_manufacturing_production_2017_q4. pdf.

［12］ UNIDO. Industrial Development Report 2018 ［EB/OL］. https：//www. unido. org/sites/ default/files/files/2017-11/IDR2018_OVERVIEW_ENGLISH. pdf.

［13］ Jin Y, Long Y, Jin S, et al. An energy management maturity model for China：linking ISO 50001：2018 and domestic practices ［J］. Journal of Cleaner Production, 2020, 290：125168.

［14］ Wikipedia. Organization ［EB/OL］. https：//en. wikipedia. org/wiki/Organization.

［15］ 百度百科. 组织 ［EB/OL］. https：//baike. baidu. com/item/%E7%BB%84%E7%BB% 87/10200.

［16］ 邵洪波, 王诗梺. 企业需求层次与商业模式创新（上）［J］. 现代国企研究, 2014 (3)：44-51.

［17］ 百度百科. 组织行为学 ［EB/OL］. https：//baike. baidu. com/item/%E7%BB%84%E7% BB%87%E8%A1%8C%E4%B8%BA%E5%AD%A6/1079.

［18］ Wikipedia. Organizational ecology ［EB/OL］. https：//en. wikipedia. org/wiki/Organizational_ ecology.

［19］ The Association of German Engineers (VDI). VDI 4602 BLATT 1 Energy management - Fundamentals ［S］. VDI, 2018.

［20］ Johansson, Maria T. Improved energy efficiency within the Swedish steel industry—the importance of energy management and networking ［J］. Energy Efficiency, 2015, 8 (4)： 713-744.

［21］ Carbon Trust. CTG045 An introduction of energy management ［EB/OL］. https：//www. carbontrust. com/resources/effective-energy-management-for-business-guide.

［22］ 全国科学技术名词审定委员会. 能源管理 ［EB/OL］. https：//www. termonline. cn/ word/184777/1#s1.

［23］ 靖继鹏, 张向先. 信息生态理论与应用 ［M］. 北京：科学出版社, 2018.

［24］ 叶峻. 社会生态学与生态文明论 ［M］. 上海：上海三联书店, 2016.

［25］ 杨汉奎. 人类生态系统的特征与结构 ［J］. 环保科技, 1989 (3)：12-17.

［26］ 李永胜. 关于社会系统复杂性的哲学思考 ［J］. 系统科学学报, 2006 (2)：43-47.

［27］ 王其藩. 高级系统动力学 ［M］. 北京：清华大学出版社, 1995.

［28］ 全国能源基础与管理标准化技术委员会 (SAC/TC 20). GB/T 23331—2012 能源管理体系 要求及使用指南 ［S］. 北京：中国标准出版社, 2012.

［29］ 戴星翼. 人类生态系统和生态危机 ［J］. 人口研究, 1991 (1)：18-21.

［30］ 张仲国. J热电厂能源管理体系研究 ［D］. 济南：山东大学, 2015.

［31］全国能源基础与管理标准化技术委员会（SAC/TC 20）. GB/T 28749—2012 企业能量平衡网络图绘制方法［S］. 北京：中国标准出版社，2012.

［32］Boettcher C，Mueller M. Insights on the impact of energy management systems on carbon and corporate performance. An empirical analysis with data from German automotive suppliers［J］. Journal of Cleaner Production，2016，137（20）：1449-1457.

［33］Fiedler T，Mircea P M. Energy management systems according to the ISO 50001 standard — Challenges and benefits［C］// 2012 International Conference on Applied and Theoretical Electricity（ICATE）. IEEE，2013.

［34］UNIDO. Practical Guide for Implementing an Energy Management System［EB/OL］. https：//www. industrialenergyaccelerator. org/wp－content/uploads/IEE _ EnMS－Practical－Guide. pdf.

［35］McKane A，Therkelsen P，Scodel A，et al. Predicting the quantifiable impacts of ISO 50001 on climate change mitigation［J］. Energy Policy，2017（107）：278-288.

［36］Bonacina F，Corsini A，Propris L D，et al. Industrial Energy Management Systems in Italy：State of the Art and Perspective［J］. Energy Procedia，2015，82：562-569.

［37］黄素逸. 能源科学导论［M］. 北京：中国电力出版社，2012.

［38］何小凤. 管理有效性评价方法研究［D］. 哈尔滨：哈尔滨工业大学，2011.

［39］MBA 智库文档. 信息化管理控制的“黑箱”现象［EB/OL］. https：//doc. mbalib. com/view/ac771a4ec54a24b1b0a2c1c02eb6f8e1. html.

［40］Finnerty N，Sterling R，Coakley D，et al. Development of a global energy management system for non－energy intensive multi－site industrial organisations：a methodology［J］. Energy，2017，136（1）：16-31.

［41］Wikipedia. Capability Maturity Model Integration［EB/OL］. https：//en. wikipedia. org/wiki/Capability_Maturity_Model_Integration.

［42］百度百科. CMMI［EB/OL］. https：//baike. baidu. com/item/CMMI.

［43］Ngai E，Chau D，Poon J，et al. Energy and utility management maturity model for sustainable manufacturing process［J］. International Journal of Production Economics，2013，146（2）：453-464.

［44］Finnerty N，Sterling R，Coakley D，et al. An energy management maturity model for multi－site industrial organisations with a global presence［J］. Journal of Cleaner Production，2017，167（20）：1232-1250.

［45］《能源管理体系：能源基准和能源绩效参数》国家标准起草组.《能源管理体系：能源基准和能源绩效参数》国家标准编制说明［EB/OL］. http：//www. cnis. gov. cn/wzgg/201509/P020150916048807990904. pdf.

7 物质流-能量流-信息流协同理论在城镇可持续发展评价中的应用

当前，我国已经进入城镇化的战略转型期。加快推进新型城镇化，全面提高城镇化质量，实现更高质量的健康城镇化目标，是推进城镇化的重要任务。而推动城镇化由不可持续向可持续发展转变，是实现更高质量的健康城镇化目标之一。

第6章探讨了能源管理以及 PDCA 循环，事实上，"检查"（Check）环节对于包括能源管理在内的所有管理或治理流程而言都是非常重要的，它既是每个循环的开始，又是每个循环的结束。我们需要通过评价或评估的手段作为开始，在评估的过程中发现问题并建立基准；同时，还需要通过评价或评估的手段作为阶段性的结束，在评估的结果中验证改进措施的有效性并指导下一阶段的工作。这就是为何可持续发展评价在如今变得如此重要，因为没有评价就不知道目前的发展是否可持续，没有评价就不知道如何使得未来的发展更加可持续。

可持续发展及其评价作为人类生态学领域的焦点问题之一，涉及（自然）生态系统的发展与社会系统的发展。生态系统与社会系统的物质流、能量流、信息流的互动共同构成了一个复杂大系统[1]，即人类生态系统或社会生态系统，当然也包括尺度更小一些的城镇生态系统。因此，城镇化的可持续发展问题在某种意义上也是无数个复杂大系统的动态演化问题，评价可持续发展的整个过程也要同时考虑整个系统的静态与动态。城镇究竟如何才能在发展中兼顾社会与自然环境，可持续发展背后的内在逻辑是什么，这些问题放在复杂大系统的框架下，需要一些新的思考。

在本章中，我们将尝试结合"M-E-I 三流"协同理论，提供一些关于城镇可持续发展问题的新视角，特别是以"协同"的眼光来看待可持续发展问题。同时，着重关注可持续发展评价问题，结合以往研究项目中的一些尝试，探讨将协同评价融入可持续发展评价的可行性中。当然，我们展示的研究应用并不一定完美，但我们希望这些尝试能够为可持续发展领域的研究做出一些贡献，而且更重要的是，我们看到了不同领域之间研究方法相互融合借鉴的重要意义。例如，在城市低碳发展研究中已被广泛使用的情景分析法以及相关思想，就为我们注入了重要的灵感，还有系统动力学的引入也进一步地扩充了我们的"武器库"，这些方法都促使原本静态和回顾性的分析研究变得更加具备动态与前瞻的特性。

7.1 可持续发展

人类的发展史实质是人类与自然的关系史，人类作为生态系统的关键环节，时刻影响着生态系统的进化和退化，人类社会与自然生态系统的互动已经成为生态学家、经济学家乃至普通人的热点话题。从人类社会的角度来说，生态系统为人类社会的经济活动提供各种各样的资源，同时消纳人类社会产生的垃圾、污染物等，与人类社会进行物质流、能量流、信息流的双向互动[2]。特别是在经历了第二次工业革命以后，生产力的大幅提升导致了人类社会与生态系统的关系从原来的被动依存到现在的主动改造，人类社会在消耗巨量生态系统提供资源的同时向生态系统排放巨量污染物，在这一时期经济社会得到高温发展，人类的物质生活水平提升迅速，物质的繁荣掩盖了实际的生态问题，直到 1962 年《寂静的春天》描绘的人类可能将生活在没有鸟、蜜蜂和蝴蝶的世界[3]，才引起了人类对生态系统的广泛关注，重新认识人类与生态系统之间的关系。如果没有了适宜的环境与充足的资源，地区的发展将面临危机，基本的生存幸福感随之消亡，人口的大规模流出也只是时间问题，随之而来的就是产业与城市功能的系统性崩盘。即使人类已经通过工业技术的革命获得了前所未有的改造自然的能力，但人类终究意识到自身仍处于整个地球生态系统中，人类世界不是也不可能是独立的存在。

如果说《寂静的春天》只是从较为定性的角度认识到了人类发展与生态环境之间日益加深的矛盾，由罗马俱乐部发布的《增长的极限》则以一种前瞻性的定量分析手法警告了一种悲观的未来——人类的经济增长空间是有限的，且如果保持当前的发展模式，这个极限可能就在不远的未来。利用系统动力学构建的全球模型进行预测分析，科学家们发现，随着人口的增长，人类对于生态资源需求的日益扩大将会透支长期生态承载力，经济的增长也终将受制于生态系统的极限而陷入停滞[4]。如果预测的未来真正到来，人类的发展将迎来全面危机，我们的下一代可能将永久性的失去经济发展带来的美好生活。人类社会与生态系统发展之间的矛盾自那时起开始得到了全球学者的共同关注，如何突破不可持续的经济社会发展模式，并推动社会全面朝向可持续的方向发展，成为了至关重要的全球性课题。

7.1.1 可持续发展的内涵与伦理观

可持续发展（Sustainable Development）这一概念的经典含义是在 1987 年世界环境与发展委员会的报告《我们共同的未来》（Our Common Future）中给出，即"可持续发展是既满足当代人的需要，又不对后代人满足其需要的能力构成危害的发展"，且可持续发展既包括人类的可持续发展也包含自然的可持续发展[5]。可持续发展的基本内涵就是要建立在环境和资源可持续的承载力基础之上，不以破坏环境和耗尽资源为代价，促进自然、经济与社会协调一致地发展[6]。可持续发展的基本原则包括如下四个方面：

（1）公平性原则：包括本代人的公平、代际间的公平及公平分配有限资源；

（2）持续性原则：其核心是指人类的经济活动和社会发展超越资源和环境的承载力；

（3）共同性原则：可持续发展规律作为全球发展的总目标，其所体现的公平性和持续性原则是共同的，而实现这一目标也必须是全球人民的共同行动；

（4）协调性原则：包括人与自然协调，人与社会的协调，自然、经济与社会的协调。

从可持续发展的内涵来看，人类社会的可持续发展是最终的目标，而在实现这一目标的过程中，人类还需要兼顾环境与资源的保护。之所以强调这个，是因为可持续发展并非一个单纯的技术议题，这是一个还涉及伦理、文化与制度的深刻议题。

刘东刚[7] 在其博士论文中探讨了可持续发展的伦理观与多层次思想内涵。纵观人类发展史，关于人与自然、人与人之间伦理关系的探讨和认知，可以大致分为逐步深入的三个阶段[8]：

（1）人类中心主义伦理观：所谓人类中心主义，是指认为人类是生物圈的中心，具有内在价值，是唯一的伦理主体和道德代理人，其道德地位优越于其他物种的伦理观。这种伦理观认为，只有人类作为理性的存在物而具有内在价值，其他存在物都无内在价值，仅具有工具价值，它们存在于人类伦理关怀和道德共同体的范围之外。人类中心主义伦理观是在近代的机械论世界观以及牛顿力学和笛卡尔哲学的基础上形成的。由于它片面强调分析方法，片面强调主、客二分，片面强调人与自然的分离和对立，极力倡导人类征服自然、主宰自然，无视自然界其他生命的存在价值，一切均以人为中心，把人类的发展建立在对自然资源的掠夺性的开发和利用基础上，这种价值观具有明显的反自然性质，它已将人与自然的关系引入绝境。

（2）非人类中心主义伦理观：包括动物解放/权利论、生物中心论和生态中心论，以生态中心论为代表。生态中心论认为，生态伦理学必须把道德客体的范围扩展到生态系统、自然过程以及其他自然存在物。它更加关注生态共同体而非有机个体，是一种整体主义而非个体主义的伦理观。在处理人与人之间的关系和人与自然的关系时，强调的是人与自然的关系问题，而忽视人与人之间的关系问题。这两大关系是相互牵连的，人与人之间的关系是影响人与自然关系的更深层次的因素，具有决定性的意义。非人类中心主义看到了人与生物、物种、自然之间的不平等，却未思考隐藏在不平等背后的恰恰是人与人之间的不平等。在客观效果上，当他们强调要关注人与自然环境之间的问题时，却把人类视线从贫困问题、社会公正问题以及发达国家对发展中国家的援助问题转移出去。另外，这种理论从纯"自然主义"的观点来考察人与自然之间的关系，完全否认人的主体性，势必陷入认识论上的误区。

（3）可持续发展的伦理观：可持续发展伦理观认为，影响当代生态问题的两大重要关系（人与人之间的关系和人与自然之间的关系）具有同等的重要地位。人与人之间的关系对环境的影响虽然是间接的，但它是更为深刻的社会因素，处理好人与人的关系比处理好人与自然的关系更具有决定性的意义。这一发展观所追求的是促进人类之间的和谐以及人与自然之间的和谐。它具备三个基本特征：维持全面的生活质量，维持对自然资源的永续利用，避免持续的环境损害。因此，可持续发展包括生态可持续性、经济可持续性、社会可持续性，具有多元的指标体系。

这样的三个阶段体现了欧美发达国家近200年来的思想转变，这是一个开始于工业革命的漫长历程，与欧美国家经济社会的发展历程密切相关。这也是所有人在观念上必须经历的三个阶段，从享受改造自然到重新审视人与自然的关系。

不同于前两个阶段的对立关系，可持续发展观是一个回归全人类的视角，它正视人与人之间的发展不平等，认可所有人（包括同代间以及代际间）生存发展诉求的合理性与平等性，认为人类社会与自然环境在可持续发展的诉求下同等重要。概括来说，可持续发展观追求的是人类内部的和谐以及人与自然之间的和谐[9]。这使得可持续发展的内容不仅包括经济的、社会的，也包括生态环境的；不仅包括物质的、技术层面的，也包括制度和文化价值层面的。从经济和物质层面来看，可持续发展的内容主要包括：在生态可能的范围内保持经济增长，提高增长的质量；满足人口就业和人们对粮食、能源、水和卫生的基本需要，特别是贫困人口的需要；保持人口的稳定和持续水平；保持生态系统的完整性，要把对大气质量、水和其他自然因素的不利影响减少到最小程度；公平地分配有限的资源，特别是不可再生资源，应考虑将耗竭减少到最低限度；发展和保护动植物的物种，保持生物的多样性等[7]。

从社会发展的层面，我们要更加准确地理解可持续发展的要求，认清自己所处的地位。就代内公平而言，可持续发展伦理观认为，人类贫富对立所显示出的不公正、不正义、不平等，是导致当今环境危机的深层根源，并强调对于发展中国家而言，发展具有优先的重要性，指出发达国家与发展中国家在解决环境问题上应承担共同但有区别的责任。因为当代的生态危机主要是由发达国家对全球资源的过度占有和消耗所造成的，起源于发达国家对发展中国家及欠发达国家在生态资源上的掠夺，从而造成人为的不平等。因此，发达国家既要承担相应的历史责任，也要承担更多的现实义务，包括对发展中国家提供经济、技术帮助。就代际公平而言，地球上的自然资源在代际分配问题上应实现代际共享，避免"生态赤字"。因为地球这个行星上的自然资源，是人类所有成员，包括上一代、这一代和下一代共享和掌管的。我们这一代既是受益人有权使用并受益于地球，又是受托人为下一代掌管地球。我们作为地球的受托管理人，对子孙后代负有道德义务。因此，我们无权透支子孙后代的自然资源，不能"吃祖宗饭，断子孙路"。

7.1.2 我国的可持续发展观

作为全球最大的发展中国家，我国在解决发展中的生态环境问题时理应承担不同于发达国家的责任，发展将在未来很长的时间内仍然保持优先的重要性。然而，作为有责任有担当的大国，尽管我国的工业化与城镇化仍有很长的路要走，但保护生态环境，积极探索更为可持续的经济发展模式，也已经成为当今中国最为重要的课题之一。保护生态环境，杜绝破坏性的资源开发，既是对国际社会负责，更是对我国人民健康福祉负责。因此，自上而下的可持续发展观在我国已经形成。

在经济发展上，我国自 2010 年起开始全面、积极地向低碳经济转型。所谓低碳经济，以缓解温室效应和应对气候变化为关注核心，是在生产过程和消费过程中以降低二氧化碳排放为特征的经济运行模式，强调经济发展的同时保证较低的碳排放水平[7,10]。低碳经济概念最初是在 2003 年的英国能源白皮书《我们的能源未来：创建低碳经济》中提出的。这个概念一经提出，便迅速得到各国政府、学术界甚至企业界的响应。2006 年，英国经济学家斯特恩在《斯特恩报告》中呼吁全球向低碳经济转型。迄今，已有多个国家相继制定了各自的低碳经济发展规划，中国便是其中之一。2007 年 9 月 8 日，中国在亚太经合组织第 15 次领导人峰会上，明确主张"发展低碳经济"；在 2009 年 9 月联合国气候变化峰会上，更进一步提出中国要发展绿色经济、循环经济和低碳经济。中国在向低碳转型方面的决心是强烈而清晰的，这体现在中国持续明晰的低碳转型承诺，特别是在 2020 年，习近平总书记在联合国大会上明确表示，中国将在 2015 年《巴黎协定》的基础上努力提高国家自主贡献力度，采取更加有力的政策和措施，二氧化碳排放力争于 2030 年前达到峰值，努力争取 2060 年前实现碳中和，这使得中国成为全球主要排放国里首个设定碳中和限期的发展中国家。中国的底气来源于多年来致力于低碳转型的努力和成效，特别是在 2019 年就提前完成了在哥本哈根气候大会上提出的 2020 减排目标[11]。为了有效实现低碳发展，我国至今主要在两个方面作出努力。一是节能，即在生产过程和消费过程中，节约使用能源，特别是碳基能源。节能自然涉及提高能效，但仅仅靠提高能效是不够的，还必须减少总的能源需求。二是要改善能源结构，降低能源的碳密度，即单位能源中碳的含量。

随着我国持续迈向可持续发展，国家治理的核心思想也在迈向新的高度，这个新高度就是生态文明。我国提出将"建设生态文明"作为中国实现全面建设小康社会奋斗目标的新要求，强调建设生态文明，"基本形成节约能源资源和保护生态环境的产业结构、增长方式、消费模式。循环经济形成较大规模，可再生能源比重显著上升。主要污染物排放得到有效控制，生态环境质量明显改善。生态文明观念在全社会牢固树立。"生态文明是对高速度、无止境地向自然索取的工业文明的扬弃。它以生态学为基础，主要表现在五个方面：（1）人与人、人与自然的和谐共处；（2）物质循环再生，发展循环经济；（3）物尽其用，防止资源浪费和过度消费；（4）稳定的负反馈调节机制；（5）节俭知足。生态文明的提出表明我国社会经济发展最终目标已经不再仅仅是一个高度发达的现代化工业文明，对生态资源环境的保护以及与地球上其他动植物和谐共生，都将是我国长期远景中的重要组成部分。

参考当下先进的可持续发展理念，本书认为，可持续生产与消费这两方面将同时在我国的社会转型中扮演极其重要的地位。作为如今的"世界工厂"[12-14]，中国不仅承担了14亿中国人的物质需求，也向全球供应着巨量的各种商品，且这样的格局在短期内不会发生显著改变。欧美发达国家通过将制造业大批向中国转移来实现地区产业转型，这样的所谓转型既是不彻底的，也是无法重现的。中国如今沉重的环境负面效应也并不能完全归咎于20世纪的大规模产业转移，我们不仅需要在清洁低碳生产方面努力向发达国家学习，同时，生活质量不断提高的人们也需要构建全新的消费模式，减少不必要的消费与浪费，并努力提高精神文明质量，适当降低对物质生活水平改进的过度追求。对于如今这样一个动态且自给自足的生产供应链，决定产量以及生产端环境效应的，终究还是所有的消费者，只要有增加的需求，产能还是会扩大。在满足了所有消费需求的前提下，我国的工业生产也需要进一步整合优化，避免扎堆式恶性竞争造成的产能过剩，并不断改进生产中的所有技术与管理细节，实现最大限度的资源循环可持续利用，把对环境的负面效应控制到最低水平。只有做到了这样，我国才能在"世界工厂"的角色之下顺利完成转型，保持社会民生与经济发展的同时，守护美丽的家园。

关于城镇可持续发展，其涉及的内涵是十分复杂的，需要实现真正意义的可持续发展，对于当今的中国城镇化建设仍然充满挑战。从生态环境保护的层面来说，以往较为关注的工业生产污染问题以及城市垃圾问题，在近年来有了较为明显的改善，但根源性的问题仍然存在。抛开城市工业向乡镇转移这一问题，城市的房屋和道路建设过程中往往存在大量的浪费，浪费不仅来源于重复建设，还有过度的商品房建设。这些建设工程对于水泥、钢铁的需求是巨量的，而所有的建材生产无一例外都是高能耗、高碳排放，甚至是高污染的。只要建设不止，建材的生产就还会继续，相伴随的资源环境问题从根本上仍然来源于消费端，即城镇房屋与道路建设。从可持续发展的核心问题来说，如何长期保持地区经济与社会民生的发展，渐渐成为了当前更为棘手的问题。当传统工业城市因为低碳发展的需要而脱离了工业，未来的经济增长空间与就业机会又如何保障？没有核心产业的小城镇，人口大批向外流出，就算环境优美且生活成本低廉，但真的还有人会回来吗？山清水秀不等于可持续发展，真正的可持续发展，需要解决的关键问题是如何在经济损失最小的情况下减少碳排放[15]。而这些问题需要新思想、新理念和新方法，特别是需要从人性、生态、系统的视角来深入探讨。

7.2　城镇可持续发展的生态系统基础

可持续发展这一议题是人类生态学或社会生态学领域下的重要议题，相关的理论基础与该领域的发展密切相关。随着 20 世纪"系统运动"的兴起，生态学相关领域越来越多地开始运用系统相关的理论与方法，直至今天，"生态系统"这一概念早已成为生态学领域的核心基础概念之一。因此，如今对于可持续发展这一议题的讨论，也脱离不了一系列与生态系统有关的理论基础。生态学的方法论如系统观、整体观、综合观、进化观及层次观，是进行可持续发展决策和战略选择的主要思维方式[16]。

回顾可持续发展理论的诞生，我们可以发现，它离不开地球-生物圈（Geo-Biosphere）研究孕育的新观念——地球系统观[7]。通过理论分析、实地测量、卫星遥感以及对生态系统、大气和海洋的模拟模型手段，科学家越来越清晰地认识到地球是一个由相互之间有着密切的物质、能量和信息联系的不同部分组成的有机整体，即所谓地球系统。地球系统中各部分的组成、结构和功能具有突出的复杂性特征，或者说，地球系统是一个具有唯一性、复杂性、耗散性的远离非平衡态的开放动态系统。地球对于任何人来说都不是恒定不变的，也不是一个取之不尽用之不竭的资源库。相反，地球系统不仅是空间上有界的，而且其对人类的资源供应能力也是有限的。这样的地球系统观被称为"第二次哥白尼革命"，它使我们意识到了地球也非神创之物，其本身也像其他生命一样会受伤与生病，如果人类活动持续地对地球系统造成负面影响，人类自身将与地球一同面临命运的终结。地球系统观彻底摧毁了过往人类中心主义/非人类中心主义的世界观基础——机械主义世界观，地球系统观告别了人与自然的主客二元对立关系[9]，这就是为何它具有跨时代的意义。在地球系统观之下，人类的发展不是建立在绝对封闭空间里的，开放性决定了人类生态系统是同其他子生态系统相互作用、共同发展的，人类想要走出发展的误区，必须经历从社会自我到生态自我的扩展过程。

地球生态系统作为目前最为宏观的生态系统，人类生态系统或社会生态系统是目前可持续发展研究的主要范畴，是地球生态系统的重要子系统之一，它以人的行为为主导，以自然环境为依托，以资源流动为命脉[17]。在人类生态系统中，人类是生态系统中最为活跃的因素，人构成了自然界食物网中最为重要的一环，人类在与自然环境进行物质、能量和信息的交换中生存和发展。从生态系统的角度来看，人类社会的每个制造产品都来自自然系统，尽管方式不同，人类在生活过程中依据环境信息从环境中取得生活所必需的能量和物质以建造自身，同时，也不断排出某些物质、能量归还环境，并对环境起到改造作用。人类与环境总是不可分割地相互联系、相互作用着，通过能量、物质、信息相互联结构成一个整体。而物质循环、能量流动和信息传递，就是包括人类生态系统在内的所有生态系统的基本功能，其都是开放系统[16]。

对于人类生态系统的视角，作者认为，其在某种程度上是一种将人类放在广大生态系统中的一种视角，在至今的学术研究中，是站在一种对人类生存发展认知的偏"动物性"视角。因为人类生态系统是由人及其生存环境构成的生态系统，其核心因子是人，研究人类生态系统要研究人与环境之间的物质循环和能量循环，以及人的种群特征[18]。这种"动物性"视角或许是使得现在人类生态学渐渐被社会生态学替代兼并的原因之一，因为"社会"这一概念中涵盖的关系、治理、文化的视角无疑是人类文明中非常重要的，是探究可持续发展路径时必须考虑的重要因素。当然，早期人类生态系统视角也带来了一些重要的结论，这些结论为可持续发展观的诞生奠定了基础。因为人类的"动物性"，人类与其他各种动物一样，在生存发展的过程中，会带来环境损失。正如野兔或蝗虫的大规模繁殖会造成草原资源的枯竭，人类的经济活动一定不可避免地也会造成各种各样的环境损失。环境损失不是人类社会的原罪，也不是任何动物的原罪，环境损失是一种局部与全局利益之间的差异性视角，环境损失也不等同于生态危机[19]。正因为如此，在可持续发展的观念中，首先必须得到肯定的是人类的生存与发展权利，其次再去探讨人类社会经济行为的短期与长期利益平衡，保证人类造成的环境损失是有限度且可逆转的。

社会生态系统视角在可持续发展的议题下成为了一种更为主流的视角，换句话说，探讨可持续发展问题离不开围绕社会生态系统的一系列基础理论。由我国学者马世骏、赵景柱等提出的"自然-经济-社会复合生态系统"（见图7-1）观点已经得到了国内外相关领域学者的认可，自然、经济、社会也成为了探讨可持续发展的三大基本要素。结合国内其他学者的观点，社会生态系统是一个"自然-经济-社会"复杂巨系统，是社会系统与生态系统的耦合。在这个系统里，任何一个要素的变化都会引起其他要素的连锁反应，人类活动是系统变化的主要驱动因素[20-23]。在社会生态系统的语境下，生态系统往往是指与自然生态系统交叉重合的环境要素，是社会系统赖以生存的物质基础与能量基础，而社会生态系统与自然生态系统的差异性体现在社会系统中人的主体性与能动性，特别是政治、经济和文化因素的存在[24]。图 7-2 以更加形象直观的方式展示了社会系统与生态系统之间这样一种密切的相互作用机制。

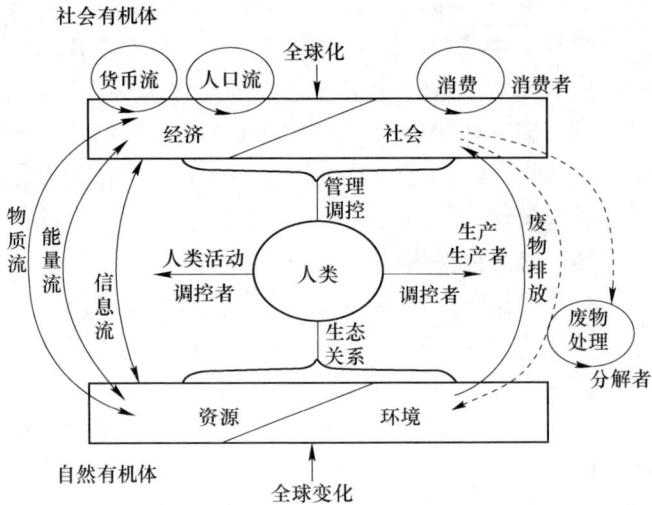

图 7-1 自然–经济–社会复合生态系统[25]

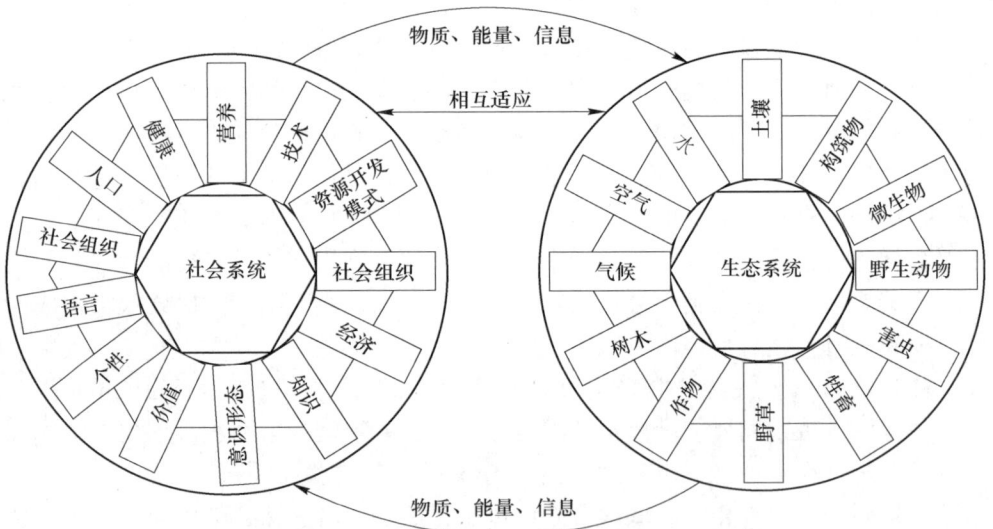

图 7-2 人类社会系统与生态系统之间的共同进化和相互适应[26]

在我们看来社会生态系统视角,是一种更为均衡且理性的视角,它既正视了人类在整个地球生态系统中的"动物性",又强调了人类社会文明的独特属性。物质与能量,毫无疑问是包括人类在内所有生物生存的必要基础,而信息要素的重要性在当今也正在凸显。社会生态系统的物质循环与能量流动正是由人类社会特有的强大信息流所引导[19]，而信息本身也作为一种重要的资源与产品，满足着人类丰富多样的精神需求。这也就是为何有学者认为，当今人类社会的两大来源分别是大自然的恩赐与信息有效增值[21]。

从以上诸多的理论基础知识中，可以发现当尝试探讨可持续发展问题时，可以有两种思维来解构所有问题。

第一种思维，是"自然-经济-社会"思维，从功能上，可以将任何维度的人类或社会生态系统解构为自然子系统、经济子系统与社会子系统。这种思维方式建立在生态学的理论基础之上，其将人类放在了整个地球生态系统中的食物链顶端，人类是终极消费者，对于大量的自然资源有着巨量的需求，这一需求的集合体现在了社会子系统之上。结合"社会"这一概念的不断演化发展，社会与社会系统不仅仅是所有个人的简单相加，它是一个客观性实体，是人交互作用的产物[27]。为了满足人类社会的这些需求，经济作为社会物质生产、流通、交换等活动，是人类社会的物质基础；或者从生态学的视角来看，是为服务于人类社会的终极生产者。可以说，人类最终消费的一切，包括所有产品与服务，都离不开经济系统。经济系统紧密联结着自然与社会，其一方面向社会系统输送着大量的物质、能量与信息；另一方面，其取材于整个地球的自然生态，并最终将人类社会的"代谢"产物，即废弃的物质与能量，排放回到自然界。对于各种尺度的人类或社会生态系统，包括城镇生态系统，这样的类食物链作用规律都是类似的，这也决定了"自然-经济-社会"的视角可以作为一种通用的视角。

第二种思维，是"物质-能量-信息"思维，或者更为准确地来说，可以是物质流-能量流-信息流思维。因为社会生态系统作为复杂大系统，其组元同样可以依据客观世界的三大基础来进行划分。依据这样的思维，任何维度的人类或社会生态系统都可以解构为物质流子系统、能量流子系统与信息流子系统。在本书所述的"M-E-I 三流"协同理论下，在系统的发展演化中，信息流起到了至关重要的支配作用。这使得对于人类社会信息流的分析不仅不可被忽视，相反，在探讨可持续发展问题时，信息流或许才是真正的核心与关键。

7.3 可持续发展的两种协同视角

当我们倡导可持续发展时，这样一种发展方式一定不是追求单方面的利益最大化，相反，其中必然蕴含一种和谐、协作以及协同的思想，贯穿于整个社会生态系统的层面。这样的思想我们可以在很多学者的观点中找到共鸣：

（1）"可持续发展观所追求的是人类内部的和谐以及人与自然之间的和谐。"——张晓春[9]

（2）"一种协调的风险管理方法是实现更公正转变的关键手段，也是该地区可调整可持续性的一个重要因素。……这种发展与基于自上而下、等级分明、不透明的管理的风险理论的转变是相平行的，转向更复杂的弹性策略，呼吁在更多的参与者和管理层中获得更大的灵活性和协调性。"——Antoine Le Blanc[28]

（3）"在贫穷国家，低碳发展必须与减少贫困、经济增长和更广泛的发展目标相一致，才能使其成为一种上升趋势，而不是下降趋势。"——Frauke Urban 等[29]

（4）"可持续发展需要在整个经济和社会范围内的转型，超越技术解决方案和环境政策工具的范畴。"——Tony Fitzpatrick[30]

（5）"经济、文化、技术、生态和制度子系统以多种方式共同进化，可以相互促进，共同决定转型。……如果社会子系统之间的相互作用影响到个体社会子系统的动态，导致不可逆转的变化模式，我们就会说到共同进化（co-evolution）。"——John Grin 等[31]

（6）"向可持续发展的重大转型（the great transformation to sustainability）代表着一种全面的社会变革，发生在不同的国家社会和全球范围内。……这是人类第一次必须有意识地影响政治和政策力量的大变革。……社会发展的指导原则必须经历一些根本性的变革。"——Claus Leggewie 等[32]

（7）"可持续发展策略应该确保持续经济发展的同时为后代的利益保护基础资源与环境。"——Vítor António da Silva Gonçalves 等[33]

（8）"可持续能源转型不仅是转向全新高效的能源系统，也是关于环境与社会成本、风险、效益的挑战。"——陈彬等[34]

可持续发展需要同时兼顾诸多方面，也就是诸多子系统或要素之间的协调，最终在动态的发展中形成一种协同效应。在 7.2 节中，我们通过引入关于可持续发展的社会生态系统基础，得出了两种解构问题的思维，即"自然–经济–社会"思维与"物质–能量–信息"思维。因此，关于可持续发展中的协同问题，也可以提供两种不同的视角进行探讨。

7.3.1 "自然–经济–社会"协同观

在人类工业文明还在野蛮生长的时期，社会、经济之间的互动与发展是绝对的核心话题，甚至经济增长比起真正意义的社会发展都更为重要。在化石能源与现代机械彻底释放了生产力之后，人类的经济活动也迎来了空前的繁荣，物质供应的不断充实成为了社会发展源源不断的推动力，人口数量与生活质量也随之不断提升，文化与知识逐渐塑造了社会的文明。在这样的阶段，只要社会发展有需求，人类的经济活动就可以不断地创造更多的产品与服务；而经济活动反过来也不断推动着社会文明向前发展，从历史角度来看，越是发达的经济体，其社会文明也更加璀璨，体现在文化的繁荣以及科技实力的强大。这便是经济与社会之间的协同，彼此相互促进，共同发展。

这种经济与社会之间的联动关系，在市场化的今天是非常易于理解的，这是一个基础且广泛存在的生产-消费关系。结合人类经济至今的发展历程来看，当人类社会生产力因为化石能源时代的到来而飞跃之后，经济活动本身长期以来几乎没有显著的限制因素，生产者的行为也并非由消费者的需求完全决定。在社会生态系统中，人作为一种核心的要素同时属于经济与社会这两大要素，因此，人类对于经济与社会发展的诉求是同时且强烈地存在。收入、就业等经济领域的基本问题与人们的生活质量密切相关，更高的收入会带来更多的消费，以提高生活的物质水平；同时，更多的消费也会推动经济活动的发展，为每个经济活动的参与者带来更多的机会与收入。这样彼此促进的正反馈循环一直持续到了今天，而社会、经济任何一方面的提升都会推动这个循环不断地运转下去。欧美发达国家自工业革命以来，特别是化石能源投入使用的近 200 年来，消费主义（Consumerism）逐渐成为一种普遍的社会价值并成功推动着社会-经济之间的长期正向互动，将社会的意识形态塑造成一种市场关系。美国作为市场经济高度繁荣的代表，其消费主义思潮也达到了一种登峰造极的高度，消费的目的不是实际需求的满足，而是不断追求被制造出来、被刺激起来的欲望的满足[35]。这时，推动这个正反馈循环的不再是人类社会的需求，而是经济不断增长的诉求。这样的结果就是，经济的发展成为一种不可阻挡的趋势，无论人类社会对于产品与服务的需求是否改变。

第二组重要的关系，就是自然与经济之间的关系。显然，自然或自然生态系统是经济的来源与基础，因为生产者的原料全部来自大自然中的原材料，没有这些原料，也不会有流入人类社会的各种产品。来自大自然的资源是非常广泛的，不仅包括物质上的原料，还有大量的能源最终成为驱动社会运转的动力。所有人类直接或间接从自然生态系统获取的利益，都可以称为生态系统服务[16]。而无论是经济活动还是人类社会的其他活动，除了"摄入"来自大自然的各种资源，还会通过"排泄"向大自然输送各种废弃物。相较于人类作为生物体的排泄作用，各种经济活动所产生的废弃物以及能量耗散是人类生态系统区别于其他动植物的最重要的排放，人类社会对生态环境的负面效应也主要来自于此。

不同于经济与社会之间的正反馈，至今为止，自然与经济之间的关系显然是相互制约的，或者说是一种负反馈关系，这些关系直到 20 世纪后期才被人们逐渐清楚地意识到，进而催生了环境保护与可持续发展的浪潮。首先，从产业生态学的视角来看，经济发展对于环境的制约体现在所有产业，特别是工业的代谢上。以图 7-3 所示的工业生产代谢过程为例（与电脑中铜相关的产业链），无论是耗散的能量、排放的废水废气，还是废弃的物料，最终都将直接或间接地依托垃圾、废水等处理业务排放到自然环境中。尽管人类与其他所有动植物一样，都享有生存发展，当然也包括排泄（排放）的权力，但量变必然引起质变，自然环境消解不了的负面效应（即不可恢复影响）必须引起人类的重视。人类巨量经济活动带来的大量产业代谢，如今已经几乎超出了地球现有的承载力，最终使得积累的负面效应无法消解，并且越来越显著，其中最为典型的就是温室气体排放以及热效应带来的气候变化。这些人类经济活动的排放物甚至并非都是有毒害的物质，仅仅是工业废热水以及水蒸气的大量排放，都会对现有的生态环境带来破坏。只要人类目前的经济活动仍然维持增长且没有发生根本性的模式变化，环境生态负面效应最终将演变为全面的生态危机，这也就是目前人类经济发展对于环境的制约性。其次，生态环境的污染以及资源透支也将严重制约经济的进一步发展。从产业生态学的角度来看，人类的经济活动扮演的是将大量自然资源转化为各类产品或服务的生产者角色，无论是对于初级生产者还是次级生产者，人类并不可能凭空地创造财富。当生态环境恶化时，无论成因如何，其带来的多方面影响都会不可避免地制约人类的经济活动。例如，当极端气候带来严重的自然灾害时，不仅人类的生产生活可能被迫停止，大量的农作物、牲畜等也会受到波及，进而在中短期内造成食品以及其他农副产品供应不足的问题。如果水资源被污染，不仅生产生活的用水问题可能会受到持续影响，就算是部分地区的旅游业可能也会因为环境的恶化而不再具有吸引力。从资源的角度考虑，如果矿产以及能源的开采迎来终结，没有足够的自然资源进入人类的经济体系与社会体系，其结果必然是人类财富增值速度的大幅缩水，经济危机或许也会随之而来。

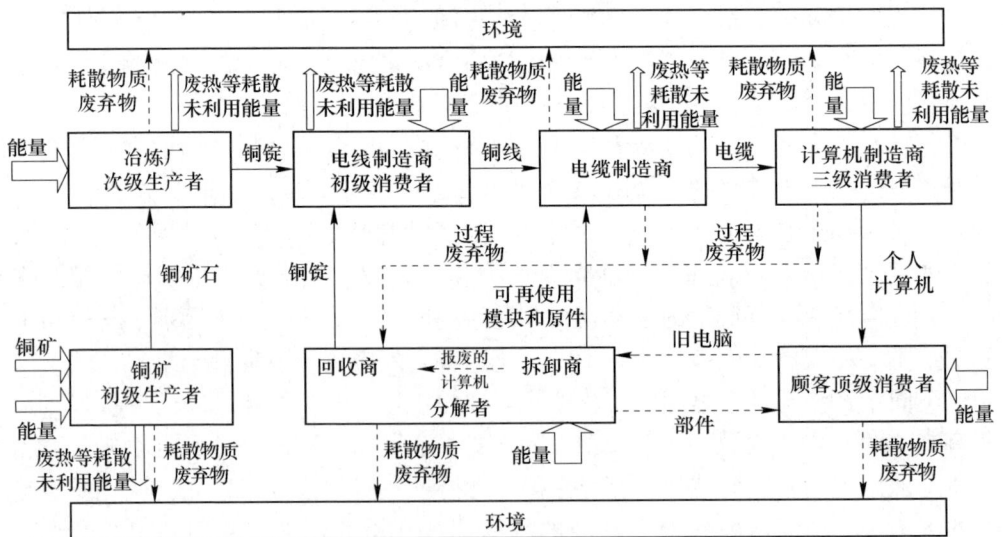

图 7-3 产业链及其代谢过程示例[36]

德国学者 Claus Leggewie 与 Dirk Messner 在其研究论文中[32]，将目前迈向低碳、可持续经济的转型称为又一次"重大转型（the Great Transformation）"，而在人类历史上，此前仅有两次与之相当的重要转型：新石器革命和工业革命。究其背后的原因，如果从人类史观的角度，便不难理解。我国学者刘建生在其著作中[37-39]，都以一种能量、资源的视角，理性地分析了人类的发展历程以及当前的挑战。当我们将社会、经济、自然三者串联起来的时候，我们便能够真正看清社会发展与生态自然环境之间朴素的关系，这是一种无论人类科学技术如何发展都无法改变的关系。每一次人类文明的飞跃，起因都是技术革命带来的能源革命，经济社会发展的根本原因就是进入人类社会的自然资源总量大幅提升。无论是目前的可持续发展，还是工业革命，其试图解决的关键落脚点都是自然资源向人类社会的流入，只是其落脚的方面有着很大不同，因为我们已经拥有了了过于强大的引入现有自然资源的能力。如果没有新的资源可以得到大规模利用，把现有的资源挥霍一空之后，人类经济社会的发展也将迎来终点。

所以，如何以一种"自然-经济-社会"协同观来看待可持续发展？本书认为，可持续发展的一种本质性解读就是要求自然、经济、社会三个方面协调、协同地发展。从社会-经济之间的关系来看，人类社会对物质、能量、信息的需求应当进一步地与经济发展协调同步，突出经济活动是为了恰好地满足人类社会的各种需要这一要点，强调经济活动服务于社会需求，弱化以经济增长为核心而创造过多需求的凯恩斯主义，有效地为社会-经济这一对正反馈循环降速，减少过度的经济活动。从经济-自然之间的关系来看，人类所有经济活动应当充分协调与生态环境之间的关系，以任何可行的手段（包括策略、管理与技术层面的）提高人类经济活动的总体效率，减少资源浪费，并最大限度地减少环境负面效应，将经济增长与环境改善作为协同发展共同的目标。最终，当融合自然、经济、社会这三个方面时，我们需要将经济增长、环境改善以及社会进步的所有目标作为整个社会生态系统演化的总体目标，各个子系统应当协同地朝向共同的目标而努力。

7.3.2 "物质流-能量流-信息流"协同观

不同于此前的"自然-经济-社会"视角，"物质-能量-信息"视角是一种从宏观到微观均广泛适用的通用视角，其不仅与通常的社会生态理论体系相兼容，还能够为更多具体的语境提供一种更加深刻的视角。

社会生态学的研究已经表明，不同于其他生态系统，社会生态系统的能量流动与物质循环由人类社会特有的强大信息流所导向[19]，这样一种巨量的流动远远超出了一般生物群体。这样的规律与本书所述的理论完美契合，因为在物质流、能量流、信息流三者中，信息流对于整个系统的发展演化都起着重要的支配作用。结合此前的"自然-经济-社会"视角，显然这些信息流是人类社会诸多需求、欲望的体现，其带来的结果是引导大量的物质、能量从自然生态系统中通过经济系统而最终进入人类社会，并在人类社会快速地进行再次生产、分配。这一规律明显比"人类社会的需求"更为具体，因为它体现了一种从微观到宏观普遍适用的规律，一种信息流起到关键支配作用的规律。特别是当我们将研究的视角从地区、国家向更加微观的产业、企业转移时，社会需求就不再能够得到感知，在此时，反而可以将视角转移到信息流之上，通过了解信息的作用与反馈机制，来理解包括内部与外部的信息流是如何影响系统的演化的。

通常探讨可持续发展时，物质–能量的关系是我们最为关注的，这也是当前可持续发展问题提出的焦点。在目前可持续发展的大议题之下，低碳经济是其中最为重要的一项转型，而低碳经济的实现也被认为能够有效地实现社会经济可持续发展。人类社会目前仍以化石能源作为主要的能量来源，而所有化石能源的利用活动不可避免地会排放大量以二氧化碳为主的温室气体，即碳排放。无论是改变物质的位置还是形态，或者是通过化学反应来改变物质，所有人类社会的生产制造、生活服务都离不开大量化石能源提供的动力，这是无法改变的客观规律。所有人类活动的能源需求是巨量的，但实际的能源消费或许远超这些需求，因为大量的能源在没有产生价值的情况下就被浪费，或者说，并不是所有的能量都"准确地"服务了人类社会所需要的过程。例如，目前的内燃机汽车在最为理想的情况下仅能做到略高于40%的热效率，这就意味着绝大多数燃烧掉的汽（柴）油没有为人类所需要的物质运动做出贡献，且这些燃烧掉的汽（柴）油"一分不少"地贡献了100%的温室气体排放。因此，从人类社会的物质–能量关系的角度，物质流、能量流之间的协同效应是实现可持续发展的必要条件之一（物理或技术层面的），更加协同有序的相互作用能够保证在满足社会需要的同时带来更少的消耗。迄今为止人类在技术方面的探索，主要是关注于这个方面，即建立更加高效、有序、协同的物质流与能量流系统，首先提高物质生产中能量流与之的协同性，减少非必要的能量流动，同时，提升物质流系统的有序性，减少非必要的物质运动或改变以便同时减少物质、能量的浪费。

信息流与物质流、能量流各自之间的协同效应是物质–能量协同有序的重要前提。结合第2章中关于信息的本体论含义，信息流的存在意味着对系统改变的必然发生，因此，信息流是物质流、能量流发生改变的原因，是系统演化的支配者。如果说物质流与能量流之间的协同效应能够从物理或技术层面尽可能减少浪费，那么信息流将根本性地决定物质流与能量流的目的、方向以及流动。当我们进入信息时代，将更多现代的信息技术运用于工业生产时，一切都有了全新的面貌。我们随着信息的不断收集、分析、加工不断掌握着物质流与能量流的实时动态，这也使得优化与控制成为了可能。相较之下，几百年前的人们面对着一团燃烧的火焰，显然并没有太多的想法，虽然人类一直都有能力去改变这团火焰，但人类并不总是知道应该做些什么。信息技术的发展使得信息流与物质流、能量流之间的协同效应变得紧密，它们之间的相互作用变得频繁而有效，准确、及时的信息不断使人们产生新的主意，而这些主意最终引导人们将物质流、能量流朝着期望的方向优化。

然而，人类社会并不是所有的物质运动或改变都是有积极意义的。无论工厂里的产品是否合格或被售出，生产的过程以及伴随的能源消耗都已经发生，最终大量的物质与能源都未能参与人类社会系统朝向积极方向的演化，而且其伴随的环境负面效应仍然存在。当我们回想人类社会的每个过程，朝向期望方向的有序性无疑是最为理想的结果。例如，作为两个装备与技术水平相当的先进生产企业，两个企业的内部物质流与能量流之间都达到了相当程度的协同效应，所有的生产都具有较高的能源利用效率。但从整个社会演化的角度来看，如果我们将朝向更加环保、绿色的社会发展作为期望的积极方向，那么生产落后有毒害产品的企业对于社会的贡献显然不能等同于另一家企业。正如本书理论部分所表达的观点，我们在讨论有序性时，是存在特定的有序方向的，而不是绝对意义上的整齐有序。那些生产有毒害产品的企业，其物质流与能量流并不在宏观的有序方向上，更多这样的企业只会起到负面的社会效应。也就是说，尽管协同效应是走向有序的重要前提，但是否朝向特定的有序方向演化，还要看每个系统自己的选择。这也就是为何我们认为，协同效应仅仅是实现可持续发展的必要条件之一，社会发展的结果必然是所有人努力的结果。

在可持续发展或社会生态系统层面，我们可以简单地将信息流主要归属于社会子系统，因为相较于自然环境以及其他生物群落的信息流量，人类社会的信息流显然拥有着更大的量级。信息流子系统作为"指挥者"，依靠指挥物质与能量的流动，无时无刻不在改变着整个大系统的状态。为了实现低碳经济，人类依托信息流不断地引导物质与能量的流动，努力使其形成良好的协同效应，高效地为所有过程服务。但这样的程度仍然是远远不够的，因为只要人类社会还有无穷无尽的需求，对于物质、能量有着进一步的渴望，多么高效的物质、能量的流动也无法改变自然资源濒临透支的事实，这不仅仅是一个效率问题，也是一个绝对量问题。因此，当我们反思社会时，我们不能够仅仅去关注单纯的物质-能量关系，因为真正推动改变的，推动我们的生态系统不断演化的，是人类社会强大的信息流，这是一个群体意识的集合。因此，在信息流的内部，从组织内部到国家地区，我们也需要一种清晰的方向，需要一个共同朝向可持续发展的有序性目标。为了实现可持续发展方向的有序性，我们需要更加密集、高效的信息网络，将尽可能多的人共同联结在同一个信息生态网络之下，让不同的人们形成思想上的共鸣，最终树立起可持续发展的观念，摒弃过度的需求与欲望，树立对其他生灵万物的责任心，追求绿色、清洁、低碳的生活方式。

因此，当我们解读可持续发展的内涵时，一种"物质–能量–信息"的协同视角具有其非常深刻的含义，当物质流、能量流、信息流三者之间都达成一种高度的协同效应时，系统便能够以最为高效的方式进行演化发展。而进一步地，当我们深刻理解了可持续发展的内涵，将社会、经济的可持续发展融入自然生态的改善，这样综合的目标便成为了物质流、能量流、信息流的有序性目标，只有三大子系统都齐整地、不断地朝着可持续的方向迈进，整个社会发展的可持续程度才会更上一个台阶。

7.4 可持续发展评价研究现状

目前为止，可持续发展评价从评价对象上主要分为两类，第一类是自然视角的生态系统的评价，第二类是社会视角的社会-生态系统服务评价，两类评价方法的侧重点不同。第一类评价方法的侧重点在于自然界的能量流和物质流的流动，从草原、陆地、海洋、湿地等生态系统出发，研究种群、物质流动、能量流动之间的关系。例如，Cronan 等人研究了钙铝比例在森林生态系统中的指标作用[40]；Richard 等人研究了细菌生物量比在草原生态系统自我调节中的作用[41]；Fuliu Xu 等人以湖泊生态系统为对象研究其指标和评价方法[42]。第一类评价的研究主要是从生物学、生态学的角度研究生态系统的指标，几乎不涉及人类社会与生态系统的交换，或者说只是把人类社会系统作为自然生态系统的外生变量处理，且研究的指标较为单一，反映的都是生态系统的某一个侧面或者细节，是对生态系统的微观研究，并没有从整体宏观系统的角度去考虑生态系统的评价。第二类评价方法的侧重点在于经济、社会与自然界的能量流和物质流互动，其核心是生态系统的服务功能能力的评估，从人类经济社会发展的视角去看待生态系统，将人类社会的发展与生态系统的互动看成一个整体，评估人类社会与自然生态系统的可持续性。由于评价对象是涉及"自然-社会-经济"的复杂巨系统，单一指标不能概括多方面因素，需要运用一套指标才能全面涵盖可持续发展的各个方面[43]。20 世纪 90 年代以来，基于国际、国家、区域的指标体系不断被提出，如联合国可持续发展委员会的 DSR 指标体系、世界卫生组织等提出的千年生态系统评估框架、生态足迹理论与模型、能值分析理论、㶲分析理论等，这些方法都有各自的优势，目前广泛应用于国际间或区域间的可持续发展评价，实际应用案例包括利用千年生态系统评估框架评估全球生态的报告《生态系统与人类福祉：现状与趋势》[44]、Wackernagel 等人利用生态足迹方法研究国家可持续性发展[45] 等。第二类评估方法在"经济-社会-自然"方面评估的综合考虑，使得它在经济发展、社会福利、自然生态的因素之间获得了平衡，使得评估结果较为客观地反映了人类社会与自然生态系统的发展，对人类社会与自然生态系统起到了一定的指导作用。

可持续性发展评价从时间特性上来说主要分为两类，第一类是静态评价，第二类则是动态评价。静态的可持续性评价体系根据历年数据评估过去生态系统或生态-社会系统的运行状况，在评价结果与政策指导之间存在比较严重的滞后性，且指标与指标之间不存在联动关系。目前大部分生态系统评价指标体系或理论都是建立在静态评价体系基础上，利用统计数据对社会、城市、区域、自然生态系统等各方面进行评价[46-49]。为了解决滞后性问题，越来越多学者在静态评估的基础上开始尝试运用马尔科夫模型、系统动力学等方法进行动态评价。Pawlowski等人利用马尔科夫模型提出了评价生态稳定性的理论[50]；Banos-Gonzalez 和 Isabel 等人运用系统动力学方法评价了小岛的社会生态系统[51]；姜钰等人运用系统动力学研究了黑龙江省的林业经济发展[52]。动态的可持续性评价相较于静态方法显然能够更好地适应社会-生态系统的发展特性，这也是目前可持续发展评价的新趋势。

可持续性发展评价从方法原理的层面，可以分为具有普遍性的方法体系和不具有普遍性的方法体系两类。在这里，"普遍性"包含两个层面的含义，第一层是该方法原理的所需数据容易获得且与统计数据能够兼容，而第二层是通过该方法原理获得的结果能够在时间上和空间上两个角度进行对比。在此，我们结合普遍性的问题着重讨论可持续发展评价方法的两个类型，即指标体系法和资源测算法。指标体系法是选取不同部门或区域的决定性指标，通过确定不同指标的权重，最后将若干指标集合成几个量化指标的一种方法。这种方法所需要的数据与当前的统计数据能够很好地兼容，量化结果直观且操作简单，其中最重要的步骤就是如何用相应的方法确定其中指标的权重，常见的有层次分析法、网络层次分析法、熵权法等[53-55]。指标体系法的研究比较多也比较成熟，国际上 UNCSD、欧洲统计局、世界银行等都提出了相应的指标体系，而国内也利用国际上的现成经验和方法建立了相应的国家尺度、省尺度、地区尺度、城市尺度的研究[56]。郝晓辉提出了社会、经济、资源和环境协调发展，并根据这四个部分提出了指标体系[57]；张自然等人利用指标体系法研究了中国 264 个城市的可持续发展状况[58]；张卫民利用指标体系法研究了北京市的可持续发展状况[59]。国内的很多研究人员都对指标体系法做了比较细致的研究，但是指标体系法依然无法避免其固有缺陷，它只能满足普遍性的第一层含义，而普遍性的第二层含义指标体系法不能完全满足。具体来说，指标体系法的结果能够在时间的角度对比，比如对某一个城市的不同年份运用同一套指标体系进行研究就能够获得时间连续的结果，并且其结果具有一定的指导意义。而指标体系法的结果却不能在空间的角度进行对比，同一套指标体系运用在不同的城市获得的结果会因为城市的发展倾向的差异而出现失真，因此指标体系法运用于不同城市所得的结果不具有可比性。不同于指标体系法，资源测算法是从经济学、生态学等思想发展而来的，利用一定的方法测算整个社会消耗资源的流量与存量之间的关系。这类方法优势明显，能够满足普遍性的要求，在现有统计数据的条件下能够完成测算，并且测算的结果因为具有客观性，其判定准则为产生的资源流量能否满足消耗的资源流量，如果能够满足则认为地区或城市的发展是可持续的，如果不能够满足则认为地区或城市的发展是不可持续的。该方法运用于各个区域、地区、城市的结果能够互相比较，对城市的发展具有比较好的指导作用，常用的方法有物质流分析、生态足迹法、能值分析法等[60-63]。

综上所述，至今为止的可持续发展评价研究已经取得了阶段性的成果，改进的方向也渐渐明晰。评价的研究对象，由自然生态系统逐渐变为社会-自然生态系统；从时间特性上来说，逐渐从静态评价转变为动态评价；从评估方法原理上，从欠缺普遍性逐步向普遍性靠近。虽然可持续发展评价的形式和框架多种多样且研究成果颇多，但是其思想方法体系始终着眼于经济学和生态学的理论，而基于物理学思想方法体系的理论应用较少。在可持续发展方面仅有物质流分析法被较为广泛应用，而物质、能量的分析仅仅存在于微观的能源行业[64]，从物质、能量、信息三个维度对可持续发展的研究几乎没有。参考前文中我们从"物质-能量-信息"协同视角对可持续发展的分析，如果更多地结合社会、信息的维度进行分析，可持续发展评价可以更完整地与现实世界社会生态系统发展的规律相衔接，可持续发展思想内核中的"发展"便能够在更大程度上得以体现。

基于以上分析讨论，作者在近年来开始尝试依托复杂大系统相关理论体系进行城镇可持续发展的评价，特别是运用本书所述的"M-E-I 三流"协同理论，从协同、有序的视角来给出一些新的方法。我们相信，对于复杂大系统的演化，特别是人类社会的城镇，都是充满着不确定性的过程，充满着无法精确分析、预判的非线性过程。在目前可持续发展评价遇到新的瓶颈时，从思想的角度进行突破应该是可以值得一试的。

7.5 "M-E-I 三流"协同理论在城镇可持续发展评价中的应用示例

如前所述，可持续发展评价对于我国城镇可持续发展具有重要的意义，因为它不仅是一切的开端，帮助我们发现问题，同时也是每个阶段的小结，告诉我们所做的改进是否具有成效。可持续发展看似简单，但实际上却相当复杂而苛刻，它不是单方面的改进，而是要求生态环境的维持与城镇的经济社会发展同时平衡地发生，且保持长久延续的可能性。因此，客观、科学地评价城镇可持续发展，是一个具有挑战的工作。

7.5.1 示例研究对象概况

可持续发展评价研究示例中的分析对象为我国中部地区某县级市（以下简称为 Y 市），该研究的意义和挑战都与 Y 市的诸多特性有着密不可分的关系。Y 市是一个交通区位优越、物产资源丰富、历史文化底蕴深厚，同时发展环境优良的新型城镇。作为国家可持续发展试验区，Y市追求经济、社会、人口、环境和资源相协调的可持续发展，倡导生态优先的发展理念，将生态宜居的园林城市作为其发展的长期愿景。

通过观察Y市"十一五"到"十二五"期间的一些指标变化，我们发现作为国家可持续发展试验区之一的Y市在发展过程中存在着一些问题。如图7-4所示，从2006年到2013年Y市的实际GDP（以2006年为基准的不变价GDP）增长了近2倍，除了第一产业基本不变以外，第二产业与第三产业增长迅速，特别是第二产业的增长十分显著。与经济总量增长相应地，Y市的人均GDP也得到了大幅增长，从2006年的7484.8元/人涨到2013年的20421.6元/人，如图7-5

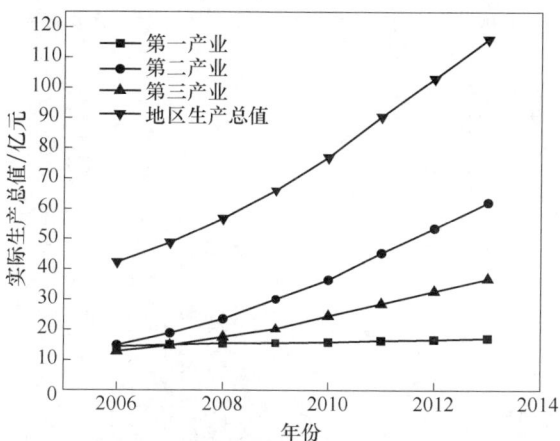

图7-4　Y市2006~2013年地区生产总值变化情况

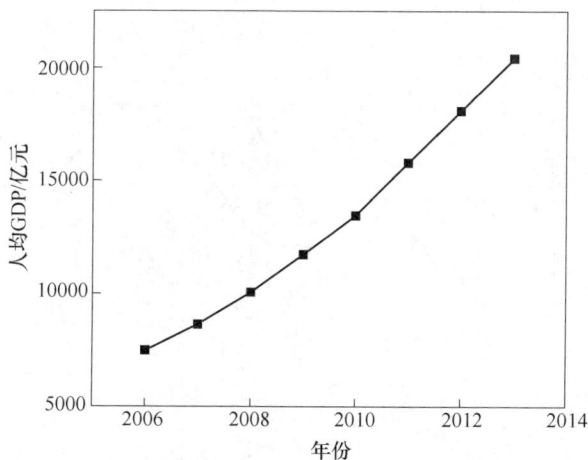

图7-5　Y市2006~2013年人均GDP变化情况

所示。仅从这两组关键的经济指标可以看出，Y 市的经济发展取得了巨大的成果，而且这样的成果与该市"十二五"规划中提出的"工业强市"战略有着密切的联系。

尽管工业的发展显著带动了 Y 市整体经济的发展，但这样的发展路径往往伴随的是快速增加的资源投入以及其他各类生态环境风险，而调查得到的数据在一定程度上确实反映了这样的问题。在资源投入方面，我们统计了 Y 市 2006~2013 年的工业用电量（见图 7-6）和能源消费总量（见图 7-7），其呈现的结果确实如我们预料，Y 市的工业用电量与能源消费总量呈现出非常明显的上升趋势，在地区经济总量大幅增长的同时，地区能源消费水平也几乎增长了一倍。这也就意味着，Y 市的经济增长依然没有摆脱"高投入高增长"的老路子。

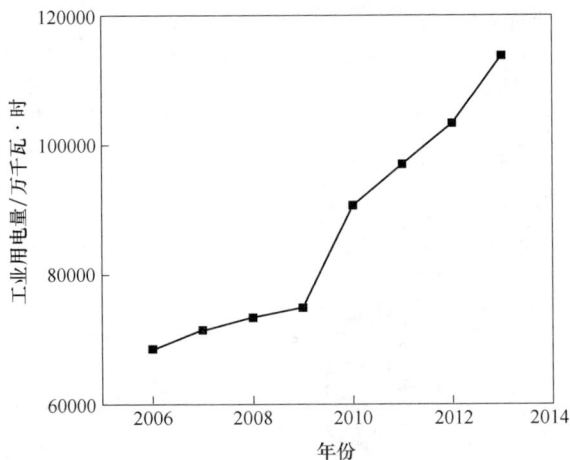

图 7-6　Y 市 2006~2013 年工业用电量变化情况

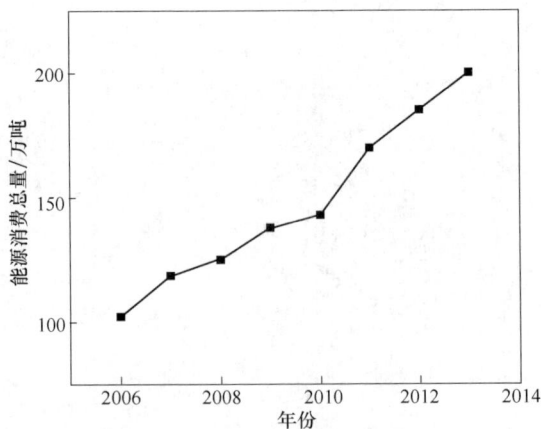

图 7-7　Y 市 2006~2013 年能源消费总量变化情况

工业规模迅速扩大往往带来的还有显著的环境负面效应。首先是工业固体废弃物的排放（见图 7-8），从 2006 年的 5.1 万吨增长到 2013 年的 13.71 万吨，虽然中间年份有一些波动，但总体增长趋势仍非常明显。类似地，工业废水的排放（见图 7-9）从 2006 年的 843 万吨增长到了 2012 年的 1529.4 万吨，其总体增长趋势与固体废弃物的基本一致。巨量增长的工业排放对于 Y 市周边生态环境的压力是显而易见的，在产业结构以及配套环保技术没有发生重大转变的情况下，只要地区工业规模持续扩大，排放的增加也是必然的结果。

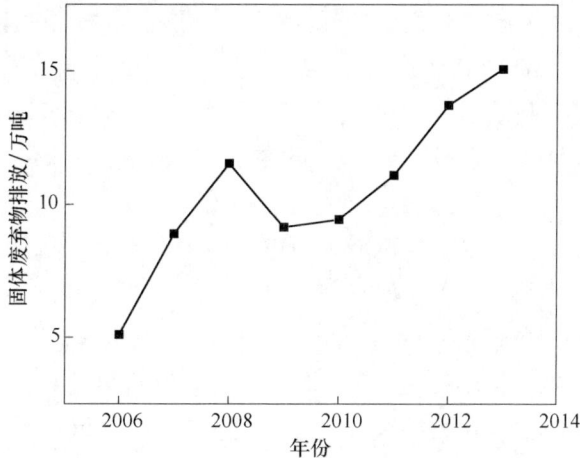

图 7-8　Y 市 2006~2013 年工业固体废弃物排放变化情况

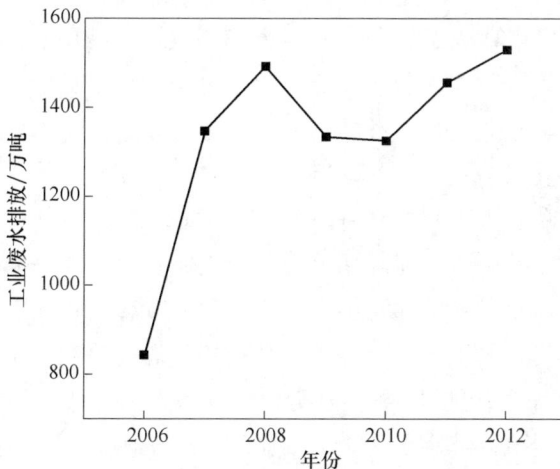

图 7-9　Y 市 2006~2012 年工业废水排放变化情况

综合以上情况，不难看出，Y 市此前的发展道路尽管带来了显著的经济增长，但资源环境压力的不断增加也随之而来，这样的发展模式显然不符合绿色、生态、可持续的长远方针。为了从"十三五"期间开始向可持续发展方向转型，Y市需要重新构建新的战略。而转型的关键，正如我们在本章开头所述，需要完成统一且有效的评价工具，将评价工作贯穿始末，以评价来发现问题与验证改进。

7.5.2　基于有序度的可持续发展评价模型

在前面的7.5.1节中，我们讨论了可持续发展的"物质–能量–信息"协同视角，认为对于一个诸如Y市的社会生态系统，物质流、能量流与信息流的协同是可持续发展的关键基础；或者说，可持续发展的社会要求其物质流、能量流与信息流这三大子系统之间形成良好的协同效应，以保证整个系统朝着有序且高效的方向良性发展。然而，从协同与有序之间的关系来看，协同效应是一种内在的驱动力，有序性是一种结果，这两者谁更贴合可持续发展评价的诉求呢？对于可持续发展的评价，我们直接关注的显然是结果，带有明显的方向性或倾向性，对于"好坏"有着明确的标准。因此，将评价的落脚点从是否"可持续"转化为在可持续性宏观方向上是否"有序"，是我们尝试进行可持续发展评价的关键逻辑。换句话说，我们认为在可持续性方向上更为有序的城镇，在总体发展程度上更加"可持续"。

在对此前可持续发展评价研究的综述中我们发现，为了保证可持续发展评价模型更加广泛地适用于不同的相似对象（例如各种类似于Y市的县级城镇），指标体系法显然比资源测算法更加合适，因为我们很难对于所有的地区，特别是较低行政级别的地方单位建立一套准确的资源流量模型。因此，在我们考虑建立这样一个可持续发展评价模型时，考虑模型应该建立在有限的数据基础上，以一种指标体系的形式来呈现。

毫无疑问，在本书所述的"M–E–I三流"协同理论方法体系之下，基于序参量的有序度评价方法从形式到内涵上与通常的指标体系方法最为匹配。从序参量的特性来看，所有的序参量都是少数扮演重要主导作用的关键变量，这些变量将主导社会生态系统的演化方向与进程。从这样的思路来看，只要找到了那些关键的"慢变量"，我们就可以把握、分析、预测以及评价系统的演化，即判断系统的演化是否朝向"可持续"的方向。在确定了指标体系（序参量体系）之后，我们考虑利用以下方法来逐步完成基于有序度的可持续发展评价。基于序参量的有序度计算方法已在第5章进行了详细介绍，以下介绍的内容仅为针对可持续发展评价研究的一些补充。

7.5.2.1　功效值的计算

假设某一社会生态系统为 S_1，物质流子系统、能量流子系统、信息流子系统分别用 S_{11}、S_{12}、S_{13} 表示，物质流子系统序参量、能量流子系统序参量、信息流子系统序参量分别用 μ_M，μ_E，μ_I 表示：

$$\mu_M = (\mu_{M1}, \ \mu_{M2}, \ \cdots, \ \mu_{Ml})^{\mathrm{T}}$$
$$\mu_E = (\mu_{E1}, \ \mu_{E2}, \ \cdots, \ \mu_{Em})^{\mathrm{T}}$$
$$\mu_I = (\mu_{I1}, \ \mu_{I2}, \ \cdots, \ \mu_{In})^{\mathrm{T}}$$

其中，$\mu_{Mi} = (q_{Mi1}, \ q_{Mi2}, \ \cdots, \ q_{Mit})$，$\mu_{Ej} = (q_{Ei1}, \ q_{Ei2}, \ \cdots, \ q_{Eit})$，$\mu_{Ik} = (q_{Ii1}, \ q_{Ii2}, \ \cdots, \ q_{Iit})$，数字 $1 \sim t$ 均表示特定年份。

上述矩阵是由某一个系统中序参量若干年内的数值组成的，在一个系统内需要对序参量进行定性，该序参量对研究系统的发展方向的功效是正还是负，获取相应的功效值。功效值的计算公式如下：

$$OD_{Hj} = \begin{cases} \dfrac{q_{Ht} - \alpha_H}{\beta_H - \alpha_H} & (\text{正功效}) \\[2mm] \dfrac{\beta_H - q_{Ht}}{\beta_H - \alpha_H} & (\text{负功效}) \end{cases}$$

其中，$\alpha_H = \min\ \{q_{H1}, \ q_{H2}, \ \cdots, \ q_{Ht}\}$，$\beta_H = \max\ \{q_{H1}, \ q_{H2}, \ \cdots, \ q_{Ht}\}$，$H$ 代指 Mi、Ei、Ii。

对于多情景情况而言，用 H、I、J 表示不同情景的 Mi、Ei、Ii，因此：

$$\alpha_H = \min\{q_{H1}, \ q_{H2}, \ \cdots, \ q_{Ht}, \ q_{I1}, \ \cdots, \ q_{It}, \ q_{J1}, \ \cdots, \ q_{Jt}\}$$
$$\beta_H = \max\{q_{H1}, \ q_{H2}, \ \cdots, \ q_{Ht}, \ q_{I1}, \ \cdots, \ q_{It}, \ q_{J1}, \ \cdots, \ q_{Jt}\}$$

正功效序参量是指该序参量数值越大，对研究系统的发展方向就越有利的参数。对于社会生态系统来说，GDP 通常就是一个正功效参量，其数值增大表明社会经济总体是正向发展的。而相对的碳排放量就是一个负功效参量，其数值越大表明社会发展越背离了可持续性。对于某一序参量，需要判断该序参量是否属于正功效，然后利用相应的公式计算功效值，该功效计算可认为是对序参量的归一化和无量纲化处理。

7.5.2.2　指标体系权重计算

在第 5 章中，我们简要地介绍了指标权重的计算方式，从总体上可以分为主观赋权与客观赋权两类方法，这些方法对于所有的评价类研究都是通用的。对于 Y 市这样的社会生态系统，其本身是极为复杂的，而从系统演化的角度，即使基本明确了各类序参量，但各个序参量对于系统演化影响程度的大小（从序参量角度所理解的权重）仍难以说清。在这样的情况下，以熵权法为代表的客观赋权方法便可以考虑使用。

基于信息论的熵权法，是从信息熵的角度，根据指标变异性的大小来确定客观权重。一般来说，某个指标的信息熵越小，表明指标值的变异程度越大，提供的信息量越大。如果换一种角度，从熵的有序性含义以及信息的负熵特性理解，某个序参量的信息熵越小，表明该序参量对于系统有序性的贡献程度越大。因此，从信息熵角度进行解读的熵权法，在其理论内涵上与"M-E-I 三流"协同理论是高度契合的，两者都是关注于系统的有序性以及信息流的支配作用，这些特性将确保熵权法在物理意义上与我们的评价工作相匹配。

假设某系统中有 m 个序参量，序参量有 n 个数值，X_{ij} 表示计算出的序参量功效值，对不足 n 个数值的序参量用 0 补足数值，因此可以得到如下的系统序参量矩阵：

$$X = \begin{bmatrix} X_1 \\ X_2 \\ \vdots \\ X_m \end{bmatrix} = \begin{bmatrix} x_{11} & x_{12} & \cdots & x_{1n} \\ x_{21} & x_{22} & \cdots & x_{2n} \\ \vdots & \vdots & \vdots & \vdots \\ x_{m1} & x_{m2} & \cdots & x_{mn} \end{bmatrix} (i = 1, 2, \cdots, m; j = 1, 2, \cdots, n)$$

利用下述公式对矩阵进行标准化：

$$x'_{ij} = \frac{x_{ij}}{\sum\limits_{j=1}^{n} x_{ij}}$$

标准化之后得到下述转化矩阵：

$$X = \begin{bmatrix} X'_1 \\ X'_2 \\ \vdots \\ X'_m \end{bmatrix} = \begin{bmatrix} x'_{11} & x'_{12} & \cdots & x'_{1n} \\ x'_{21} & x'_{22} & \cdots & x'_{2n} \\ \vdots & \vdots & \vdots & \vdots \\ x'_{m1} & x'_{m2} & \cdots & x'_{mn} \end{bmatrix} (\sum\limits_{j=1}^{n} x'_{ij} = 1)$$

将 X'_i 看作随机变量，将 x'_{ij} 视为其概率分布，引入泰尔指数，可以得到：

$$T'_i = \ln n - \sum\limits_{j=1}^{n} x'_{ij} \ln \frac{1}{x'_{ij}} (i = 1, 2, \cdots, m)$$

若 $x'_{ij} = 0$，有 $x'_{ij} = x'_{ij} + \sigma$，$\sigma \rightarrow 0$。

在上述公式中，$\sum\limits_{j=1}^{n} x'_{ij} \ln \frac{1}{x'_{ij}}$ 表示各序参量的信息熵，信息熵是系统无序程度的度量，信息熵越小表示该指标提供的信息越大。由于泰尔指数是 $\ln n$ 与信息熵的差值，因此泰尔指数越大，表示指标提供的信息量越大。由于序参量数据都是以信息的形式提供系统的存在，信息量越大的指标应该占据越重要的地位，因此可以定义序参量的权重为：

$$\omega_i = \frac{T'_i}{\sum_{i=1}^{m} T'_i} \quad (\omega_i > 0)$$

7.5.2.3 有序度的计算

在完成了功效值与指标权重计算的基础上，可以依据本书提供的方法计算物质流、能量流、信息流三大子系统在可持续性方向上的有序度，并进而计算整个系统（城镇）在可持续性方向上的总体有序度，以有序度的高低或变化趋势来评判可持续发展水平。

通过序参量的功效值计算出该系统中各序参量的权重，同理对于物质流子系统、能量流子系统和信息流子系统内部的权重可以通过序参量的功效值计算。计算公式如下：

$$OD_{M_t} = \sum_{i=1}^{l} \omega_{Mi} OD_{Mit}$$

$$OD_{E_t} = \sum_{i=1}^{m} \omega_{Ei} OD_{Eit}$$

$$OD_{I_t} = \sum_{i=1}^{n} \omega_{Ii} OD_{Iit}$$

$$\sum_{i=1}^{l} \omega_{Mi} = \sum_{i=1}^{m} \omega_{Ei} = \sum_{i=1}^{n} \omega_{Ii} = 1$$

根据第 5 章所述理论，系统有序度可以依据下式来进行综合计算：

$$OD_i = \sum_{i=1}^{n} \omega_i OD_{Hi}$$

7.5.3 可持续发展评价序参量指标体系的建立

事实上，无论是"物质–能量–信息"视角，还是"自然–经济–社会"视角，其内在上没有根本性的矛盾。在考虑对于包括 Y 市在内的各城镇生态系统时，这样两种视角应该结合使用，特别是确定找到影响城市发展的序参量时，依据自然、经济、社会的三个方面来分析是一种十分稳妥的策略。相反，如果一开始便从物质流、能量流、信息流的角度尝试梳理，这在多数情况下将难以进行。因为对于城镇生态系统，从宏观到微观的每一个过程都离不开物质流、能量流、信息流之间的交互，这是整个系统运转的基础。显然，在细节上弄清其所有能量流、物质流和信息流的流动所需要的工作量是很大的，且目前的科技能力也是没有办法实现的。当我们尝试建立 Y 市的序参量指标体系时，虽然最终将把这些指标分为物质流、能量流、信息流三个子体系，但思考与分析的过程仍需结合社会生态系统理论中的经典思路。

在第 5 章中，我们介绍了定性、定量两大确定序参量的方法路径，其有各自的优缺点。在对于 Y 市的研究中，考虑到可持续发展研究领域的广泛性，以及县级单位在更细粒度统计数据方面的严重不足，定性方法显然比定量方法更为可行。因此，在指标体系建立的过程中，主要思考的不是"创造"一些指标，而是从相关领域的研究中筛选出合适的指标，并将其合理地归类于不同的子体系中。

从物质流的角度来讲，本研究关注物质供给和物质排放这一角度。对于一个城市来说物质的供给和物质的排放是至关重要的环节，供给从源头上确定消费的模式，而排放从后端反馈来控制消费的模式，因此选取指标主要从供给和排放两个角度选取。从供给的角度，人均森林面积反映的是自然生态系统供给社会发展所用的木材、空气净化等的能力，人均耕地面积反映的是城市对人类基本食物的供给能力，人均供水量反映的是城市水供应能力，主要矿种生产量反映的是城市矿物的供给能力，具有不可持续性的特点。而从排放的角度，人均二氧化硫排放、人均工业固体废弃物排放、人均二氧化碳排放等是社会发展排放的污染物的综合代表，反映了社会发展的排放水平。在可持续发展理念下，对于物质流的供给与排放均有要求，供给能力强且有着长期稳定性，是发展的必要保障，而同时，减少与控制排放有利于维护生态环境质量，减少对于自然资源的破坏，这也是可持续发展的重要诉求。因此，除矿物以外的供给能力持续改进增强，同时所有的排放逐步降低，是可持续发展诉求下物质流子系统的有序方向（正功效方向）。

从能量流的角度分析，本研究尝试从可再生能源、不可再生能源等角度去探讨。能源系统的低碳转型是目前迈向可持续发展的关键过程，可再生能源在一个城市能源消费比重越大，则该城市可持续发展的可能性就越大，因此能源流子系统的指标主要从可再生能源和不可再生能源的角度选取。虽然能源也存在与物质类似的供给与排放问题，但是能量流的排放主要取决于能源本身的清洁性与可再生性，通常认为可再生能源相对于化石能源都更加有利于环境的改善，化石能源的大量使用是造成全球变暖等一系列气候问题的重要原因。事实上，能源的使用量与社会经济发展并没有绝对的关系，减少和控制能源消费在当前固然是值得鼓励的，但如果能源结构能够得到有效改善，更多的人均能源消费换来的将是经济的持续发展，以及人民生活各方面质量的全面提升，这与可持续发展在"发展"上的诉求并不矛盾，尤其是对于目前还不够发达的地区。因此，可持续发展对能量流的有序性要求，反映在减少化石能源使用，以及提高可再生能源使用比重之上。人均石油消费、人均天然气消费、人均煤炭消费反映的是城市发展过程中能量不可持续性，这些指标的减小将对于可持续发展产生积极贡献。相反，可再生能源或非化石能源比重的提升，能够确保城市发展的同时不对环境产生过多的负面效应，这应该也是可持续发展所期望的贡献。

从信息流角度出发，由于信息流本身无法进行衡量，信息的流转传播无处不在，因此本研究的信息流主要指的是社会发展过程中社会产生的需求、政策、思想等一切非实体要素，它们才是真正支配与控制城市物质流、能量流的无形"指挥棒"。如何将"指挥棒"与可持续发展的要求建立联系呢？作者认为，有利于可持续发展的信息流子系统，必须具备两个方面的重要条件：（1）精准的方向性，确保整个系统向可持续方向发展演化；（2）有效的控制力，确保每个流程都协调、统一地迈向可持续性。因此，对于 Y 市信息流子系统的评价，一方面可以着眼于体现城市发展水平与方向的经济社会指标，另一方面可以着眼于城市建设对信息流通性水平的改进。人均 GDP、城镇化水平、恩格尔系数、从业率等指标代表了经济社会发展的方面，人均 GDP、城镇化水平提高，表明城市的经济基础稳步发展，从业率是民生稳定的基本要求，而恩格尔系数的逐步降低从一种更为良性的角度体现了积极的经济增长。而互联网用户数、R&D 投入（科技投入）既反映了城市对未来建设的期望，更重要的是，这些指标的逐步提升可以带来整个城市信息流通水平的大幅改进，其不仅加强了人与人之间信息的流转速率，保证了信息流对于所有过程控制的有效性，同时提升了人对于更多外部信息处理加工的能力，有利于通过信息指引整个社会的集体意识朝向追求更加高效、绿色的方向转变。当综合考虑以上所有方面，在同时保障了信息流的控制力与方向性的前提下，信息流整体的演化方向必然与可持续发展所要求的方向相一致。系统演化总体上来讲，更多地是一个由内而外的自组织行为，内在驱动力才是决定性的因素，如果包括 Y 市在内的复杂大系统不能持续地引导自身发展，可持续发展也必然无从谈起。

基于上述分析讨论，我们可以构建表 7-1 的城镇可持续发展评价指标体系。表 7-1 中的相关指标考虑了县级城镇单位的特点，同时也参考了国内其他关于可持续发展评价的研究。尽管本研究从"M-E-I 三流"角度进行的思考与传统的研究并不相同，但考虑到评价类研究的适用性，需要尽可能采用通用的指标，而不是创造一些新的指标。如果采用了大量非常规的新指标，在实际进行评价时必然会出现统计数据无法获取的情况，或者会给数据获取增加大量额外工作，这些在实际操作中都是应该避免的。同时，本研究遵循协同理论中关于序参量的内涵，最终采用的序参量指标并非追求全面的覆盖，相反，应当尽可能剔除过多的指标，仅仅保留真正少数、不重叠的，但又至关重要的"慢变量"，突出城镇系统自身的内在特点，而不是引入大量与外部环境直接相关的变量。各位读者在建立指标体系的时候应当全面地考虑第 5 章中所列举的各项重要原则，不仅要保证科学性和可行性，也不能舍弃针对性。表 7-1 中的指标体系可以作为类似研究的参考之一，但是评价指标的合适与否，仍然与评价对象及目的有着直接的联系。

表 7-1　县级城镇可持续发展序参量指标体系参考

可持续发展指标体系	物质流子系统	人均森林面积
		人均耕地面积
		人均水域面积
		人均二氧化硫排放
		人均工业固体废弃物
		人均二氧化碳排放
		主要矿产资源生产量
	能量流子系统	人均石油消费量
		人均天然气消费量
		人均煤炭消费量
		一次能源中可再生能源占比
		电能消费占比
		非化石能源消费占比
	信息流子系统	人均 GDP
		互联网用户数
		R&D 投入
		城镇化水平
		恩格尔系数
		从业率

　　针对本研究的对象 Y 市，经过与当地相关职能部门沟通，发现因为统计数据的局限性，表 7-1 中所列举的指标仍然无法得到完全数据满足。因此，最终使用的指标体系（见表 7-2）剔除了部分指标，并且更换了部分指标。其中，考虑到 Y 市所在省区的非化石能源利用率没有明显地区性差别，因此非化石能源消费占比这一项数据采用了省级数据。同时，由于互联网用户数的相关统计数据缺失，考虑到目前已经全面进入移动互联网时代，使用手机等通信工具上网已部分替代了传统宽带上网，因此最终使用了移动电话普及率这一统计指标作为替代。城镇人口占比替代了缺失的城镇化率数据，而像恩格尔系数这样的高阶非常规统计数据，对于 Y 市这样的县级单位也是没有直接获取渠道的。最终的表 7-2 为我们在本研究中所使用的指标体系，其整体质量与理想中的评价虽然存在一定的差距，很多指标显然过于笼统而缺乏细节，但是仍然可以作为一个简易的案例。如果读者有更好的数据基础来对其他地区进行可持续发展评价，我们仍然建议尽可能设计足够科学、严谨、完整的指标体系，这是整个评价工作质量的最基础保证。

表7-2 Y市可持续发展序参量指标体系

可持续发展指标体系	物质流子系统	人均森林面积
		人均耕地面积
		人均水域面积
		人均二氧化硫排放
		人均工业固体废弃物
		人均二氧化碳排放
	能量流子系统	人均能源消费量
		电能消费占比
		非化石能源消费占比
	信息流子系统	人均GDP
		移动电话普及率
		城镇人口占比
		从业率

7.5.4 基于有序度的Y市历年可持续发展水平评价

在本章中我们多次提到，评价工作往往是任何一项系统性改进优化工作的开端，是发现问题的技术支撑。因此，对Y市历年可持续发展水平的评价就是本研究案例的第一阶段工作。

在此，我们仍然采用2006~2013年的统计结果作为评价的原始数据，而整体方法流程参见7.5.2节介绍。表7-3展示了各项指标的原始数据，数据均来自Y市的统计年鉴，针对每项数据结果的合理性或准确性，在此不做讨论。

表7-3 Y市2006~2013年可持续发展指标源数据

指标	单位	2006年	2007年	2008年	2009年	2010年	2011年	2012年	2013年
人均森林面积	m^2/人	1217.7	1218.2	1214.5	1083.1	1086.8	1105.5	1117.1	1169.7
人均耕地面积	m^2/人	875.5	904.6	934.4	936.6	944.5	887.6	823.8	851.1
供水总量	万吨	29468.0	29756.8	33729.3	31638.1	36004.2	38283.2	38843.7	39892.5
人均二氧化硫排放	kg/人	3.65	4.01	4.32	3.44	3.45	3.56	3.66	3.65
人均工业固体废弃物	kg/人	90.35	157.60	203.28	163.45	167.97	196.32	244.32	265.51
人均二氧化碳排放	t/人	3.15	3.67	4.00	4.61	5.03	5.90	6.62	7.24
人均能源消费量	t/人	1.81	2.06	2.21	2.47	2.68	3.09	3.42	3.69
电能消费占比		0.082	0.074	0.072	0.067	0.078	0.071	0.069	0.069
非化石能源消费占比		0.194	0.188	0.186	0.181	0.18	0.175	0.171	0.161

续表 7-3

指　标	单位	2006 年	2007 年	2008 年	2009 年	2010 年	2011 年	2012 年	2013 年
人均 GDP	元/人	7489.8	8330.9	9622.0	11207.0	13108.6	15252.5	17998.0	20396.7
移动电话普及率		0.256	0.301	0.404	0.396	0.455	0.480	0.537	0.605
城镇人口占比		0.405	0.405	0.407	0.404	0.419	0.439	0.435	0.449
从业率		0.598	0.6	0.601	0.601	0.602	0.602	0.602	0.603

在以上指标中，绝大部分指标为正功效指标，这类指标通常越大越好，包括非化石能源消费占比、人均森林面积、移动电话普及率等。而从可持续发展的诉求来说，供水总量、人均二氧化碳排放、人均二氧化硫排放、人均工业固体废弃物以及人均能源消费量这些指标应该是负功效指标，因为数值越小则说明人类经济社会活动对自然环境的负面效应越低，或者对资源的需求水平越低，有利于人类社会长期可持续发展。表 7-4 展示了所有指标功效值的计算结果，在没有人为定义某一指标的某一绝对值为"最佳功效"的情况下，统计期内的各项指标依据大小与特性，在最优年份的功效值为 1，最差年份的功效值为 0，功效值仅随指标数值的变化而变化。

表 7-4　Y 市 2006~2013 年各可持续发展指标的功效值

指　标	2006 年	2007 年	2008 年	2009 年	2010 年	2011 年	2012 年	2013 年
人均森林面积	1.00	1.00	0.97	0.00	0.03	0.17	0.25	0.64
人均耕地面积	0.43	0.67	0.92	0.93	1.00	0.53	0.00	0.23
供水总量	1.00	0.97	0.59	0.79	0.37	0.15	0.10	0.00
人均二氧化硫排放	0.76	0.36	0.00	1.00	0.99	0.86	0.75	0.76
人均工业固体废弃物	1.00	0.62	0.36	0.58	0.56	0.40	0.12	0.00
人均二氧化碳排放	1.00	0.87	0.79	0.64	0.54	0.33	0.15	0.00
人均能源消费量	1.00	0.87	0.79	0.65	0.54	0.32	0.14	0.00
电能消费占比	1.00	0.47	0.33	0.00	0.73	0.27	0.13	0.13
非化石能源消费占比	1.00	0.82	0.76	0.61	0.58	0.42	0.30	0.00
人均 GDP	0.00	0.07	0.17	0.29	0.44	0.60	0.81	1.00
移动电话普及率	0.00	0.13	0.42	0.40	0.57	0.64	0.81	1.00
城镇人口占比	0.02	0.02	0.07	0.00	0.33	0.78	0.69	1.00
从业率	0.00	0.40	0.60	0.60	0.80	0.80	0.80	1.00

除了功效值以外，另一个关键因素就是指标体系的权重确定，既包括物质流、能量流、信息流三大子系统的权重，又包括每个子体系中各指标的权重。在本研究中，我们采用了 7.5.2 节中介绍的熵权法来计算指标权重。之所以采用熵

权法这一客观赋权法，是因为我们考虑到对于 Y 市内部要素的作用规律并不熟悉，无法依据经验等因素来给出一个主观的判断，且各子系统、要素的重要与否并不主观地受评价目标的影响。而熵权法的权重计算结果，也体现了不同的序参量指标对于整体演化的"话语权"，与我们看待整个问题的视角相统一。表 7-5 展示了权重计算的最终结果，其中所述的"子系统"分别是指物质流子系统、能量流子系统、信息流子系统，而"系统"是指整个城镇生态系统。

表 7-5　Y 市可持续发展指标体系权重计算结果

指　标	泰尔指数	占子系统权重	占系统权重	子系统占系统权重
人均森林面积	0.33	0.23	0.10	
人均耕地面积	0.65	0.14	0.06	
供水总量	0.33	0.21	0.09	0.41
人均二氧化硫排放	0.17	0.09	0.04	
人均工业固体废弃物	0.25	0.16	0.07	
人均二氧化碳排放	0.24	0.16	0.07	
人均能源消费量	0.24	0.32	0.07	
电能消费占比	0.05	0.45	0.10	0.22
非化石能源消费占比	0.05	0.23	0.05	
人均 GDP	0.39	0.24	0.09	
移动电话普及率	0.39	0.19	0.07	0.37
城镇人口占比	0.39	0.43	0.16	
从业率	0.46	0.14	0.05	

图 7-10 展示了评价的结果，其是基于以上指标与数据计算出的有序度，既

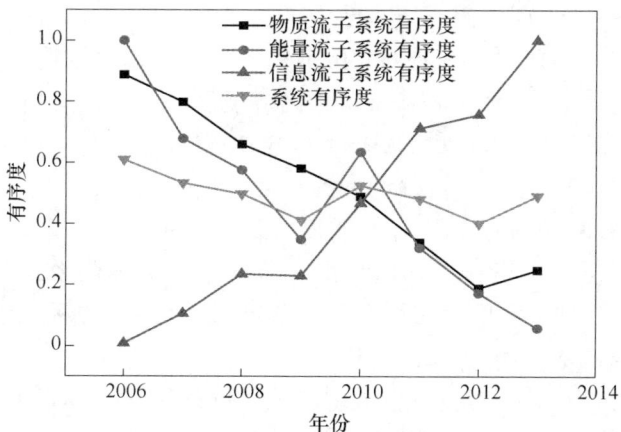

图 7-10　Y 市 2006~2013 年可持续发展水平（有序度）的变化情况

包括物质流、能量流、信息流三大子系统的有序度随时间的变化曲线，也包括系统总体有序度的变化趋势。依据此前关于有序度以及可持续发展水平内涵的讨论结果，我们认为，更高的有序度代表了更高的可持续发展程度，如果 Y 市的发展模式不断朝着生态可持续的方向转变，在目前整个序参量指标体系所定义的正负功效方向下，其系统有序度应该呈现出上升的趋势，表明整个城市的物质流、能量流、信息流三大子系统都在可持续性方向上呈现了更好的有序性。

在此前陈述 Y 市的基本情况时，我们依据一些经济、环境指标的变化情况，认为整个 Y 市至今的发展模式可能并没有实现期望的生态可持续性，一种工业驱动的经济模式仍是较为传统的，其无法兼顾经济发展与生态保护。对于本研究建立的指标体系，我们可以笼统地将三大体系的含义分别投射到"可持续"与"发展"之上，其中物质流子系统、能量流子系统所期望的演化方向体现了目前"可持续"的相关要求，既要保证资源的长久稳定供应，又要保证减少负面的环境效益以及对不可再生能源的依赖；而信息流子系统所期望的演化方向体现了所有"发展"的相关要求，期望经济、信息化水平以及就业民生等各方面仍然保持发展的态势。因此，如果 Y 市转向了可持续的发展模式，三大子系统的有序度应该呈现出同步上升的态势，而在可持续发展方面总体的系统有序度也会保持一种上升态势。相反，如果三大子系统的有序度呈现出了完全不同的态势，则不仅不符合直觉上的可持续发展规律，且系统总体的有序度可能增长非常缓慢甚至还会有下降的可能性。

对于图 7-10 所示的有序度变化情况，我们可以依据上述规律来进行解读。对于 Y 市的三大子系统，其信息流子系统的有序度在历年保持增长，说明各项与"发展"相关的要素都走向了更加积极的方向。而与此同时，物质流子系统、能量流子系统的有序度却呈现出了逐年下降的态势，这表明整个城市的物质流、能量流正随着经济发展而远离生态可持续的有序方向。因此，从三大子系统有序度的变化规律来看，2006~2013 年的 Y 市虽然实现了"发展"，但并没有同步地迈向"可持续"，而是走着"以资源环境换经济发展"的老路。对于系统有序度这一综合性指标，虽然有些波动，但从 2006 至 2013 年的总体水平来说，不仅总体没有显著的改进（甚至还有些许降低的趋势），且一直维持在了一个相对较低的水平，而距离其理想的最大值 1 还有明显的距离。从这样的规律来看，系统有序度这一综合指标与 Y 市可持续发展水平有着较为紧密的联系，其不仅反映了 Y 市过去多年的经济社会发展模式并没有明显转变的事实，也揭示了这样的发展模式与真正理想的可持续发展模式还有明显的差距。

基于以上对 Y 市历年可持续发展水平的评价，我们认为将有序度引入可持续发展评价中，并以此作为一种可持续发展水平的综合量化依据，初步展示出了较为理想的结果。也就是说，基于"M-E-I 三流"协同理论的有序度评价，不仅在理论含义上与可持续发展的内涵紧密联系，在量化结果上也能够较为客观地体现出整个城镇的可持续发展水平，即系统在可持续方向上的总体有序度。但针对Y市的研究不仅仅需要一个回顾性的评价分析来指出问题，毕竟摆在眼前的问题是显而易见的。真正的挑战在于，我们还需要为Y市后续的转型发展提供较为可行的思路，这一思路不仅要符合目前主流的可持续发展路径，同时，还要能够找出预测性的量化结果来说明可持续发展水平确实能够因为转型而发生改变。

7.6 基于"M-E-I三流"协同理论与系统动力学的城镇可持续发展路径选择方法

在7.4节中，我们探讨了目前可持续发展评价领域的现状与趋势，其中特别从时间特性提到了静态与动态评价。关于城镇发展问题，必然是一个动态的过程，特别是向可持续发展转型的路上，整个城镇会有更为突出的动态特性。基于Y市历年数据进行的评价，显然属于静态评价的范畴，无论基于有序度的评价模型是否合理，都无法回避静态评价的固有缺陷，即结果的滞后性以及无法体现指标之间的联动。对于本研究而言，Y市今后应该怎样转型，转型可能会带来怎样的效果，这些问题都是静态评价无法回答的。城镇生态系统是一个复杂大系统，其内部的物质流、能量流、信息流相互交织影响，任何单一要素的改变可能都会带来意想不到的影响，在这种情况下，仅仅要求个别序参量指标进行"针对性"地优化是不可能的。转型必然是一条路径，其带来的一系列影响必然会导致几乎所有指标结果的改变，如果需要保证这条路径是真正迈向可持续发展的，我们需要预判其可能带来的所有结果，并再次综合地评价Y市的可持续发展水平。

系统动力学作为系统科学领域中的重要分支领域，拥有着诸多优越的特性，因果关系及流率建模法的提出对社会、经济、生态等非线性、高阶次、多变量系统的研究具有重要意义。系统动力学研究十分适用于缺乏扎实的数据基础，且对结果精度要求不高的复杂系统，从系统的宏观角度思考问题，对难以量化的部分进行定性简化，一方面提高了效率，另一方面又不会损失大量的精确性，综合了推理与量化的优点，面对大系统的非线性和高阶次展现了极大的灵活性。因此，在本研究中，我们引入了系统动力学方法，通过构建Y市的物质流、能量流、信息流动力学模型来模拟可能的发展情景，并在多情景的对比分析中找到真正可持续的发展路径。毕竟现实中的城镇发展是一个影响重大且不可逆的过程，我们不可能在没有足够依据的情况下提出一些转型的建议，无论这样的转型策略是否在其他地区取得了成效，都未必能够保证Y市也能真正"可持续"地实现社会经济稳定发展。

7.6.1 Y市物质流、能量流、信息流演化的系统动力学模型

在7.5.3节中，已经构建了Y市的序参量指标体系，而这些序参量也是支配

着整个城市发展的关键变量。因此，在构建 Y 市的动力学模型时，我们将沿着此前的思路，围绕所有序参量之间的作用关系，特别是因果关系与流量关系。

7.6.1.1 Y市物质流子系统动力学模型

在构建动力学模型的过程中，一般遵循从定性到定量的过程。因此，对于 Y 市的物质流子系统，第一步是进行物质流相关的因果分析。物质流子系统的 6 个序参量主要因果分析如图 7-11 所示，其中箭头表示某一指标对另一指标的影响，而箭头上方或下方的加号或减号表示一个指标对另一指标的正向影响（正相关）或负向影响（负相关）。

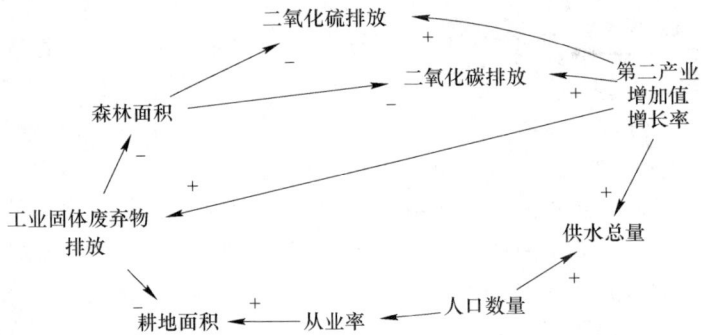

图 7-11　物质流子系统因果分析

结合 Y 市历年的情况，Y 市二氧化硫排放、二氧化碳排放、工业固体废弃物排放主要受到第二产业增加值增长率的影响，而用水也主要在工业领域，因此供水总量的影响也是第二产业的增加值增长率，这些序参量与第二产业增加值增长率是正相关的。相反，森林面积能够影响二氧化硫和二氧化碳排放，因为相当数量的森林在一年的统计期内能够吸收相当的二氧化碳和二氧化硫，这也就是为何排放与森林面积之间是负相关的。耕地面积主要受到从业率的影响，从业率高则说明务农人员减少，实际耕地面积也减小；反之，从业率低则实际耕地面积大。从这些分析也可以看出，对于物质流子系统的因果分析并不完全局限于物质流的相关序参量，其他能量流、信息流的要素同样会对物质流的演化结果产生影响。

第二步，以上述物质流因果分析为基础建立城市发展的物质流结构模型，目的在于理清物质流子系统内部以及与其他流子系统序参量之间的联系，而流结构模型是定量的关键基础。以森林覆盖率、耕地面积、供水总量、二氧化碳排放、二氧化硫排放和工业废弃物排放为状态变量，以耕地面积变化量、供水变化量、二氧化硫产生量、二氧化硫吸收量、工业固体废弃物产生量、二氧化碳产生量和二氧化碳吸收量为速率变量，以物质流子系统因果关系图为基础，我们建立了 Y 市物质流子系统结构模型，如图 7-12 所示。其中方框内部的表示状态变量，阀门符号表示速率变量，尖括号内的表示影子变量，是从其他子系统内引用的变量。

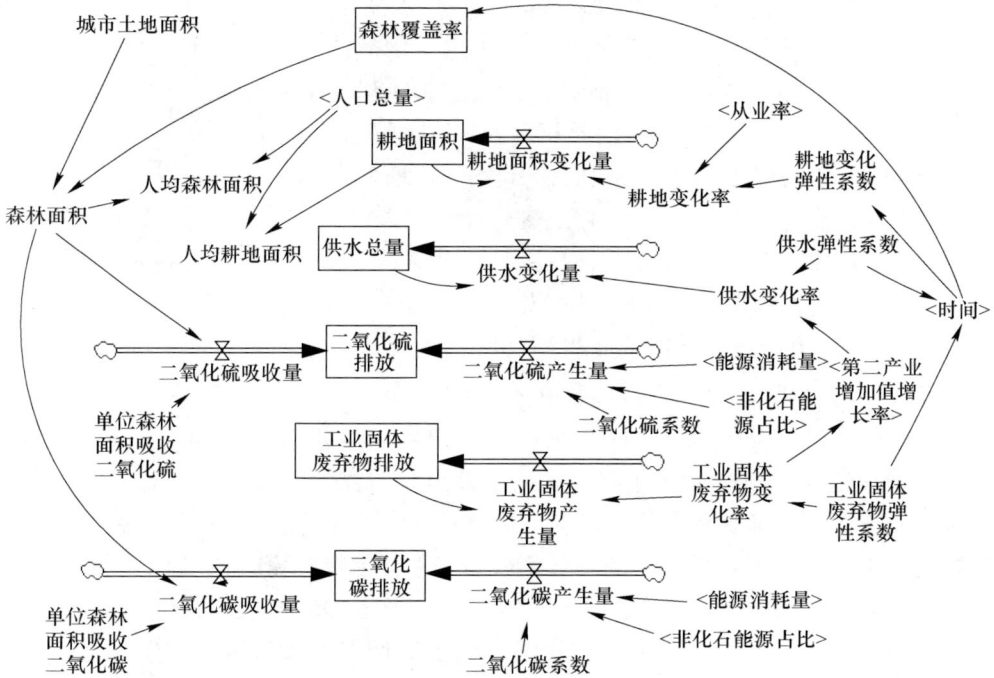

图 7-12　物质流子系统流结构图

从图 7-12 中我们可以看到，看似简单的几个物质流序参量，它们每个都不是完全独立的，而是背后都有着较为复杂的相互作用。在这样复杂交织的逻辑关系中，简单的线性预测方法便无法满足需要，而系统动力学方法的优势则在此开始突显。为了保证每个变量都可以准确量化，还有一个必要的步骤就是为所有的变量赋予可计算的数学关系：

（1）二氧化碳排放＝二氧化碳产生量－二氧化碳吸收量；

（2）二氧化碳产生量＝能源消耗量×（1－非化石能源占比）×二氧化碳系数；

（3）二氧化碳吸收量＝森林面积×单位森林吸收二氧化碳；

（4）工业固体废弃物（K）＝工业固体废弃物（J）＋工业固体废弃物产生量（其中，K 为本期值，J 为上一期值，下同）；

（5）工业固体废弃物产生量＝工业固体废弃物（J）×工业固体废弃物变化率；

（6）工业固体废弃物变化率＝第二产业增加值增长率×工业固体废弃物弹性系数；

（7）二氧化硫排放＝二氧化硫产生量－二氧化硫吸收量；

（8）二氧化硫产生量＝能源消耗量×（1－非化石能源占比）×二氧化硫系数；

（9）二氧化硫吸收量＝森林面积×单位森林吸收二氧化硫；

（10）供水总量（K）＝供水总量（J）＋供水变化量；

（11）供水变化量＝供水总量（J）×供水变化率；

（12）供水变化率＝第二产业增加值增长率×供水弹性系数；

（13）耕地面积（K）＝耕地面积（J）＋耕地面积变化量；

（14）耕地面积变化量＝耕地面积（J）×耕地变化率；

（15）耕地变化率＝从业率×耕地变化弹性系数；

（16）森林面积＝城市土地面积×森林覆盖率；

（17）人均森林面积＝森林面积／人口总量；

（18）人均耕地面积＝耕地面积／人口总量。

7.6.1.2 Y市能量流子系统动力学模型

Y市能量流子系统的三个序参量涉及的因果关系如图7-13所示。从对Y市此前的发展情况来判断，结合中国其他城市至今的发展经验，经济总量的增长，特别是依靠第二产业拉动的经济增长，将极大地带来城市能源消费量的增加。在这种情况下，第二产业增加值的增长不仅带来总体能源消费量的增加，用电量的增加也是必然。而关于电能占比为何与第二产业增长呈正相关，还与目前我国的工业战略与城市能源结构有关。在我国迈向更加低碳、清洁的工业发展道路上，新增工业项目几乎不再允许大规模的化石能源使用，特别是煤炭使用。也就是说，新增的工业项目在少量增加天然气使用的同时，电能在其能源结构中将占到明显优势的份额，无论是传统轻工业还是新兴产业，都将带来这个结果。关于非化石能源占比，考虑到整个省区在可再生能源资源禀赋上的不足，大规模工业级的可再生能源利用短期内仍较为困难，但少量分散的新能源项目应用已是目前的大趋势。考虑到"十三五"乃至"十四五"计划都将提高可再生能源利用率放在至关重要的战略位置，在地区经济条件逐步提升的同时，就有了更多条件考虑尽可能增加可再生能源的利用，且不追求短期的投资回报。目前我国可再生能源利用率较高的省份也几乎无一例外都是经济更加发达的省份，这也从某个方面印证了我们的假设。况且，在当前的战略背景下，如果Y市的用电需求随着经济社会发展而持续显著增长，在不再新增火力发电项目的情况下，新增的电力需求也

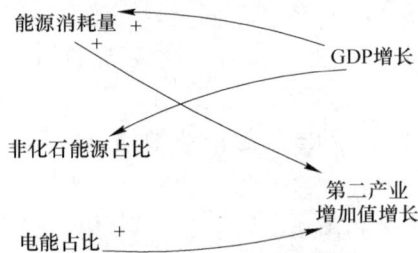

图7-13 能量流子系统因果分析

将尽可能地通过可再生能源发电来满足。因此，我们认为可再生能源利用率的提升与经济总量更为相关，且呈正向的相关性。

以图 7-13 的能量流因果分析为基础，建立 Y 市能量流结构模型，如图 7-14 所示。其中，选取能源消费量、非化石能源消费占比和电能消费占比作为其中的状态变量；以能源消费增长量、非化石能源占比增长量和电能消费占比增长率作为其中的速率变量；以能源消耗弹性系数、非化石能源占比弹性系数、电能占比弹性系数、GDP 增长率等作为辅助变量。

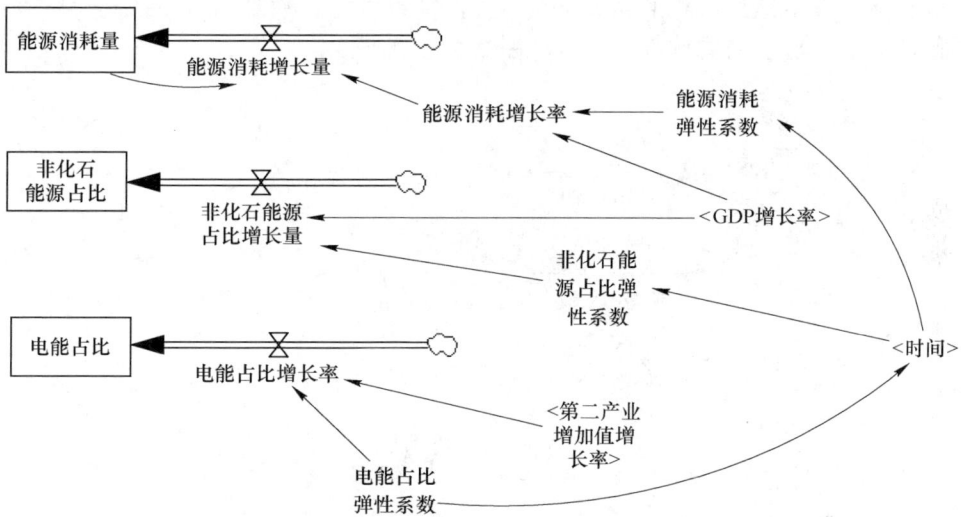

图 7-14　能量流子系统流结构图

在图 7-14 的能量流子系统流结构模型中，能源消费弹性系数、非化石能源消费占比弹性系数、电能消费占比弹性系数根据 Y 市统计年鉴获取的增长率数据推算得来。而两个影子变量均属于信息流子系统，其结果与信息流子系统的发展演化有关。能量流子系统各变量之间的数学关系列举如下：

（1）电能占比（K）＝电能占比（J）＋电能占比增长率；

（2）电能占比增长率＝第二产业增加值增长率×电能占比弹性系数；

（3）非化石能源占比（K）＝非化石能源占比（J）＋非化石能源占比增长量；

（4）非化石能源占比增长量＝GDP 增长率×非化石能源占比弹性系数；

（5）能源消耗量（K）＝能源消耗量（J）＋能源消耗增长量；

（6）能源消耗增长量＝能源消耗量（J）×能源消耗增长率；

（7）能源消耗增长率＝GDP 增长率×能源消耗弹性系数。

7.6.1.3　Y 市信息流子系统动力学模型

Y 市信息流子系统涉及的序参量主要是与社会、经济和信息化水平相关，特别是与产业结构、经济总量有着较大的关系，这些社会基本要素以巨量的信息流对物质流、能量流无时无刻地产生着影响。一个城市的经济总量是三次产业共同贡献的结果，不同的城市可能有着相当的经济规模，但产业结构可能有着较大差别，而这恰好也是 Y 市发展转型所需讨论的核心话题之一。当城市经济快速发展时，随之而来的往往是一系列社会进步，包括居民的从业率、人口数，再到城镇化率以及整个社会的信息化水平。更加完善的第二、第三产业将显著地吸纳更多的人口就业，而这些人口不仅来源于本地人口的就地城镇化，也可能来自外来人口。相较于其他已经成熟的超大型城市，县级单位在这些要素的关系上则显得较为简明一点，Y 市的信息流结构模型如图 7-15 所示。

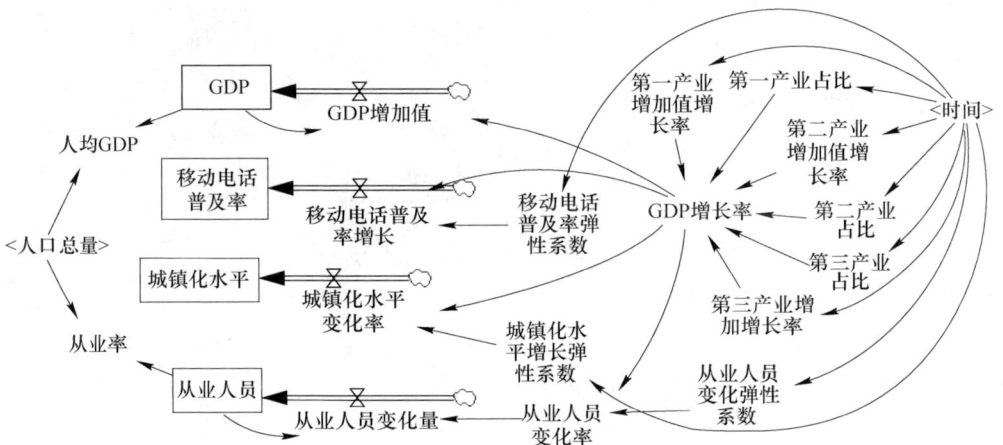

图 7-15　信息流子系统流结构图

图 7-15 中信息流子系统内部变量之间的关系主要依据通常宏观经济以及社会发展等方面的理论基础，具体的关系式列举如下：

（1）GDP（K）= GDP（J）+GDP 增加值；

（2）GDP 增加值= GDP（J）×GDP 增长率；

（3）GDP 增长率=第一产业增加值增长率×第一产业占比+第二产业增加值增长率×第二产业占比+第三产业增加值增长率×第三产业占比；

（4）移动电话普及率（K）= 移动电话普及率（J）+移动电话普及率增长；

（5）移动电话普及率增长=GDP 增长率×移动电话普及率弹性系数；

（6）城镇化水平（K）= 城镇化水平（J）+城镇化水平变化率；

（7）城镇化水平变化率=GDP 增长率×城镇化水平弹性系数；

（8）从业人员（K）= 从业人员（J）+从业人员变化量；

（9）从业人员变化量=从业人员（J）×从业人员变化率；

（10）从业人员变化率=GDP 增长率×从业人员变化率；

（11）从业率＝从业人员/人口总数；

（12）人均 GDP＝GDP/人口总数。

然而，关于 Y 市的信息流子系统仍然还有一个更加深层次的要素需要加以分析，即人口要素。从整个社会生态系统的角度，根本性的主导是人，或者更为具体地说，是所有以人为核心串联的信息生态系统。当人口不断发生变化的时候，体现社会发展需求的信息流将促使经济活动规模进一步扩大，更好的经济基础也将催生人们超越基本生存需求，而对于经济、资源有着更高的追求。因此，我们还需要额外构建 Y 市的人口规模演化模型，以图 7-16 的流结构来呈现。

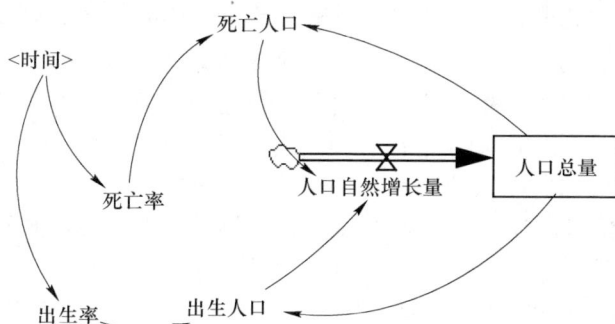

图 7-16　人口规模演化模型

在人口规模演化的模型中，选取人口总量作为状态变量，人口自然增长量作为速率变量，而以死亡人口、出生人口、出生率和死亡率作为辅助变量。事实上，人口的迁入迁出对于当今中国城镇人口有着非常显著的影响，这些因素本应该纳入模型之中，但由于 Y 市作为县级单位的统计基础较为薄弱，相关资料并不能体现这些因素，所以在本研究中不做考虑。以上变量之间的作用关系如下：

（1）人口总量（K）＝人口总量（J）＋人口自然增长量；

（2）人口自然增长量＝出生人口－死亡人口；

（3）出生人口＝人口总量（J）×出生率；

（4）死亡人口＝人口总量（J）×死亡率。

7.6.2　Y 市发展演化的三种基本情景

Y 市物质流、能量流、信息流的系统动力学模型使其发展演化的模拟推演成为可能，这是一种从局部到整体的模拟过程，而最终的发展结果可能会在所有合理的推演下带来意想不到的结果。在近年的城市宏观研究中，情景分析法在碳排放、能源等问题[65-67]方面的使用越来越广泛。情景分析法既不是对未来的预言，也不是对未来的准确预测，情景分析法只是提供未来的多种可能性，而这些情况的发生是有一定条件的，是建立在条件的基础上的合理推测。就城市发展来说，通常情景分析法会设置多种情景，每一种情景的侧重不同，或侧重于工业或侧重于第三产业。对于本研究而言，在我们无法确定怎样的宏观调控将实现真正的可持续发展时，应用情景分析法来探讨多种城市发展演化的可能性，并结合基于有序度的可持续发展评价方法，便可以在不付出真实代价的前提下找到更加可持续的发展路径。当我们找到最佳的结果时，该情景下所有的中间变量便成为了我们要找的答案，每个不同方面的变化就是我们最终需要的发展路径。

在本研究中，考虑到 Y 市自身能力的限制，以及相关基础数据的薄弱，我们在情景设置时可以"发挥"的方面并不多，这样的问题对于其他类似县级城镇单位的研究都将存在。因此，从 Y 市的客观情况来考虑，可以调整的核心是整个城市的产业结构，我们在发展情景的设置方面也主要探讨产业结构的调整。参考国内外情景分析法的诸多应用案例，考虑建立基本趋势情景、第二产业发展情景和第三产业发展情景。基本趋势情景基于我国总体经济、环境的发展演化趋势，认为 Y 市仅仅保守地跟随国家总体的演化发展趋势，不再大规模地进行产业结构以及相关技术方面的调整，该情景也是三种情景中的基准。而第二产业发展情景基于 Y 市目前的战略方针，继续保持大力发展第二产业，以工业来驱动经济增长。第三产业发展情景则需要进行大规模的产业结构调整，不再以第二产业为未来的经济增长点，反而重点扶持第三产业的发展。表 7-6 展示了这三种情景在一些主要宏观参数方面的差异性设置，而其他方面的变化在三种情景的设置中保持一致。

表 7-6　三种情景主要宏观参数设置

情景	变量	2020 年	2030 年
基本趋势情景	第二产业增加值增长率	0.07	0.05
	第三产业增加值增长率	0.09	0.06
	第二产业占比	0.6	0.63
	第三产业占比	0.28	0.33
	能源弹性系数	0.4	0.2
第二产业发展情景	第二产业增加值增长率	0.1	0.07
	第三产业增加值增长率	0.09	0.06
	第二产业占比	0.62	0.68
	第三产业占比	0.26	0.28
	能源弹性系数	0.6	0.5
第三产业发展情景	第二产业增加值增长率	0.08	0.05
	第三产业增加值增长率	0.13	0.16
	第二产业占比	0.46	0.43
	第三产业占比	0.42	0.53
	能源弹性系数	0.2	0.2

在表 7-6 的参数中，关于能源弹性系数的调整在此进行解释。由于基本趋势情景的工业特性和第三产业特性，因此假设 Y 市能源弹性系数到 2020 年为 0.4，而到 2030 年随着第三产业占比的增加和增速的加快，外加工业领域相关技术的不断升级，预计能源弹性系数会有所降低，因此设为 0.2。在第二产业发展情景中，由于第二产业的能耗强度是第三产业能耗强度的 2~4 倍[68]，因此假设 2020年 Y 市能源消耗弹性系数为 0.6，而到 2030 年假设 Y 市能源消耗弹性系数因为技术等因素降低为 0.5。在第三产业发展情景中，由于第三产业的能耗强度相较于第二产业明显较低，因此假设 2020 年 Y 市能源消耗弹性系数为 0.2，而到2030 年 Y 市能源消耗弹性系数也为 0.2。

本研究在系统动力学模型以及各情景假设的基础上，利用 Vensim 软件进行了模拟计算，得出了三种情景下 Y 市发展演化的不同结果。鉴于本研究中并没有引入过多的变量，而且三种情景涉及的变化也较为直观，因此，模拟至 2030 年的各种结果并没有太多出乎意料之处。我们还是分别从物质流、能量流、信息流子系统的角度来分别介绍不同情景下的演化结果。

7.6.2.1 物质流子系统模拟演化结果

物质流子系统涉及的序参量主要包括耕地面积、二氧化硫排放量、工业固体废弃物排放量、二氧化碳排放量以及供水总量。在这些序参量中，耕地面积至2030 年一直保持稳定缓慢增长，且三种情景下没有差别，因为耕地面积主要与第一产业相关，而与其他因素没有明显关联。

图 7-17~图 7-20 分别展示了二氧化硫、工业固体废弃物、二氧化碳排放以及供水总量从 2006 年至 2030 年的变化情况。对于这些序参量，三种情景就呈现出了较为不同的发展结果。

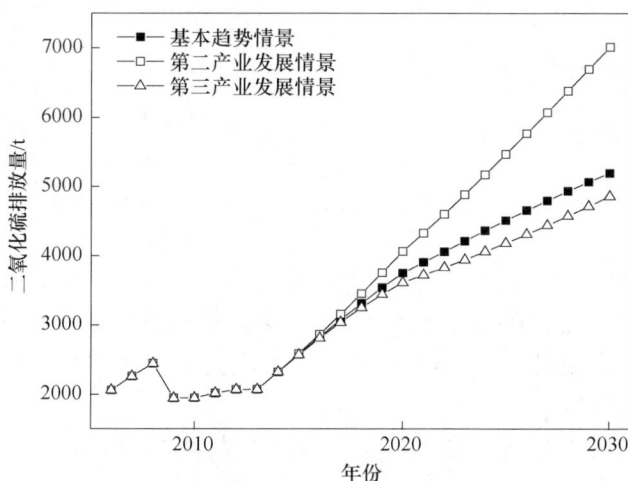

图 7-17　三种情景下 2006~2030 年二氧化硫排放量

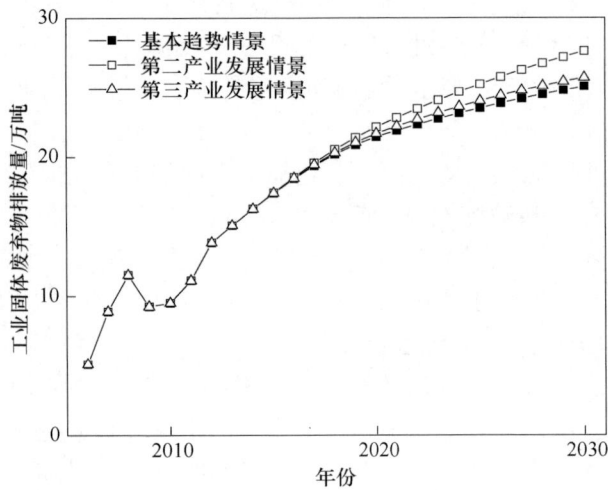

图 7-18　三种情景下 2006~2030 年工业固体废弃物排放量

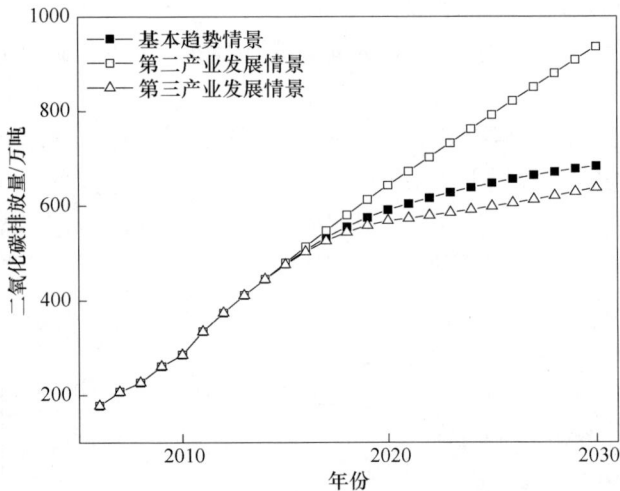

图 7-19　三种情景下 2006~2030 年二氧化碳排放量

　　从图 7-17 所示的二氧化硫排放量可以看到，三种情景的结果有着较为明显的差异，虽然均呈现上升的趋势，但第二产业发展情景的上升格外显著，而第三产业发展情景的表现最好。而对于图 7-18 所示的工业固体废弃物排放，仍然是第二产业发展情景带来了最为明显的增长。

　　图 7-19 所示的二氧化碳排放量的变化趋势与图 7-17 中的二氧化硫排放的情况基本一致，而图 7-20 所示的供水总量变化情况与图 7-18 中的工业固体废弃物排放的情况基本一致。

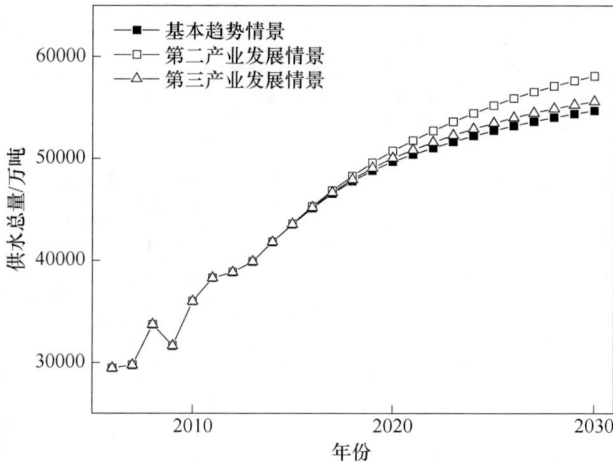

图 7-20　三种情景下 2006~2030 年供水总量变化情况

就物质流子系统而言，第二产业发展情景将带来更大的排放压力，这与可持续发展的诉求显然是背道而驰的。但基本趋势情景与第三产业发展情景之间的优劣就不清晰了，因为对于四个序参量，这两种情景都有占据优势之处。这样的结果并不令人意外，因为客观来说并不存在完美的发展路径，单一路径很难为所有方面都带来最佳的改善。因此，仅从物质流子系统的演化模拟结果来看，还无法确定哪种情景会更贴合可持续发展的需要。

7.6.2.2　能量流子系统模拟演化结果

能量流子系统涉及的序参量主要包括能源消费总量、非化石能源消费占比以及电能消费占比。图 7-21~图 7-23 分别展示了能源消费总量、非化石能源消费占比以及电能消费占比从 2006 年至 2030 年的变化情况。

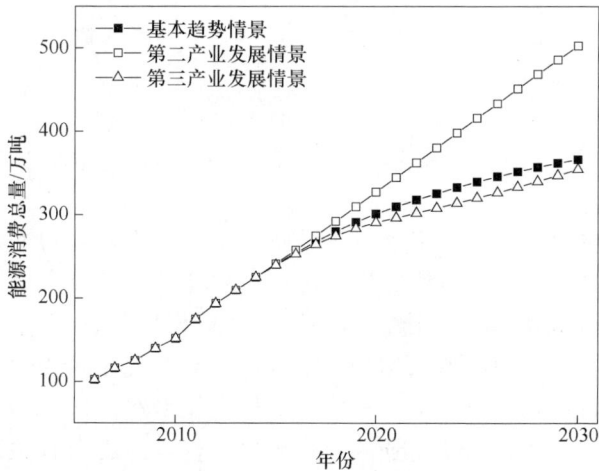

图 7-21　三种情景下 2006~2030 年能源消费总量

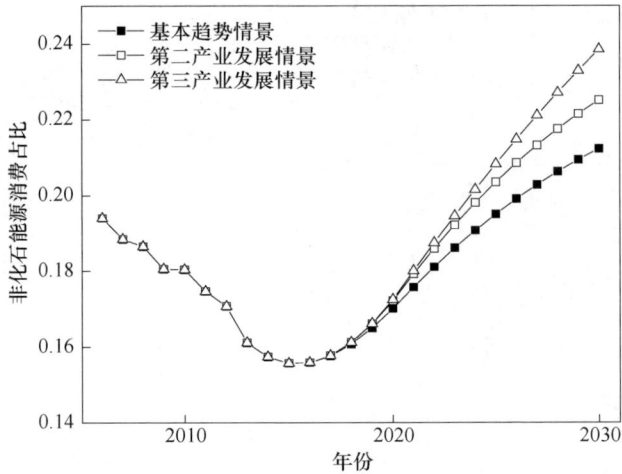

图 7-22　三种情景下 2006~2030 年非化石能源消费占比

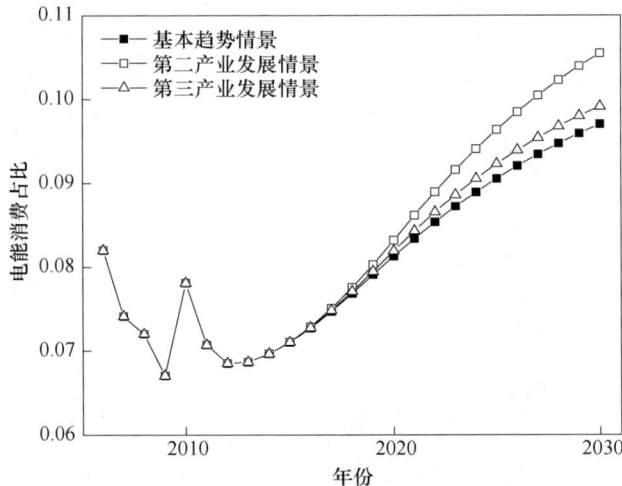

图 7-23　三种情景下 2006~2030 年电能消费占比

对于能源消费总量，第二产业发展情景带来了最为显著的增幅，这与新增工业带来的大量能耗有着密切联系，而第三产业发展情景则成为了能耗增幅最小的情景。对于非化石能源消费占比而言，第三产业发展情景具有了较为明显的优势，因为新增的第三产业不再会增加包括煤炭、天然气在内的化石能源消费，这对于改进能源消费结构也是较为有利的。对于电能消费占比，第二产业发展情景会带来明显的增幅，这与新增工业项目带来的大量电力需求有关，第三产业尽管不会增加化石能源消费，但所有的新增能源需求也主要是电力需求。从可持续发展的角度，能源需求的减少以及非化石能源消费的增加都是符合可持续发展需要的，但第二产业发展情景和第三产业发展情景在这两个方面分别具有一定的优势，具体哪种情景更加符合可持续发展的需要，仍然难以判断。

7.6.2.3 信息流子系统模拟演化结果

信息流子系统主要体现了整个城市的信息流通水平以及主观需求，整个系统在不同情景的演化差异主要体现在 GDP（经济总量）与城镇人口占比（城镇化）上，因为目前的三种情景主要突出的是产业结构的差异。信息流的其他方面在中短期内则变化不明显，且在三种情景中没有明显差异。图 7-24 和图 7-25 分别展

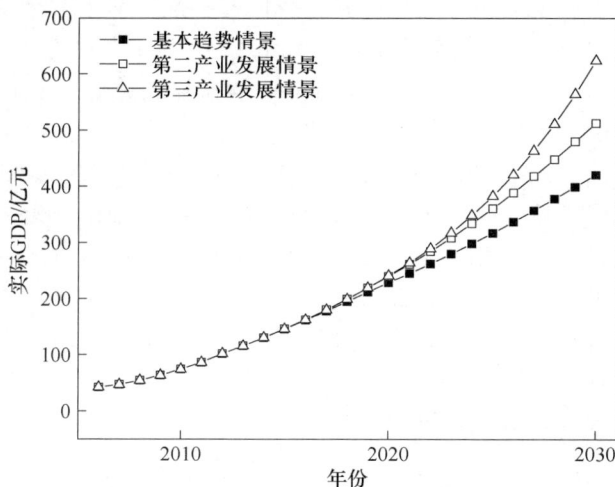

图 7-24 三种情景下 2006~2030 年实际 GDP 变化情况

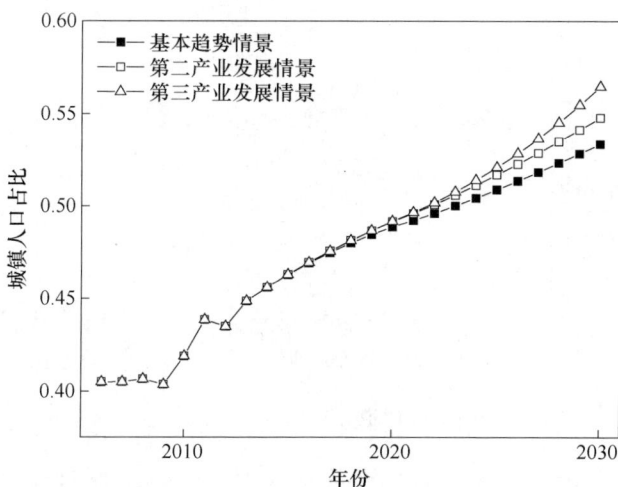

图 7-25 三种情景下 2006~2030 年城镇人口占比变化情况

示了 GDP 与城镇人口占比的模拟结果,对于这两个方面,从可持续发展的"发展"角度来说,GDP 和城镇人口占比越高,则通常被认为是更好的发展结果。在这两个方面,第三产业发展情景都有着更好的模拟结果。当然,从可持续发展的角度来说,经济社会的发展并不是可持续发展的唯一判定依据,只要三种情景都在保持增长,就没有背离"发展"的内涵。

7.6.3　Y 市在三种不同情景下的可持续发展水平评价

在三种不同情景下,利用系统动力学方法模拟 Y 市到 2030 年的发展情况,可以看出,不同序参量的演化结果各异,我们并不能仅从序参量变化就直观地找到一个最佳情景或路径,不同路径在"可持续"与"发展"方面的贡献都是"各有千秋"。因此,为了找到 Y 市迈向可持续发展的路径,我们需要借助本书所属的基于有序度的可持续发展评价方法。

图 7-26 展示了三种情景下 Y 市到 2030 年的系统有序度,结合 7.6.2 节的结论,有序度高则代表着较高的可持续发展水平。从 2016 年开始为模拟结果,三种情景的差异也是从此开始。从图 7-26 可以看出,基本趋势情景在有序度上的结果基本维持了不变,这样的结果与我们对于该情景的预期相符合,因为基本趋势情景是一种保守的情景,基本维持现有的发展模式而不做出较大的变革。因此,无论这种情景的经济社会指标如何改善,其整个发展模式都没有根本性的转变,可持续发展水平自然也就维持了原样。

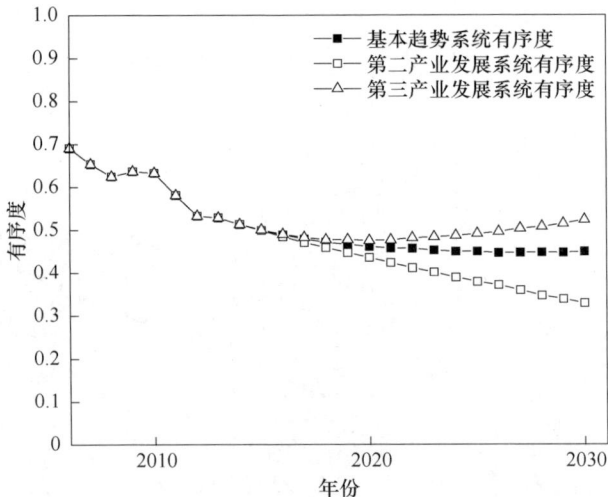

图 7-26　三种情景下 2006~2030 年 Y 市系统有序度变化情况

第二产业发展情景是在现有的发展模式上,进一步地向第二产业"倾斜",更加突出工业在经济发展中的驱动作用,最终使 Y 市向一个彻底的工业城市方向转型。这样的发展模式可能会带来显著的经济增长，比当前的发展模式吸引更多的城镇人口就业，但从可持续发展的综合要求来看，这样的发展路径不仅不会使Y市走向可持续发展，反而可能持续降低可持续发展水平，影响整个城市长远的发展潜力。

第三产业发展情景是在现有的发展模式上，转向突出第三产业的发展，以服务业驱动经济增长，减少第二产业占比，这也是很多从国家到地区的可持续发展案例中着重强调的产业转型思路。当然，这样的转型不是完美的，其在中短期内对于经济增长的带动是有限的，特别相较于工业驱动型的经济增长模式。但本研究从量化的结果表明，在可持续发展的综合要求下，第三产业发展情景确实能够带来Y市可持续发展水平的提高，最终兼顾经济社会的发展以及资源环境保护。因此，对于Y市而言，本研究所展示的三种发展路径中，第三产业发展情景是一个值得参考的方向，当Y市按照这样的情景逐步实现产业转型时，其可持续发展水平就会逐步提高。换句话说，Y市未来向可持续发展方向的转型，需要更多地调整其产业方针。

当然，本研究由于针对的是一个县级单位，在数据基础方面十分薄弱，这也导致整个城市的序参量指标体系以及动力学模型都较为粗糙。三种情景的设置也并未纳入足够多的因素，仅仅从产业转型的角度提出了不同的情景，尽管第三产业发展情景能够带来可持续发展水平的提高，但这也未必就是最佳路径。在此展示针对Y市的研究，主要是展示将"M–E–I三流"协同理论应用于可持续发展评价的可能性，读者在进行相关领域的类似研究时，可以考虑利用系统的有序度作为可持续发展水平的综合性指标。

参 考 文 献

［1］龙妍. 基于物质流、能量流与信息流协同的大系统研究［D］. 武汉：华中科技大学，2009.

［2］Costanza R，D′Arge R，Groot R D，et al. The value of the world's ecosystem services and natural capital［J］. Ecological Economics，1997，25（1）：3-15.

［3］Carson R. Silent Spring［J］. Foreign affairs（Council on Foreign Relations），1962，76（5）：704.

［4］Robinson W C. The limits to growth：a report for the club of rome's project on the predicament of mankind［R］. Demography，1973（10）：289-299.

［5］李琪. 我国港口节能减排评价指标体系研究［D］. 大连：大连海事大学，2010.

［6］杨多贵，牛文元，陈劭锋. 系统学开创可持续发展理论与实践研究的新方向［J］. 系统辩证学学报，2001，9（1）：20-23.

［7］刘东刚. 中国能源监管体制改革研究［D］. 北京：中国政法大学，2013.

［8］曹明德. 生态法原理［M］. 北京：人民出版社，2002.

［9］张晓春. 人类中心主义和非人类中心主义的生态学解析［D］. 沈阳：沈阳工业大

学，2010.

［10］刘文玲，王灿，Gert S，等. 中国的低碳转型与生态现代化 ［J］. 中国人口·资源与环境，2012，22（9）：15-19.

［11］人民网. 全球低碳减排，中国展现大国担当 ［EB/OL］. http：//finance. people. com. cn/n1/2020/1019/c1004-31896423. html.

［12］Ngai E，Ng C，Huang G Q. Energy sustainability for production design and operations ［J］. International Journal of Production Economics，2013，146（2）：383-385.

［13］UNIDO. World Manufacturing Production Statistics for Quarter IV，2017 ［EB/OL］. https：//www. unido. org/sites/default/files/files/2018-03/World_manufacturing_production_2017_q4. pdf.

［14］UNIDO. Industrial Development Report 2018 ［EB/OL］. https：//www. unido. org/sites/default/files/files/2017-11/IDR2018_OVERVIEW_ENGLISH. pdf.

［15］Fujii H，Managi S. Which industry is greener? An empirical study of nine industries in OECD countries ［J］. Energy Policy，2013，57（6）：381-388.

［16］曹凑贵. 生态学概论 ［M］. 2 版. 北京：高等教育出版社，2006.

［17］胡萌萌，张雷刚，吕军利. 从生态学到人类生态学：人类生态觉醒的历史考察 ［J］. 西北农林科技大学学报（社会科学版），2014（4）：162-166.

［18］徐江，林庆华，程鸿德. 持续发展与人类生态系统演替 ［J］. 科学与社会，1996（4）：17-28.

［19］戴星翼. 人类生态系统和生态危机 ［J］. 人口研究，1991（1）：18-21.

［20］王兴辉. 基于物质流，能量流，信息流协同理论与系统动力学的宜城市可持续发展评估研究 ［D］. 武汉：华中科技大学，2017.

［21］孙根年. 物质—能量—信息（MEI）的转化与人类可持续发展 ［J］. 自然辩证法研究，1999，15（8）：50-56.

［22］余中元，李波，张新时. 社会生态系统及脆弱性驱动机制分析 ［J］. 生态学报，2014（7）：262-271.

［23］陈字曲. 能源管理体系的可持续发展协同度评价研究 ［D］. 武汉：华中科技大学，2019.

［24］马道明，李海强. 社会生态系统与自然生态系统的相似性与差异性探析 ［J］. 东岳论丛，2011，32（11）：131-134.

［25］徐惠民，丁德文，石洪华，等. 基于复合生态系统理论的海洋生态监控区区划指标框架研究 ［J］. 生态学报，2014，34（1）：122-128.

［26］马滕. 人类生态学：可持续发展的基本概念 ［M］. 北京：商务印书馆，2011.

［27］王晓楠. 社会系统及其可持续发展的新理论模型 ［D］. 天津：天津大学，2011.

［28］Blanc A L，Zwarterook I. Industrial risk management shifting towards a more just transition：the case of dunkirk（france）［J］. International Journal of Labour Research，2014，6：295-319.

［29］Urban F，Mitchell T，Villanueva P S. Issues at the interface of disaster risk management and low-carbon development ［J］. Climate & Development，2011，3（3）：259-279.

［30］Fitzpatrick T, Bradley K, Rau H, et al. Book review perspectives：understanding the environment and social policy ［J］. Sustainability Science Practice & Policy, 2012, 8（1）：116-123.

［31］John G, Jan R, Johan S. Transitions to sustainable development：new directions ［M］. London：Routledge, 2014.

［32］Leggewie C, Messner D. The low-carbon transformation—a social science perspective ［J］. Journal of Renewable & Sustainable Energy, 2012, 4（4）：725-753.

［33］Goncalves V S, Jose M. Energy management system ISO 50001：2011 and energy management for sustainable development ［J］. Energy Policy, 2019, 133：110868. 1-110868. 9.

［34］Chen B, Xiong R, Li H, et al. Pathways for sustainable energy transition ［J］. Journal of Cleaner Production, 2019, 228（10）：1564-1571.

［35］百度百科. 消费主义 ［EB/OL］. https：//baike. baidu. com/item/%E6%B6%88%E8%B4%B9%E4%B8%BB%E4%B9%89.

［36］袁增伟, 毕军. 产业生态学 ［M］. 北京：科学出版社, 2010.

［37］刘汉元, 刘建生. 能源革命：改变21世纪 ［M］. 北京：中国言实出版社, 2010.

［38］刘建生. 面向新未来：后化石能源时代 ［M］. 北京：经济日报出版社, 2005.

［39］刘建生. 新经济学原理：论人类社会的能量特性 ［M］. 北京：经济日报出版社, 2008.

［40］Cronan C S, Grigal D F. Use of calcium/aluminum ratios as indicators of stress in forest ecosystems ［J］. Journal of Environmental Quality, 1995, 24（2）：209-226.

［41］Bardgett R D, Mcalister E. The measurement of soil fungal：bacterial biomass ratios as an indicator of ecosystem self-regulation in temperate meadow grasslands ［J］. Biology and Fertility of Soils, 1999, 29（3）：282-290.

［42］Xu F L, Tao S, Dawson R W, et al. Lake ecosystem health assessment：indicators and methods ［J］. Water Research, 2001, 35（13）：3157-3167.

［43］大卫·皮尔斯. 绿色经济的蓝图 ［M］. 北京：北京师范大学出版社, 1997.

［44］Hassan R, Scholes R, Ash N. Ecosystems and human well-being：current state and trends ［J］. Journal of Bacteriology, 2003, 90（5）：1387-1404.

［45］Wackernagel M, Onisto L, Bello P, et al. National natural capital accounting with the ecological footprint concept ［J］. Ecological Economics, 1999, 29（3）：375-390.

［46］Whitford V, Ennos A R, Handley J F. "City form and natural process" —indicators for the ecological performance of urban areas and their application to Merseyside, UK ［J］. Landscape & Urban Planning, 2001, 57（2）：91-103.

［47］Borhidi A. Social behaviour types, their naturalness and relative ecological indicator values of the higher plants of the Hungarian Flora ［J］. Acta Botanica Hungarica, 1995, 39：97-182.

［48］Vaissière A C, Levrel H, Hily C, et al. Selecting ecological indicators to compare maintenance costs related to the compensation of damaged ecosystem services ［J］. Ecological Indicators, 2013, 29（3）：255-269.

［49］Dinesh R, Chaudhuri S G. Soil biochemical/microbial indices as ecological indicators of land use change in mangrove forests ［J］. Ecological Indicators, 2013, 32（32）：253-258.

［50］ Pawlowski C W, Mccord C. A Markov model for assessing ecological stability properties ［J］. Ecological Modelling, 2009, 220 (2): 86-95.

［51］ Banos－Gonzalez I, Martinez－Fernandez J, Esteve－Selma M A. Tools for sustainability assessment in island socio－ecological systems: An application to the Canary Islands ［J］. Island Studies Journal, 2016, 11 (1): 9-34.

［52］ 姜钰, 贺雪涛. 基于系统动力学的林下经济可持续发展战略仿真分析 ［J］. 中国软科学, 2014, (1): 105-114.

［53］ Vaidya O S, Kumar S. Analytic hierarchy process: an overview of applications ［J］. European Journal of Operational Research, 2006, 169 (1): 1-29.

［54］ Saaty T. The analytic network process: decision making with dependence and feedback ［J］. International, 2001, 95 (2): 129-157.

［55］ De Boer P T, Kroese D, Mannor S, et al. A tutorial on the cross－entropy method ［J］. Annals of Operations Research, 2005, 134 (1): 19-67.

［56］《可持续发展指标体系》课题组. 中国城市环境可持续发展指标体系研究手册 ［M］. 北京: 中国环境科学出版社, 1999.

［57］ 郝晓辉. 中国可持续发展指标体系探讨 ［J］. 科技导报, 1998, 16 (11): 42-46.

［58］ 张自然, 张平, 刘霞辉, 等. 1990~2011 年中国城市可持续发展评价 ［J］. 金融评论, 2014 (5): 41-69.

［59］ 张卫民. 北京城市可持续发展综合评价研究 ［D］. 北京: 北京工业大学, 2002.

［60］ Ayres R U, Kneese A V. Production, consumption and externalities ［J］. American Economic Review, 1969, 59 (3): 282-297.

［61］ Charpentier J. The changing metabolism of cities ［J］. Journal of Industrial Ecology, 2007, 11 (2): 43-59.

［62］ 安宝晟, 程国栋. 西藏生态足迹与承载力动态分析 ［J］. 生态学报, 2014, 34 (4): 1002-1009.

［63］ 李俊莉, 曹明明. 基于能值分析的资源型城市循环经济发展水平评价——以榆林市为例 ［J］. 干旱区地理, 2013, 36 (3): 528-535.

［64］ 蔡九菊, 王建军, 陆钟武, 等. 钢铁企业物质流与能量流及其相互关系 ［J］. 东北大学学报 (自然科学版), 2006, 27 (9): 979-982.

［65］ 冯悦怡, 张力小. 城市节能与碳减排政策情景分析——以北京市为例 ［J］. 资源科学, 2012, 34 (3): 541-550.

［66］ Swart R J, Raskin P, Robinson J. The problem of the future: sustainability science and scenario analysis ［J］. Global Environmental Change, 2004, 14 (2): 137-146.

［67］ Wang K, Wang C, Lu X, et al. Scenario analysis on CO_2 emissions reduction potential in China's iron and steel industry ［J］. Energy Policy, 2007, 35 (4): 2320-2335.

［68］ 张丽峰. 中国能源供求预测模型及发展对策研究 ［D］. 北京: 首都经济贸易大学, 2006.

8　物质流-能量流-信息流协同理论 在工业企业中的应用

在第 7 章中我们探讨了城镇的可持续发展问题，事实上，地区的可持续发展进程在微观层面离不开各种类型的组织（包括个人在内）的演化发展，而地区的总体发展是组织共同作用的宏观结果。特别是工业企业，对于地区的发展有着十分重要的影响，不仅仅是社会民生层面，还有经济与环境层面。在当今我国正在加速迈向生态文明的大背景下，工业企业的发展演化必须顺应可持续发展的要求，在生产经营模式上更加低碳与环境友好。这便要求将新的思维与方法融入企业的管理中，好的管理必须同时兼顾多个方面，追求利润或产量等单方面的最大化已不再可行。

钢铁、建材（包括陶瓷）、化工行业是全球公认的高耗能、高排放工业企业，对于我国而言也是如此。随着我国对于工业能耗、排放的要求日趋严格，积极转型成为了这些企业的必选项。转型不是仅仅面向企业当前所拥有的技术水平，更是面向企业的自我管理，面向企业不断提升的潜力。在整个行业都在不断升级革新时，一个企业当下的技术优势在数年之后可能就消失殆尽。在这种背景下，传统静态的、结果导向的评价方式必须得到突破，管理者需要敏锐地洞察企业演化的方向与内在动力。无论是大规模的技术改造投资，还是管理层面的重大革新，管理的有效性不在于投入有多大，而是需要确保其带来了真正有效的转变。

协同、有序的思维方式是本书贯穿始终的思想内核，其对于不同的特定领域都有着积极且不尽相同的意义，正如前面我们对于能源管理、可持续发展的探讨。这些不同的意义，对于总体而言是来自于系统模型的不同，是协同机制的不同，而更具体到协同评价方法而言，是来自于序参量指标体系的不同。在本章中，我们将主要展示"M-E-I 三流"协同理论在不同行业的工业企业中的应用，结合这些行业演化发展中的节能、可持续性等问题。

这些分析应用示例并非是最终的答案，因为每个企业都是具有各自特点的复杂系统，每个系统都有着各自不同的演化目标与协同机制。在有限的知识下，作者对于不同行业的解读可能也有很多的不完善之处。因此，本章的所有分析仅供各位读者参考借鉴，旨在引导一些新的思考。

8.1 物质流-能量流-信息流协同理论在陶瓷企业的应用

8.1.1 我国陶瓷工业的转型需求

陶瓷的生产在我国具有悠久的历史，陶瓷工业是我国建材供应行业的重要组成部分，在经济建设和社会发展中占据重要的地位。自 2004 年起，我国日用陶瓷产量约占世界总产量的 60%，建筑卫生陶瓷产量占世界总产量的一半以上，成为世界上日用陶瓷、建筑陶瓷、卫生陶瓷产量均第一的国家。然而，我国陶瓷工业的整体发展水平在较长时间内与世界先进水平存在明显差距，特别是在清洁生产层面[1-2]。

此前，我国陶瓷企业基本以"高能耗、高污染、高排放"著称，究其原因是陶瓷企业"资源-产品-废料"单一的生产模式造成的。陶瓷行业作为典型的资源消耗大、能源消费高的行业，节能降耗已经成为一个十分紧迫的任务。从表8-1 和表 8-2 中看出，我国陶瓷企业的产品单耗自 20 世纪 90 年代以来一直保持着快速的进步，但从烧成热耗、综合热耗和电耗这三个指标来看，与世界先进水平仍有差距。

表 8-1 陶瓷企业 1995~2005 年产品单耗

项 目		单位	1995 年	2000 年	2005 年
热耗（标煤）	建筑陶瓷	kg/m^2	9.5	6.86	5.1
		kg/t	475	298.27	221.75
	卫生陶瓷	kg/m^2	15.6	13.31	11.67
		kg/t	1200	1023.85	778
电耗	建筑陶瓷	kW·h/m^2	4.38	4.28	4.20
		kW·h/t	219	186.09	182.61
	卫生陶瓷	kW·h/m^2	8.45	7.46	6.75
		kW·h/t	650	573.85	450
综合能耗（标煤）	建筑陶瓷	kg/m^2	11.26	8.59	6.80
		kg/t	563	373.49	295.52
	卫生陶瓷	kg/m^2	18.55	16.32	14.4
		kg/t	1426.9	1255.69	960

表 8-2 国内外建筑卫生陶瓷能耗对比

比较项目	类型	单位	世界先进水平	国内水平
烧成热耗（标煤）	建筑陶瓷	kg/m^2	0.04~0.14	0.10~0.21
	卫生陶瓷	kg/t	0.11~0.29	0.17~0.43

比较项目	类型	单位	世界先进水平	国内水平
综合热耗（标煤）	建筑陶瓷	kg/m²	0.77~6.42	1.5~15.0
	卫生陶瓷	kg/t	238~476	400~1800
电耗	建筑陶瓷	kW·h/m²	2.3~5.12	2.5~5.5
	卫生陶瓷	kW·h/t	249~533	250~600

在诸多的陶瓷种类中，建筑陶瓷生产一直以来都贡献了主要的能源消耗。一般建筑陶瓷的生产工艺流程为：原料→湿法球磨→喷雾干燥造粒→陈腐→干压成型→辊道窑烧成，其中，喷雾干燥塔和烧成的窑炉占据了工艺中的大多数能耗。以国内先进建筑陶瓷企业生产能耗水平计算，生产建筑陶瓷在喷雾干燥塔里的热耗大约为 $5×10^4 kJ/m^2$，电耗约为 $7.2×10^3 kJ/m^2$，在窑炉烧成阶段消耗的热能为 $8.5×10^4 ~ 1.5×10^5 kJ/m^2$，电耗约为 $7.2×10^3 kJ/m^2$。由此推算出，先进生产水平的企业生产建筑陶瓷的总热耗约为 $1.4×10^5 kJ/m^2$，电耗约为 $1.4×10^4 kJ/m^2$。根据中国建筑卫生陶瓷协会数据显示，2014 年我国建筑卫生陶瓷产量为 102 亿平方米，则这些建筑卫生陶瓷的生产企业 2014 年能耗约为 $1.3×10^{15} kJ$，折合标煤约为 4436 万吨，这些数字显然是十分庞大的，尤其是在庞大的生产规模之下。

在全面迈向生态文明的大背景下，我国陶瓷工业必须摆脱传统的"野蛮生长"，各陶瓷生产企业需要进一步向清洁生产转型，这不仅要降低生产的污染，还要减少资源的浪费，提升能源效率。

表 8-3 展示了清洁生产对企业带来的新要求，特别是相较于传统的末端治理而言，清洁生产是一种致力于从源头降低废弃物，减轻污染物的产生以提高资源利用效率的新的创造性思想。清洁生产的实质是预防污染，让企业在能源的使用过程中，找出资源和能源浪费的原因及位置，用先进的设备及生产工艺实现资源和效率利用的最大化。

表 8-3 清洁生产与末端治理的比较

比较项目	清洁生产	末端治理
污染控制方式	生产过程中控制，能源使用全过程控制	污染物排放前控制，污染物达标排放控制
污染物产生量	减少	无变化
污染物排放量	减少	治理后减少
资源利用效率	增加	无变化
能源消耗量	减少	增加了治理过程的消耗
产品质量	改善	无变化

比较项目	清洁生产	末端治理
产品生产成本	降低	增加
经济效益	增加	减少
治理费用	减少	增加
实施的主动性	主动	被动

从表 8-3 可以看出，清洁生产对企业转型的要求是多元的，涉及企业物质流、能量流的全面优化，转型并非是单纯地节能减排，还同时追求产品质量与经济效益的提升。这种程度的转型不能仅仅依靠部分设备、工艺的升级改造，而是需要从企业管理层面着手，最终推进整体进行系统性的转变。

从本书所述理论的角度出发，陶瓷企业的清洁生产可以视作所有企业转型的有序性目标，而在整个生产系统进行演化发展的过程中，物质流、能量流、信息流之间的协同效应无疑是关键的决定性因素。

8.1.2 建筑陶瓷的典型生产工艺

陶瓷的生产工艺较为简单，由原料制备、产品成型和产品烧结三个主要环节及其他辅助环节组成。原料制备是陶瓷生产前对产品原料准备的过程，包括原料采购、淘洗、配料、球磨粉碎、除铁等过程。原料准备过程得到的原料质量高低影响着陶瓷的质量好坏，同时该过程中会产生大量的废水、粉尘、废料等污染物。产品成型工艺主要由成型车间完成，目前陶瓷企业成型工艺主要分为干压成型和挤压成型。如图 8-1 和图 8-2 所示，分别展示了建筑陶瓷挤压成型和干压成型的生产工艺流程。

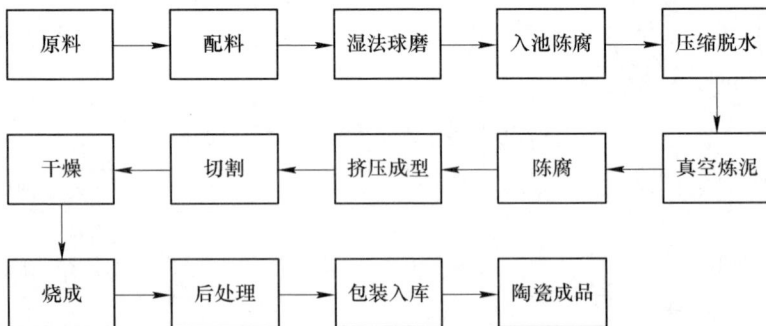

图 8-1 建筑陶瓷挤压成型生产工艺流程图

产品烧结工序是陶瓷制备工艺中最为关键的环节（见图 8-3），也是能耗最高的部分。熟坯烧成阶段，以瓷质砖的一次烧成生产为例，按照窑炉温度高低和

```
                        ┌──────────┐
                        │  原料进厂  │
                        └──────────┘
            ┌───────────────┼───────────────┐
      ┌──────────┐    ┌──────────┐    ┌──────────┐
      │  釉料配料  │    │  原料进厂  │    │  色泥配料  │
      └──────────┘    └──────────┘    └──────────┘
            │               │               │
      ┌──────────┐    ┌──────────┐    ┌──────────┐
      │   球磨    │    │   球磨    │    │   球磨    │
      └──────────┘    └──────────┘    └──────────┘
            │               │               │
      ┌──────────┐    ┌──────────┐    ┌──────────┐
      │ 过筛、除铁 │    │ 过筛、除铁 │    │ 过筛、除铁 │
      └──────────┘    └──────────┘    └──────────┘
            │               │               │
      ┌──────────┐    ┌──────────┐    ┌──────────┐
      │  陈腐备用  │    │   泥浆池   │    │   泥浆池   │
      └──────────┘    └──────────┘    └──────────┘
            │               │               │
            │         ┌──────────┐    ┌──────────┐
            │         │  喷雾干燥  │    │  喷雾干燥  │
            │         └──────────┘    └──────────┘
            │               │               │
            │         ┌──────────┐    ┌──────────┐
            │         │  料仓陈腐  │    │  料仓陈腐  │
            │         └──────────┘    └──────────┘
            │               │               │
            │         ┌──────────┐         │
            │         │   混合    │◄────────┘
            │         └──────────┘
            │               │
            │         ┌──────────┐
            │         │  压制成型  │
            │         └──────────┘
            │               │
            │         ┌──────────┐
            │         │   干燥    │
            │         └──────────┘
            │               │
            └────────►┌──────────┐
                      │   施釉    │
                      └──────────┘
                            │
                      ┌──────────┐
                      │   烧成    │
                      └──────────┘
                            │
                      ┌──────────┐
                      │  后处理   │
                      └──────────┘
                            │
                      ┌──────────┐
                      │  陶瓷成品  │
                      └──────────┘
```

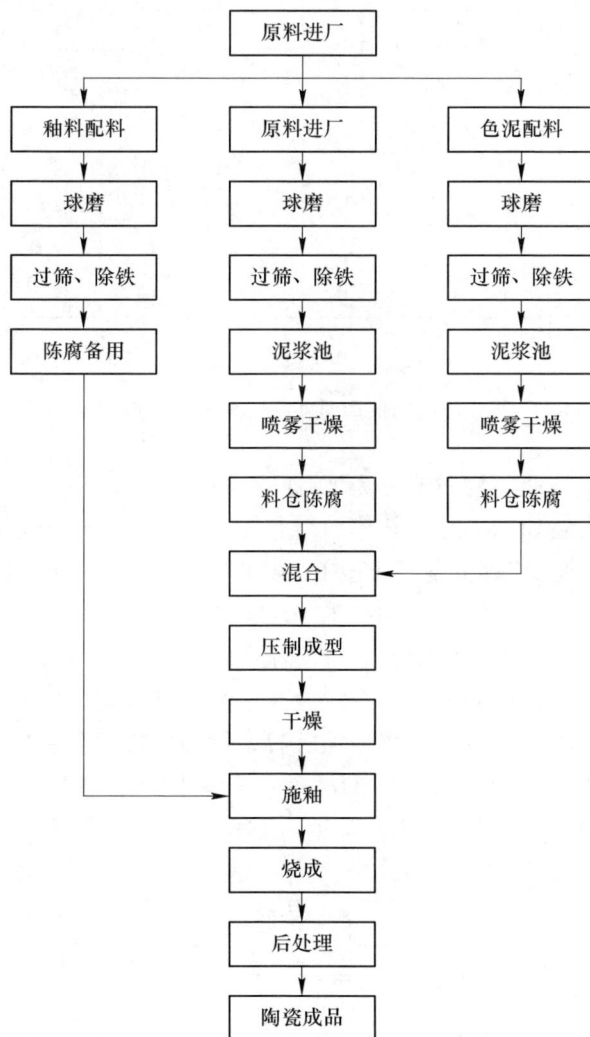

图 8-2　建筑陶瓷干压成型生产工艺流程图

时间顺序可大致分为四个阶段：（1）预热段 A，常温至 300℃；（2）低温烧成段 B，300~950℃；（3）高温烧成段 C，950℃至最高温度；（4）冷却段 D，最高温度至常温。

8.1.3　陶瓷企业的物质流、能量流、信息流

8.1.3.1　物质流

陶瓷企业的物质流主要由原料流、能源物质流动、污染物流动以及其他物质如回收循环利用物质的流动、半成品、成品的流动组成。按照物质流动的前后顺

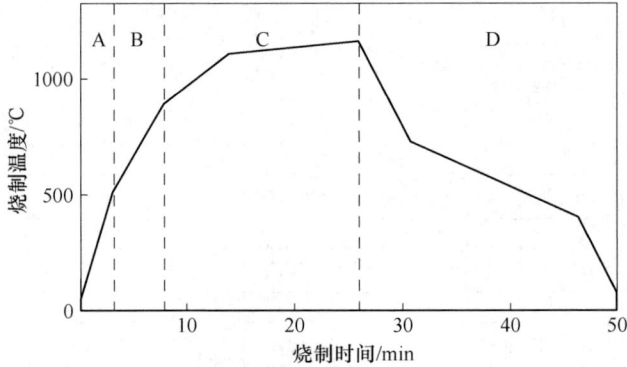

图 8-3　熟坯烧成的典型温度图（瓷质砖一次烧成生产）

序，又可以将陶瓷企业的物质流分为下列三个阶段：

第一阶段，是诸如矿物、岩石等原料和煤、天然气、电等能源物质从供应地（矿山、电厂等）通过各种运输途径进入陶瓷企业的物质流动过程；

第二阶段，是粉体、泥浆、釉料等非能源物质和水、煤、电、柴油、天然气等能源物质在生产过程中生产线上的物质流动；

第三阶段，是陶瓷产品从陶瓷企业通过包装后进入到市场的产品物质流动。

另外，在陶瓷企业的生产过程中伴随着大量污染物和废弃物的流动过程，包括固体废弃物、废水、粉尘残渣、SO_2、NO_x 等。因此，我们又可以把陶瓷企业的物质流分为以下四类：原料物质流（见图 8-4）、生产物质流、产品物质流及污染物物质流。

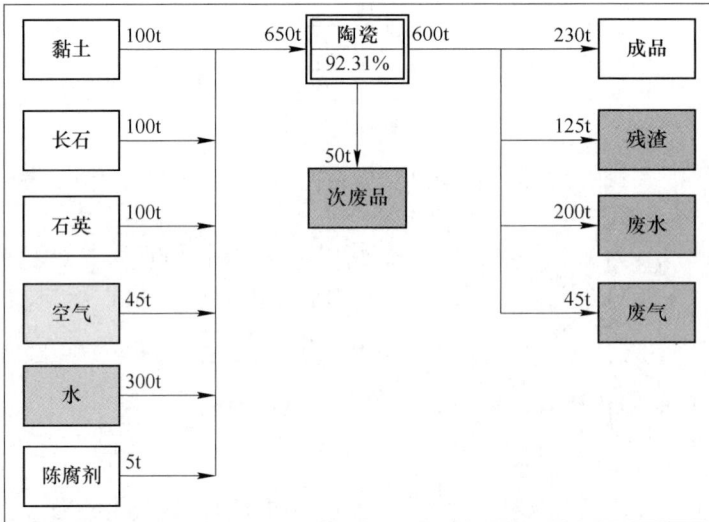

图 8-4　某陶瓷企业原料物质流

对于陶瓷生产企业，泥料、釉料等原料的消耗属于本质性消耗，而水资源以及天然气、煤、电等能源物质在整个生产过程中不断地被消耗，属于过程性消耗。由于含水率是陶瓷产品十分重要的参数之一，而水资源的消耗过程直接关系到陶瓷产品的含水率，所以这里对陶瓷企业水资源的消耗做出分析。对于陶瓷生产企业而言，水资源的消耗主要集中在制备粉料阶段，该过程需要消耗较多的水资源用以制备含水率符合要求的浆料（30%～40%含水率），之后经过喷雾干燥塔转化为水蒸气和液态水。对于湿法制粉工艺而言，大约有12%最终以液态水的形式进入粉料成品，而88%都成为了气态的尾气。

由于浆料中只有很少比例的水分转移到粉料成品中，而剩余的大部分水分转化为尾气排入大气中，因此制备浆料阶段在保证浆料流动性的前提下最大限度地降低浆料含水率是减少水资源利用的主要突破口，如在制备浆料过程中加入适量减水剂。除此之外，工厂内部由于冲洗设备用水、冷却用水等产生的污水也可以经过污水处理后供湿法球磨使用，促进了循环利用，节约了水资源。

如图8-5所示的是企业生产用水平衡图，除制备粉料阶段消耗大量水资源以外，其他用水部位还包括煤气站、釉料制备、产品制造、地面冲洗、生活用水等。尽管所有的用水都是必要的，但从节约水资源的角度出发，理想的情况应该尽可能实现水资源的循环利用，减少对天然、纯净水资源的总体消耗。

在图8-5的示例中，我们可以利用如下公式计算得到该企业的水资源循环利用率：

$$R = \frac{C}{Y} \times 100\% = \frac{C}{Q + C} \times 100\% = \frac{13.22}{24.38 - 6.3} \times 100\% = 73.1\% \quad (8-1)$$

式中，C 为循环用水量（万吨/年）；Y 为生产用水总量（自来水量和循环水量之和）；Q 为取水量（自来水量）。基于以上分析可知，对于水资源的利用情况而言，更为清洁的生产要求是更高的水资源循环利用率，以及更低的取水总量。

8.1.3.2　能量流

物质的流动必然需要能量消耗来支持，相应地，能量的流动也与生产设备、流程密切相关。结合物质流的三个阶段，陶瓷企业的能量流也可以分为三个阶段，如图8-6所示。

第一阶段，是原料和能源物质从供应地通过各种运输途径进入陶瓷企业的物质流动过程中所伴随的能量流动的过程；

第二阶段，是粉体、泥浆、釉料等非能源物质和水、煤、电、柴油、天然气等能源物质在生产过程中发生的物理、化学变化所需要的能量流动过程；

第三阶段，是陶瓷产品进入到市场过程中需要的能量流动过程。

损耗0.16

$Q_1=0.98$　　煤气站　　$Q_1'=0.82$

损耗0.2

$Q_2=7.59$　　球磨　　$Q_2'=7.39$

损耗0

$Q_3=0.02$　　料浆均化　　$Q_3'=0.02$

损耗3.7

$Q_4=4.94$　　喷雾干燥　　$Q_4'=1.24$

$Q_{自来水}=11.16$

损耗0.2

$Q_5=3.9$　　制釉施釉　　$Q_5'=3.70$

污水处理系统

$Q_{循环水}=7.59$

损耗0

$Q_6=0.05$　　冷却　　$Q_6'=0.05$

$Q_7=6.3$　　生活用水

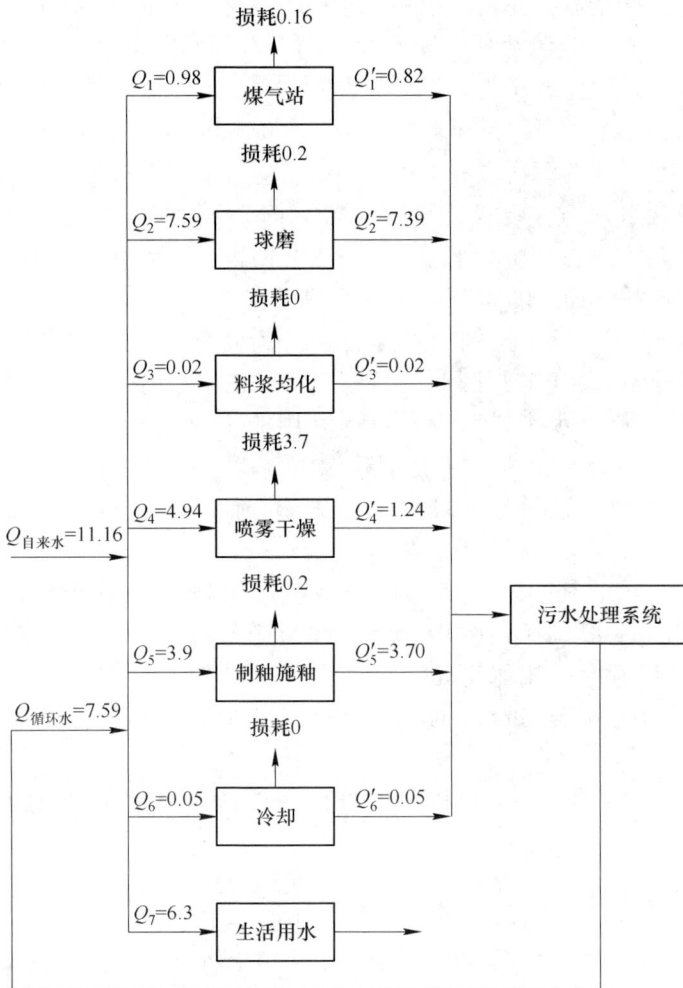

图 8-5　某陶瓷企业生产用水平衡图（单位：万吨/年）

　　陶瓷企业作为高能耗行业的一种，陶瓷生产过程中，烧成工序和干燥工序占据了企业 80% 以上的能源。有统计资料显示，陶瓷企业中 61% 的能源被烧成车间消耗，干燥车间紧随其后占据了企业能源消耗的 20% 左右。目前在我国大多数陶瓷生产企业中，烧成使用的窑炉集中于梭式窑、隧道窑和辊道窑三种，其中辊道窑以产量大、节能效果好、自动化程度高、易于操作、所占空间小等优点广受陶瓷企业的欢迎，成为了陶瓷窑炉的主要发展趋势。表 8-4 为各类型卫生陶瓷窑炉的年产量及能耗情况。

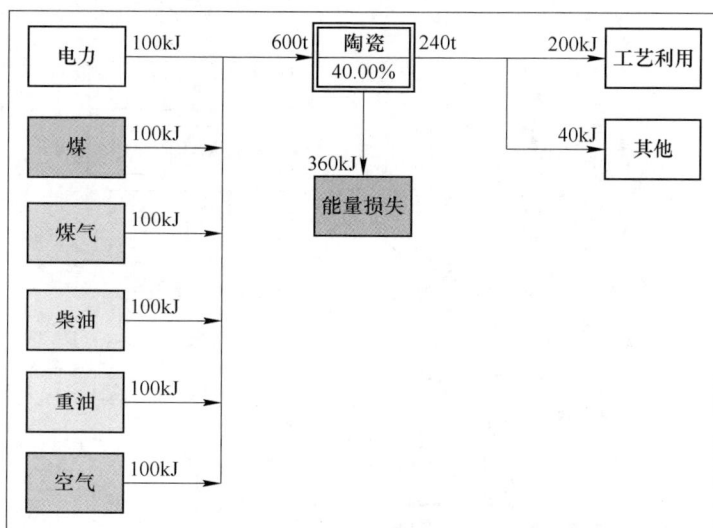

图 8-6 某陶瓷企业能量流

表 8-4 各类型卫生陶瓷窑炉的年产量及能耗

窑炉类型	年产量/万件	燃料类型	烧成能耗/kJ·kg⁻¹
98m³ 倒焰窑	3.4	煤	30000×4.18
70m 装匣钵隧道窑	13	重油	15000×4.18
96m 隔焰隧道窑	24	重油	6000×4.18
85m 明焰耐火砖隧道窑	34	柴油,煤气	(2500~3000)×4.18
90m 全纤维隧道窑	39	柴油,煤气	(1500~2000)×4.18
96m 辊道窑	51	石油气,天然气	(1000~1300)×4.18

在此,我们以辊道窑为例,对窑炉的电能消耗和热能消耗做出分析。窑炉消耗的电能主要用于两个方面(见图8-7):(1)窑炉消耗电能转化为有用功,用于传送坯体、鼓动空气等物料传送;(2)机械装置运转过程中摩擦作用产生热能,这一部分是额外的电能损耗。而对于燃料燃烧产生的热能,其主要是通过空气介质的传递进入窑炉后,供以下四个方面利用(见图8-8):(1)热量通过空气介质传给坯体,促进坯体物理化学反应,从而将坯体烧制成为熟坯,坯体的最高烧成温度直接决定了所需要消耗热量的多少,这部分的热耗是窑炉热耗的最主要用处;(2)热量由完成加热任务和冷却任务的空气带出窑炉,尤其在冷却阶段,通过常温空气对加热窑段的高温坯体进行冷却,大量热能存在于被加热的常温空气中;(3)窑炉高温空气泄漏带走的热量;(4)窑炉各部分热量向周围环境的散失。其中,第一部分热能消耗属于本质性消耗,在窑炉中转化为有用功,

剩余三部分热能消耗则属于额外的热能消耗，是应该尽量减少的。

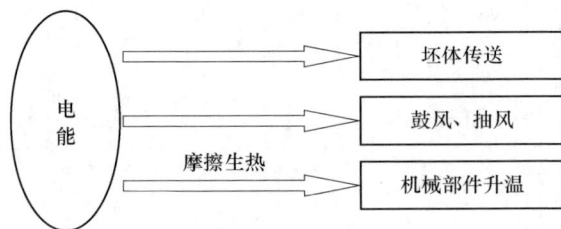

图 8-7 辊道窑中电能消耗及转化

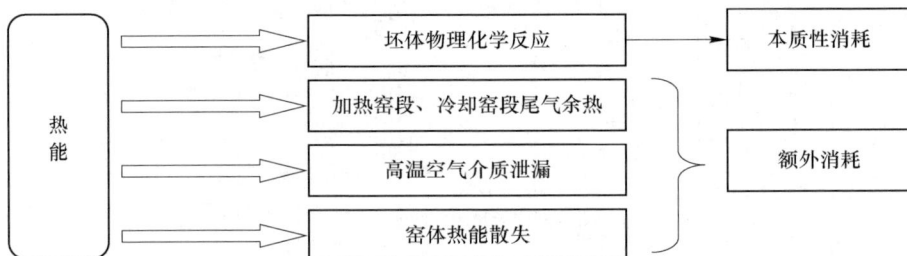

图 8-8 辊道窑热能消耗及转化

　　陶瓷生产过程中的干燥工序是除烧成工序外，另一高能耗的工序。干燥工序主要存在于两个生产工艺阶段中，第一阶段是在原料制备阶段，喷雾干燥塔的使用需要消耗大量的电能和热能。原料制备阶段对电能的消耗主要用于三个部分：（1）用于将原料粉碎，这部分电能的消耗是为了驱动电动机，带动球磨机转动，虽然设备消耗的电能并不大，但球磨机工作时更多的电能损耗来自电能转化为热能散失；（2）由于球磨机工作过程中，浆料由于彼此碰撞导致温度升高，因此这部分电能转化为浆料的热能存在于浆料以及球磨介质中；（3）设备运转带来的摩擦生热，这种电能转化为热能散失到空气中的比重很大。喷雾干燥塔消耗的热能主要用于水分蒸发、存在于粉料成品中、尾气余热散失以及喷雾干燥塔设备热散失。

　　干燥工序的第二阶段发生在生坯干燥工序中。干燥设备消耗的电能主要用于：（1）有用功部分包括传送坯体和驱动鼓风、抽风设备来加快空气流动提高坯体干燥速度；（2）随着机械设备运转摩擦产生的热量散失；（3）输入射线发射器产生微波干燥坯体，如辐射干燥器、微波干燥器；（4）随着微波散失到外界环境中。生坯干燥过程的热能消耗主要存在于以下三种形式：（1）利用高温空气介质加热坯体，促进坯体中水分的蒸发；（2）干燥任务完成的空气，仍具有较高的温度，这部分热量则被回收利用或散失到空气中；（3）随着高温空气介质在设备周围散失。

经过上述分析，我们可以利用图 8-9 和图 8-10 分别梳理干燥工序中电能、热能的利用转化路径。对于陶瓷企业的能量流，除了上述较为简要的表示方法，陶雪飞等[3] 尝试将前人提出的"系统三环节模型"[4] 应用于陶瓷企业的能量流研究中，结合企业实际生产流程，构建了较为系统全面的陶瓷企业"三环节"能量结构模型，如图 8-11 所示。

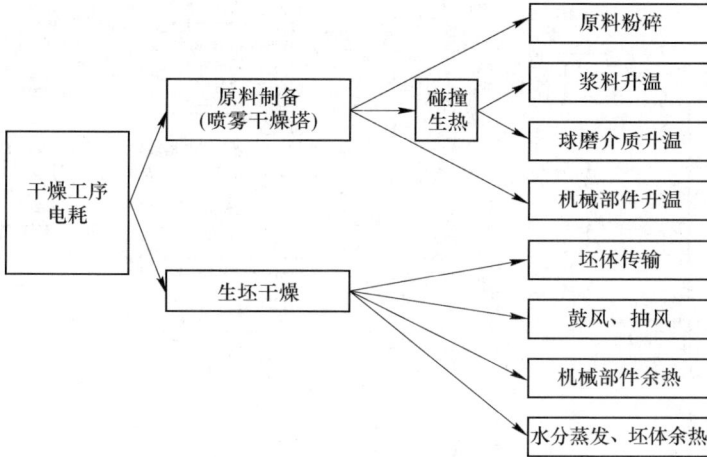

图 8-9 干燥工序电能消耗及转化

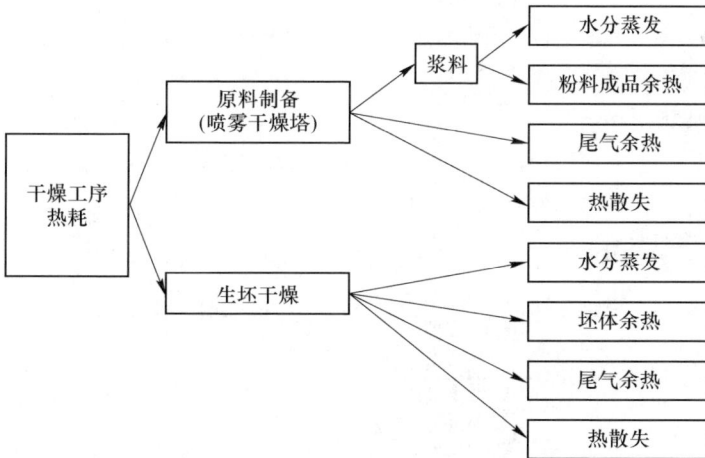

图 8-10 干燥工序热能消耗及转化

对于陶瓷企业而言，提升能源利用效率，减少不必要的能耗，是能量流优化的核心目标。与此相关的关键参数指标可以包括能量转换效率、能量使用效率和能量回收率，这些指标都可以结合"三环节"能量结构模型进行计算。

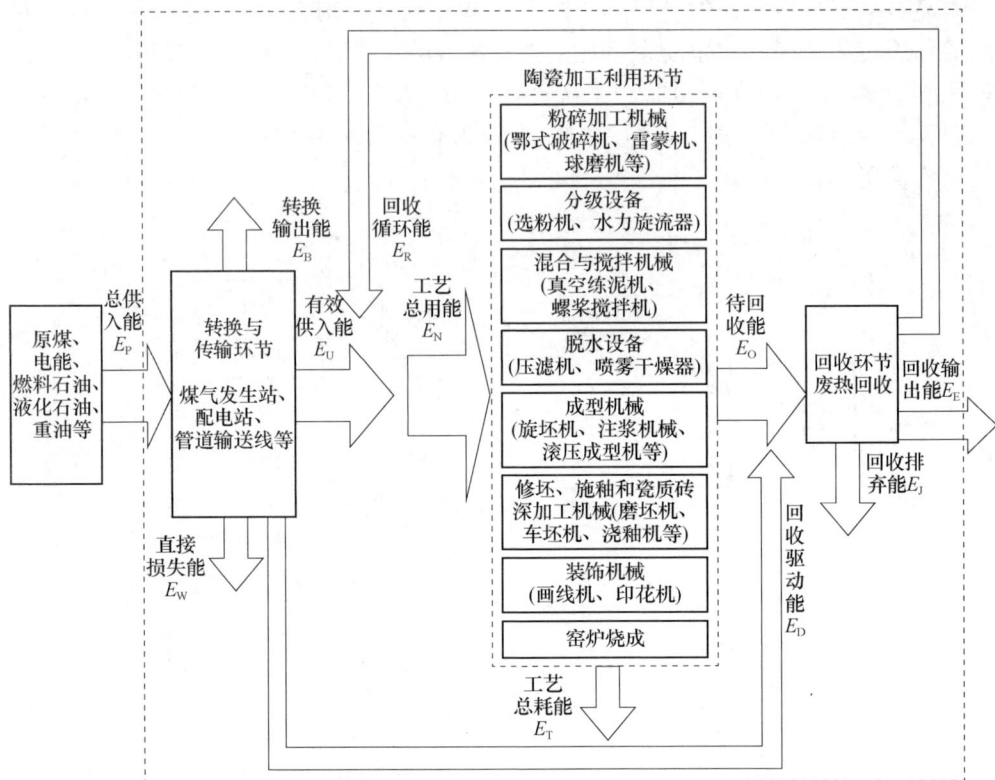

图 8-11 陶瓷企业"三环节"能量结构模型[3]

能量转换效率 η_U：

$$\eta_U = 1 - \frac{E_W}{E_P} = \frac{E_U + E_D + E_B}{E_P} \qquad (8-2)$$

能量使用效率 η_T：

$$E_N = E_U + E_R = E_T + E_O, \quad \eta_T = 1 - \frac{E_T}{E_N} \qquad (8-3)$$

能量回收率 η_R：

$$\eta_R = \frac{E_R + E_E}{E_D + E_O} \qquad (8-4)$$

8.1.3.3 信息流

陶瓷企业的生产运行管理，或者说，对于物质流与能量流的管理，依托于信息流子系统，不仅涉及大量与原料、含水率、窑炉内压力、温度等相关的内部信息流，也涉及与市场、政策、环境等相关的外部信息流。

陶瓷企业的内部信息流又包括横向和纵向两种信息流。其中，纵向信息流与大多数企业一样是指信息从处于企业战略规划层面的决策者流向企业生产层面的管理者再流向生产线上的操作车间和员工，而横向信息流主要指的是生产工艺层面上的车间与车间之间、设备与设备之间物质、能量相关信息的传递与处理。

陶瓷企业的外部信息流主要指的是企业与外界环境在信息上的交换，如市场信息、能源价格、原料价格、客户需求等。一般来说，陶瓷企业的信息流和其他企业一样，信息流始于客户需求组成的市场需求（外部信息流），止于企业内部的生产制造工艺（内部信息流）。所以，如果没有企业信息流的流动，就不会有市场需求，从而也不会有企业的物质流动和能量流动。因此，对企业信息流的控制和优化，加强信息化建设水平，充分发挥信息流的引导作用，可以有效提升企业系统的有序性，最终实现全面的优化。

8.1.4 陶瓷企业的"M–E–I三流"协同评价示例

结合前面的分析可知，陶瓷企业的物质流、能量流之间有着密切的关联，彼此相互影响，这就要求企业向清洁生产转型演化的过程必须兼顾多个方面。从本书所述理论的视角来看，陶瓷企业作为复杂的大系统，其整体的转型演化必然涉及物质流、能量流、信息流，且最终的走势与结果与信息流所引导的"M–E–I三流"之间的协同效应有着十分密切的关系。因此，将有序度、协同度引入陶瓷企业的评价中，以一种更加动态、系统的视角审视转型演化，同时不局限于单纯的"物质–能量"二元视角，这是一种必要且创新的尝试。

对于不同的企业，其系统的结构与目标都不尽相同，而其整体演化转型的方向（即有序方向）也存在差异。因此，本节所述示例仅仅作为一种展示，无论是序参量指标体系，还是最终的分析结果，都不具有广泛的适用性，读者在遇到具体的问题时还需要针对性地考虑。

8.1.4.1 示例建筑陶瓷企业"M–E–I三流"概况

示例建筑陶瓷企业的工艺流程如图 8-12 所示，物质与能量的流动主要伴随

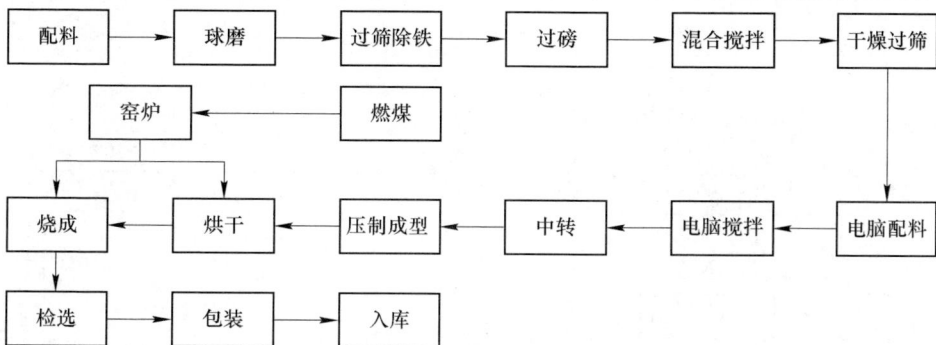

图 8-12　建筑陶瓷工艺流程图

着磨浆、成型、烧制、施釉、成品五个过程。具体来说，首先原料经粗破、细破、筛分匀速送至双轴搅拌机进行均匀搅拌，在搅拌过程中加入一定量的水，以保证原料的正确含水率，使其原料含水率控制在一定比例以下。再经输送皮带机送入喷雾干燥塔烘干。干燥后的物料进入挤砖机挤出成型。成型后砖坯经分坯机、人工将砖坯码至窑车上，由液压摆渡顶车机送入干燥室内进行干燥，干燥后的砖坯经摆渡车，经顶车机顶入辊道窑内进行烧结。砖坯的干燥热源来自烧结隧道窑的余热。干燥车、大窑车经相应工艺回车线返回。干燥、烧成后对陶瓷砖成品进行拣选、包装入库。

相较于伴随生产工艺的物质流，能量流主要依附于所有的用能设备，主要包括浆池搅拌机、球磨机、喷雾塔、压机、干燥窑、辊道窑（或梭式窑）、抛光机、煤气发生炉（部分）与风机（抽热、助燃）。整个的能量流通除煤气发生炉外，其能量大部分为过程用能，小部分则随物质进入到生产工艺的下一个环节。在建筑陶瓷能量流中，最主要的用能设备为窑炉，其中又以辊道窑居多，其耗能物质以煤气或天然气居多。

从信息流的角度来看，此前我国大部分建筑陶瓷企业的信息化水平不高。除了企业大系统与外部之间的信息交换之外，系统内部的信息流主要依托于相关人员，涉及的信息以生产相关指令、参数为主，总体信息密度较为有限。从本书对于信息本质以及相关管理问题的探讨可以看到，企业的演化转型与信息流有着密切的关系，越大的信息流量就意味着更加频繁的微观系统演化，最终促使整个企业在宏观上发生转变，这也是为何现代工业企业管理加强了对信息化建设的要求。

8.1.4.2　序参量指标的识别与选取

据了解，该示例企业现有职工580人，其中技术人员200人，产能为生产陶瓷砖2400万平方米/年，该厂产品主要技术指标见表8-5。协同评价相关的物质流序参量指标主要与表8-5相关。

表8-5　产品主要技术指标

序号	项目	参数与指标	单位	备注
1	日产量	70000	m^2	
2	优级率	90	%	
3	合格率	98	%	
4	泥浆细度	2以下	%	250目分析筛
5	粉料水分	6~7	%	
6	坯厚	9.0~9.2	mm	
7	料耗	26.6	kg/m^2	
8	成品吸水率	≤6	%	
9	成品收缩率	1	%	
10	成品强度	17	MPa	

协同评价相关的能量流序参量指标主要与企业的用能设备和能耗水平有关，特别是能够体现能量流整体有序水平的单位产品能耗类指标。根据统计，企业的主要用能设备如表8-6所列举，而根据年度能源账单推算得到的各单位产品能耗类指标见表8-7。对于陶瓷生产企业，其能量流总体而言较为简单，并不像大量长流程工业中伴随着能量的频繁转换、流转，其主要独立地发生于各个设备之中。这也意味着在实际工作中并不需要花费过多时间绘制能量流图，做好设备统计与能耗核算即可。

表8-6 主要用能设备统计表

序号	设备名称	规格型号	单位	数量
1	煤气发生炉	$4000m^3$	座	2
2	喷雾干燥塔	6000 型	座	3
3	球磨机	60t	台	11
4	自动压砖机	3200t	台	8
5	磨边机		台	5
6	印花机		台	34
7	辊道窑生产线		条	2
8	热风炉		台	2
9	合计			68

表8-7 单位产品能源消耗（标煤）统计表　　　　　　　　（kg/t）

年份	单位产品煤耗	单位产品综合电耗	单位产品综合能耗
2010	214	44.6	258.6
2011	207	44.3	251.3
2012	202	42.5	244.5
2013	196	39.7	235.7
2014	189	39.3	228.3

除了信息流相关序参量指标暂未确定，其他物质流、能量流相关的序参量指标选取主要参考表8-5～表8-7。具体选取的方法与通用原则已在第5章中详细介绍，在此不再赘述。需要强调的重点是，序参量指标的选取不仅需要保证指标的科学合理（科学性），且便于实际应用中的操作（可操作性），更重要的关键是评价的目的与方面（目的性），即关注企业追求什么方面的更高有序性。在本示例中，企业主要关心的是能源管理问题，即追求在节能降耗方面更高的有序度，而并不是清洁生产的全面或者产品质量等问题。因此，序参量的选取思想是关注"影响能耗水平的慢变量"，既要全面系统地涵盖"M-E-I三流"（全面性与

系统性），又要突出关键性，剔除一些无关和线性相关的冗余指标。

表 8-8 为本示例的序参量识别结果。关于信息流子系统的序参量，本示例重点关注信息化建设与节能降耗之间的关系，而暂时没有从整个能源管理的组织、能力等全方位进行考虑。围绕企业加强信息化建设，在本示例中引入了"信息化投资比重"和"信息化指数"这两个相关指标。其中，信息化投资比重是指企业在信息化中的投资占企业当年总投资的比重，以此量化数据表明企业在信息化投资方面的意愿与决心，突出信息流子系统的"态度"方面。而信息化指数参考了此前关于企业信息化评价的相关研究[5]，以此代表企业的信息化应用水平，突出信息流子系统的"成果"或"能力"方面。

表 8-8 建筑陶瓷企业序参量识别清单

序号	序参量名称	单位	责任部门	管理部门
1	成品吸水率	%	—	能环部
2	优级率	%	—	能环部
3	单位产品综合能耗（标煤）	kg/t	制造部	质检部
4	单位产品综合电耗（标煤）	kg/t	制造部	质检部
5	信息化投资比重	%	—	管控中心
6	信息化指数	—	—	管控中心

表 8-9 为物质流、能量流、信息流子系统序参量指标从 2010 年至 2014 年的量化数据结果，其中成品吸水率与优级率属于物质流子系统，单位产品综合能耗与单位产品综合电耗属于能量流子系统，信息化投资比重与信息化指数属于信息流子系统。

表 8-9 各子系统序参量数据

序参量名称		2010 年	2011 年	2012 年	2013 年	2014 年
物质流	成品吸水率/%	4.3	4.1	5.1	5.1	5.4
	优级率/%	90.2	92.4	92.5	93.8	93.9
能量流	单位产品综合能耗（标煤）/kg·t^{-1}	258.6	251.3	236.5	235.7	228.3
	单位产品综合电耗（标煤）/kg·t^{-1}	44.6	44.3	42.5	39.7	39.3
信息流	信息化投资比重/%	2.5	3.2	5.1	3.6	3.9
	信息化指数	40.1	45.7	62.5	66.2	68.9

8.1.4.3 协同评价计算

在完成了序参量指标体系的构建之后，便可以开始进行协同评价的各项计算工作了。本示例协同评价的相关计算方法主要是第 5 章中基于序参量的协同评价模型以及介绍的其他相关方法、流程。

协同评价计算的第一步是计算各序参量的功效值，运用公式（5-16），相关过程与第6、7章的示例是一致的。在本示例中除了传统意义上的正负功效，还需要考虑一种新的功效——适度功效。因为对于信息化投资比重这一指标（或称为适度参量）而言，其绝对数值并非越大越好，而是存在一个相对合理或合适的取值范围，指标的数值越接近这个范围越好。对于这种适度参量，其适度功效值的计算方式也需要按照如下的处理方式进行调整，当绝对数值等于最佳取值时，功效值为1。

对适度参量数据进行预处理，使之转化负效应，其中 q_{ij} 为某适度参量 μ_i 的第 t 个数据，q_i^* 为其适度数据参考值：$q_{ij} = |q_{ij} - q_i^*|$。将此代入公式（5-16）可以得到适度功效值计算方法：

$$OD_i = \frac{|q_{it} - q_i^*|_{max} - |q_{it} - q_i^*|}{|q_{it} - q_i^*|_{max} - |q_{it} - q_i^*|_{min}}$$

在本示例中，由于该建筑陶瓷企业的信息化水平总体较低，此前信息化投资也严重不足，因此在2010～2014年的评价期内还未出现超出适度范围的情况存在。在这种情况下，可以将信息流子系统的两个指标仍按照正功效序参量来处理，即数值越大功效越好。本示例中各序参量的功效值见表8-10。

表8-10   各序参量在评价期内的功效值

	序参量名称	2010年	2011年	2012年	2013年	2014年
物质流	成品吸水率	0.15	0.01	0.77	0.77	1.00
	优级率	0.00	0.59	0.62	0.97	1.00
能量流	单位产品综合能耗	0.00	0.24	0.73	0.76	1.00
	单位产品综合电耗	0.00	0.06	0.40	0.92	1.00
信息流	信息化投资比重	0.00	0.27	1.00	0.42	0.54
	信息化指数	0.00	0.19	0.78	0.91	1.00

在完成功效值的计算后，下一步便是计算物质流、能量流、信息流三个子系统的权重以及各序参量指标的权重。在本示例中依然使用熵权法进行权重的计算，所使用的相关方法已在7.5节中进行了介绍，此处不再赘述。其中，子系统权重为子系统内各序参量权重之和，序参量在子系统中权重按各权重序参量比子系统权重计算，计算结果见表8-11。

表8-11   各序参量与子系统权重

序参量名称		泰尔指数	系统中权重	子系统中权重	各子系统权重
物质流	成品吸水率	0.87	0.17	0.48	0.36
子系统	优级率	0.93	0.19	0.52	

序参量名称		泰尔指数	系统中权重	子系统中权重	各子系统权重
能量流子系统	单位产品综合能耗	0.78	0.16	0.45	0.35
	单位产品综合电耗	0.96	0.19	0.55	
信息流子系统	信息化投资比重	0.51	0.10	0.35	0.29
	信息化指数	0.96	0.19	0.65	

基于以上计算得出的权重以及功效值，便可以计算得到各子系统与整个大系统的有序度，并通过有序度推算得出整体的协同度。相关方法在此前的内容中已进行展示，在此不再赘述。表8-12展示了根据计算得出的各子系统有序度与大系统的有序度，表8-13展示了大系统总体协同度的计算结果。

表 8-12 各子系统与大系统有序度

系统名称	2010年	2011年	2012年	2013年	2014年
物质流子系统	0.07	0.31	0.70	0.88	1.00
能量流子系统	0	0.14	0.54	0.85	1.00
信息流子系统	0	0.22	0.85	0.74	0.84
企业大系统	0	0.21	0.68	0.82	0.95

表 8-13 系统协同度

年份	2011	2012	2013	2014
企业大系统协同度	0.20	0.46	−0.18	0.12

8.1.4.4 协同评价结果分析

为了更加直观地看出有序度、协同度在评价期内的变化规律，图8-13以折线图的形式展示了上述计算的结果。

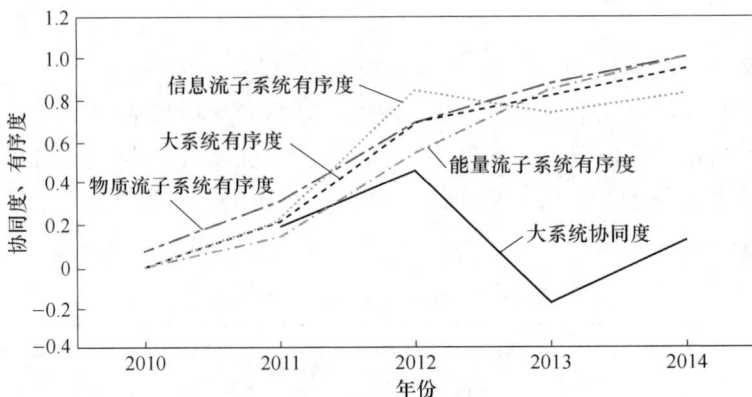

图 8-13 建筑陶瓷企业系统的有序度与协同度

从 2010 年到 2012 年，该建筑陶瓷企业各序参量都呈现出比较好的发展态势，尤其在 2012 年，三个子系统有序程度都达到最大的增长速度。这主要得益于该年信息化投资比重得到明显提升，企业信息化建设水平得到大幅度提高，这使得企业在每个子系统都呈现很好的发展趋势，系统的协同程度也达到最大。从企业能耗变化的角度来看，2010~2012 年也被认为是一个良好发展的阶段，产品质量、能耗指标都在逐步地改善，而企业在信息化方面的努力被认为促进了节能，因为更多更加及时的信息让问题更早地被发现与解决。事实上，示例企业总体上在整个评价阶段都逐步地保持着进步。

一个较为明显的变化出现在了 2013 年，这时大系统的协同度发生了骤降，甚至成为了负值，伴随而来的就是三大子系统与总体有序度增速开始放缓。结合指标的变化不难发现，尽管物质流、能量流的序参量指标延续了改善的趋势，但 2013 年信息流序参量中出现了不增反降的情况。如果仅从事后指标分析的角度来看待此问题，因为企业关心的是能耗相关的结果，只要能耗指标仍在改进，企业便不会发现任何问题。甚至会认为，正是信息流子系统在本评价体系中"拖了后腿"，其实企业总体的演化并没有出任何问题。但企业的演化作为一个不可逆的、环环相扣的连续过程，一切因素的内在关联产生的作用也是必然的，而企业在能耗改进方面进度的放缓，或许也正是信息流这样的"非能耗因素"引致的结果。

尽管本示例中的建筑陶瓷企业仅仅出现了短暂的协同度下降问题，但已经可以看到，企业整体演化速率的减慢在 2013 年后仍在持续。如果 2013 年开始，企业继续在信息化建设方面陷入停滞，甚至持续减少投入，企业在改进能耗方面的进度必然会持续放缓。结合前面章节关于信息本质以及能源管理相关问题的探讨，这样由非能源因素带来的系统性结果变化是必然会发生的。本书所述的理论引入的绝不仅仅是一种数理层面的评价方法，而是建立在系统思维之上的系统视角，将任何方面的问题都以物质-能量-信息的视角全面审视，借此突破传统的线性因果思维。虽然本示例在方法、计算、分析等层面都还有很多进步空间，但系统视角的独特效果已经在此有所体现。

8.1.5　陶瓷企业协同优化的建议

结合前面章节关于能源管理的相关探讨，所谓"管理体系"在本质上与企业的信息流子系统是近似等同的。无论是从建筑陶瓷企业的协同评价示例，还是从本书所述理论的角度，陶瓷生产企业持续改进能耗水平，或者逐步迈向清洁生产，其根本驱动力均来自承担管理职能的企业信息流子系统。因此，从改进信息流通的思路逐步改进企业管理，打通企业系统内部的各个要素，才能真正有效地实现协同优化。为了支持陶瓷企业从内部进行持续的协同优化，特别是在能源管理方面的优化,在此提供三方面的建议。

第一个方面的建议是建立集中式的生产-能源管控平台,保证企业内部拥有高效、强健的信息流基础。如图 8-14 所示,陶瓷企业的各工序生产都离不开管控系统基于信息流的指挥引导,无论是涉及原料、产品的物质流,还是涉及热量、余能的能量流,都在大系统内的每个部分相互耦合、相互作用。只有建立集中式的管控平台,才能保证所有问题都能够系统地应对,全面考虑物质、能量的多方面效应,找到最合适的应对措施。

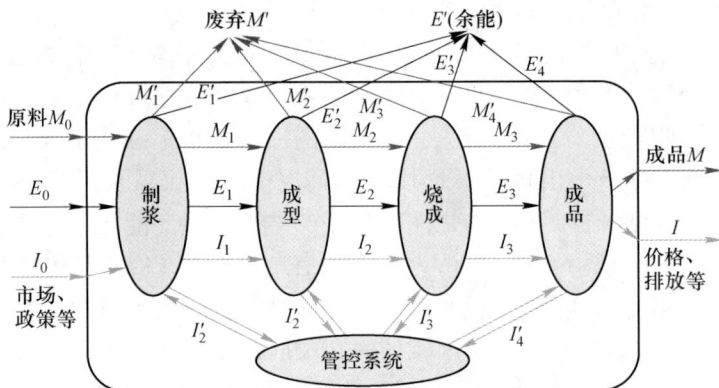

图 8-14 陶瓷生产企业的生产-能源管控平台

第二个方面的建议是健全优化企业的管理组织,利用生产-能源管控平台打造更加扁平高效的组织架构。如图 8-15 所示,陶瓷企业组织架构的优化设计可

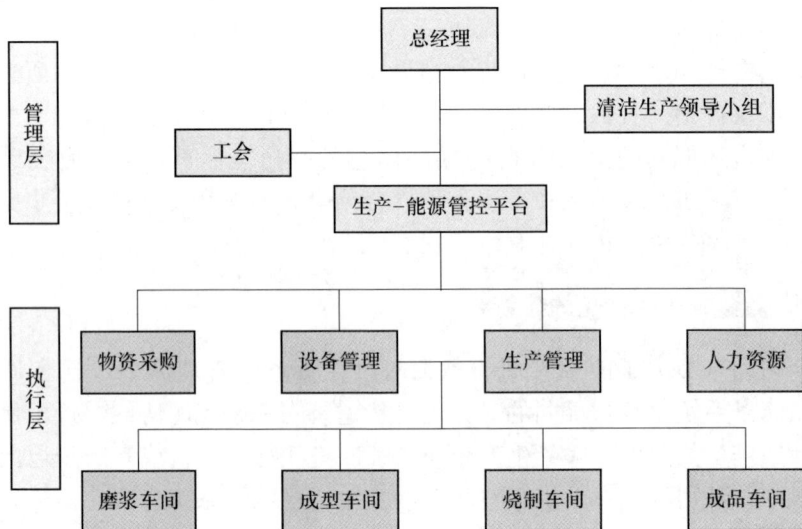

图 8-15 陶瓷企业组织架构优化设计

以围绕生产-能源管控平台,将整个组织架构控制在 2~3 个层级,在拥有良好信息基础的同时,确保信息能够在组织人员内部有效且高效地流转。在优化设计的组织架构中,管理层核心是清洁生产领导小组,领导小组由常务副经理任组长,各有关部门负责人为组员,通过生产-能源管控平台这一专职职能部门,共同负责办理和协调所有企业生产运转事务,以保证整个企业符合清洁生产的指导思想。执行层负责各部门、车间,结合本部门实际,分别设置专职或轮值巡查员。这些专职人员将巡查企业设备、能源利用不恰当环节,检查企业能源、质量、安全管理各规定执行情况,收集员工合理化建议,并反馈至管控平台,进行统一协调和整理,通过决策层意见,向下传达实施决策。

第三个方面的建议是构建大系统"M-E-I 三流"协同方针平台,以持续不断地协同评价引导企业的协同优化。类似的平台可以参考如图 8-16 所示界面,将协同评价所需的指标、数值、评价方法都整合进平台之中,通过链接生产-能源管控平台的资源,实现快速、高频地协同评价。如果仅仅如前文示例中进行年度评价,评价结果将因为严重的滞后而缺乏指导性,企业即使已经出现了问题,也只能做到事后总结反省。相反,更加实时的协同评价将使管理层时刻明确企业发展演化的总体协同程度,在面临协同度下降风险时,及时地进行干预调整,将企业的发展重新带回正轨。

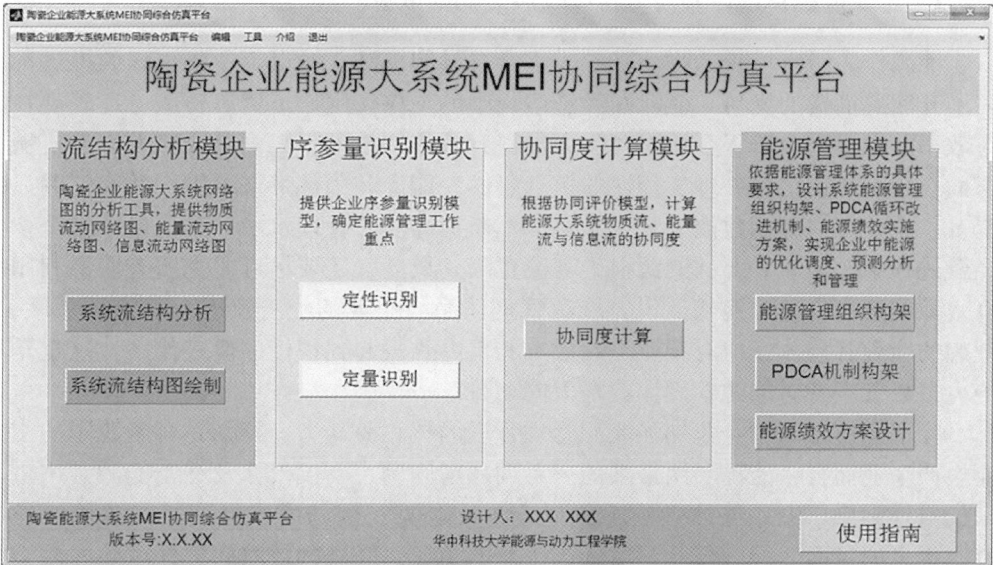

图 8-16 陶瓷企业能源大系统 MEI 协同综合仿真平台主界面

8.2 协同方法在企业能源管理体系可持续发展评价中的应用

在第 7 章中，我们探讨了"M-E-I 三流"协同理论在城镇可持续发展评价中的应用，特别是突出了协同、有序的视角，形成了一种以有序度衡量城镇可持续发展水平的新观点。事实上，除了地区层面的可持续发展，更加微观的企业层面可持续发展问题同样值得关注，因为宏观的结果必然离不开微观的积累。"双碳"背景下，加强企业能源管理，构建能源管理体系，有效控制能源利用相关的一系列问题，已是传统高耗能企业的必选项。然而，企业经营的目标是多元的，不仅是整个社会，每个企业同样需要积极思考，怎样能够将经济效益、环境保护、员工职业健康、产品品质与质量、社会平衡发展等协同要素与能源管理体系结合在一起，构建一个统筹兼顾的体系。能源问题恰好就是这样一个问题，它与可持续发展的每个范畴都有着密切的联系，这使得相关问题可能比企业的环境保护问题要更加复杂。换句话说，能源管理体系对于任何一个企业来说，都不仅仅是承担着节能减排的任务，而是要妥善协调能源涉及的方方面面。

在本节中的相关探讨，将不再局限于强调"M-E-I 三流"，而是将协同、有序的思维融合进能源管理体系与可持续发展评价之中，并基于石化企业的案例[6]，使传统的经济、环境、社会这三大范畴在可持续发展评价中更加有机地结合起来。这些思考的灵感主要来自作者在企业能源管理体系建设中的经验，希望这些讨论对于企业能源管理相关工作有所启发。

8.2.1 企业能源管理体系与可持续发展之间的联系

能源作为经济增长的物质基础，生产总量的提高、城市工业化进程的推进都离不开能源消费的支持。能源在经济增长中的支撑作用除了资源价值，还表现在对效率的促进上。对于企业而言，大量提升效率的技术，无论是取代人力的机械层面，还是加速信息处理、传递的信息层面，能源利用都带来了生产效率的明显提升。企业在内部构建能源管理体系，不断提高能源管理水平，不仅追求把企业经营过程中一切非必要的能源损失与浪费降到最低，还要尽可能把所有能源利用有效地创造出价值。换句话说，能源管理体系与企业的经济发展有着密切关联，理想的能源管理体系应对企业控制成本和提高收益起到积极的促进作用，这也是绝大多数管理者对能源管理体系最大的期待。

除了经济方面，企业加强能源管理背后的核心驱动力，特别是对于我国的工业生产企业而言，能源利用带来的一系列环境问题，不仅仅涉及终端能源利用带来的空气污染、温室气体排放，甚至还涉及能源（例如煤矿）开采过程给土地资源带来的负面效应。仅从温室气体排放的角度，联合国政府间气候变化专门委员会（IPCC）对全球气候变化的多次评估都表明，人类的能源活动是导致一系列气候变化问题的主要因素。我国自 21 世纪以来不断恶化的空气质量，也让人们深刻意识到了能源活动对环境可能带来的重大负面影响，仅仅通过节能行动带来的减排协同效益都是十分可观的[7]。作为能源生产、利用的主体，企业构建能源管理体系的重要使命之一，必然是减少因能源利用带来的各项环境负面效应，包括减少自然资源的无谓消耗以及污染物的排放。无论是通过有效地控制能源用量，还是不断优化能源结构以实现低碳、清洁的能源利用，理想的能源管理体系应对企业解决一系列环境问题起到决定性的核心作用。

企业对于社会的影响也是毋庸置疑的，即企业的社会责任，这在企业的能源管理体系中必然有所体现。在企业社会责任的框架中，无论是企业对经济的贡献，还是对环境保护方面做出的努力，都涵盖其中。除此之外，能源管理体系构建中对管理者的承诺、员工节能意识培训等项目的实施，产生的影响范围将不仅仅对该企业或组织有效，所有员工同样会以社会公民的身份而对人们的习惯或意识产生潜移默化的影响。从供应链的视角来看，能源管理体系产生的一系列要求也会不断地影响上下游企业的产品与行为，由此产生的辐射面将是巨大的。概括地说，企业对社会的影响除了直接的经济、环境影响，还有大量"软性"文化、意识乃至标准方面的影响。当这样的企业具有相当影响力时，一种低碳、绿色、可持续的形象将源源不断地为企业积累可观的竞争力[8]。

综上所述，企业的能源管理体系在当今对于社会、企业自身可持续发展的影响将是全方位的，这也使得整个能源管理体系的运转与决策必须充分兼顾、协调多个维度，以保证企业能够顺利地朝着可持续的方向不断发展。而这样的特殊身份，在所有企业要素中可能是独一无二的。正因为如此，能源管理体系的建设与运行工作受到了管理者的高度重视，而其中最大的挑战就是协同应对经济、环境、社会三个方面，真正助力企业的可持续发展。

8.2.2　企业能源管理体系可持续发展协同度评价方法

8.2.2.1　评价指导思想与目标

尽管企业能源管理的评价方法已经在第6章得到介绍，但结合当今企业对能源管理体系的要求，能源管理体系的评价应与可持续发展更加深度地结合。正如上文中的观点，能源管理体系的最大挑战就是协同应对经济、环境、社会三个方面，由此延伸，能源管理体系在可持续发展三大范畴的协同程度可以作为重要的评价依据，即企业能源管理体系可持续发展协同度。

企业能源管理体系可持续发展协同度评价，应该紧密围绕经济、环境、社会这三大可持续发展范畴，突出彼此之间的协同程度，并通过评价指标体系全面反映三个方面对可持续发展的要求。所以评价体系不仅要结合能源管理体系标准，还要结合企业个体的目标与特点，以可持续发展理论的内涵为指导思想，确保能源管理体系的目标与职责能够得以清晰、全面地梳理，而并非单一地着重于能源效率等因素。

　　尽管每个企业的运作各不相同，不同管理工作的职能与目的各异，但其总体而言仍有相似之处。目前我国多数企业，特别是生产型的工业企业，其发展目标对整个社会的可持续发展主要结合于以下三个方面：

　　（1）经济目标：企业必须健康经营，发展平稳，保证合理的利润与收益，确保公司在经济效益上的持续增长。与此同时，为社会持续创造价值，满足社会民生对物质与精神上的需求，也是一个企业在经济方面的重要目标。

　　（2）环境目标：企业必须妥善地处理好自身经营与自然环境之间的关系，既要确保自然资源能够持续不断地进入企业，以满足长久生产经营的需求，又要确保企业产生的各种类型废弃物能够有组织地得到排放，以最大限度地减少对周边自然环境的破坏。与此同时，企业还需要顺应与支持地区在自然环境保护方面的诉求，在必要时应当进行经营战略上的调整与转型，以减少或消除企业在自然资源消耗与污染物排放上的影响。

　　（3）社会目标：企业必须充分地践行其应尽的社会责任，与当地以及行业内的利益相关方保持良好的关系与互动，分享绿色、低碳、可持续的先进理念与前沿技术，从文化上对地区以及供应链产生积极的影响。与此同时，充分关心企业员工的个人成长，开展必要的文化与节能培训，并以各种公益项目的形式为地区服务。

　　尽管企业的可持续发展不仅仅依靠能源管理体系，但能源管理体系的建立与运行必须始终结合企业发展的宏观目标。换句话说，企业能源管理体系可持续发展评价需要充分考虑上述三个方面的目标，并围绕具体的目标构建评价体系。

　　8.2.2.2　基于经济-环境-社会三大范畴的通用评价指标池

　　总结国内外能源管理体系相关评价指标，并按照可持续发展的经济-环境-社会三大范畴进行梳理，得到的通用指标池见表8-14。同时，采取问卷调查的方式对以上因素进行分析归纳总结，可以将经济可持续发展影响因素分为决策者的判断、项目投资管理、企业组织机构与工程设备几大类；将环境可持续发展影响因素分为技术、环保意识与政策驱动几大类；将社会可持续发展影响因素分为企业文化、企业供应链与公益服务项目几大类。指标归类结果如图8-17~图8-19所示。

表8-14　能源管理体系可持续发展评价相关指标

准则层	评价指标
经济可持续发展	财务规划、业绩与预算、运营成本、人才与人员、公司组织定位、信息数据支持、执行与检查、设备效益、公司决策方案、资产管理等
环境可持续发展	耗能设备参数单位产品用电量、余热利用率、节能项目投入比、节能监测设备、技术人员熟练程度、人员素质、节能培训投入比、领导重视程度、员工节能意识等
社会可持续发展	企业文化感染力、员工对企业的认同度、员工对企业满意度、解决就业率、社会知名度、信息共享度、业主满意度、企业形象等

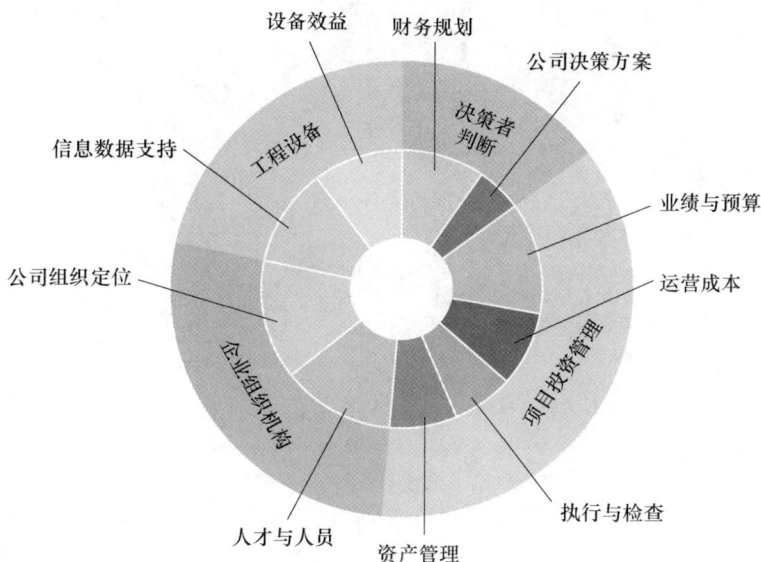

图 8-17 能源管理体系涉及的经济可持续发展因素

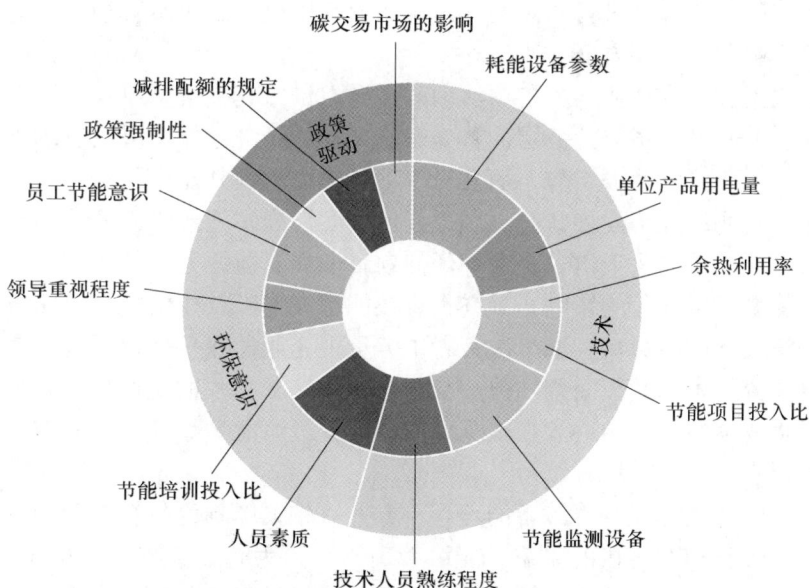

图 8-18 能源管理体系涉及的环境可持续发展因素

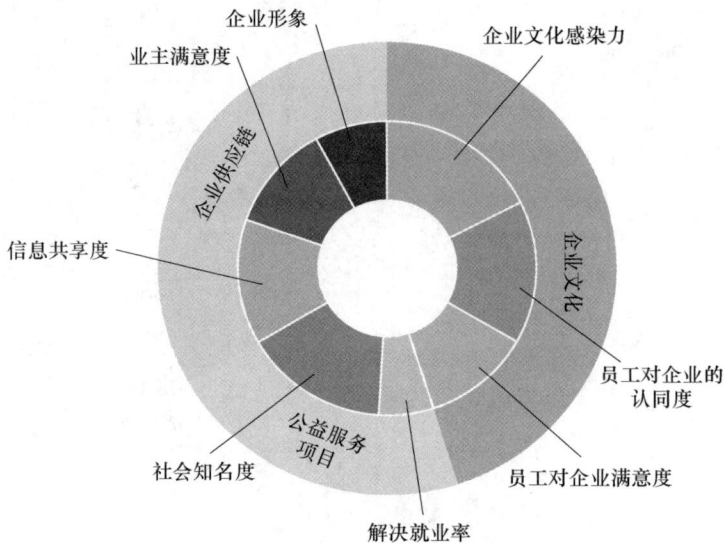

图 8-19　能源管理体系涉及的社会可持续发展因素

8.2.2.3　关键评价维度的内涵分析

结合图 8-17，能源管理体系中涉及经济的可持续发展因素又可以进一步归纳为决策者判断、项目投资管理、企业组织机构、工程设备四大要素。这不仅仅是从指标之间的关联程度进行了聚类，而这四大要素也正是能源管理体系对企业经济层面产生影响的主要方面。

企业决策者作为企业从事各项活动的主导力量，其决策可以直接影响企业发展的走向，尤其是从核心业务层面首先影响企业的经济效益。决策者的理念与战略方针决定了整体的业务走势，而其对于项目投资的预判能力与经验深浅也将直接影响一个企业的经济发展状况，因为任何方案计划实施最终都要落实到领导的最终决策。所以从源头上讲，企业在任何项目上涉及能源方面的决策，都会通过能源管理体系产生显著的影响，最终在直接能源成本以及相关配套设施成本上对企业的经济效益产生影响。如果决策者十分重视企业的绿色环保形象，并敢于尝试创新的能源技术，其在短期内势必会增加一些能源相关的生产成本。相反，如果决策者将成本、利润始终放在最重要的位置，最终能源管理体系必定也会努力控制能源成本。

项目投资管理除了与决策者的理念、方针有较大影响，与企业管理体系的一系列技术、经验都有直接的关系。能源管理体系作为企业管理体系的重要一环，在项目建设投资中非常重要，而成功、合理的项目投资并非仅仅追求一次性投入的控制，更要考虑到全生命周期的成本。充分考虑投资项目中的能源因素，是能源管理体系最重要的职能之一，而这一职能必然对经济层面产生持续影响。

能源管理体系的建立与运行将对企业的组织机构产生显著影响，在明确的企业分工下，所有涉及能源的事务都将投入更多的人力、财力资源。相应的，企业在人员培训、信息沟通方面也将建立更多新的机制。能源管理体系将使能源问题不再是分散、临时的工作，而是更加长期、连续的职责，这将会对企业的经济、业务产生更多影响。

随着现代企业管理逐步走向信息化，能源管理体系的建立对企业相关配套信息基础的建设提出了新的要求。围绕能源相关问题而构建的信息软硬件设备，不仅在短期内会影响企业的投资，更会在长期内持续地影响员工的行为与意识，进而对生产成本与产品质量产生积极影响。同时，能源管理体系中的重要职能便是围绕能源绩效改进而进行的设计、采购创新，这些机制也会从能源方面影响企业长期的设备维护、采购方针，对企业的经济效益产生新的影响。

结合图 8-18，能源管理体系中涉及环境的可持续发展因素又可以进一步归纳为技术、环保意识、政策驱动三大要素。这些要素与企业建立能源管理体系，并围绕能源管理体系解决环境相关问题，有着密切的关联。无论是技术还是意识，它们既是能源管理体系建立运行的驱动因素，也是能源管理体系可以产生的重要影响。

为了实现企业在资源环境相关问题上的改进，技术手段终将扮演最为重要的角色，这些手段既涵盖了各种传统的节能增效手段，还纳入了更多低碳、减碳和减排技术，以最小化能源相关的环境负面效应。除此之外，能源管理体系还对企业生产管理信息化有着更高的要求，围绕信息化建设而采用的大量新技术也是必不可少的，这些技术将通过实时、快速的数据传递，辅助生产与能源相关决策。从这个层面上来看，新技术、新设备的应用，是能源管理体系对企业产生影响的重要方面，这些最终会对企业的能源、环境绩效产生显著影响。

相较于技术层面，节能环保意识容易被人们所忽略，而能源管理体系对意识的提升具有非常重要的影响。在大型企业日复一日的生产中，任何不起眼的能源浪费都会最终积累为一个非常客观的数量，而这些问题很难被发现。这些不起眼的能源浪费或污染物排放，都可以轻而易举地通过员工的干预得到解决，但解决的前提是员工与管理者都有着充分的意识。能源管理体系的建立将催生大量能源相关的方针、管理条例，并且针对所有能源相关人员开展培训，这些方针、培训带来的最主要影响就是员工的节能环保意识增强。

企业能源管理体系的建立与运行离不开外部政策环境的驱动，无论是万家企业节能低碳行动，还是工业节能管理办法，这些政策、规程都将能源管理工作放在了很高的位置，能源管理体系的建设也随着 ISO 50001 标准的引进而逐步走向正轨。与此同时，用能权、碳排放权与排污权等一系列新型的市场机制，无形中也对企业的能源管理提出了新的要求。在监管部门与行业企业的双向互动中，一方面，企业的能源管理受到了政策的驱动，而另一方面，新的政策、法规以及标准的建立，也离不开行业企业整体理念水平的提升，这些行业内的理念共识，最终催生了新的政策与标准。

结合图 8-19，能源管理体系中涉及社会的可持续发展因素又可以进一步归纳为企业文化、企业供应链、公益服务项目三大要素。这些要素在通常意义上被看作是能源管理体系建立与运行的重要结果，而从更多先进企业的经验来看，如今能源管理体系的运作标准也是企业社会、文化、经验的高度抽象化与综合。积极有效运行的能源管理体系，必将在长期内对企业的社会属性产生新的影响，影响不仅是企业内部的，也将覆盖产业链的上下游以及企业所在的地区。

企业文化是一个成功的企业必不可少的一部分，企业文化是员工努力工作的信念之一，认同一个企业的文化，更能激发员工的自我认同感。能源管理体系的建立与运行，无论是方针的确立，还是能源管理体系文件的推进，或者是对员工的教育培训，其根本上就是一个在企业内部树立节能、可持续文化的过程，并通过文化来影响员工的行为。从这个层面来说，能源管理体系对企业文化的影响是十分显著的，特别是能源管理体系从无到有的阶段，对企业的管理者与员工都将带来巨大的文化冲击。

企业供应链是现代企业生存离不开的生态链，而在整个生态链中传递的，不仅仅是各种原料与产品，还有理念、思想等。随着"绿色供应链"等新概念的兴起，每个企业在能源管理方面的方针将对整个供应链带来更多深远的影响，这不再是单纯地关注采购成本，而开始关注原料产品的"绿色"属性，甚至是上游供应商的生产可持续性。这种跨越企业本体，对整个行业产生的影响，也是能源管理体系对社会发展起到的重要作用之一。

企业的生存与发展离不开其所在的地区，随着企业的不断发展壮大，通过各种公益服务项目的形式回馈当地社会，成为了企业履行社会责任的重要手段。尽管能源管理体系无法涵盖社会责任的方方面面，但企业能源管理体系的运作必然会纳入所有能源相关的社会责任。例如，特大型国有钢铁企业会将富余的热量向当地的其他企业以及居民进行供应，以极低成本的方式满足当地的供热供暖需求，这便是企业能源管理过程中充分考虑公益服务的结果。除此之外，部分特大型国有企业还将退役的炉窑设备保留，用作支持当地的生活垃圾焚烧工作，这些并不能为企业带来直接经济效益的行为同样是能源管理工作可以带来的积极影响。当企业在相关社会服务方面投入足够的努力时，不仅其自身会因为得到当地民众的支持而得以继续生存发展，而且其也会支持当地的经济社会持续迈向可持续发展之路。

8.2.2.4 主观赋权方法与指标体系的结合

在前述的应用案例中，赋权方法主要采用的是以熵权法为代表的客观赋权法，因为此前的案例均以企业或地区系统为研究对象，注重的是系统要素之间固有的作用规律。针对能源管理体系可持续发展协同度的评价工作，应该有一些不同的方法与视角得到应用，而这其中的关键区别在于，企业的"可持续目标"及各目标之间的重要性是可以得到主观定义的。因此，一种广泛适用且严谨的主观赋权法——网络层次分析法（ANP）在此被引入。

ANP 法是由美国匹兹堡大学运筹学专家 T. L. Saaty 教授提出的，它可以更加准确地表示不同事物之间的关联程度，是层次分析法（AHP）的改良升级。该方法将定量和定性分析进行了整合，对半结构化系统的思维过程进行建模，实现了将专家主观意愿融入定量分析结果中。在使用 ANP 进行分析时要把每个指标因素两两比对重要程度，从而为后续判定过程提供基础。对于相对重要程度判断出现多个指标因素时，两两判断存在空缺情形，即为信息不完备。ANP 结构上主要分为两个部分，具体如图 8-20 所示。第一部分是没有控制线的控制描述。第二部分为网络层，它由控制平面控制的所有元素组成：元素相互依赖并相互支配，元素和层不是独立的。它是一种相互依赖并提供反馈的网络结构，该层结构取决于系统上的组结构，包括外部依赖（不同配置之间的主要交互）和内部依赖（相似之间的主要交互），如图 8-21 所示。

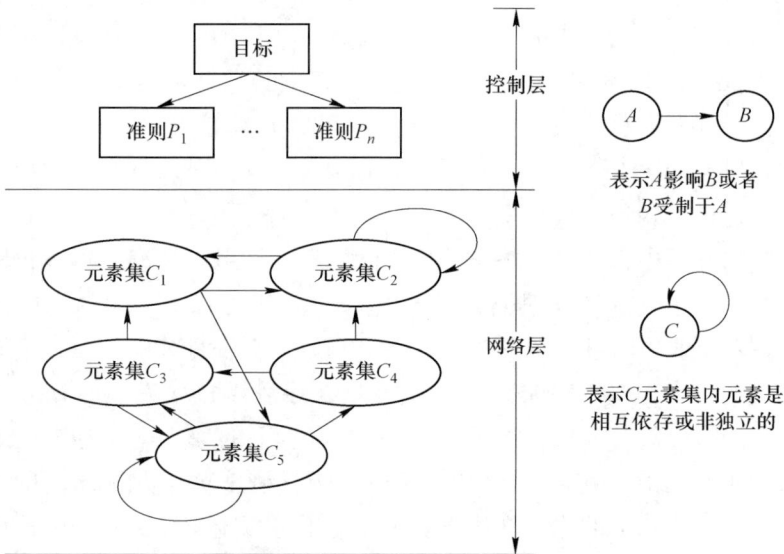

图 8-20 典型的 ANP 结构示意图

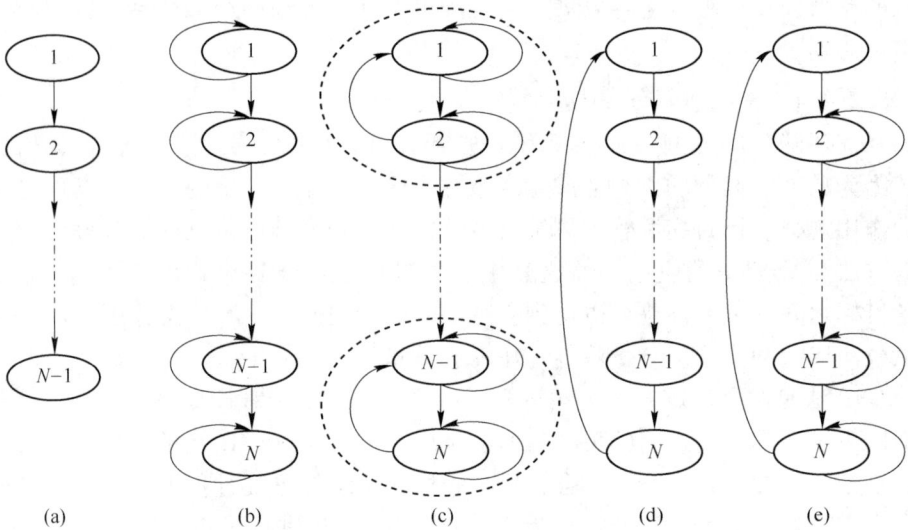

图 8-21　元素之间五种不同的依赖关系

（a）内部独立的递阶层次结构；（b）内部依存的递阶层次结构；（c）带有反馈的递阶层次结构；
（d）内部独立的循环层次结构；（e）内部依存的循环层次结构

　　将 ANP 方法应用于能源管理体系可持续发展协同度的评价，符合评价目标准则的独立性与指标之间的相互关联性，而由于 ANP 方法克服了传统 AHP 方法在基本假设方面的缺陷，所以在贴近真实的企业评价背景下更应该考虑 ANP 方法。考虑到 ANP 方法中超矩阵运算的难度较大，读者可以使用 ANP 团队开发的配套软件 Super Decisions® 进行建模运算。通常利用 ANP 进行赋权计算主要包括以下三个步骤：（1）通过专家打分填表的方式对评价指标因素之间的关联方式进行评价，得到专家打分表，分析各项指标间的关联方式；（2）根据指标打分情况，构建典型的 ANP 结构；（3）通过 Super Decisions® 软件计算加权超矩阵与极限超矩阵，得出各项指标权重。

　　在前文的分析中，已经列举与分析了能源管理体系可持续发展评价的相关指标，可以据此构建 ANP 分析框架。对于整个评价工作而言，总体目标是考察能源管理体系对企业可持续发展的影响。在这个目标下进行分解，三大准则对应了可持续发展的三大范畴，即经济可持续发展、环境可持续发展与社会可持续发展。然后是网络层的各要素，涉及一共 10 个要素下的数十个指标。据此构建的指标体系已经满足了 ANP 分析框架的基本要求，剩下关于元素之间的关系，还需要针对具体企业内部的作用规律来确定。为了进行企业能源管理体系可持续发展协同度的评价，本书建议参考表 8-15 建立指标体系。

表 8-15 能源管理体系可持续发展协同度评价指标体系参考

目标层	准则层	要素层	指标层
能源管理体系对企业可持续发展的影响	经济可持续发展 A1	项目投资管理 B1	C11
			C12
			C13
		企业组织机构 B2	C21
		工程设备 B3	C31
			C32
			C33
			C34
			C35
	环境可持续发展 A2	环保意识 B1	C11
		政策驱动 B2	C21
			C22
		技术 B3	C31
			C32
			C33
			C34
	社会可持续发展 A3	企业文化 B1	C11
			C12
		企业供应链 B2	C21
			C22
		公益服务项目 B3	C31
			C32
			C33

8.2.3 石化气体公司能源管理体系可持续发展协同度评价示例

本示例基于某石化气体公司的能源管理体系，所用到的方法为前文介绍的方法以及本书理论篇提供的有序度、协同度计算方法，只是在此针对可持续发展的协同评价中，将"M-E-I 三流"协同在概念上转换为了"经济–环境–社会三范畴"协同，结合类似的序参量指标体系，使得协同评价方法得以移植。

8.2.3.1 企业及其能源管理体系概况

某石化气体公司可同时生产 40 多种不同规格的工业气体与两百多种特种气体产品，包括氧、氮、氩在内的九种气体为其核心产品。该公司主营产品的工艺流程如图 8-22 所示，主要设备包括空压机、空冷塔、分子筛纯化器、增压空气压缩机、膨胀机、冷箱和氮压机等。

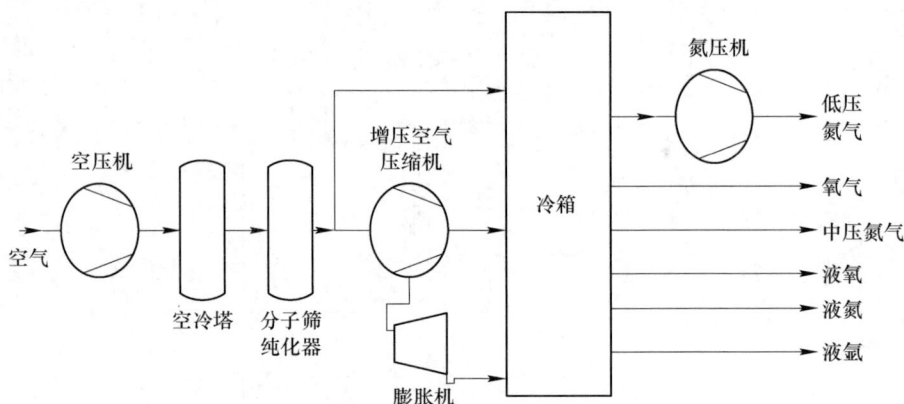

图 8-22　石化气体公司生产工艺流程图

为了有效地控制能耗水平，该企业按照《能源管理体系　要求》（GB/T 23331—2012）构建能源管理体系，其构建流程如图 8-23 所示。

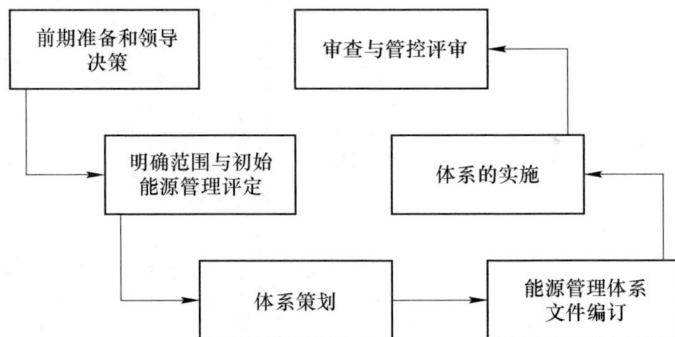

图 8-23　能源管理体系构建流程图

按照标准中的相关要求，该企业正式建立了能源管理体系，承诺将按照 GB/T 23331—2012 标准要求进行运行，注重能源节约，合理利用能源，实现能源效率的持续提高以及体系的持续改进。该企业不仅制定了能源管理手册和相关规程文件，还重新梳理了组织架构，以保证所有重点用能单位都能得到有效管理。根据对企业初始能源使用情况进行审定，主要耗能设备已统计在了表 8-16 中。

表 8-16　主要耗能设备表

序号	设备名称	总数
1	空气压缩机	1

序号	设备名称	总数
2	空气增压机	1
3	蒸汽透平	1
4	冷凝水泵	2
5	冷冻机组	1
6	常温水泵	2
7	低温水泵	2
8	中压液氧泵	2
9	中压液氮泵	2
10	粗液氩循环泵	2
11	氧气压缩机	1
12	氮气压缩机	1
13	后备液氧泵	2
14	后备中压液氮泵	2
15	低压后备液氮泵	2

在对企业的能源管理体系相关文件、方针进行梳理的过程中可以发现，制定的相关内容主要参考了能源管理体系相关标准，对能源涉及的多方面效应并没有明确提及，除了"成本""经济效益"等用语体现了经济层面的影响，其他环境、社会方面没有过多明确提及。虽然企业相信能源管理将带来多方面的积极影响，特别是在能源成本和温室气体排放方面，但这些影响并不在对能源管理体系的评价体系中，似乎仅有涉及能源效率的相关技术指标被纳入。这样的问题在绝大多数刚建立能源管理体系的企业中都或多或少地存在，而其可能导致企业既无法准确评估能源管理体系的有效性，又难以认可能源管理体系为企业带来的一系列看似非能源的"隐性"改进。

8.2.3.2　能源管理体系可持续发展协同评价指标体系的构建

构建评价的指标体系，首先需要明确指标体系的构建原则，并以此作为参考，从候选指标池中挑选出最为恰当的指标，剔除不恰当的指标。在第 5 章中已经列举了常用的一些序参量指标选取原则，在本示例中，指标选取原则着重包括以下几个方面。

（1）科学性原则：在构建指导方针时，应充分考虑系统的结构，科学合理地分析操作规程和操作规则。本研究针对的是石油气体公司，首先应对公司工艺流程熟悉了解，乙烯空分装置与氯氧站等都属于技术含量较高的设备部门，在构建指标时就需要充分考虑运行过程的科学性，才能选取有代表性、能够公平合理反映能源管理对经济、社会和环境协同作用的指标。

（2）可操作性原则：指标体系的设计需要明确的概念和准确的定义，这可以反映评估对象的主要特征，便于收集、处理与专家评估。本原则的出发点在于指标选取需要考虑实际情况，在现有条件基础上，企业能够获得的连续数据才有实际意义。如果指标不能获取，只是空谈；如果获取的指标数据可以进行分析处理但是与本研究对象缺乏足够的相关性，那么这一指标也没有选取的必要。

（3）系统性原则：本研究关注能源管理体系在企业经济、环境和社会协同发展过程中的作用，必须从系统的层面全盘考虑。如果只考虑与经济发展相关的指标，最终得出的结果并不能说明与环境和社会发展的关联，只展现能源管理体系作用的一部分，如此便会缺乏全面性。

（4）定性与定量结合原则：对于能源管理与整个企业的发展而言，并非是所有的影响、结果都可以精准地测量，这使得构建的指标体系不可能完全由定量指标构成。针对不便于量化的因素，结合大量管理相关研究的经验而纳入定性指标，既保证了本研究的科学严谨性，又充分兼顾了可操作性，保证企业管理人员能够充分理解并应用整套评价体系。

基于以上原则，本示例的指标体系采用表 8-15 的指标体系框架，并依据企业自身情况进行了指标筛选，最终构建的指标体系见表 8-17。该指标体系总共包含 22 个指标，所有指标在能够获取且量化的前提下，需要尽可能与能源管理体系的运行有着明确的关联。

在经济方面，营业收入、可供分配的利润、EVA 经济附加值是直接能体现公司经济效益的指标，而公司组织机构从管理的角度出发思考对企业的经济效益也十分重要。除了传统意义上的经济指标，氧气放散率、公用工程净支出、吨产品加工费、装置实际效益、主营产品产量等指标则是针对该企业工艺过程特点，从能源成本、产出效率对经济效益影响的角度进行了考虑。

在环境方面，将部门考核标准制定情况、清洁能源所占比例、监察和检查机制的完善、净购入电力消费引起的排放量、净购入热力消费引起的排放量、综合能耗、设备指标汽轮机净热值作为环境可持续发展评价指标，以此体现能源管理体系对企业自然资源利用与排放的影响。

在社会方面，考虑企业对员工、合作企业与社会大众三方面的影响，将每年企业人员的节能培训集体活动次数、管理费用（信息化建设）、产品需求及稳定性、采购供应链（信息共享度，业主满意度，企业形象）、每年投入公益服务金额、影响力度列入社会相关的评价指标。

表 8-17 石油气体公司能源管理体系可持续发展协同度评价指标体系

目标层	准则层	要素层	指标层
能源管理体系对企业可持续发展的影响	经济可持续发展 A1	项目投资管理 B1	营业收入 C11
			可供分配的利润 C12
			EVA 经济附加值 C13
		企业组织机构 B2	公司组织机构 C21
		工程设备 B3	氧气放散率 C31
			公用工程净支出 C32
			吨产品加工费 C33
			装置实际效益 C34
			主营产品产量 C35
	环境可持续发展 A2	环保意识 B1	部门考核标准制定情况 C11
		政策驱动 B2	清洁能源所占比例 C21
			监察和检查机制的完善 C22
		技术 B3	净购入电力消费引起的排放量 C31
			净购入热力消费引起的排放量 C32
			综合能耗 C33
			设备指标汽轮机净热值 C34
	社会可持续发展 A3	企业文化 B1	每年企业人员的节能培训集体活动次数 C11
			管理费用 C12
		企业供应链 B2	产品需求及稳定性 C21
			采购供应链 C22
		公益服务项目 B3	每年投入公益服务金额 C31
			影响力度 C32

在对示例企业的评价中，数据采集的时间跨度为 2009～2018 年，并为每项指标设定了基准值 XB 与目标值 XT。这一思路与第 6 章中针对能源管理的评价思路一致，因此在功效值的计算上也会与此前关于陶瓷企业的案例有所不同。提前定义的基准值与目标值保证了整个评价中的任一特定年份都不会出现功效值为极值的情况。采集的数据见表 8-18。

表 8-18 采集数据表

准则层	要素层	指标层	XB	2009年	2010年	2011年	2012年	2013年	2014年	2015年	2016年	2017年	2018年	XT
A1	B1	C11	10000	11153	11598	12203	12266	13212	13759	13392	13707	13639	14042	23300
		C12	5000	7081.5	7100.7	7145.6	7234.4	7276.4	7354.1	7530.6	8264.7	8361.9	8787.8	22000
		C13	700	767.35	806.2	845.05	883.9	902.75	961.6	1004.5	1097.4	1120.3	1192.6	1500
	B2	C21	1	1	2	2	2	3	3	3	3	3	3	5
	B3	C31	0.03	0.025	0.025	0.025	0.025	0.023	0.021	0.020	0.019	0.020	0.020	0.01
		C32	27	25.11	25.13	25.07	24.96	24.68	24.5	24.42	24.095	24.16	24.18	22
		C33	350	310	309	307	311.9	315.45	319	322.55	323.1	329.65	333.2	230
		C34	230	246	251	252	251	245	241	240	239	238.5	236.4	300
		C35	30	35	36	36	35.5	33.2	32.7	32.6	31.3	31.1	30.8	50
A2	B1	C11	1	1	1	1	1	1	2	2	2	2	3	5
	B2	C21	0	20	20	20	20	20	20	20	20	20	20	100
		C22	2	2	2	2	2	2	2	3	3	3	3	5
	B3	C31	9000	8173	8135	8107	8059	8121	8283	8245	8407	8469	8531	7000
		C32	140000	133071	133016	132961	132906	132951	133796	133841	134686	135631	137576	130000
		C33	6	5.51	5.56	5.52	5.58	5.54	5.62	5.66	5.82	5.78	5.84	3.5
		C34	111000	122110	122097	122200	122303	124406	124509	126612	126714	128817	129920	133000
A3	B1	C11	0	1	3	3	4	5	5	6	7	8	8	12
		C12	150	160	165	170	181	172	213	224	245	256	267	300
	B2	C21	1	3	3	4	4	4	4	4	4	4	4	5
		C22	1	2	2	2	2	3	3	3	3	3	3	5
	B3	C31	1	2	2	2	2	2	2	2	2	2	2	5
		C32	1	2	2	2	2	2	2	2	2	2	2	5

8.2.3.3 指标体系赋权计算

本节使用 ANP 方法，运用 Super Decisions® 软件计算子系统指标权重，具体方法步骤前文已经介绍。在建立 ANP 模型过程中还需对各项指标间的相互关联情况进行研究分析，本示例采取小组讨论的方式对指标情况关联表进行制定。在此假设该评价体系中经济、环境、社会可持续发展各子系统所占权重相同，这里仅计算指标层权重。对于其他企业的评价研究，可以根据实际情况决定可持续发展三大子系统的各自权重，毕竟管理者对于不同方面有所侧重是经常会出现的情况。

首先对经济可持续发展子体系 A1 构建 ANP 模型，具体要素层与指标见表 8-17。为了构建相关 ANP 模型，需要明确 A1 中各指标之间的关联情况见表 8-19。

表 8-19 经济可持续发展 A1 指标关联情况表

A1		B1			B2	B3				
		C11	C12	C13	C21	C31	C32	C33	C34	C35
B1	C11		√	√	√		√			√
	C12	√		√			√		√	
	C13	√					√			
B2	C21	√								√
B3	C31		√					√	√	
	C32	√			√	√				
	C33					√	√		√	
	C34	√				√				√
	C35	√	√	√						

基于以上关系构建的 ANP 模型如图 8-24 所示。通过 Super Decisions® 逐步进行计算即可得到全局极限超矩阵和经济子体系中的最终权重结果,分别如图 8-25 和图 8-26 所示。

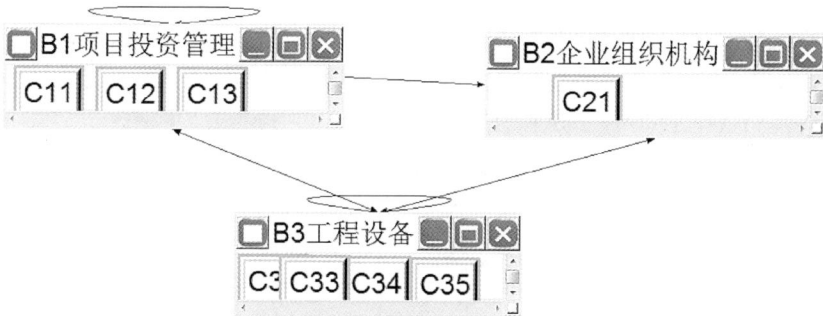

图 8-24 经济可持续发展 ANP 模型

图 8-25 经济子体系全局极限超矩阵

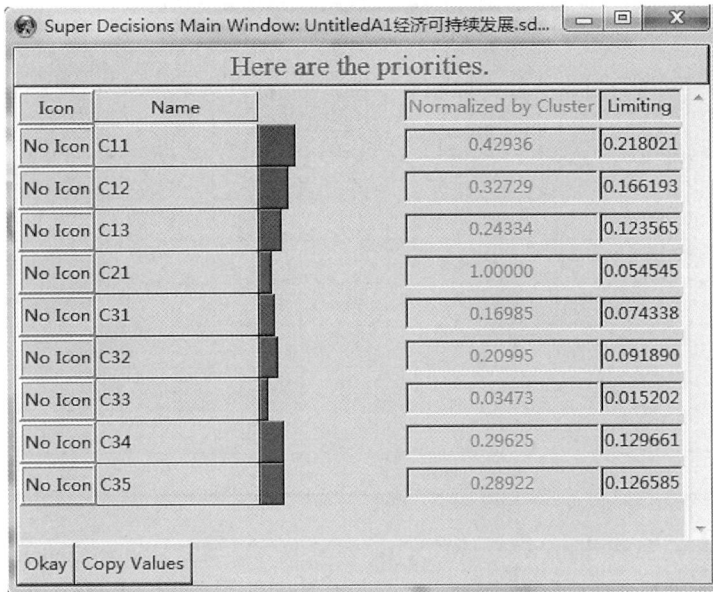

图 8-26　经济子体系指标权重计算结果

　　需要注意的是，这里计算出的权重结果并不是整个指标体系中的最终结果，而仅仅是子体系的权重结果。在代入整个指标体系中时，还需要考虑子体系 A1 所占权重，两者结合之后才是指标的最终权重。

　　环境子体系 A2 和社会子体系 A3 的计算方式步骤相同，接下来仅展示相关的图表结果，不再额外进行解释。

　　通过表 8-20 的指标关联情况，可以构建如图 8-27 所示的环境可持续发展 ANP 模型，并基于此模型来确定指标的权重。环境子体系的全局极限超矩阵和环境子体系指标权重计算结果分别如图 8-28 和图 8-29 所示。

表 8-20　环境可持续发展 A2 指标关联情况表

A2		B1	B2		B3			
		C11	C21	C22	C31	C32	C33	C34
B1	C11			√			√	
B2	C21	√		√				√
	C22		√		√	√	√	
B3	C31		√				√	√
	C32		√				√	√
	C33	√	√		√	√		√
	C34			√	√	√	√	

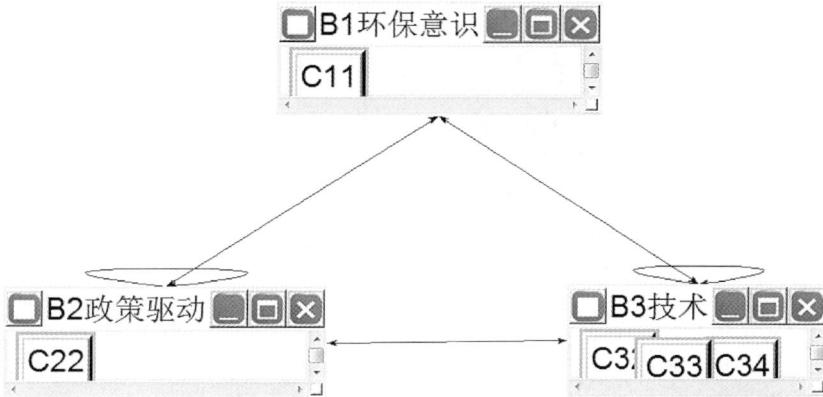

图 8-27　环境可持续发展 ANP 模型

图 8-28　环境子体系全局极限超矩阵

图 8-29　环境子体系指标权重计算结果

通过表 8-21 的指标关联情况，可以构建出如图 8-30 所示的社会可持续发展 ANP 模型，并基于此模型来确定指标的权重。社会子体系的全局极限超矩阵和社会子体系指标权重计算结果分别如图 8-31 和图 8-32 所示。

表 8-21　社会子体系可持续发展 A3 指标关联情况表

A3		B1		B2		B3	
		C11	C12	C21	C22	C31	C32
B1	C11			√	√		
	C12	√		√	√		√
B2	C21	√	√		√	√	√
	C22	√		√			√
B3	C31	√					√
	C32		√		√	√	

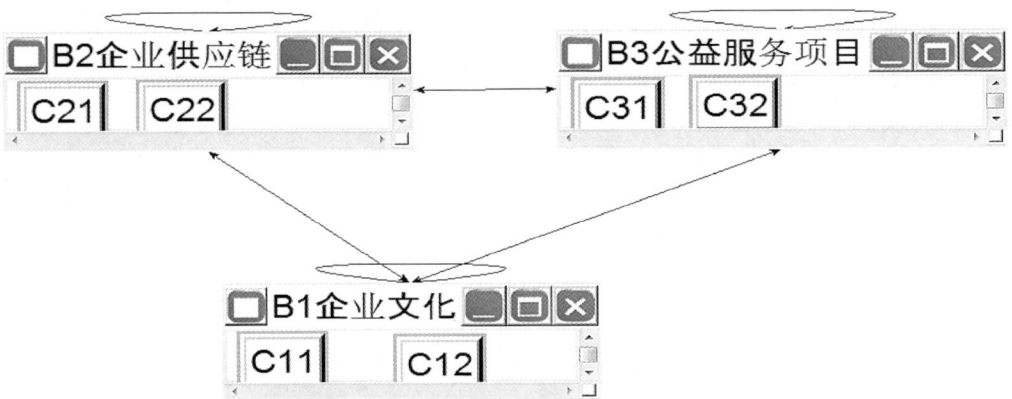

图 8-30　社会子体系可持续发展 ANP 模型

图 8-31　社会子体系全局极限超矩阵

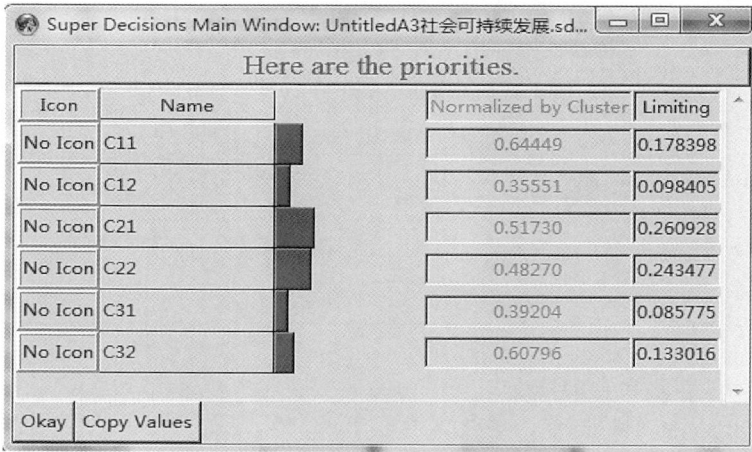

图 8-32 社会子体系指标权重计算结果

经过上述三个 ANP 模型的计算，将三大子体系的权重视为相同。整个体系的权重需要确保三大子体系的总权重加和为 1，同时所有指标权重加和为 1。最终可以得到指标体系的权重见表 8-22。

表 8-22　能源管理体系可持续发展协同评价指标权重

准则层	要素层	指标层	指标层权重
经济可持续发展 A1	项目投资管理 B1	营业收入 C11	0.2311
		可供分配的利润 C12	0.17095
		EVA 经济附加值 C13	0.12769
	企业组织机构 B2	公司组织机构 C21	0.07018
	工程设备 B3	氧气放散率 C31	0.05218
		公用工程净支出 C32	0.09431
		吨产品加工费 C33	0.0087
		装置实际效益 C34	0.11593
		主营产品产量 C35	0.12897
环境可持续发展 A2	环保意识 B1	部门考核标准制定情况 C11	0.10671
	政策驱动 B2	清洁能源所占比例 C21	0.20913
		监察和检查机制的完善 C22	0.14723
	技术 B3	净购入电力消费引起的排放量 C31	0.09617
		净购入热力消费引起的排放量 C32	0.09617
		综合能耗 C33	0.22641
		设备指标汽轮机净热值 C34	0.11818

续表 8-22

准则层	要素层	指标层	指标层权重
社会可持续 发展 A3	企业文化 B1	每年企业人员的节能培训集体活动次数 C11	0.1784
		管理费用（信息化建设）C12	0.09841
	企业供应链 B2	产品需求及稳定性 C21	0.26093
		采购供应链 C22	0.24348
	公益服务项目 B3	每年投入公益服务金额 C31	0.08578
		影响力度 C32	0.13302

8.2.3.4 协同评价计算

完成了指标体系的构建、量化以及权重的计算之后，接下来就是进行协同评价计算，首先需要计算各指标的功效值。将经济 A1、环境 A2、社会 A3 各子体系的指标功效值定义为 OD_{A1t}、OD_{A2t} 和 OD_{A3t}，利用实际值 X_S、基准值 X_B 与目标值 X_T，可以按照第 6 章类似的方法计算功效值：

$$OD_{ij} = \frac{X_S - X_B}{X_T - X_B}$$

在此计算功效值的方法中，目标值按照行业的先进值与企业的期望值来定义，而各指标的功效值越大，表明该指标的结果在可持续发展方向上越理想。由于企业在特定年份存在着超越目标值的可能性，在这种可接受的情况下，功效值将大于 1。同时，无论指标是正功效还是负功效，上述功效值计算公式都是适用的，无需分类讨论。出现负值的情况当且仅当实际值差于基准值时，而这种结果也符合该指标"拖后腿"的客观事实。由于目标值与基准值已事先界定，分母必定不为零。无论是第 6 章中对于能源管理绩效的评价，还是此处能源管理体系可持续发展协同度的评价，都引入了实现定义的基准值与目标值，而不再如原版计算方式仅仅依靠指标序列中的边界值。基于表 8-18 中获取的数据，各指标的功效值计算结果见表 8-23。

表 8-23 各指标功效值计算结果

准则层	要素层	指标层	2009 年	2010 年	2011 年	2012 年	2013 年	2014 年	2015 年	2016 年	2017 年	2018 年
A1	B1	C11	0.087	0.120	0.166	0.170	0.242	0.283	0.255	0.279	0.274	0.304
		C12	0.122	0.124	0.126	0.131	0.134	0.138	0.149	0.192	0.198	0.223
		C13	0.381	0.133	0.181	0.230	0.253	0.327	0.381	0.084	0.525	0.616
	B2	C21	0.000	0.250	0.250	0.250	0.250	0.500	0.500	0.500	0.500	0.500
	B3	C31	0.250	0.250	0.250	0.250	0.345	0.445	0.498	0.502	0.489	0.490
		C32	0.378	0.374	0.386	0.408	0.464	0.500	0.516	0.581	0.568	0.564

准则层	要素层	指标层	2009 年	2010 年	2011 年	2012 年	2013 年	2014 年	2015 年	2016 年	2017 年	2018 年
A1	B3	C33	0.333	0.342	0.358	0.318	0.288	0.258	0.229	0.224	0.170	0.140
		C34	0.229	0.300	0.314	0.300	0.214	0.157	0.143	0.129	0.121	0.091
		C35	0.250	0.300	0.300	0.275	0.160	0.135	0.130	0.065	0.055	0.040
A2	B1	C11	0.505	0.504	0.509	0.514	0.609	0.614	0.710	0.714	0.810	0.860
	B2	C21	0.000	0.000	0.000	0.000	0.000	0.250	0.250	0.250	0.250	0.500
		C22	0.250	0.250	0.250	0.250	0.250	0.250	0.250	0.500	0.500	0.500
	B3	C31	0.414	0.433	0.447	0.471	0.440	0.359	0.378	0.297	0.266	0.235
		C32	0.693	0.698	0.704	0.709	0.705	0.620	0.616	0.531	0.437	0.242
		C33	0.196	0.176	0.192	0.168	0.184	0.152	0.136	0.072	0.088	0.064
		C34	0.200	0.200	0.200	0.200	0.200	0.200	0.200	0.200	0.200	0.200
A3	B1	C11	0.500	0.500	0.750	0.750	0.750	0.750	0.750	0.750	0.750	0.750
		C12	0.083	0.250	0.250	0.333	0.417	0.417	0.500	0.583	0.667	0.667
	B2	C21	0.067	0.100	0.133	0.207	0.147	0.420	0.493	0.633	0.707	0.780
		C22	0.250	0.250	0.250	0.250	0.500	0.500	0.500	0.500	0.500	0.500
	B3	C31	0.250	0.250	0.250	0.250	0.250	0.250	0.250	0.250	0.250	0.250
		C32	0.250	0.250	0.250	0.250	0.250	0.250	0.250	0.250	0.250	0.250

在完成了功效值的计算之后，需要结合表 8-22 的权重计算结果与上述功效值计算结果来分别计算经济、环境、社会三个子体系的有序度。此处的"有序度"从理解上与第 7 章中关于可持续发展的相关讨论类似，即将可持续发展的总体目标视为"有序方向"上的理想有序结果，评价中的有序度则体现了该体系/系统整体接近理想有序结果的程度。有序度的相关计算方法与前面章节中介绍的方法一致，此处不再赘述。表 8-24 展示了三大子体系有序度计算的结果，而图 8-33 以更加清晰的折线图形式展示了各年份有序度的演化趋势。

表 8-24　有序度计算结果

有序度	2009 年	2010 年	2011 年	2012 年	2013 年	2014 年	2015 年	2016 年	2017 年	2018 年
OD_{A1t}	0.091	0.094	0.125	0.131	0.123	0.164	0.194	0.211	0.229	0.248
OD_{A2t}	0.120	0.111	0.118	0.125	0.173	0.225	0.244	0.245	0.242	0.246
OD_{A3t}	0.062	0.111	0.107	0.113	0.179	0.190	0.196	0.216	0.213	0.220

在对有序度的结果分析中，重点需要关注从 2012 年到 2013 年的过渡，因为这其中的标志性事件就是企业 2013 年构建完成了能源管理体系。从经济、环境、社会三方面来看，其中的共性结果就是，自 2013 年起有序度都重新进入了增长

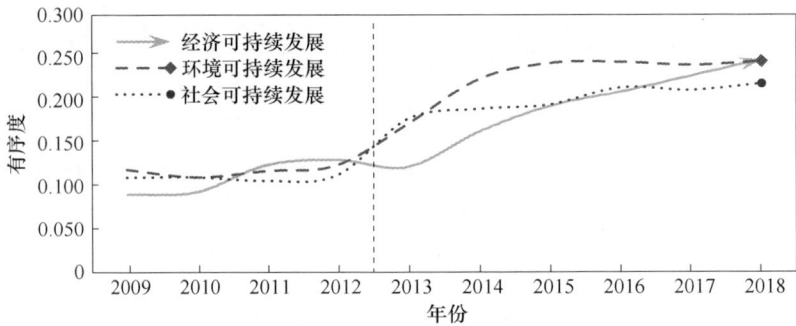

图 8-33 经济、环境、社会各子体系有序度对比图

的新阶段。特别是经济、社会两个方面，2012 年前后甚至已经出现了有序度下滑的趋势，而这一趋势在 2013 年得到了扭转，并在随后的时间转入增长阶段。环境的改善尽管一直没有停止，但从 2013 年到 2015 年期间，也是该企业改善最快的阶段。从此处可以看到，该气体公司的能源管理体系对于企业迈向可持续发展不仅有着积极的影响，并且起到了明显的促进作用，这与能源管理体系建立的初衷是一致的。

然而，从理论的角度来看，仅凭上述有序度的结果仍不足以说明能源管理体系是完全有效的。真正有效的能源管理体系，应该从能源方面着手，全面协同地影响企业经济、环境、社会各个方面，而在此过程中，能源方面的改进应是三个方面的策略、方针协同配合之后的结果。如果能源管理体系不能如预期有效运行，企业在这些方面之间的协同程度可能仍然维持现状，甚至还会因为更加难以协调而相互制约。因此，还需要对三大子体系之间的协同度进行计算，以量化协同程度的变化。

为了全面地分析，协同度评价需要计算三大子体系两两之间的协同度，以及整个企业在可持续发展三方面的总体协同度。通过下述三个公式，可以计算得到三大子体系两两之间的协同度，结果见表 8-25。

经济-环境： $SYD（A1，A2）= \sqrt{OD_{A1t}OD_{A2t}}$

环境-社会： $SYD（A2，A3）= \sqrt{OD_{A2t}OD_{A3t}}$

经济-社会： $SYD（A1，A3）= \sqrt{OD_{A1t}OD_{A3t}}$

表 8-25   两两子体系之间协同度计算结果

协同度	2009 年	2010 年	2011 年	2012 年	2013 年	2014 年	2015 年	2016 年	2017 年	2018 年
经济-环境	0.1078	0.1120	0.1174	0.1171	0.1130	0.1205	0.1206	0.1081	0.1104	0.1037
环境-社会	0.0844	0.1144	0.1225	0.1254	0.1345	0.1512	0.1556	0.1586	0.1598	0.1597
经济-社会	0.0723	0.1025	0.1130	0.1158	0.1137	0.1187	0.1194	0.1103	0.1149	0.1100

尽管第 5 章中已经介绍了大系统总体协同度的计算方法，但在本示例中，为了与通常进行的绩效评价能够更加有机地结合，在此引入标准差 H 这一常用的统计分度度量指标。设 OD_{tv} 为三大子体系功效值的均值，标准差 H 在本示例中可以按如下公式进行计算：

$$H = \sqrt{\frac{(OD_{A1t} - OD_{tv})^2 + (OD_{A2t} - OD_{tv})^2 + (OD_{A3t} - OD_{tv})^2}{2}}$$

结合上述两两子体系之间的协同度以及标准差 H，本示例中的企业总体协同度计算公式可以采用如下公式进行计算：

$$SYD（A1，A2，A3）= OD_{tv}^H SYD（A1，A2）SYD（A2，A3）SYD（A1，A3）$$

结合以上两个公式进行计算，本示例企业在可持续发展三个方面的总体协同度见表 8-26。针对本示例协同度结果汇总的分析，可以依据图 8-34 进行。

表 8-26 协同度计算结果

协同度	2009 年	2010 年	2011 年	2012 年	2013 年	2014 年	2015 年	2016 年	2017 年	2018 年
OD_{tv}	0.0916	0.1100	0.1178	0.1196	0.1215	0.1323	0.1346	0.1308	0.1331	0.1305
H	0.0346	0.0131	0.0095	0.0100	0.0225	0.0328	0.0364	0.0482	0.0469	0.0520
SYD （A1，A2，A3）	0.0605	0.1276	0.1593	0.1664	0.1648	0.2024	0.2084	0.1714	0.1844	0.1640

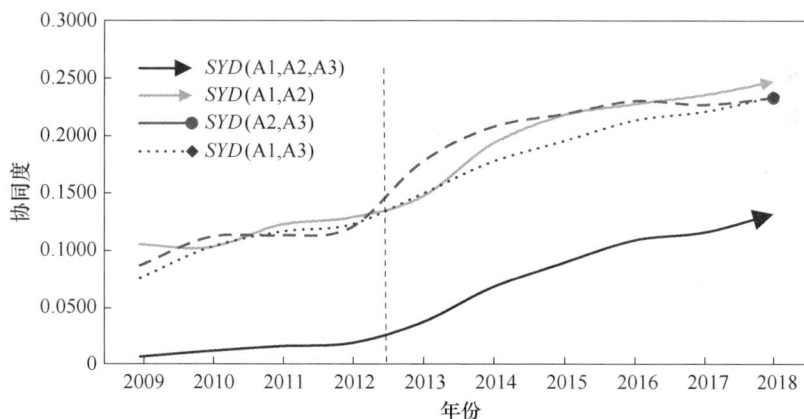

图 8-34 示例企业能源管理体系可持续发展协同度汇总

不同于有序度的结果，企业的协同度并不是总处于上升的趋势，协同度长期处于一个相对稳定的水平，对于很多企业而言也是正常现象。从对能源管理体系的期望来说，能源管理体系的建立应该打破企业此前在内部发展上形成的关系，而要围绕能源、环境、经济等可持续发展重要领域重新梳理新的协同关系。因此，理想的能源管理体系在建立之后将促使企业可持续发展各方面之间的协同度达到新的高度。同样以 2012~2013 年这一关键时期作为分析切入点，自 2013 年起，企业可持续发展总体的协同度开始加快上升，这表明能源管理体系的建立不仅构建了经济、环境、社会三个方面之间新的协同关系，并且更重要的是，这样的协同关系有利于企业加快迈向可持续发展方向，是正向的协同关系改进。从这个维度来看，结合此前有序度的变化，可以认为，示例企业的能源管理体系的建立是有成效的，它对于企业的可持续发展起到了积极的促进作用。

除了总体结果，图 8-34 还可以看到，三大子体系彼此之间的协同度与变化趋势不尽相同。对于经济-社会之间的协同度，它不仅总体协同度相对较低，更重要的是能源管理体系建设前后，这两个子体系之间协同度的变化不如另外两组关系显著。从协同度这一指标来看，能源管理体系对经济-社会之间协同关系的改变并不显著，而涉及环境的另外两组关系发生了较为明显的变化，这与我国企业能源管理主要以环境问题作为切入点的客观事实是相符的。相较于环境问题，企业的经济-社会协同关系主要体现了企业的经营理念，特别是如何权衡企业核心业务的经济效益以及企业的其他相关社会责任。这其中的很多问题并不与能源直接相关，能源管理的好坏并不能决定企业对经济-社会关系的看法。

参 考 文 献

[1] 丰文先. 基于物质流、能量流与信息流协同的陶瓷企业能源管理研究 [D]. 武汉：华中科技大学, 2016.

[2] 孟令钊. 基于物质流-能量流-信息流协同理论的能源管理体系研究 [D]. 武汉：华中科技大学, 2015.

[3] 陶雪飞, 尹久, 曹华军, 等. 陶瓷企业能量流模型及分析方法研究 [J]. 中国机械工程, 2011, 22 (11)：1318-1322.

[4] 陈清林, 尹清华, 王松平, 等. 过程系统能量流结构模型及其应用 [J]. 化工进展, 2003, 22 (3)：239-243.

[5] 徐学军, 施卫飞. 中小企业信息化指标评价体系研究 [J]. 中国管理信息化, 2007, 10 (1)：2-4.

[6] 陈字曲. 能源管理体系的可持续发展协同度评价研究 [D]. 武汉：华中科技大学, 2019.

[7] Ma D, Chen W, Yin X, et al. Quantifying the co-benefits of decarbonisation in China's steel sector：An integrated assessment approach [J]. Applied Energy, 2016, 162 (15)：1225-1237.

[8] Liu G. Perfect the corporate governance structure under the philosophy of low-carbon development and corporate social responsibilities [J]. Journal of International Business Ethics, 2017, 7 (2)：36-45.

附　　录

附录 1　协同评价指标体系赋权方法参考

附表 1　赋权方法汇总及其优缺点

方法类型	评价方法	简介	优点	缺点
主观赋权法	网络层次分析法（ANP）	ANP 是 AHP 的进化与升级，其将系统元素划分为两大部分。第一部分称为控制因素层，包括问题目标及决策准则。所有的决策准则均被认为是彼此独立的，且只受目标元素支配。控制因素中可以没有决策准则，但至少有一个目标。控制层中每个准则的权重均可用传统 AHP 方法获得。第二部分为网络层，它是由所有受控制层支配的元素组组成的，其内部是互相影响的网络结构	该方法能充分利用人的判断和经验，其能够最大程度上体现评价对象各客观事物之间的联系，对于实际评价问题的解决更合理、更科学、更有效，且相对于传统的 AHP 方法更为贴近现实	ANP 计算过程极为烦琐，难以人工求解，需要使用相关的软件工具进行建模
	层次分析法（AHP）	AHP 方法的核心是将系统划分层次且只考虑上层元素对下层元素的支配作用，同一层次中的元素被认为是彼此独立的	递阶层次结构给处理系统问题带来了方便，逻辑清晰分明	在复杂决策问题中的适用性受到限制。在许多实际问题中，各层次内部元素往往是相互依存的，低层元素对高层元素亦有支配作用，即存在反馈。需单独制定表格让专家参照标度法对指标两两比较打分并进行计算来确定权重，增加了计算量和操作的复杂性

方法类型	评价方法	简介	优点	缺点
主观赋权法	最小平方和法	在对指标有偏好信息及客观熵信息输出权重的基础上，以最小二乘法为工具，建立指标权重确定模型	克服了后评估过程中确定指标权重时主观性强的弊端，提高了判断准确性和科学性，具有实际应用价值	—
	Delphi 法（德尔菲法）	采用匿名发表意见的方式，即专家之间不得互相讨论，不发生横向联系，只能与调查人员发生关系，通过多轮次调查专家对问卷所提问题的看法，经过反复征询、归纳、修改，最后汇总成专家基本一致的看法，作为预测的结果	每个专家的意见都会收集，保证了全面性。同时，整个过程对客观数据指标没有要求，适用性强	可能出现诱导现象，问题准备过程烦琐，结果与专家团队的选取及专家的个人知识经验有较大关系
	偏好比率法	偏好比率法是基于评价者的判断对指标的重要程度进行主观评价的一种方法。它是根据对所有参评指标进行两两对比，确定指标对评价结果的实际贡献率	该方法在一定程度上既反映了专家的意志，又符合事实情况	仍受主观因素影响太大
	环比评分法	把目标依次一对一对进行比较，先确定两个之间重要性的比率。等全部比好之后，再以末一个目标当作 1，循序向上环比，算出全部目标间重要性比率，最后算出权重系数	可以解决选择方案失去实际最优性的问题	—

方法类型	评价方法	简介	优点	缺点
主观赋权法	二项系数法	基本思想是先由 K 个专家独立对 n 个指标的重要性进行两两比较,经过复式循环比以及统计处理得到代表优先次序的各指标的指标值,最终根据二项系数原理确定权重,该方法注重对权重系数的准确确定	定性与定量结合,不需要对指标的重要性大小进行具体量化,改善了多目标决策中对权重系数只注重级别次序的问题	对复杂案例考虑不够完善,不仅涉及专家主观判断的不确定性,不关注指标间相对重要性的差异程度使得部分场景下可行性存疑
	比较矩阵法	基于决策者偏好变换后的矩阵 Y_k 是统一的映射关系转换所得且具有互补性。通过求解模糊互补判断矩阵 Y_k 的排序向量 H_k 来量化各属性在专家 p_k 下的相对重要程度,然后依照模糊 AHP 的思想,结合各专家的权重 H	考虑了决策过程中专家群体与决策者的主观能动性,过程直观方便易于理解,可以应对专家评价习惯差异而带来的对属性权重赋值的数据类型差异,能兼容实数型、区间型和语言型等的属性权重赋值,可操作性强	—
	重要性排序法	如果决策者发现某专家的标准属性重要差异较大,同时又认为是有效判断时,重要性参数 a 的取值应使函数曲线刚好覆盖标准属性重要差异最大取值,以有效反映最终结果	充分发挥决策者的主观作用	选择结果可能失去实际最优性
客观赋权法	主成分分析法	把多项评价指标综合成 m 个主成分,再以这 n 个主成分的贡献率为权数构造一个综合指标,据此作出评判	用 m 个线性无关的主分量代替原有的 n 个评价指标,在这 n 个评价指标的相关性较高时,这种方法能消除指标间信息的重叠;而且能根据指标所提供的信息,通过数学运算自动生权,有客观性	—

方法类型	评价方法	简介	优点	缺点
客观 赋权法	熵权法	属性对评价结果有不同的重要度，属性的重要度可以用属性的熵权来衡量	可以用熵来计算属性代表的信息量的多少。由熵的极值性可知，每个属性值在不同方案上的水平值越接近，其熵值越大	如果指标值的变动很小或者很突然地变大变小，熵权法用起来有局限
	多目标最优法	如果考虑最优目标不止一个，而是多个，则称为多目标最优化问题	多目标符合实际问题情景	算法复杂
	相似系数法	通过相似规律归纳专家的判断意向，找出更加客观的反映专家意见的信息，从而更精确地确定指标权重	该方法可以有效消除在判断权重方面人为因素二次干扰，不再让专家再次主观参与指标权重判断	利用相似系数法确定权重时，必须有一个较为庞大的决策群
	模糊聚类法	模糊聚类法是对传统的聚类方法进行改进，将排序向量映射到高维特征空间，使得在整体评价中专家数目多、共识较好的类别具有更高的权重，同一类内的专家，逻辑清晰、思维严密的专家赋予更高的类内权重，从而获得更加合理的专家权值	增加了个体间的可分辨率，较好地实现了差别微弱的向量间的聚类，同时能够对多种数据结构进行聚类分析，聚类性能高于传统模型	问卷对象要求严格
	"拉开档次"法	线性拉开档次法提出的基本原则是在指标赋权的过程中尽可能地突出各被评价对象之间的整体差异，以拉开各被评价对象的档次，有利于最终结果的排序	综合评价过程透明，评价结果与被评价对象和评价指标的采样顺序无关，最终的评价结果毫无主观色彩，评价结果客观、可比，计算的指标权重不具有继承性，该方法有利于促进被评价对象的整体发展	对于要求无量纲化后的处理值大于0的情况不适用，评价过程中无量纲化方法选择的科学性会受到质疑。不能最大程度地拉开各被评价对象之间的整体差异，而是在线性加权模型的前提下才能拉大各被评价对

续附表 1

方法类型	评价方法	简介	优点	缺点
客观赋权法	"拉开档次"法			象间的差异，并没有考虑评价指标自身的重要程度，因此按照线性拉开档次法计算的指标权重并不能真实地反映各评价指标的重要程度。由于完全利用客观信息进行赋权，并没有在赋权的过程中考虑主观信息，因此结果可信度会受到质疑
	模糊综合评价法	模糊综合评价法是以模糊数学为基础，应用模糊关系合成的原理，将一些边界不清、不易定量的因素定量化，进行综合评价的一种方法；对某一事物的评价常涉及多个因素、多个级别，而且某些具体问题的评判因素或级别是模糊的，即在质上没有确切的定义、在量上没有明确的界限，模糊综合评价就是要用模糊变换原理的最大隶属度原则，考虑与被评判事物相关的各个因素，对其所作的综合评判	借助数学工具，能够对较为模糊的评价对象做出科学合理、贴合实际的量化评价，其结果是一个向量而非一个定值，能够比较准确地描述被评价对象，还可以进一步处理得到参考信息	计算量非常大，在确定指标权重向量时掺杂了太多的主观因素，尤其是指标集个数较大时，很容易出现超模糊现象，很难区分哪一因素的隶属度更高
	线性加权综合评价法	线性加权综合评价法是在对评价对象各级指标权重确定的基础上，进一步分析各指标的观测值大小，并进行一定的正向化、标准化处理，计算加权的综合评价分值	它是一种较为简捷、直观，并且易于操作的模型。基于线性加权综合评价分析能够很好地反映指标的原始信息，并且考虑了评估对象指标影响程度的差异性，在计算过程中便于实践应用	对于复杂非线性问题误差较大

方法类型	评价方法	简介	优点	缺点
客观赋权法	改良层次法（G1 法）	G1 法主要包括 4 个步骤：（1）确定唯一序关系；（2）确定相邻指标的相对重要程度关系；（3）计算权重系数（W_k）；（4）专家组对权重系数的确定	在指标权重的确定过程中既不需要构造判断矩阵，也不需要进行一致性检验，具有较强的操作性和适用性	—
	基于粗糙集理论的综合权重求解法	粗糙集理论是由波兰华沙理工大学 Pawlak 教授于 20 世纪 80 年代初提出的一种研究不完整、不确定知识和数据的表达、学习、归纳的理论方法	可以用来解决重要的分类问题，所有冗余对象和冗余属性的约简包含属性的最小子集，能够很好地近似分类，得到可以接受质量的分类。它还可以用决策规划集合的形式表示最重要属性和特定分类之间的所有重要关系。理论中确定的属性重要度恰好利用了大量的历史数据，表达了由数据反映出的客观存在的各个属性的相对重要情况	不能反映决策者的先验知识
	基于模糊判断矩阵的专家法	从偏差的角度出发，利用每个专家所给出的模糊判断矩阵与对应的模糊一致矩阵间的距离度量判断矩阵自身逻辑一致性程度，偏差越大，其一致性程度越低，反之则高	根据专家给出的判断信息的质量，通过反馈计算对专家赋权，为合理确定专家权重、提高评价系统可靠性提供了定量依据	—
	Frank-Wolfe 法	Frank-Wolfe 算法的基本思想是，在每次迭代中，将目标函数 $f(x)$ 线性化，通过解线性规划求得可行下降方向，进而沿此方向在可行域内作一维搜索	这种方法将求解非线性规划问题转化为求解一系列线性规划；而且借助于线性规划软件包和计算机，完全可以解决收敛速度问题	算法收敛较慢

附录 2　中国能源管理成熟度模型（EMMM-China）

A　模型简介

中国能源管理成熟度模型（Energy Management Maturity Model for China, EMMM-China）是由金宇晖、龙妍、靳世平等开发的组织能源管理成熟理论框架，它融合了最新版能源管理体系标准 ISO 50001：2018 的流程框架以及中国本土能源管理实践特征。这也使得该模型成为目前为止最适用于中国企业的能源管理成熟度评价方法，它不仅能够在中长期内满足企业快速自我评价的需要，同时该模型所提供的能源管理成熟路径也将有效地指导不同类型的企业逐步提升能源管理水平。

目前，EMMM-China 已在我国部分企业得到了良好验证，同时模型的框架与内涵均得到了能源领域专家的认可。作者建议各位能源管理领域的从业者积极应用并改进该模型，以保证对企业能源管理水平能够始终快速、有效地进行评估。

B　模型框架设计

如附图 1 所示，EMMM-China 的模型框架设计充分考虑了与 ISO 50001：2018（GB/T 23331—2020）的兼容性，最终得到的框架共包含 6 个维度、22 个项目。该框架的设计，一方面尽可能遵循能源管理体系标准的条款架构，另一方面充分优化了整个框架的可读性与复杂性，最终使得整个框架包含的项目总数控制在一个较为合理的水平。

C　成熟度级别设计

依据对大量我国企业能源管理案例的分析，以及国内外相关文献中对于企业能源管理多方面实践特征的描述，EMMM-China 最终将企业能源管理共划分为 5 个成熟度级别与 4 个成熟阶段，如附图 2 和附图 3 所示。其中，5 个级别的命名主要在英文语境下，参考了著名成熟度模型 CMMI 的 5 级命名方式，并针对级别的特征进行了调整优化。在 5 个级别中，位于中间的第 3 级（系统的）主要对应了 ISO 50001 能源管理体系标准对企业能源管理的要求，建立了能源管理体系的企业总体上将至少符合这一要求。基于这样的级别设计，第 4、5 两级的要求高

能源管理体系	• EnMS1：能源管理体系建立(4.1+4.3+4.4)

领导作用	• L1：领导作用与承诺(5.1) • L2：能源方针(5.2) • L3：组织的角色、职责和权限(5.3)

策划	• P1：应对风险和机遇的措施(6.1) • P2：目标、能源指标及其实现的策划(6.2) • P3：能源评审(6.3) • P4：能源绩效指标(6.4) • P5：能源基准(6.5)

支持和运行	• SO1：资源(7.1) • SO2：能力(7.2) • SO3：意识(7.3) • SO4：信息交流(7.4) • SO5：文件化信息(7.5) • SO6：运行策划和控制(8.1) • SO7：设计(8.2) • SO8：采购(8.3)

绩效评价	• PE1：监视、测量、分析和评价(6.6+9.1.1) • PE2：合规性评价(4.2+9.1.2) • PE3：内部审核(9.2) • PE4：管理评审(9.3)

改进	• I1：改进(10.1+10.2)

附图 1　中国能源管理成熟度模型框架设计

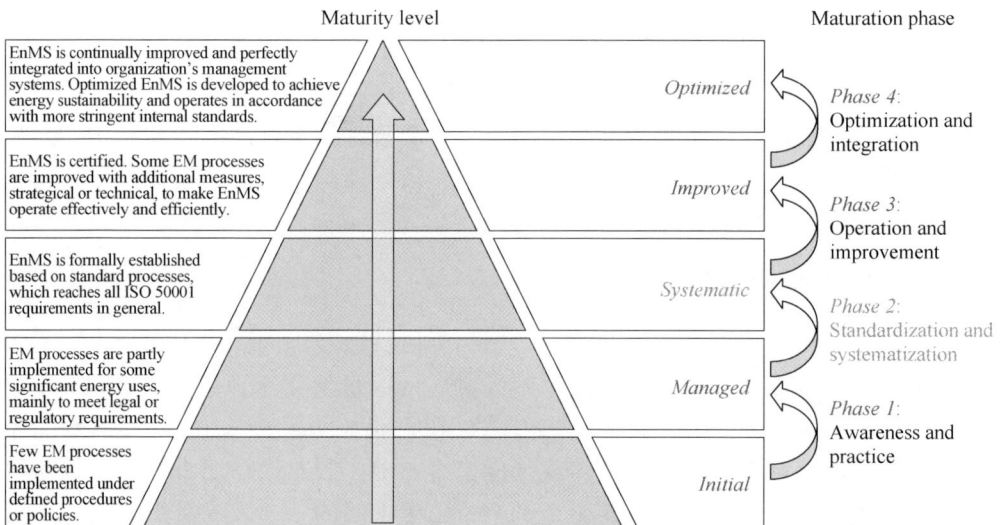

Maturity level　　　　　　　　　　Maturation phase

EnMS is continually improved and perfectly integrated into organization's management systems. Optimized EnMS is developed to achieve energy sustainability and operates in accordance with more stringent internal standards. — *Optimized* — *Phase 4*: Optimization and integration

EnMS is certified. Some EM processes are improved with additional measures, strategical or technical, to make EnMS operate effectively and efficiently. — *Improved* — *Phase 3*: Operation and improvement

EnMS is formally established based on standard processes, which reaches all ISO 50001 requirements in general. — *Systematic* — *Phase 2*: Standardization and systematization

EM processes are partly implemented for some significant energy uses, mainly to meet legal or regulatory requirements. — *Managed* — *Phase 1*: Awareness and practice

Few EM processes have been implemented under defined procedures or policies. — *Initial*

附图 2　中国能源管理成熟的 5 个级别与 4 个阶段（英文）

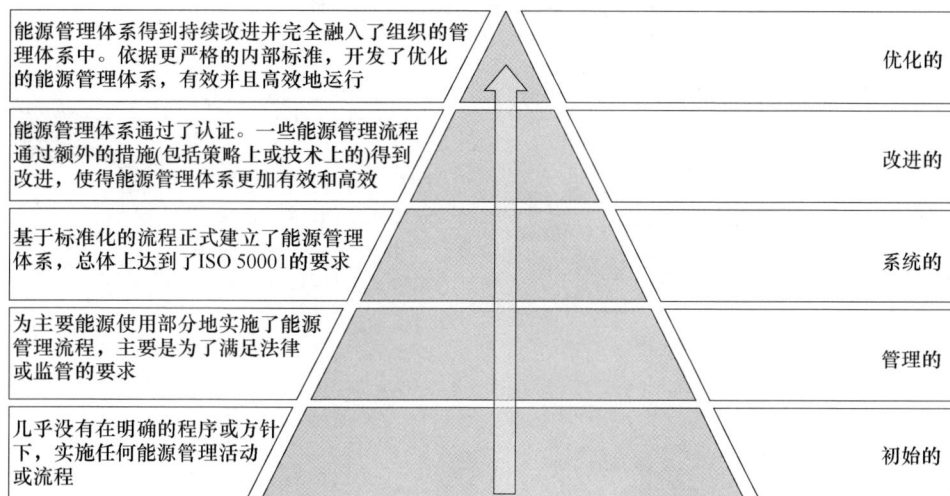

附图 3　中国能源管理成熟度模型的级别设计

于能源管理体系标准要求，对于建立并认证了能源管理体系的企业而言，EMMM-China 仍将能够在中长期内满足企业在评价与改进方面的需求。对于尚未达到能源管理体系要求的企业而言，其能源管理水平仍可以通过第 1、2 两个级别进行有效区分。事实上，我国多数工业企业已经至少能够达到第 2 级的水平，而根据作者的判断，未来我国工业企业将全面达到第 3 级水平，没有建立能源管理体系的企业可能将难以合法合规地经营下去。届时，该能源管理成熟度模型的成熟度级别定义便需要依据行业内企业的总体水平重新定义。

D　拥有成熟度描述的 EMMM-China

EMMM-China 除了对于企业能源管理成熟路径有着宏观上的总体定义，它针对所有 22 个评价项目，或者说 22 个能源管理流程，在不同的级别下都给出了特征性的描述，见附表 2。基于此，企业能够对所有管理流程选择出最为恰当的描述，并以此作为量化评价的基本依据。例如，对于"能源评审"这一评价项目，企业若总体表现符合第 4 级的描述，则可以将该项目的评分记为 4，这样的处理方式也是将能源管理成熟度模型作为评价工具的典型手段。

在实际应用 EMMM-China 进行能源管理评价时发现，对于部分项目，某些企业的总体水平介于某两个级别之间，特别是第 3、4 两个级别之间。例如，刚刚建立能源管理体系并通过认证的企业，很多管理流程尽管基本符合标准要求，但由于没有长期按照标准进行运行与改进，第 4 级的描述只能做到部分符合。在这种情况下，计分可以适当进行优化，例如允许 3.5 分的存在。这样的调整不仅对于企业在特定方面的进步能够给予结果上的认可，其在评价结果上也更加公正、客观。

附表2　中国能源管理成熟度模型

流程/项目	维度	成熟度级别描述				
		第一级：初始的	第二级：管理的	第三级：系统的	第四级：改进的	第五级：优化的
能源管理体系建立	能源管理体系	没有建立能源管理体系	建立了部分能源管理体系程序，对多数主要能源使用进行了管理	基于ISO 50001流程正式建立了能源管理体系，涵盖了在体系范围与边界内的所有能源类型	能源管理体系通过了认证，并且通过当地政府或社区的确认机制被证实是有效的。体系纳入了涉及环境或气候变化的相关问题	能源管理体系已经完全融入组织的管理体系中并且依据更严格的内部标准运行，能源管理在业内得到了广泛认可
领导作用与承诺	领导作用	最高管理者不领导任何与能源管理相关的活动，没有相关承诺	最高管理者着重于法律或监管要求及其他主要问题，承诺了临时的资源或行动	最高管理者展示了关于建立和持续改进能源管理体系的领导作用和承诺	存在长期规划的能源绩效，其被视为战略驱动力，在大多数业务流程中考虑了能源绩效	能源问题被给予了高优先级，趋势是实现行业中最佳的能源经济性、效率以及可持续性
能源方针		组织没有能源方针	能源方针非正式地存在，可能在环境或其他方针中涉及，方针未成文或交流	拥有独立且成文的能源方针，所要求的承诺均以明确的条款呈现	能源方针已经在组织内部充分交流且被众所周知。方针定期评审，并在必要时更新	能源方针已经在外部进行了交流，且得到了相关方的广泛认可。方针按计划的周期更新，以与组织的战略方向相一致
组织的角色、职责和权限		没有对能源管理的授权，没有能源经理或能源管理团队	能源管理是一些低职权员工的兼职职责，其通常分散在不同的部门中	由最高管理者正式将责任和权力分配给能源经理和能源管理团队	组织中存在一个拥有明确角色且得到了能源管理团队的支持的专职能源经理，其能力经过评审和认证	被最高管理者信任的能源经理与能源管理团队被赋予了在能源问题上决策的充分的权力
应对风险和机遇的措施	策划	没有针对能源管理的策划	临时策划了针对一些主要能源使用的行动，基于能源数据或之前的能源审计	能源策划已经正式成文。对预期能源绩效改进的机会进行了评审，这些机会主要基于在中短期内具有成本效益的措施	长期能源策划（最长五年）正式成文，对能源管理的风险进行了评审，策划并成文了预防或减少不期望的影响的行动	对风险和机遇定期评审并基于标准化的流程进行管理，策划并成文了评价行动有效性的方法

流程/项目	维度	成熟度级别描述				
		第一级：初始的	第二级：管理的	第三级：系统的	第四级：改进的	第五级：优化的
目标、能源指标及其实现的策划	策划	没有目标、能源指标及行动方案	拥有目标和能源指标，但未对其进行评审和在组织内部充分交流，且没有达成的具体方案	目标、能源指标和行动方案均正式成文。法律或监管要求是主要的考虑	目标和能源指标依据统计分析和对标的结果来确定，设立并在内部交流了详细且可量化的多层次能源指标	运用了统计模型来对能源指标进行预测和分解，按计划的周期对有时间线的行动方案进行评审
能源评审		没有能源评审，由于能源数据从未收集和/或评审过	不定期进行能源评审，只有在要求强制性的能源审计或出现明显的异常情况时才进行，涵盖了大多数主要能源使用	使用监视的数据定期进行能源评审，内容包括对能源使用和消耗的分析、主要能源使用和相关变量的识别、对未来使用的预测以及改进机会，评审结果作为文件化信息保留	每年由专业人员进行全面综合的能源审计作为能源评审，涉及现场测量和详细的分析并包括了内外部对标的结果，能源评审的方法和准则已成文	每月或每季度进行能源评审，并作为运行控制改进的基础。考虑到相关变量的变化，运用了统计模型和回归分析来预测、归一化以及对比能源绩效指标
能源绩效指标		没有界定任何能源绩效指标	界定了一些组织或站点层面的能源绩效指标，主要是基于法律或监管的要求而不是通过特定的方法	界定并成文了适合测量和监视组织能源绩效的能源绩效指标，成文了确定和更新能源绩效指标的方法	建立并成文了按能源使用划分且覆盖多个层级的能源绩效指标体系，一些能源绩效指标被纳入了针对部门或员工绩效评价的KPI体系中	界定了一些基于统计模型的复杂或复合指标并将其纳入了能源绩效指标中，对能源绩效指标定期进行评审和更新以保持其有效性和简洁性
能源基准		没有建立能源基准	建立了一些组织或站点层面的能源基准，与能源绩效指标对应	建立并成文了能源基准，主要是通过简单的比率或消费量数据，确定和修正能源基准的方法已成文	建立了多个层次的能源基准并对其定期进行评审，相关变量数据和对能源基准的修改被保存为文件化信息	一些能源基准通过能源消耗对相关变量的回归分析进行了归一化，能源基准选取的时间段对应了组织运行中曾达到过的最佳绩效

续附表 2

流程/项目	维度	成熟度级别描述				
		第一级：初始的	第二级：管理的	第三级：系统的	第四级：改进的	第五级：优化的
资源	支持和运行	没有针对能源管理分配任何资源	进行了临时性的资源分配，主要用于建立能源管理体系或满足监管要求。存在特定的资金和一次性投资，仅有个别员工参与和负责能源管理	最高管理者分配了在中短期内用于建立、实施、保持和持续改进能源绩效及能源管理体系的所需资源，正式任命了能源管理团队	承诺并实施了对资源的持续分配，在年度资产预算中针对能源管理体系的适量资金是独立存在的，包含明确流程和投资回报（或其他）门槛的投资程序已成文并交流	获得了长期的专项资金用于促进能源行动和达到能力，由具备专业能力的能源管理团队提出的项目，即使不具备成本效益，通常都将得到充分考虑
能力		没有界定能力要求，没有提供能源相关的员工培训	存在临时性的由外部专家授课的专业课程，仅针对重点的或挑选的个人，主要是高管，几乎没有保留任何文件化信息作为能力的证据	能力要求和培训程序正式成文，能源相关的内部员工培训正式存在	能源管理团队由认证的能源经理和内部审核员组成，与职位要求相符，拥有包含评价的全面、定期的能源培训项目	带有认证的能源培训已整合进员工入职培训中，培训方法按计划的周期进行评审和更新。拥有一个高度专业化的内部团队，致力于在能源方面的持续改进
意识		没有意识	只有最高管理者和高管是有意识的，基于法律或监管要求以及零星的培训，有一些意识，几乎没有策划或实施行动来提高员工的意识	员工所需的意识已正式成文并交流，拥有成文的能源规章制度，提升意识在能源方针中得到承诺	进行了定期的员工意识培训和内部宣传活动，针对员工实施了全面的能源绩效薪酬制度或其他类似的激励项目	能源意识文化已逐步形成，所有员工都通过实施恰当的操作或节能措施来支持能源绩效的改进，评审和改进了意识项目的有效性，正式存在特定的奖励机制

流程/项目	维度	成熟度级别描述				
		第一级：初始的	第二级：管理的	第三级：系统的	第四级：改进的	第五级：优化的
信息交流	支持和运行	没有信息交流	信息交流是非正式和临时的，没有特定的流程，参与仅限于管理层	信息交流流程正式成文，正式鼓励员工提出对能源绩效和能源管理体系的评论和合理化建议	向全体员工传达定期的能源绩效报告，每月或每周举行关于能源的内部会议或研讨会，为宣传活动采用了横幅、海报、内部网和内部刊物等方式	向相关方出版年度能源状况报告，所有合理化建议均被记录在案，且正式存在特定的激励措施。组织是行业交流活动的活跃成员，展示在能源方面的成就并分享好的实践
文件化信息		没有关于能源管理的文件化信息与控制流程	部分存在 ISO 50001 要求的文件化信息。针对文件管理，没有或未实施界定的流程	拥有所有 ISO 50001 要求的文件化信息。针对文件化信息的控制建立了特定的流程，识别了来自外部的与能源管理体系相关的文件化信息	所有内部和外部的能源管理体系文件都可在内部网上获取和检索，为相关员工开发了一些标准化的能源管理体系文件模板	所有文件化信息由一个专门的团队或部门严格地集中管理。为保持与其他管理体系的兼容性和一致性，并持续改进其适用性、易读性和简洁性，能源管理体系文件定期地进行了评审和更新
运行策划和控制		没有运行策划和控制	建立了一些运行与维护控制准则和/或程序，以防可能妨碍生产或业务连续性的异常情况发生，几乎没有考虑节能	与主要能源使用有关的运行策划和控制已成文，准则和程序被告知相关员工，存在作为运行与维护证据的文件化信息	要求合格且能胜任的操作员以减少人为因素导致的能源绩效可变性，建立并成文了针对所有能源相关操作与流程的标准操作程序	兼顾了生产率和可持续性的综合标准操作程序已全面实施，并定期进行更新，以吸纳公认的好的实践和优化的技术。实施了预防性与预见性的维护，旨在最小化能源浪费

流程/项目	维度	成熟度级别描述				
		第一级：初始的	第二级：管理的	第三级：系统的	第四级：改进的	第五级：优化的
设计	支持和运行	在设计、改造或翻修时没有考虑对能源绩效的影响	在针对一些主要能源使用的设计、改造或翻修中，略微考虑了对能源绩效的影响，部分原因是受制于法律或监管的要求	在针对新建、改造和翻新主要能源使用的设计中考虑了对能源绩效的影响，保留了相关的文件化信息	在设计过程中考虑了对能源消耗和流程变量的计量或监视，要求成文的能源评审作为每个项目策划的一部分	在能源管理体系范围和边界内实行了生命周期分析。能源可持续性对于设计具有高优先级，要尽最大可能考虑能效和可再生能源的最佳可用技术
采购		采购中没有考虑能源绩效	依据强制标准以及法律或监管的要求，采购低能效的产品、设备或服务是禁止的。通常情况下，优先考虑低成本的选项	为了评价采购的产品、设备和服务（其可能影响主要能源使用）的能源绩效，建立了相关的准则并告知了供应商，要求供应商提供说明书或技术规范	针对主要能源使用的能源采购规范已成文并充分交流。对更节能高效的选项给予充分考虑，即使需要更高的一次性投资	能源采购规范纳入了所有采购流程并持续更新以改进其有效性。基于实现能源可持续性的方针，采购中优先考虑更清洁的能源或绿色供应商，并通过供应链分享了相关方针
监视、测量、分析和评价	绩效评价	没有收集能源数据的策划，仅通过每月的能源账单了解各能源类型的消耗总量	定期监视、测量和记录了与组织及主要能源使用相关的能源消耗数据（通常是现成、易获取的），仅有十分有限的分析，没有特定的策划	策划并成文了监视、测量、分析和评价。依据相关标准，配备并校准了要求的仪器和仪表。按计划的周期对能源绩效指标进行了监视与测量	定期收集主要能源使用的能源数据和相关变量，并保留为文件化信息。评价并识别了能源绩效的改进与显著偏差，按计划的周期进行深入分析并将书面的结果在内部进行交流，明文规定并实施了每年的校准	通过集中式的信息系统对主要能源使用的实时能源数据和相关变量进行自动监视和收集，信息系统可以嵌入分析工具用来展示可视化的能源绩效状态以及进行简要的能源评审。经常对发现的偏差进行调查，对识别出的好的实践得以积累并纳入了标准操作程序

续附表 2

流程/项目	维度	成熟度级别描述				
		第一级：初始的	第二级：管理的	第三级：系统的	第四级：改进的	第五级：优化的
合规性评价		没有识别能源方面的法律法规及其他要求	识别了能源方面的法律法规及其他要求但很少评审，合规性评价的结果既没有成文也没有进行交流	能源方面的法律法规及其他要求已正式成文并定期评审，合规性评价程序已成文	对全体员工，所有要求及合规性评价的结果均是可访问的且得到了充分交流。有针对合规性的策划与职责，且会在要求发生变化时进行更新	高于强制性要求的自愿性要求在组织内部得到应用，以实现能源的经济性与可持续性。建立了一套综合的、标准化的合规性管理体系（可以依据 ISO 19600），并由一个专门的团队或部门运行
内部审核	绩效评价	没有内部审核	非正式地存在临时的或不定期的内部审核，没有保留任何文件化信息作为内部审核的证据	策划并成文了包含特定流程的内部审核，正式选拔了审核员	针对每次审核，建立并评审了包含界定的准则和范围的审核程序。按计划的周期，由通过认证且能够胜任的审核员进行内部审核，审核结果已成文并向能源管理体系内的相关管理人员进行传达	各管理体系的内部审核得以整合，并都基于标准化的审核方法执行。在审核报告中，对相关领域提出了针对不符合的纠正措施。定期评审并更新审核程序，以改进审核的有效性和效率
管理评审		没有管理评审	临时地进行了无计划的管理评审，着重于生产中的异常以及对法律或监管要求的合规性	明文规定并按计划的周期进行了管理评审，要求编制并交流管理评审的年度报告	建立了由最高管理者进行管理评审的程序，保留了包括管理评审的报告和会议纪要在内的相关文件化信息。所有 ISO 50001 要求的输入在管理评审中，每年至少提到一次	各管理体系的管理评审得以整合，并都基于标准化的程序定期开展，最高管理者充分保证了职责以及实施能源方面后续决策与行动所需的资源

流程/项目	维度	成熟度级别描述				
		第一级：初始的	第二级：管理的	第三级：系统的	第四级：改进的	第五级：优化的
改进	改进	没有对不符合的识别和纠正措施，没有改进能源管理与能源绩效	仅针对从合规性评审中发现的不符合实施了纠正措施，能源绩效的改进是受法律或监管要求的驱使	为识别和消除不符合，建立了文件化的程序，策划并承诺了能源管理体系和能源绩效的持续改进	在内部交流并纠正了识别出的不符合。纠正措施的结果保留为了文件化信息，并评审了措施的有效性，组织实现了所有策划的能源绩效改进	对每一个不符合进行了根本原因分析并将结果成文。实施了预防措施来防止再发生或消除潜在的不符合，定期评审并持续改进能源管理体系的适宜性、充分性和有效性